Joachim Wanke

LAST UND CHANCE DES CHRISTSEINS

Joachim Wanke

LAST UND CHANCE DES CHRISTSEINS

Akzente eines Weges

benno
VERLAG

Vorträge, Hirtenbriefe und Predigten
von Bischof Joachim Wanke
1980–1990

Zum 10. Bischofs- und 25. Priesterjubiläum
ausgewählt und herausgegeben von
Karl-Heinz Ducke und Winfried Weinrich

ISBN 3-7462-0610-3

1. Auflage 1991
Lektor: Bernhard Beckmann
Printed in Germany
Umschlagfoto: Gerold Grimm, Leinefelde
Gesamtherstellung: Union-Druck GmbH Halle
Einbandgestaltung: Barbara Neidhardt

Inhalt

Vorwort

Das Bild vom Weg als Gleichnis für menschliches Leben ist uralt und viel gebraucht. Doch schien es uns in der Vergangenheit oft, als ob die zum Bild des Weges gehörende Vorstellung von Bewegung nicht mehr vorhanden sei. Leben wirkte erstarrt. Auch das Wasser der Taufe bewahrte den Christen nicht vor der Angst, daß ein Status quo verändert oder aber immer fester betoniert werden könnte. Ist aber Bewegung erstarrt, dann wird aus einem Ziel nur zu schnell eine Ideologie oder auch nur ein Traum, vielleicht auch Kirchenträume.

Von Anfang an wurde bei Bischof Wanke das Anliegen sichtbar, den Gläubigen im Kampf gegen solche Erstarrung zu helfen, zwischen Anpassung und Zukunftshoffnung nicht zu pendeln, sondern mit Alternativen ernstzumachen. In Predigten, Hirtenbriefen, Vorträgen und persönlichen Gesprächen suchte er Gedanken zu formulieren, die Mut zur Zukunft machen konnten. Er wollte gegen verhärtete Fronten nicht nur ankämpfen, sondern suchte sie aufzuweichen, als nicht beständig zu erweisen. Die Gedanken von Bischof Wanke trugen damit sicherlich dazu bei, daß das Bild vom Weg für das christliche Leben in der DDR ein Zeichen des Voranschreitens war. Sich nicht abfinden, nicht zu resignieren, sich auf die Wurzeln des Christlichen zu besinnen, das waren seine Mahnungen zur Hoffnung.

Den bisherigen Bedingungen entsprechend finden sich all diese Texte als Papiere in den Schreibtischen der Pfarrer und in den Tagungsmappen Engagierter. Die 25. Wiederkehr der Priesterweihe von Bischof Wanke und sein 10jähriges Wirken als Bischof in Erfurt sind den Herausgebern und seinen Freunden Anlaß, diese Gedanken einem größeren Publikum zugänglich zu machen. Die meisten Vorträge haben schon ihre Wirkgeschichte.

Die Auswahl erfolgte nach einem Prinzip, das die Bedeutung des Christentums für die Gesellschaft erkennen läßt. Die Gesellschaft darf nicht anonymen Kräften der offiziell Mächtigen überlassen werden, sondern ist der Ort des Glaubens. Die Problematik einer Gesellschaft, die durch eine Partei absolut beherrscht wurde, die sich alleinige Aktivität zusprach, ist in den letzten Monaten sattsam bekannt geworden. Daß Menschen auf andere als die verordneten Gedanken kommen konnten, ist zumindest auch der christlichen Verkündigung zu danken. Bischof Wanke steht dafür als einer der wenigen, dessen Stimme in dieser Weise gehört wurde. Sein bischöfliches Wirken begann im Nachdenken über den konkreten Auftrag in unserer Zeit.

Die Veröffentlichung will nicht Vergangenheit in Erinnerung rufen, sondern zu den Quellen hinführen, aus denen Kirche lebt; das Wort Gottes, das geoffenbart ist, muß immer wieder neu buchstabiert werden. Es war das Anliegen von Bischof Wanke, die Botschaft des Herrn in „DDR-Deutsch" zu buchstabieren. Er setzte damit fort, was schon früher bei den Erarbeitungen der Dresdener Pastoralsynode (1973–1975) versucht wurde: eine Umsetzung des II. Vatikanischen Konzils in die DDR-Wirklichkeit. Diese Sprache hatte sich nie frei entfalten können und doch war sie die Sprache von Menschen und Christen. Sie bringen sie ein in eine nun wieder gesamtdeutsche Sprache.

Mit der Herausgabe dieser Texte von Bischof Wanke verbinden die Herausgeber den Wunsch, daß diese Sammlung nur ein Anfang sein möge und wir noch weitere Richtungsweisung erhoffen dürfen.

Karl-Heinz Ducke
Winfried Weinrich

STANDORTFINDUNG

„Der Mensch in der vollen Wahrheit seiner Existenz, seines persönlichen und zugleich gemeinschaftsbezogenen und sozialen Seins – im Beispiel der eigenen Familie, auf der Ebene der Gesellschaft und so vieler verschiedener Umgebungen –, dieser Mensch ist der erste Weg, den die Kirche bei der Erfüllung ihres Auftrages beschreiten muß: Er ist der erste und grundlegende Weg der Kirche, ein Weg, der von Christus selbst vorgezeichnet ist und unabänderlich durch das Geheimnis der Menschwerdung und der Erlösung führt."

Johannes Paul II., Redemptor hominis 14

Der Weg der Kirche in unserem Raum

Versuch einer pastoralen Standortbestimmung*

Liebe Mitbrüder!
Der Heimgang von Bischof Hugo Aufderbeck hat uns allen den unerbittlichen Fortgang der Zeit vor Augen gerückt. Konnten wir uns die Kirche unseres Gebietes ohne „Hugo“ vorstellen? Für meine Person und Generation muß ich gestehen: Bischof Hugo war für uns als Bischof und als qualifizierter Glaubenszeuge nicht nur die Spitze des Bischöflichen Amtes – er war ein Programm, einmal in seiner Verkündigung und in seiner theologischen Arbeit, aber noch mehr in seinem pastoralen Tun und in seinem Lebenszeugnis. Nun müssen wir uns notgedrungen unsere Kirche ohne Bischof Hugo vorstellen. Das Presbyterium hat sicherlich ein Recht darauf, zu erfahren, wie der neue Bischof über die pastorale Situation in unserem Gebiet denkt und urteilt.

Sicherlich ist ein Bischofswechsel in der katholischen Kirche kein sonderlich einschneidendes Ereignis. Der Bischof tritt ja ein in die ununterbrochene Reihe der Glaubenszeugen vor ihm. Er baut dort weiter, wo andere das Fundament gelegt haben, und erntet, wo andere gesät haben. Das Haus der Kirche ist ja nicht auf das Fundament der Bischöfe, sondern der Apostel gebaut, und Christus ist der Schlußstein. Insofern wird, so hoffe und wünsche ich, die Linie der pastoralen Arbeit, wie sie meine Vorgänger gezogen haben, auch nach außen hin erkennbar in die Zukunft weitergehen. Doch ist andererseits nicht zu übersehen, daß ein personaler Wechsel auch neue Akzentsetzungen mit sich bringt. Der neue Bischof ist eben nicht „Hugo“ – und er kann es nicht sein (und will es auch nicht sein). So werden gewisse Enttäuschungen nicht ausbleiben, weil unwillkürlich der neue Bischof an seinem Amtsvorgänger gemessen wird. Aber es wird auch das nüchterne Urteil geben, daß jeder eben mit dem ihm gegebenen Kräften und Eigenschaften sein Amt auszufüllen hat und daß er so angenommen werden muß. Ich darf dankbar sagen: Diese Annahme spüre ich, und sie trägt mich. So wollen wir gemeinsam das gute Erbe des Wirkens von Bischof Hugo fortführen, aber auch nicht ängstlich sein, wenn sich bisher Gewohntes ändert oder neue Akzentsetzungen sich ergeben.

Wenn ich noch ein Letztes in diesem persönlichen Vorspann sagen darf: Ich betrachte mich, stärker als es bei Bischof Hugo der Fall sein konnte, meiner gesellschaftlichen Umwelt, also dem konkreten Hier und Heute zugehörig und verpflichtet. Bischof Hugo konnte sagen: „Auf dieses herrliche Land ist mein Los gefallen", und wir alle haben es ihm als dem heimatverbundenen Sauerländer abgekauft. Ich kann nur sagen: Dieses Land ist nicht mein Los, sondern es ist meine Heimat. In diesem gesellschaftlichen Umfeld habe ich meine geistige und religiöse Entwicklung erfahren. Und ich spreche sicherlich auch im Namen der im Presbyterium nachwachsenden Mitbrüder: Wir *wollen* auch hierher gehören, nicht weil wir nicht anders können, sondern weil wir um dieses Landes willen, um seiner Menschen willen einen Weg suchen wollen, um das Evangelium Jesu Christi auf „mitteldeutsch" zu buchstabieren. Ich bin der Meinung, daß diese Aufgabe noch nicht gelöst ist! Ob wir es schaffen werden, steht in Gottes Hand. Doch gibt es keine dringlichere Aufgabe als diese. Wir haben viele Chancen und Möglichkeiten. Unser Elisabethfest hat ein wenig davon offenbart, aber wir dürfen uns nicht täuschen: Auf dem Weg der echten Einbettung der Frohbotschaft in diese konkrete Welt sind wir noch wenig vorangeschritten.

Aber da sind wir auch schon beim Thema. Welchen Weg hat die Kirche in unserem Raum zu gehen? Das ist eine alte Frage, auf die immer neue Antworten versucht werden müssen.

I. Der Anruf der Situation

Es ist eine alte Erfahrung: Hinterher weiß es jeder besser. Aber die jeweilige Gegenwart, den Augenblick zu deuten, ist eine schwierige Kunst. Ich möchte drei Faktoren nennen, die ich für unsere augenblickliche pastorale Situation für wichtig halte, weil sie uns tiefgreifend beeinflussen.

1. Ich möchte zunächst aufmerksam machen auf den anhaltenden und umfassenden *Ausfall Gottes bzw. von Transzendenz* für unsere Gläubigen und für die Menschen insgesamt. Ich halte es für unzureichend, unsere Situation nur mit „Diasporasituation" zu umschreiben, wie es die Dresdener Synode getan hat, aber auch der letzte Hirtenbrief der Bischöfe. Diaspora erweckt den Eindruck,

als ob die Kirche nur unter Andersgläubigen existieren muß. Wir haben vielmehr unsere Situation zu definieren als „Kirche in einer säkularisierten, materialistischen Umwelt“. Säkularisiert heißt: Das gesellschaftliche und private Leben ist weithin religionsfrei. Materialistisch heißt: Es wird eine theoretische, materialistische und atheistische Weltanschauung aktiv propagiert und weithin auch praktisch von der Mehrzahl der Menschen gelebt. Wir müssen uns darüber im klaren sein, daß dies eine für die Kirche wirklich neue Situation ist. Der „Ausfall“ Gottes ist radikal und die ganze Breite des Lebens abdeckend. Eine größere Profanität als das Leben in einem VEB-Betrieb bzw. in einem Neubaublock in unseren Trabantenstädten ist kaum vorstellbar. Gott, Religion, Kirche kommen nicht vor, auch nicht in den sogenannten Grenzsituationen. Und wenn der Zeitgenosse per Zufall darauf stößt, wirkt es für ihn exotisch.

Die von mir vorgeschlagene Formel „Kirche in säkularisierter, materialistischer Umwelt“ setzt sich bewußt ab von der Formel unserer evangelischen Mitbrüder: „Kirche im Sozialismus“. Zum einen ist der Begriff Sozialismus sehr vage. Was ist Sozialismus? Vermutlich ist die vom Marxismus-Leninismus geprägte Staatengemeinschaft gemeint. Das aber ist eine zu neutrale Definition. Zum anderen ist unsere Situation nicht allein von dem politischen Atheismus geprägt. Was uns gefährdet, ist der praktische Materialismus als Folge (oder Ermöglichung?) eines theoretischen Materialismus. Hier liegt die eigentliche Gefahr für die Kirche: eine Welt des Habenwollens, eine Welt, die die Karriere nach oben sucht und den hemmungslosen Genuß. Gegenüber dieser Gefahr sind die Ausfälle eines übereifrigen Marxismusdozenten gegen die Kirche und den Glauben harmlose Geplänkel!

Unsere Pastoral hat diese veränderte geistige Situation der Menschen ganz ernst in den Blick zu nehmen.

2. Ein weiteres Spezifikum unserer Situation möchte ich nennen: *schwindende Widerstandskraft des einzelnen*, auch der Einzelfamilie oder der Kleingruppen, gegenüber einer übermächtigen Umwelt. Wir erleben das Phänomen m. E. zur Zeit ganz beschleunigt auf unseren Dörfern und Pfarrkuratien. Die einzelne Familie, der einzelne katholische Partner einer Ehe, das einzelne katholische Kind, für das wir viele Kilometer Auto fahren, sie können sich nicht in der atheistisch, materialistisch geprägten Umwelt halten.

Wenn ich einmal unsere katholischen Gebiete ausnehme: Ich bin kein Unheilsprophet, wenn ich sage, es wird in wenigen Jahren kaum noch katholische Dorfbewohner geben. Und umgekehrt gilt: Es ist jedem, der seinen katholischen Glauben bewahren und weitergeben will, dringend zu raten, in eine Stadt zu ziehen. In der Stadt ist am ehesten dank einer lebendigen Gemeinde für den Glauben eine Chance gegeben.

Doch umfaßt das Schlagwort „mangelnde Widerstandskraft des einzelnen" noch weitere Phänomene.

- Es ist eine Tatsache, daß die jüngere Generation in Konfliktfällen *nicht mehr so belastbar* ist wie die ältere Generation. Das gilt nicht nur im allgemeinen, sondern auch insbesondere für den priesterlichen Beruf! Es gibt immer seltener das berühmte „Stehvermögen" des einzelnen, die Kraft zu einer alternativen Existenz, z. B. in Konsumfragen, in der Frage der Berufstätigkeit der Frau, des Freizeitverhaltens usw.
- Die modernen Neubauwohnungen fördern einerseits die *Entindividualisierung* des einzelnen (jede Familie hat die Schrankwand an der gleichen Stelle!); andererseits fördern sie eine erschreckende *Isolierung* der einzelnen, die sich nicht mehr solidarisieren können. Um so leichter werden sie Opfer vorgegebener oder bewußt gesteuerter Zwänge.
- Das gesellschaftliche Umfeld regt so *Konformismus* und *Phantasielosigkeit* an. „Herr Pfarrer, das kann ich mir doch nicht leisten ...!" Das ist eine echte und meist begründete Klage. Oder: „Da kann man doch ohnehin nichts machen!" Das ist ein durchgängiger Tenor in Gesellschaft und Kirche. Auch das ist Ausdruck der stärker werdenden Ohnmacht des einzelnen.

Es gäbe hier noch manches andere zu sagen. Zum Beispiel wäre auf die Verwaltetheit des alltäglichen Lebens hinzuweisen. Die meisten Lebensvorgänge sind von einer Erlaubnis, einer Lizenz abhängig! Ferner hat auch die Undurchschaubarkeit vieler gesellschaftlicher Vorgänge Rückwirkungen auf das Verhalten des einzelnen und anderes mehr.

3. Ein drittes Phänomen sei genannt: Die Menschen werden *durch die Arbeits- und Freizeitwelt zunehmend „besetzt"*. Es gibt eine wachsende Besetztheit („Besessenheit") der Menschen durch Arbeit, eine Art „Beschäftigungsmanie". Niemand hat mehr Zeit! Der Bischof hat keine Zeit; der Pfarrer ist nur am Mittwoch zu

sprechen; der Vater muß am Feierabend in die zweite Schicht; die Frau hat das Fernstudium zu absolvieren (Frauenförderungsplan!); der Junge muß zum Sport, und die Rentner bleiben noch im Arbeitsprozeß, bis sie tot umfallen. Wo findet sich noch der berühmte „rüstige Rentner", auf den das Bischöfliche Amt so gern rekurriert?

Was ist das für ein Phänomen? Wir haben es hier m. E. schon mit Folgeerscheinungen des Sinnverlustes in der modernen Industriegesellschaft zu tun. Hier wird offensichtlich etwas „überspielt"! Doch ich will mit Diagnosen vorsichtig sein. Ich bin kein Soziologe und kein Kulturphilosoph. Doch das Symptom ist eindeutig: Nicht der Mensch hat die Arbeit bzw. die Freizeit, sondern diese haben ihn! Ich möchte die sogenannte „Freizeit" hier ausdrücklich mit einbeziehen. Denn es gibt keine Zeit, die noch dichter mit Arbeit und Leistung gefüllt ist als der Feierabend. Auch der Urlaub, die Erholung, ist heute mehr und mehr Arbeit, sie steht unter Leistungsdruck und Erfolgszwang. Ich muß mich in meiner Erholung und in meinem Urlaub als den anderen ebenbürtig erweisen usw. „Ich habe keine Zeit" – diese Klage wird zu einer Zeitcharakteristik. Unsere gesellschaftlichen Bedingungen fördern diese Besetztheit des Menschen, ja wollen sie zum Teil bewußt. Es soll keiner zur Ruhe kommen. Ein Plan, ein Wettbewerb jagt den anderen usw. Hier hat uns die neue Enzyklika des Papstes über die menschliche Arbeit einiges zu sagen. Ich halte die Hektik, die „Beschäftigungsmanie", vor der auch die Kirche nicht verschont ist, für ein bedeutsames pastorales Phänomen, vor dem wir nicht die Augen verschließen dürfen.

Ich möchte diese Beobachtungen einmal auf unsere kirchliche Situation ausweiten. Wir haben heute den Tatsachen ins Auge zu sehen, daß die qualifizierten Mitarbeiter in der Seelsorge bei gleichzeitig zunehmender Ausweitung und Differenzierung der pastoralen Aktivitäten abnehmen. Wir haben uns also darauf einzurichten, nicht nur in Zukunft weniger Priester für unser Gebiet zur Verfügung zu haben, sondern auch weniger Seelsorgehelferinnen und andere hauptamtliche Mitarbeiter. Was besonders schwer wiegt: Die heutige pastorale Situation erfordert bei allen Mitarbeitern eine hohe „Frustrationstoleranz". Damit meine ich die Fähigkeit, sich trotz enormen qualitativen wie quantitativen Einsatzes mit minimalen Ergebnissen abfinden zu können.

Es ist sicherlich kein Geheimnis: Die seelsorgliche Arbeit ist differenzierter geworden. Sie erfordert stärkere Vorbereitung und intensivere Reflexion. Ich nenne nur einzelnes, was für uns neu ist: Taufgespräch, Bemühungen um Familiengruppen, intensive Ehevorbereitung, Religiöse Kinderwochen, Bildungsarbeit für spezifische Berufsgruppen in der Pfarrei oder in den Bildungshäusern, katechetische Arbeit für die Kinder mit Erwachsenen und anderes mehr. Dazu kommt angesichts der schwierigen äußeren Bedingungen eine starke Belastung durch die Sorge um die Erhaltung der Pfarrhäuser, der Kirchen und anderer kirchlicher Gebäude, eine Sorge, die früher ohne Zweifel einfacher zu tragen war.

Diese Anforderungen können müde und mutlos machen. „Was die nicht alles von mir wollen ...!“ Und je mehr gewollt und vorgeschlagen wird vom Bischof, vom Seelsorgeamt, vom Pastoralreferenten, vom Dekanatsrat ..., desto leichter ist es, abzuschalten und aus der Überforderung heraus auch den Mut zu einzelnen Schritten zu verlieren. Es gilt also wohl auch für uns: Wir sind „besetzt“. Wir haben keine Zeit.

Wir haben auf unsere gegenwärtige Situation geschaut und drei Phänomene hervorgehoben, die das Hier und Heute charakterisieren:

- Kirche in einer säkularisierten, materialistischen Umwelt;
- zunehmende Ohnmacht des einzelnen gegenüber dem Druck der Umwelt;
- Schwinden der Freiräume im menschlichen und familiären Leben; eine „Beschäftigungsmanie“, eine freiwillig-unfreiwillige Ruhelosigkeit, die auch uns in der seelsorglichen Arbeit erfaßt hat.

II. Die Mitte unseres Auftrags

Theologischer und pastoraler Erkenntnisfortschritt kommt stets von zwei Polen her: aus dem Blick auf die Situation und gleichzeitig aus dem Nachdenken über das uns anvertraute Evangelium. Was ist die Mitte unseres Auftrags als Kirche hier und heute?

1. Die eingangs beschriebene säkularisierte Grundbefindlichkeit unserer Gesellschaft macht eine Aufgabe notwendig, der sich die Kirche bisher noch nicht so konfrontiert sah. *Die Kirche hat die*

Existenz, die Wirklichkeit Gottes zu bezeugen. Man könnte mit unserer Situation die Zeit der frühen Kirche vergleichen, als das Evangelium aus dem Raum des Judentums in die Welt des Hellenismus übertragen wurde. Im jüdischen Denken war die Existenz Gottes fraglos und selbstverständlich. Die apostolische Predigt konnte sofort mit der christologischen Verkündigung einsetzen: Jesus Christus ist der letzte eschatologische Bote Gottes. Im hellenistischen Raum dagegen mußte dieser christologischen Botschaft erst die monotheistische Predigt vorangestellt werden. So kann Paulus die Thessalonicher daran erinnern, daß „ihr euch von den Götzen zu Gott bekehrt habt, um dem lebendigen und wahren Gott zu dienen", und dann erst kommt der christologische Artikel: „Und seinen Sohn vom Himmel her zu erwarten, Jesus ..." usw. (1 Thess 1,9).

Ich meine, daß die Kirche heute in ein neues epochales Lebens- und Weltgefühl eingetreten ist: in den Säkularismus, der vom Atheismus wohl zu unterscheiden ist. Gott bzw. Transzendenz werden nicht nur geleugnet, sondern kommen überhaupt nicht vor, und zwar nicht nur offiziell, sondern praktisch und für den einzelnen fraglos und selbstverständlich. (Das ist etwas, was Bischof Hugo zu tiefst irritieren konnte!) Darum ist heute das christologische Kerygma in die umfassende Bezeugung der Wirklichkeit Gottes einzuordnen. Hier deutet sich übrigens eine in Zukunft noch dringlicher werdende gemeinsame Aufgabe aller großen Weltreligionen angesichts des beschriebenen Säkularismus an. Man kann nicht mit dem Evangelium bei den Menschen „landen", denen jedwede Transzendenzerfahrung fehlt. Genau hier liegt m. E. ein Grundproblem unserer Verkündigung. Die Sätze des christlichen Glaubens werden als Ideologie erfahren, weil sie nicht mehr an authentische Gottes- bzw. Transzendenzerfahrungen anknüpfen können. Für den Menschen in einer säkularisierten Umwelt ist die religiöse bzw. dann auch die christliche Rede so fremd wie normalerweise Chinesisch für den mitteldeutschen Zeitgenossen. Ich formuliere das einmal so hart, damit wir uns von der radikalen Profanität unserer gesellschaftlichen Wirklichkeit schockieren lassen. Hier sollten wir uns vor Augen halten, welcher Spannung unsere Gläubigen tagtäglich ausgesetzt sind, auch wenn sie das nicht so artikulieren können. In unseren Pfarrhäusern und in dem normalen, gesunden Alltag einer Gemeindearbeit merken wir das häufig nicht so sehr. Wir werden im dritten Teil des Referates zu fragen haben, was die Bezeugung der Wirklichkeit Gottes als Voraussetzung der Verkündigung des Evangeliums von uns fordert.

2. Die Verkündigung der Kirche hat letztlich ein utopisches Ziel, das aber im Blick auf Gottes neuschaffendes Handeln am Ende der Zeiten, also nicht im Blick auf unsere Kräfte und Möglichkeiten, für ganz realistisch zu halten ist. Die Kirche lädt die Menschen ein, schon hier und heute in den durch Christus und das Wirken des Heiligen Geistes ermöglichten *„Raum brüderlicher Solidarität“* einzutreten, der Gottes endzeitliches Reich vorwegnehmen möchte. Das 2. Vatikanische Konzil hat das Selbstverständnis der Kirche so definiert: „Kirche als Sakrament und Instrument des Heiles“. Ich ersetze das Wort „Heil“: *„Kirche als Sakrament und Instrument einer im Geist Gottes solidarisierten Menschheitsfamilie“*.

Damit ist zunächst einmal gesagt: Kirche ist nicht Selbstzweck. Auch die Kirche hier bei uns ist nicht um ihrer selbst willen da. Sie ist da um einer Aufgabe willen. Wenn sie diese nicht erfüllt, dann ist sie wie eine Trompete, die keinen Ton mehr aus sich entläßt. Man kann sie putzen und im Futteral verwahren, aber sie weckt keinen mehr auf. Wir brauchen für unsere pastorale Arbeit ein allen Einzelaktionen und Programmen voranleuchtendes utopisches Zukunftsbild. Allein von solchen visionären Entwürfen her kann es zu neuen Aufbrüchen in der Geschichte der Menschheit kommen. Auch der Marxismus lebt von einem solchen Entwurf, von der säkularisierten Idee der „communio sanctorum“. Ein solches Zukunftsbild ist kein Programm. Das ist ja die Schwäche der Ideologien. Sie machen aus Utopien mit Hilfe von Maschinenpistolen ein gesellschaftspolitisches Programm, das mit aller Gewalt und ohne Rücksicht auf den konkreten Menschen verwirklicht wird. Das Bild von einer durch Christus im Heiligen Geist solidarisierten Menschheitsfamilie kann wie ein Leuchtzeichen sein, das uns die innerste Richtung aller kirchlichen Aktivitäten angeben kann.

Gottes Menschenliebe sucht den Menschen, nicht nur den einzelnen, sondern die Menschheit insgesamt. Die Kirche muß sich verstehen als Instrument, das die Menschen auf die kommende Solidarisierung im Reiche Gottes vorbereiten will.

3. Dem ist aber sofort ein Drittes hinzuzufügen: Vom Christusmysterium her sind wir belehrt, daß es nur *eine* Weise gibt, wie die

Kirche ihre heilsinstrumentale Funktion erfüllen kann. *Sie hat sich der gekreuzigten Liebe Jesu Christi gleichförmig zu machen.* Diese Formel fängt wohl am glücklichsten ein, daß der tragende Grund unseres Heiles auf einer aktiv-passiven Liebeszuwendung aufruht, also auf einer tätigen und erleidenden Liebe, die in den Augen der Welt töricht ist.

Die Meditation der hl. Elisabeth hat uns das wieder ins Bewußtsein gerufen. Es ist nicht die Aufgabe der Kirche, „Entwicklungshilfe" im weitesten Sinn in den vielfältigen Nöten der Welt und der Menschen zu leisten. Wenn die Kirche „Sakrament und Instrument des Heiles" sein will, also zu einer in Gott versöhnten, solidarisierten Menschheit hinführen will, dann kann sie das nur in der Art Christi. Sie muß mit ihm an das Kreuz. Das ist schrecklich, aber auch tröstlich zugleich. Schrecklich, weil es wohl keinem von uns von Natur aus leichtfällt, sich verbrauchen zu lassen, ohne nach sich selbst zu fragen: „Herr, was wird uns dafür zuteil werden?" Das ist ja auch der geheime Stachel unserer priesterlichen Existenz, diese Fragen: Wozu das alles? Warum muß ich, als Volltheologe, mich um kaputte Dachrinnen kümmern, obwohl ich doch so sinnvoll Hausbesuche machen müßte? Warum renne ich mir nach verantwortlichen Mitarbeitern in der Gemeinde die Beine aus, wenn dann doch so wenig dabei herauskommt? Warum lebe ich zölibatär, und keiner merkt etwas von der innersten Motivation meiner Lebensart? Im Gegenteil, sie bedauern mich und erwarten förmlich von mir Formen der geheimen Schadloshaltung. Warum sind die Strukturen unserer Kirche so starr und unbeweglich, wo ich mir doch alles besser und moderner vorstellen könnte? Das sind unsere Kreuze, und an dieses Kreuz lassen wir uns so ungern heften.

Aber die Kreuzesgemeinschaft mit dem Herrn ist auch tröstlich. Hinter dem Kreuz steht das Osterwissen der Kirche. Die Kirche kann darum mit Gelassenheit Wege der Selbstaufgabe beschreiten. Das Spitzenmodell ist sicher das Martyrium. In Abstufungen wird es heute aber nahezu von jedem verlangt. Es leben unter uns viele confessores! Und Bekennertum ist für jede „vernünftige" Überlegung eine Torheit, also Kreuzesnachfolge.

Ich möchte freilich auch nicht die andere Seite der nachgelebten Liebe Christi, die aktive, drängende, positiv aufbauende Art der Liebe Christi verdunkeln. Jcsus Christus hatte auch ein pastorales Programm: Er sandte Jünger zur Mithilfe aus; er umwarb und suchte den konkreten Menschen; er holte ihn aus seiner Welt ab usw. Aber diese aktive Liebe des Herrn war von einer passiven Leidensbereitschaft umfangen, die eben die andere grundlegende Form seiner Liebe zu uns ist.

Die Kirche unseres Raumes kann also nichts anderes tun, als das Zeichen des Kreuzes, das Zeichen der aktiv-passiven Liebe des Herrn hier bei uns aufzurichten. Verwirklicht sich in unseren pastoralen Aktivitäten die gekreuzigte Liebe des Herrn? Das kann ein Gradmesser sein, an dem sich die Werthaftigkeit und Dringlichkeit mancher pastoraler Einsätze entscheiden läßt.

Wir haben auf die Mitte unseres Auftrages geschaut. Vor uns steht die Notwendigkeit einer überzeugenden, authentischen Rede von Gott (im weitesten Sinn). Die Kirche soll eine utopische Vision bezeugen und vorwegnehmend leben: die Vision der durch Christus im Heiligen Geist geeinten Menschheit. „Da ist nicht mehr Sklave noch Freier, weder Mann noch Frau“, da sind weder Ost noch West, weder Erste Welt noch Dritte Welt, weder Gesunde noch Kranke usw. – „ihr seid alle einer in Christus“ (vgl. Gal 3,28). Die Kirche wird diesem Anspruch aber nur gerecht, wenn sie in die Liebesbewegung ihres Herrn eintaucht, eine Bewegung, die sich sowohl in die Horizontale als auch in die Vertikale erstreckt, den Menschen entgegen und Gott entgegen, und die kreuzförmig wird, weil sie nicht nur aktiv ist, sondern auch passiv erduldend.

III. Wege der pastoralen Arbeit

Wir wollen nun abschließend fragen, ob und wie diese zentralen Aufgaben unseren pastoralen Weg bestimmen können.

1. Das säkularisierte Lebens- und Weltgefühl unserer Zeit, der Ausfall der Wirklichkeit Gottes im praktischen Leben des einzelnen und der Gesellschaft erfordert von uns eine Umstellung in unserer seelsorglichen Strategie. Was heißt das?

Unsere Seelsorge darf nicht mit Selbstverständlichkeit voraussetzen, daß jedermann weiß, wer Gott ist oder, anders gesagt, daß das Leben einen Sinn haben muß. Sicherlich dürfen wir hoffen, daß die Frage nach Gott im Menschen nicht völlig verschüttet wird. Aber wir haben damit zu rechnen, daß die Adressaten unserer Verkündigung so ratlos vor unseren christlichen Sätzen und Forderungen stehen wie Höhlenbewohner, denen wir Sonnenbrillen verkaufen wollen. Sie halten die Sonnenbrillen höflich, aber ratlos in den Händen. Sie wissen nicht, wozu sie die eigentlich brauchen. Ohne Bild gesprochen: Wir konfrontieren z. B. die jungen Leute in der Ehe mit christlichen Wertvorstellungen, aber sie sind oft nicht fähig, diese Werte bzw. Normen zu den ihrigen zu machen, weil sich für sie keine Erfahrungen damit verbinden. Wie anders und intensiver kann man dagegen z. B. mit Geschiedenen seelsorglich reden! Oder, um ein anderes Beispiel zu nennen, wir erinnern immer wieder an das Gebet, wir ermahnen dazu, aber wir lassen die gutwillig Anfangenden mit ihren ersten negativen Erfahrungen allein. Wir begleiten sie nicht oder zuwenig bei ihren ersten Schritten, etwa bei der Erfahrung, daß Gott schweigen kann, oder bei der Frage, warum ich auch ins Dunkle, Antwortlose hinein sinnvoll beten kann, wie Gebet im profanen Raum möglich ist usw.

Was ich sagen möchte, ist dies: Wir Priester müßten stärker zu *Männern einer geistlichen Erfahrung* werden, die innerhalb des Raumes dieser säkularisierten Welt authentisch und überzeugend in die Welt Gottes einzuführen vermögen, und zwar nicht nur Ordensschwestern (obgleich diese oft sehr schlimm mit ihren Nöten allein bleiben), sondern den sogenannten „normalen" Bürger, der in einem sozialistischen Betrieb arbeitet, dessen Frau berufstätig ist, der zwei Kinder hat, der eine Weiterbildung mitmacht, der zu Hause im Haushalt helfen muß usw. Kurz, wir brauchen eine Mystagogie für unsere Gemeindemitglieder, die deren spezifische Erfahrungen mit dieser säkularisierten Welt in das Glaubensleben einzubauen vermag. Nein, nicht nur einzubauen – das klingt zu sehr nach wegretuschieren und wegdiskutieren –, es gilt vielmehr, daß wir solche Alltagserfahrungen zum *Ausgangspunkt* für Wege zur Transzendenz zu machen vermögen. Und die Mystagogen, die Lehrmeister einer solchen Gotteserfahrung mitten in der Profanität, können nur wir Priester sein, was nicht ausschließt, daß wir nicht auch unter unseren Männern und Frauen Mystiker des Alltags entdecken und zur Wirksamkeit bringen können. Aber es geht nicht an, daß wir uns als Priester vor dieser grundlegenden Aufgabe drücken und uns mit allen möglichen anderen Dingen beschäftigen.

Karl Rahner hat einmal geäußert, es sollte in der Kirche keiner Bischof werden, der nicht schon mindestens zwei Atheisten bekehrt hätte. Ich weiß nicht, ob ich dann nicht doch lieber hätte Dozent bleiben sollen; aber auch als Dozent kann ich nur das lehren, was ich glaubhaft und authentisch andern vermitteln kann. Ich möchte das Presbyterium ermutigen, sich innerhalb der vielen seelsorglichen Aufgaben das Gespür dafür zu bewahren, daß es manchmal wichtiger ist, einem einzigen Heiden nachzugehen, als einen frommen Familienkreis zu betreuen. Warum? Weil dieser einzelne Heide mich zwingt, mit meiner Gotteserfahrung so radikal und nackt herauszurücken, daß es für mich zu einem heilsamen Schock kommen kann; weil dieser Heide mich zwingt, meinen Glauben ohne dogmatische Begriffe zu formulieren, in der Sprache dieser DDR-Wirklichkeit; weil eine solche Konfrontation mit dem Ungläubigen mir mehr Hilfe und Anregung für meine „normale" Verkündigung an die Sonntagsgemeinde gibt als alle Predigtbücher zusammen. Hier gilt das alte Wort: „Non multa, sed multum!" Nicht alle seelsorgerlichen Aktivitäten sind gleichermaßen wichtig. Es gibt qualitativ Wichtiges, das durch keine quantitativen Argumente abgewürgt werden darf. Die Aufgabe des Priesters als Mystagoge, als geistlicher Zeuge und Führer für die Möglichkeit des Gottesglaubens inmitten der profanen Welt, gehört zu diesen durch nichts zu ersetzenden Tätigkeiten des Seelsorgers. Wir spüren ja heute schon, bei der Sorge um unsere Konvertiten, wie wir Wege in diese Profanität hinein eröffnen müssen, denn die Konvertiten sind ja meist doch, geistlich gesehen, Katechumenen, die irgendwann „aus Versehen" schon einmal getauft wurden.

2. Als zweites durchgehendes Phänomen in unserer Situation hatten wir von der zunehmenden Ohnmacht bzw. der fehlenden Widerstandskraft des einzelnen gesprochen. Wir hatten uns als Kontrastbild die Utopie der in Christus solidarisierten Menschheit vor Augen gestellt, das eschatologische Ziel, auf das alle geschichtliche Entwicklung hindrängt, bis Gott einmal in der „communio sanctorum" den Sinn der Welt- und Universumsgeschichte als Ganzer enthüllen wird.

Unsere Pastoral muß etwas von der großen Utopie des Gottesreiches erkennen lassen. Ich bin der Meinung, daß unsere Zeit für diesen Grundimpuls der christlichen Verkündigung ein besonderes Ohr hat. Der christliche Glaube an den Gott, dessen Advent am Ende aller unserer Wege steht, ist m. E. die einzige Kraft in dieser Welt, die unseren Lebensoptimismus vor illusionären Selbsttäuschungen bewahren kann, aber auch vor anderen schlimmen Verkürzungen, etwa der Illusion, daß uns der erhöhte Konsum oder die in Exzeß getriebene Freiheit des einzelnen rettet. Unser auf das Eschaton ausgerichteter Glaube kann uns aber auch vor der Resignation bewahren, in die so viele Gutmeinende heute verfallen. Und mit diesen Stichworten haben wir letztlich die großen zeitgenössischen Lebenshäresien angesprochen. Der christliche Glaube bleibt optimistisch und zugleich realistisch, weil er uns lehrt, nicht auf uns selbst zu hoffen. Ich bin der Meinung, daß wir die Bedeutung der christlichen Eschatologie angesichts einer zwischen Fortschrittsglauben und Resignation hin- und herschwankenden Welt noch neu entdecken werden. Unsere pastorale Arbeit muß angesichts dieser geistigen Situation eine bestimmte Kontur erhalten, die durchgängig alle Aktivitäten prägen und durchformen sollte. Vielleicht ließe sich dieser *durchgängige Grundimpuls der Seelsorge* in das Schlagwort *„Solidarisierung"* einfangen. Unsere Seelsorge, das kirchliche Tun, muß zur Solidarisierung der Menschen untereinander führen. Zunächst einmal innerhalb der Gemeinde, in den Familien, zwischen Eltern und Kindern, zwischen Familienkreisen und Gruppen, zwischen unterschiedlichen Personalgemeinden und geistlichen Familien. Bedrohlich ist z. B. die auffällige Schweigezone zwischen den geistlichen Gemeinschaften in unserem Raum. Warum wird hier so vorschnell abgestempelt und etikettiert? Hätten sich diese Gemeinschaften nicht untereinander etwas zu sagen und damit auch uns?

Doch es geht auch um Solidarisierung über den Raum der Gemeinde hinaus. Und damit sind wir bei dem, was der neue pastorale Impuls „Den anderen suchen – Gottes Ja gilt allen Menschen" sagen will. Es geht um Solidarisierung zwischen den noch getrennten Kirchen und Gemeinden, zwischen den Christen und Nichtchristen, zwischen den Kirchen und den außerchristlichen Wirklichkeiten bis hin zum Abbau von Klassen-, Rassen- und Besitzschranken im weitesten Sinn. Unser Einsatz als Kirche muß mehr noch als bisher das Signum der Solidarisierung mit den Ohnmächtigen und Schwachen erhalten. Wir tun es ja bereits. Die Sorge der Kirche um die Behinderten und Kranken ist glaubhaft und findet Anerkennung. Aber unsere Sorge darf nicht von dieser Anerkennung leben, sondern von dem Urimpuls des Evangeliums, die Menschen in Christus im Raum des Heiligen Geistes zur Einheit zu führen.

Ich spreche einmal ganz undifferenziert: Jede seelsorgliche Aktivität, die Menschen zusammenführt, sie zur Solidarität mit anderen befähigt, sie zur Verantwortlichkeit ermutigt gegenüber anderen, ist einer Seelsorge vorzuziehen, die den einzelnen nur als Objekt der religiösen Betreuung ansieht. Noch deutlicher: Jede um sich selbst kreisende Seelsorge, die den Verdacht erweckt, es solle nur ein kirchlicher Betrieb aufrechterhalten werden, verliert von selbst an Gewicht, eben weil sie nicht mehr von der Vision der in Christus geeinten Menschheit (nicht nur Kirche!) erfaßt ist.

Auch unsere Sorge um die liturgischen Feiern sowie um solch ausgesprochen „fromme" Veranstaltungen wie Exerzitien, Missionen, Einkehrtage, wo es scheinbar nur um Gott und meine Seele geht, sollten erkennbar und spürbar für das Anliegen einer immer größeren Solidarisierung öffnen. Hier erschließen sich wie von selbst Motivationen, die ich sonst mühsam mit Kirchengeboten oder dergleichen abstützen müßte. Das Sonntagsgebot etwa wird plausibel, wenn der einzelne merkt, daß sein Lebenszeugnis für die anderen eine Stütze ist. Das Engagement in der Gemeinde wird fraglos, wenn es von der Erfahrung getragen wird, daß gemeinsames Tun etwas bewirkt und verändert usw. Daß Gebet, Gottesdienst, Frömmigkeit im weitesten Sinn „politisch" sind, also den individuellen Bereich überschreiten, zeigen uns ja bestimmte Ereignisse der Gegenwart sehr deutlich.

Umgekehrt aber müssen Begriffe wie „Zuwendung zum anderen" „Barmherzigkeit mit den Schwachen und Hilflosen" „fraglose Solidarität mit den Recht- und Schutzlosen" „Versöhnungsbereitschaft und Anstiftung zum Frieden" für unsere Gläubigen den Geruch des Moralischen verlieren, „moralisch" in dem Sinn, als ob dies alles nur Zutaten zum Eigentlichen seien. *„Es gibt kein Heil für mich allein."* Dieser Satz muß uns tief in der Seele brennen. Es gibt nur Heil für mich *und* den Menschenbruder neben mir. Also nicht: „Rette deine Seele" sondern: „Rette deinen Bruder, und du rettest dich". Die Nächstenliebe ist nicht unser Hobby, sondern sie ist die Planke, auf der wir uns vor uns selbst retten.

Ich glaube, das Stichwort „Solidarisierung" könnte eine zugkräftige und belebende pastorale Parole sein, die alle Bereiche unserer seelsorglichen Aktivitäten zur Mitte des Evangeliums hin öffnet, aber gleichzeitig auch einen „Sitz im Leben" der heutigen Welt hat. Alle anderen pastoralen Akzente sollten sich dann als Auseinanderfaltung dieses einen Grundakzentes verstehen.

3. Als letztes hatten wir auf die zunehmende „Besetztheit" des heutigen Menschen hingewiesen, auf die jede Ruhe und Besinnung tötende Beschäftigungsmanie, die letztlich wohl ein Ausdruck der Flucht vor Gott oder auch der inneren geistigen und geistlichen Leere ist. Wir haben keine Zeit, weil wir von uns selbst besetzt sind. Wir haben im II. Teil gesehen: Jesu erlösendes Tun besteht in seiner aktiv-passiven Liebeshingabe. Und allein darin kann die Kirche, wenn sie sich überhaupt als eine soteriologische Größe betrachtet, ihrem Herrn nachfolgen.

Was heißt das für unsere konkrete Arbeit? Auch hier sollte ein Schlagwort das bündeln, was im einzelnen zu entfalten wäre. Unsere Kirche muß eine dienende Kirche sein, eine Kirche der „Karriere nach unten" (H. Schürmann), eine Kirche des Loslassenkönnens oder – besser noch – eine Kirche der Selbstentäußerung. Könnten wir den bekannten Philipper-Hymnus auch auf die Kirche anwenden: „Die Kirche entäußerte sich und wurde wie ein Diener. Sie erniedrigte sich und war gehorsam bis zur Selbstaufgabe"? Das klingt sehr pathetisch, aber es bleibt dennoch der einzige Weg, der uns tatsächlich bedeutsam und wichtig macht.

Meinen wir wirklich, mit unseren klugen menschlichen Überlegungen, Dispositionen, Strukturen und Gremien dem Evangelium auch nur um einen Deut mehr auf die Sprünge helfen zu können? Sicherlich, Gott will sich durch uns bezeugen lassen. Aber eben nicht als der Gott der Griechen und der Philosophen, nicht als die gloriose Überhöhung dieser Weltwirklichkeit, der man Weihrauch streuen oder Menschen opfern muß. Er will sich bezeugen lassen als der Gott, der das Kleine und Geringe sucht, der sich herabbeugt in den Staub, der so sehr liebt, daß er sich lächerlich macht, kurz: Er will sich bezeugen lassen als der Gott Jesu Christi.

Ich meine, damit ist unsere pastorale Arbeit einmal von einem gewaltigen Druck befreit. Wir brauchen nicht so zu tun, als ob Gott auf unsere pastoralen Programme und Aktionen angewiesen wäre, um bei den Menschen anzukommen. Gott hat tausend Wege, um das Menschenherz umzukrempeln. Wenn wir aber nun einmal unbegreiflicherweise Handlanger dieses Gottes geworden sind, dann kommt für uns nur Gottes Missionsmethode in Frage: zur Liebe anzustecken durch Liebe. Oder anders gesagt: zu dienen, um zu heilen – oder wieder anders: zu sterben, um zu erlösen.

Sagen wir diese Dinge einmal konkret:

- Jede Gemeinde sollte ihre „Vinzenz-" bzw. „Elisabethgruppe" alten Stils, also mit laikaler Eigeninitiative, haben, die aber in neuer Weise Aufgaben sucht und verteilt.
- Personalgemeinden, Kolpingsfamilien, geistliche Elitegruppen haben nur Existenzberechtigung, wenn sie ein diakonales Zeugnis nach außen geben.
- Familienkreise, die nicht auf Dauer einen praktischen Dienst in oder außerhalb der Gemeinde übernehmen, sollten wir auflösen.
- „Bibelkreise" oder Meditationsgruppen sollten Christus nicht nur in der Schrift begegnen, sondern auch in Altenheimen oder im Dienst an Behinderten.
- Ein Pfarrhaus, das nicht für die Nachbarschaft als Zufluchtsort in allen Bedrängnissen des Lebens offen ist, verdient nicht den Namen *Pfarrhaus*.
- Gemeinden, die ihnen zukommende caritative Aufgaben an Einrichtungen, Ordensschwestern oder die Diözesancaritas delegieren, bedecken damit nur notdürftig ihre eigene Blöße. Es muß natürlich eine Caritas geben, die Gemeinschaftsaufgaben übernimmt, doch kann die Caritas nicht unser aller Aufgabe ersetzen, zu fragen, wie unsere Gemeinden samt ihren kleinen Außenstationen Bruderschaften im Heiligen Geist werden können.
- Und schließlich: Es sollte keinen von uns geben, der nicht irgendwo eine Stelle hat, wo er sich hinkniet und jemandem die Füße wäscht. Ich bin überzeugt, jeder von uns hat da genügend Angebote.

„Dienendes Zeugnis" Kirche des kleinen Weges, der Karriere nach unten! Hier haben wir eine Formel gefunden, die m. E. der Kirche in unserem Raum, der Kirche in einer materialistischen Wohlstandsgesellschaft, in der keiner dienen will, wohl angemessen ist.

Wir fassen zusammen:

Wir haben auf unsere Situation geschaut, auf die Mitte unseres Auftrags und auf mögliche pastorale Wege. Die drei Aspekte, die wir dabei jeweils betrachteten, korrespondieren miteinander:

- Die Kirche in einer säkularisierten Umwelt hat den grundlegenden Auftrag, Gott zu bezeugen. Für unsere Gesellschaft, die lange nicht mehr aus abgefallenen Christen, sondern aus ungetauften, blanken Heiden besteht, wächst die Offenheit für Transzendenzerfahrung, für *authentisches, glaubhaftes Reden von Gott.* Werden wir Seelsorger dieser säkularisierten Jugend geistliche Erfahrungen vermitteln können? Das halte ich für eine Schlüsselfrage unserer Seelsorge.
- Wir sahen, daß der einzelne immer hilfloser dem Druck anonymer Mächte ausgesetzt ist. Es gibt einen Zwang zur Anpassung, der alles Personale verschlingt, ins Kollektive hinein. Das Evangelium eröffnet uns dagegen die Vision der Bruderschaft der Erlösten im Heiligen Geist. Ob *„Solidarisierung"* eine pastorale Parole sein kann, die dem Evangelium neu Gehör verschafft? Die Kirche sollte der Ort sein, wo der einzelne aufatmen kann in einer Gemeinschaft, die jedem zu ihrem Recht verhilft, eben weil jeder Solidarität erfährt, der Behinderte ebenso wie die Geschiedene, das Kind ebenso wie der nicht mehr produktive Rentner, der nicht angepaßte Jugendliche ebenso wie der Suchtkranke usw.
- Und schließlich: Der Weg, der aus der Besetztheit des Menschen durch den Menschen, aus dieser merkwürdigen, unerlösten Ruhelosigkeit und Schaffensmanie herausführt, ist allein der Weg Jesu Christi: die Bereitschaft zu dienen bis hin zur Selbstaufgabe. Die evangelische Kirche definiert sich als „Zeugnis- und Dienstgemeinschaft", eine an sich glückliche Formulierung. Was wirklich Zeugnis gibt, ist nicht unsere Perfektion, unser gut eingespielter Apparat, unsere glänzende Selbstdarstellung.

Dienendes Zeugnis, das allein hat die Verheißung eschatologischen Erfolges – und in der jetzigen Situation auch einige hoffnungsvolle pastorale Chancen, auf die wir freilich nicht allzu sehr bauen sollten. Es sollte uns zum kleinen Weg, zur „Karriere nach unten", zum alternativen, einfachen Leben allein schon Grund genug sein, daß wir uns dann in der Gesellschaft unseres Herrn befinden.

* Vortrag auf den Priesterkonferenzen in Erfurt und Heiligenstadt im Oktober 1981

Seelsorge zwischen Bewahrung und Bewährung*

Die Tagung der deutschsprachigen Regentenkonferenz in Erfurt ist willkommener Anlaß, gemeinsam die pastorale Situation in unserem Lande zu bedenken. Sie haben den Tagungsort Erfurt sicherlich auch aus diesem Grund gewählt: sich durch eigenen „Augen- und Ohrenschein" mit unserer kirchlichen Wirklichkeit vertraut zu machen, soweit das in der kurzen Zeit Ihres Aufenthaltes möglich ist. Uns bietet Ihr Besuch Gelegenheit, selbst über unseren Standort nachzudenken und im Gespräch das eigene Urteil der kritischen Befragung auszusetzen. So verstehe ich meine Ausführungen als eine Einladung, in einen brüderlichen Gesprächsaustausch zu kommen.

„Standortfindung" erfolgt für die Kirche am intensivsten dann, wenn sie danach fragt, wie sie ihren Auftrag in der jeweiligen Situation am wirkungsvollsten erfüllt. Die Frage „Was ist zu tun?" ist wichtiger als die Frage „Wer sind wir?". Als Glied der umfassenden *ecclesia catholica* brauchen wir unser Selbstverständnis nicht im Blick auf eine außerkirchliche Wirklichkeit, etwa die vorfindliche Gesellschaftsordnung, zu definieren. Dennoch prägt die Wirklichkeit, die uns umgibt, das Handeln der Kirche; denn niemals lebt Kirche im luftleeren Raum. Sie hat das, was ihr zur Bewahrung aufgegeben ist, unter sehr konkreten Lebens- und Wirkungsbedingungen zu bewähren.

Ich möchte das, was uns hier zur Bewahrung und zur Bewährung im seelsorglichen Bereich aufgegeben ist, auf drei Feldern festmachen. Die Anregung dazu kommt mir aus dem Blick auf die Kirche der ersten Jahrhunderte. Soweit wir aus den Quellen erkennen können, erklärt sich die große Expansionskraft des frühen Christentums durch drei Faktoren:

- Das Christentum verkündete im Anschluß an die hellenistische Synagoge einen klaren Monotheismus, wobei der Gottesbegriff durch die Auferstehungsbotschaft besonders verfremdet wurde („Gott, der Jesus von den Toten auferweckt hat").
- Die urchristlichen Gemeinden forderten und lebten zum Teil

wohl auch ein hochstehendes Ethos, das sich deutlich vom Verfall der sittlichen Kräfte in der Gesellschaft der römischen Kaiserzeit abhob und daher anziehend wirkte.

- Die Gemeinden praktizierten Formen eines bruderschaftlichen Zusammenlebens, in denen die Existenzangst und das Verlorenheitsgefühl des damaligen spätantiken Menschen aufgefangen wurden und in denen der einzelne auf seine Subjektivität, auf sein Personsein hin angesprochen wurde.

Damit haben wir drei Stichworte genannt, die m. E. für die Kirche unseres Raumes unter gewandelten Verhältnissen ebenfalls von Bedeutung sind: die Gottesverkündigung, die Ausprägung eines christlich motivierten und auf personaler Freiheitsentscheidung gründenden Ethos, die bruderschaftliche Gestalt der Kirche.

Ich möchte zu diesen drei Stichworten einige Anmerkungen machen, aus denen Sie sowohl unsere Schwächen als auch – hoffentlich – unsere Chancen werden ablesen können.

I.

Es ist die grundlegende Aufgabe der kirchlichen Verkündigung, „Bekehrung von den Götzen zu Gott" zu bewirken, damit die Menschen „dem lebendigen und wahren Gott dienen" (vgl. 1 Thess 1,9). Im Blick auf diese grundlegende Aufgabe müssen wir zunächst klar unsere Schwäche sehen. Ich illustriere diese an einigen markanten Punkten, wobei ich etwas „holzschnittartig" rede:

- Es fehlen in unserer Kirche missionarische Kräfte. Noch mehr: Es fehlt uns nicht nur missionarischer Elan, sondern auch die Überzeugung, daß es gelingen könnte, einen Normalbürger von Leipzig, Dresden oder Erfurt katholisch zu machen.
- In die Kinderkatechese wird unverhältnismäßig viel Kraft investiert, wobei der Katechet die Aussichtslosigkeit seines Bemühens oft von vornherein erkennt, besonders dort, wo die Katechese nicht durch eine gläubige Familie gestützt wird.
- Die Sakramentenspendung wird zuwenig als Chance einer vertieften Einführung in die christliche Existenz bzw. deren Deutung genutzt. Symptomatisch ist der Umgang mit erwachsenen Taufbewerbern, deren Zahl langsam ansteigt. Die Erwachsenentaufen werden von der Altgemeindc und von den Priestern nicht als Herausforderung angenommen. Man ist hilflos im Umgang

mit neugetauften Erwachsenen. Sie bleiben auch nach der Taufe weiterhin sich selbst überlassen.

- Die Krise im Umgang mit dem Bußsakrament bzw. in dessen lebendiger Rezeption ist augenscheinlich. Der Ausfall der Buße als Lebensvorgang signalisiert die Auslagerung des Glaubens in den Bereich der Ideologie, des „Überbaus“ über dem „wirklichen“ Leben.
- Die Feier der Eucharistie erfolgt zwar nach dem erneuerten Ordo, dessen innerer Geist wird aber zuwenig erfaßt. Viele Gottesdienste sind geistlich und ästhetisch zu „flach“. Sie sind manchmal Zumutungen für die Gemeinde statt Auferbauung. Das Gespür für liturgisches Handeln im Gottesvolk ist unterentwickelt.
- Die Verkündigung im Gottesdienst ist oft nicht substantiell genug. Zum Teil ist die Predigt moralisierend. Sie hat einen resignativen oder auch pathetisch-überoptimistischen Grundton. Es fehlt die Auseinandersetzung mit der Lebenswelt der Gläubigen. Die Predigt wirkt häufig belanglos und weltenthoben. Sie knüpft an Voraussetzungen an, die bei unseren Hörern oft nicht mehr vorhanden sind.

Was ist zu tun? Ich möchte zwei grundlegende Aufgaben im Verkündigungsbereich zu bedenken geben: Die uns anvertraute Botschaft des Evangeliums ist zu konzentrieren und zu verfremden.

„Konzentration“ meint in diesem Zusammenhang: Die Verkündigung hat sich auf die *essentials* des christlichen Glaubens zu beschränken. Diese sind in einer zeit- und lebensnahen Sprache zu formulieren und rational wie gefühlsmäßig zu vermitteln. Ich denke hier an den beispielhaften Versuch des englischen Schriftstellers C. S. Lewis, in seinen Büchern die Basissätze des christlichen Glaubens in eine zeitgemäße Sprache zu fassen, die Denkschwierigkeiten auszuräumen, die ein einseitiges naturwissenschaftlich geprägtes Weltbild in den Hörern wie Barrieren aufgebaut hat, Anknüpfungserfahrungen für die Botschaft des Evangeliums im Leben freizulegen, von denen aus der Überstieg zum Glaubensakt leichter gelingen kann. Ich bin der Meinung, daß die Aufgabe der Konzentration unserer Katechese auf die Basissätze unseres Glaubens speziell für unsere marxistisch geschulte Jugend noch zu leisten ist. Es ist oft erstaunlich, wie gering die Grundkenntnisse christlicher Basiswahrheiten bei jungen Menschen, einschließlich junger Theologen sind, die aus einer christlichen Katechese kommen. Es fehlt nicht nur das Sachwissen, es fehlt das Gespür für das Proprium des christlichen Glaubens z. B. gegenüber der marxistischen Weltanschauung. Ein gutwilliger katholischer Jugendlicher, der bewußt als Christ leben will, „denkt" seinen Glauben oft noch marxistisch, d.h., er übernimmt die Denkschemata dieser Weltanschauung und läßt sich mit seinem Glaubensvollzug in die „idealistische Ecke" abschieben. Daß da auf Dauer Inferioritätsgefühle nicht ausbleiben, ist klar. Da kann nur eine kontrovers angelegte, auf die Basiswahrheiten des Glaubens konzentrierte Katechese weiterhelfen. Hier zählt nicht die Quantität der Verkündigung, sondern die Qualität. Eine richtig und tief ansetzende Grunderkenntnis ist da unter Umständen wichtiger als der Versuch einer abgerundeten Gesamtdarstellung des Glaubens oder gar konfessionalistischer Besonderheiten. Diese Erkenntnis setzt sich m. E. in der Kinder- und Jugendpastoral mehr und mehr durch.

Das zweite Stichwort: „Verfremdung". Damit meine ich, daß christliche Schlüsselbegriffe, wie Erlösung, Gnade, Stellvertretung, Gericht, Himmel u. a., in ihrer inhaltlichen Aussage nur verstanden werden können, wenn ihnen der Geruch des Bekannten und längst Vertrauten genommen wird. Man kann das damit angezeigte Problem in unterschiedlichen Schichten verfolgen. Rein äußerlich ist es ein Sprachproblem. Unsere offizielle Glaubenssprache, so wie sie die „amtlichen Religionsdiener" gebrauchen, ist zu trokken, zu unanschaulich, so orthodox korrekt, daß sie zur Fachsprache geworden ist. Keiner unserer Gläubigen gebraucht sie normalerweise – und so ist auch deren Glaube weithin ein schweigender, ein sprachloser Glaube. In einer tieferen Schicht geht es aber nicht nur um Sprachbarrieren. Es gibt einen Überdruß gegenüber der christlichen Botschaft, wie er wohl nur in einer postchristlichen Gesellschaft anzutreffen ist. Auf dem Aeropag in Athen war man wenigstens noch an der Rede des Apostels interessiert, weil man meinte, etwas Neues zu hören. Aber heute winkt man lässig ab und signalisiert: Alles schon bekannt, alles schon einmal gehört, wir wissen Bescheid. Dabei ist eindeutig, daß das Evangelium unbekannt und in seiner Mitte weithin gar nicht begriffen ist. Viele bleiben eben im Vorfeld des eigentlichen Gefechtsfeldes, auf dem die Entscheidung für oder gegen den Gottesglauben gefällt wird, hoffnungslos hängen, gleichsam in den Drähten und Minenfeldern, die durch Halbwissen und Vorurteile, durch Propaganda und Indoktrination, aber auch durch die Schuld und das Versagen der Christen angelegt werden. Für viele Zeitgenossen besteht der dunkle Verdacht, daß die Religion eben doch nur eine Verbrämung der trostlosen Weltzustände ist. Und darum handeln sie entsprechend: „Vielleicht ist es gut, daß es Gott gibt – aber hoffentlich brauchen wir ihn nicht irgendwann einmal!" „Verfremdung" der Botschaft hieße dann: Weg von allen Anpassungen des Evangeliums an sogenannte anthropologische Bedürfnisse, weg von einem moralistischen Christentum, Verkündigung des Evangeliums als Aufdekkung einer Bestimmung des Menschen, die ihm im ersten Augenblick als fremd erscheinen mag, die aber dann doch erkannt werden kann als die dem wahren Wesen des Menschen eigene und eigentümliche Bestimmung – so wie eben Großstädter erst dann merken, was saubere Luft eigentlich wert ist, wenn sie bei Smog fehlt. Für die Überzeugungskraft unserer Verkündigung wird in Zukunft viel davon abhängen, ob wir die ursprüngliche Frische und Fremdheit der christlichen Gottesverkündigung zurückgewinnen können, ob wir den Gott Jesu Christi aufleuchten lassen können; der sich paradoxerweise im Kreuz seines Sohnes offenbart, der Auferstehung schenkt, wenn mit Christus gestorben wird, dessen Geist die Demütigen erhöht und die Hochmütigen mit sich allein läßt; ob es uns gelingt, z. B. die revolutionierende Kraft eines Gottesdienstes in einer Gesellschaft zu Bewußtsein zu bringen, die sich selbst absolut setzt.

Mir geht ein Diktum nicht aus dem Sinn, das Kierkegaard zugeschrieben wird. Als ihm in einer Gesellschaft ein Theologieprofessor der Fakultät vorgestellt wurde, soll er gesagt haben: „Ach, Professor darin, daß Christus gekreuzigt wurde!" Das ist Verfremdung, die den Blick auf das Zentrum lenkt und hilft, die Schale vom Kern zu unterscheiden. Ich glaube, der Atheismus wird uns notfalls wider unseren Willen helfen, alle menschlichen, geschichtlich wie gesellschaftlich bedingten Verkrustungen vom Evangelium abzustreifen. Wir erleben jetzt schon, wie einer Generation nichtgetaufter junger Menschen die Kernsätze des Evangeliums Jesu Christi als Neuentdeckung aufgehen.

II.

Zur Verkündigung muß das Zeugnis des Lebens treten. Darum müssen wir jetzt auf den Raum des christlichen Handelns schauen.

Auch hier soll ein Schriftwort aus dem ältesten christlichen Schriftdokument eine Art Motto sein. Paulus schreibt den gerade bekehrten Christen von Thessalonich: „Ihr wißt ja, welche Ermahnungen wir euch im Auftrag Jesu, des Herrn, gegeben haben. Das ist es, was Gott will, eure Heiligung" (1 Thess 4,2). So lapidar dieser Satz klingt, so ungeheure Sprengkraft hat er. Paulus behauptet zu wissen, was Gott will: Er will die Heiligung seiner Gemeinde. Wir erinnern uns an den Satz der Bergpredigt: „Ihr sollt vollkommen sein, wie es auch euer himmlischer Vater ist" (Mt 5,48). Die Normalverkündigung in unseren Pfarreien würde es heute nicht mehr wagen, diesen Satz zu wiederholen. Was wir verkündigen, klingt etwa so: „Hier ist Gottes Gebot, aber seht einmal zu, wie ihr am besten durchkommt. Ohne Kompromisse wird es ja nicht gehen. Und im übrigen ist es sehr fraglich, ob das Böse in uns und um uns überhaupt erfolgreich bekämpft werden kann!"

Verstehen Sie mich recht: Ich rede hier keinem neuen Rigorismus das Wort. Zum einen weiß ich, daß wir als Klerus unseren Gläubigen viel zu schlechte „Vorturner" sind. Kein Wunder, daß die Gläubigen nur träge in den Seilen hängen und sich im allgemeinen mit einigen Bodenübungen begnügen. Zum anderen aber weiß ich als Theologe, daß aller ethischer „Hochleistungssport" vor Gott mit Sicherheit kläglich endet, nämlich mit dem Eingeständnis des eigenen Unvermögens und Versagens und der Flucht in die erlösende, rechtfertigende Gnade.

Ich möchte hier also nicht in die Moralposaune blasen, obwohl ich wünschte, daß da manchmal klarere und entschiedenere Töne zu hören wären. Ich möchte aber fragen, ob von unserer landläufigen Seelsorge der Freiheitsraum christlichen Handelns, in dem es gnadenhaft wahre Lebensumkehr geben kann, aufgestoßen wird. Hier sehe ich in manchen charismatischen Gruppierungen überzeugende Haltungen aufbrechen, die von allein missionarische Ausstrahlungskraft in den Atheismus hinein haben. Seelsorge als Einladung zu befreiter Menschlichkeit aus der Kraft eines entschiedenen Glaubens: Auf diesem Feld wird sich die Zukunft unserer Kirche mit entscheiden. Es muß sich herumsprechen, daß es sich als Christ zwar nicht bequemer, aber letztlich der ganzen Wirklichkeit angemessener, also menschlicher leben läßt. Oder anders gesagt: Wir müssen das *christianum* wieder mit dem echten *humanum* zusammenbekommen. Ein Ansatzpunkt für die „Vermittlung" beider Bereiche ist m. E. die Freiheitssehnsucht des

Menschen. (Ich folge hier Überlegungen von *O. H. Pesch*, Frei sein aus Gnade, Freiburg–Basel–Wien 1983, 325 ff)

Wir haben unsere Botschaft an Menschen auszurichten, die in vielfacher Weise unfrei sind bzw. sich unfrei fühlen. Die Erfahrung von Zwängen unterschiedlicher Art ist bei uns und wohl auch anderswo der Grundtenor von Lebenserfahrung. Ich nenne nur Stichworte: keine Zeit haben, nicht aus den Gegebenheiten ausbrechen können, sich selbst nicht annehmen können, einem andern Menschen oder einer Situation ausgeliefert sein, die Klage über das überstarke Böse in den Strukturen usw. Die Lebenserfahrung vieler Menschen spricht rundweg gegen die Grundbotschaft des christlichen Glaubens, daß Gott uns liebt bzw. daß er das Leben gut geschaffen hat. Selbst Glaubenswillige leben heute in der Situation der ständigen Anfechtung, die nicht nur dieser oder jener Glaubenswahrheit gilt, sondern die die Möglichkeit des Glaubens als Grundakt des Lebens, also als Kraft der Zustimmung zur Wirklichkeit, so wie ich sie erfahre, in Frage stellt. Es gibt so viele Fragen, auf die man keine Antwort findet. Darum ist der Atheismus, trotz des Preises der „prinzipiellen Trostlosigkeit" (J. Habermas) so handgreiflich überzeugend. Es scheint einfach realistisch und lebensnah: „Nein, es gibt keine bergende Wirklichkeit für den Menschen außerhalb seiner selbst. Wir müssen mit unserer Freiheit das Beste aus den kleinen Möglichkeiten machen, die uns verbleiben." Das ist weithin die gelebte Grundbefindlichkeit unserer Zeitgenossen.

Angesichts dieser Vorgegebenheiten müssen wir wirklich Ernst machen mit der Tatsache, daß ein Leben aus dem Glauben nicht zu „machen" ist. Der Glaube ist die höchste Freiheitstat des Menschen, denn im Glauben nimmt der Mensch inmitten der erfahrenen Unfreiheit seines konkreten Lebens an, daß er trotz allem Zuversicht, Hoffnung und Vertrauen haben darf – nochmals: gegen den erfahrenen Augenschein! Dazu kann niemand überredet oder gar genötigt werden. Dazu kann man nur einladen, indem man „Modelle" entwickelt, wie ein Glaubender mit seiner geglaubten Freiheit umgehen kann. Die Verkündigungsgeschichte ist im Grunde ein ständiges Aufzeigen der Modell-Möglichkeiten, wie ein Leben in der Nachfolge Jesu unter den Bedingungen der erbsündlichen Welt gehen könnte. Da gibt es keine festen Muster, die einfach kopiert werden könnten. Es gibt nur die Einladung, inmitten der Unfreiheit den Mut zur Freiheit zu haben, inmitten der

„prinzipiellen Trostlosigkeit“, die der Atheismus um sich verbreitet, getröstet zu leben, inmitten der vielen „vorletzten“ Worte, die uns einkreisen, das letzte entscheidende Wort zu hören, das sagt: „Du bist geliebt und angenommen.“ Unsere Pastoral darf nie und nimmer auf den Grundton abgestimmt sein: „Du *mußt* glauben!“, sondern sie kann immer nur sagen: „Du *darfst* getrost an Gott glauben, unter seiner Liebe leben“ usw. Oder mit den Worten Jesu ausgedrückt: „Fürchte dich nicht, glaube nur!“ Auch eine solche Verkündigung kann den Glauben des Hörers nicht machen; aber in dieser Verkündigung kann der Grundton aufklingen: Ich brauche nicht an der erfahrenen Unfreiheit zu zerbrechen. Die Überwindung des Bösen in mir und um mich herum ist prinzipiell möglich. Ich kann mir Freiheit inmitten der Unfreiheit schenken lassen. Sie ist mir in der Nachfolge Jesu angeboten. (Im Vergleich gesprochen: Der Suchtkranke hat kaum allein eine echte Möglichkeit, von der Droge wegzukommen, es sei denn, er begegnet dem therapeutischen Helfer bzw. einer Gruppe, deren Lebenspraxis für ihn zum Ausweg aus dem Teufelskreis der Sucht wird.) „Solcher Grundton angebotener Freiheit muß auch noch die ethische, die ‚Moralpredigt‘, also die Verkündigung des Gebotes und der Forderung Gottes wie ein Orgelpunkt untertönen. Auch hier muß deutlich werden: Es wird kein Druck auf dich ausgeübt, sondern: *wenn* du glaubst, dann *wirst* du ‚ganz von selbst‘ dieses oder jenes tun, dieses oder jenes nicht länger tun. Christlich- ethische Predigt ist, überschärft gesagt, Tatsachenfeststellung über den Glaubenden“ (*O. H. Pesch*, aaO. 326).

Angesichts dieser Überlegungen drängen sich wieder unsere Defizite auf. Macht unsere Seelsorge eigentlich deutlich, daß sie sich an die Freiheit unserer Hörer richtet? 1 Petr 2,16 heißt es: „Handelt als Freie, aber nicht als solche, die die Freiheit als Deckmantel für das Böse nehmen.“ Unsere Pastoral setzt m. E. im ethischen Bereich noch zu sehr auf die Kraft eines kirchlich-katholischen Binnenmilieus, durch das der einzelne getragen werden soll. Natürlich braucht der erbsündliche Mensch auch die Stützung durch ein „Gruppenklima“ (vgl. die Argumentation des Paulus 1 Kor 11,16: „Wir und die Gemeinden Gottes kennen einen solchen Brauch nicht“), aber das ist doch wohl ein höchst zweifelhaftes, zumindest nur abstützendes Argumentationsraster. Für den Christen inmitten der modernen Industriegesellschaft gibt es kein binnenkatholisches Milieu. Nur eine personale Verankerung des angestrebten Ethos bietet ein tragfähig Fundament, auf dem Einzelentscheidungen aufruhen können. Ebenfalls ein Widerspruch zu einer zur Freiheit befreienden ethischen Verkündigung ist ein Gemeindeklima, das von der Wehleidigkeit lebt: „Es geht alles zurück. Alles wird schlechter. Wollt auch ihr noch gehen?" Oder eine Verkündigung, die von den bösen „anderen" lebt, u. a. m. Nicht nur „Höllenpredigten" sind repressiv, es gibt da viele Zwischentöne – bis hin auch zur Bindung von Menschen an die eigene Person (die des Verkünders), ohne wirklich den anderen in die Freiheit zu entlassen.

Wahre christliche Lebensentscheidungen wachsen nur auf dem Boden der Freiheit. Die innere Evidenz dieser Freiheitsverkündigung wird dann einsichtig, wenn aus ihr Früchte einer gelösten Menschlichkeit erwachsen, wenn sie sichtbar Verkrampfung und Verbitterung löst, die Solidarität fördert, zur Annahme des Alltags ermutigt, das Erbarmen mit den Hilflosen weckt usw. Zeigen unsere christlichen Familien, Gruppen und Gemeinden „Modelle" gelebter Freiheit auf, die ansteckend wirken? Oder breitet sich angesichts unserer kirchlichen Wirklichkeit der Verdacht aus, daß hier zwar schöne Ideale verkündet werden, die aber keine Chance haben, realisiert zu werden? Helfen wir unseren Gemeindemitgliedern, die von Christus her ermöglichte Freiheit umzusetzen in den Alltag ihres Lebens, bis hin zur zustimmenden Annahme auch von „gekreuzigtem Leben"?

Albert Görres erzählt aus seiner ärztlichen Praxis von einer jungen Mutter, die er beim Sterben begleiten mußte. Der Ehemann stand fassungslos vor dem, was Gott ihm da zumutete. Er fragte seine Frau, ob sie denn den Herrgott verstünde. Sie habe geantwortet: „Nein, ich verstehe ihn überhaupt nicht – aber ich bin ganz und gar mit ihm einverstanden" (*A. Görres/K. Rahner,* Das Böse, Freiburg–Basel–Wien 1982, 184).

Es wird viel davon abhängen, ob in unserem Land im Raum der Kirche solches Leben erfahren werden kann: Leben aus der Kraft des „Einverständnisses" in gehorsamer Freiheit von Gott her angenommen und bejaht. Das wird für sich sprechen.

III.

Ich möchte noch ein drittes Feld ansprechen, das für unsere Kirche heute und in Zukunft von Bedeutung sein wird.

1 Thess 4,9f. lesen wir wieder als „Motto“: „Über die Bruderliebe brauche ich euch nicht zu schreiben; Gott selbst hat euch schon gelehrt, einander zu lieben; und danach handelt ihr auch an allen Brüdern in ganz Mazedonien.“ Wir müssen uns bemühen, noch stärker als bisher der Kirche das Signum einer brüderlichen Gemeinschaft zu geben, in der der einzelne Mensch angesprochen und angenommen wird. Gerade in dieser Möglichkeit sehe ich für unsere kleine Kirche eine besondere Chance. Inmitten einer immer stärker bürokratisierten und verwalteten Welt wird von den Menschen der Raum personaler Entfaltung und Selbstfindung gesucht. Die Gemeinde der Glaubenden kann und soll ja auch von ihrem biblischen Auftrag her diesen „Personalraum“ bieten. Die frühe Kirche begegnete in ähnlicher Weise wie wir heute mit ihrer Botschaft einem totalen Anspruch, damals dem römischen Imperium mit dem religiösen Anspruch des Kaiserkultes, dem sich jeder zu beugen hatte. Die frühen Missionserfolge der jungen Kirche waren nicht zuletzt darauf zurückzuführen, daß die Gemeinden Heimstätten des Personalen, Räume der Selbstfindung anboten, in denen der Mensch als einzelner, als Subjekt angesprochen wurde.

J. Ratzinger schrieb 1970 in seinem Buch „Glaube und Zukunft“ (München 1971, 124f): „Aus einer verinnerlichten und vereinfachten Kirche (wird) eine große Kraft strömen. Denn die Menschen einer ganz und gar verplanten Welt werden, wenn ihnen Gott ganz entschwunden ist, ihre volle, schreckliche Armut erfahren. Und sie werden dann die kleine Gemeinschaft der Glaubenden als etwas ganz Neues entdecken: als eine Hoffnung, die sie angeht, als eine Antwort, nach der sie im verborgenen immer gefragt haben.«

Unsere Kirche wird eine Gestalt annehmen müssen – noch mehr als bisher –, in der dieser personale Innenraum des Menschen zum Klingen kommen kann, die unvertretbare Würde des je einzelnen, unabhängig von Produktion und Konsumtion, seine Einmaligkeit, seine Menschlichkeit, sein „Herz“ – kurz jene Dimensionen, die im Augenblick mehr und mehr im Zugriff der totalen Vergesellschaftung untergehen. Es ist zu hoffen, daß selbst innerhalb des marxistischen Gefüges solche Bestrebungen sich mit uns verbünden werden. Unsere Seelsorger sehen dieses Problem, sie sind aber angesichts der oft rettungslosen Überlastung mit der „Versorgungspastoral“ nicht in der Lage zu helfen. Da kommen die Leute und wollen Beratung und Hilfe in ihrer individuellen Lebenssituation. Sie sind erdrückt von der Last des täglichen Rollenspiels. Sie sind der Doppelbödigkeit ihres beruflichen oder familiären Lebens müde. Sie suchen nach einem Ausweg aus einer Lebenslüge, in die sie sich verstrickt haben, usw. Die Kirche ist auf diese wachsende Herausforderung zu seelsorglicher Hilfe im Augenblick noch schlecht vorbereitet; doch müssen wir sie unbedingt annehmen.

Ich will nur in Stichworten andeuten, welche Probleme in diesem Zusammenhang anzugehen sind:

- Bruderschaftliche Kirche heißt: möglichst wenig Institution, möglichst viel Personalraum. Es ist jedem überlassen, sich auszumalen, was das bedeutet und was da alles im konkreten Leben unserer Kirche anzufragen ist.
- Bruderschaftliche Kirche heißt: *volle Einbeziehung der Laienchristen in die seelsorglichen Grundaufgaben der Liturgie, der Diakonie und der Martyrie,* soweit das von unserem Kirchenverständnis her möglich ist. Wir haben das Konzil mit seiner Ekklesiologie nur im Kopf, aber noch nicht im Herzen. Gerade auf dem Feld der Laienmitverantwortung werden wichtige Entscheidungen für die Kirche der Zukunft fallen. Die Laienfrage ist aber vornehmlich eine Frage nach dem Selbstverständnis des Klerus und seiner Bereitschaft, Konsequenzen aus seiner derzeit prinzipiellen Überforderung als „Alleinseelsorger" zu ziehen.
- Bruderschaftliche Kirche heißt: ökumenisch ausgerichtete Kirche, die an der Spaltung der Christenheit leidet und dem Christen der anderen Konfession als Bruder näherzukommen sucht. Der Katholik mit seinen konkreten Problemen fühlt sich vom evangelischen Kollegen am Arbeitsplatz oft besser verstanden als vom eigenen Pfarrer. Er wünscht sich m. E. mit Recht eine größere Solidarität der christlichen Konfessionen angesichts der atheistischen Herausforderung der Zeit. Auch unterhalb der Abendmahlsgemeinschaft gibt es noch unausgefüllte Räume eines „geistlichen Ökumenismus", der freilich auch zeichenhaft werden muß.
- Bruderschaftliche Kirche heißt: solidarische, füreinander und für die überschaubare (!) Umwelt eintretende Kirche. Die Kirche insgesamt kann nur Sakrament des Heiles für die Welt sein, wenn es die konkrete Gemeinde für je ihre Umwelt ist. Ich meine damit nicht, daß Kirche ängstlich ihre soziale Nützlichkeit nachweisen muß – auch ohne Krankenhäuser bleiben wir Kirche –; wichtig ist vielmehr, daß wir uns zu Heil und Unheil mit unserer Umwelt verbunden wissen. Als kleine angefochtene Kirche stehen wir in der Gefahr, zu sehr auf unsere Identität be-

dacht zu sein. Sicher ist es wichtig, daß wir unverfälscht Kirche bleiben und uns nicht vor fremde Karren spannen lassen. Aber die größere Gefahr ist m. E. im Augenblick die, daß wir uns zu sehr mit unserer kirchlichen Selbsterhaltung beschäftigen. Die Kirche, die morgen hier in unserem Land Beachtung und Aufmerksamkeit finden will, muß Kirche für den Menschen sein. Wir wissen, daß Kirche letztlich ihre Daseinsberechtigung aus der Kraft der Proexistenz Christi bezieht, die durch die Kirche der Welt eingestiftet ist. Aber jedes Sakrament, auch das Sakrament „Kirche" besteht aus der inneren Gnade und dem äußeren Zeichen. Und letzteres muß erkannt werden können, wenn auch vielleicht für die Außenstehenden auf nur wenigen Gebieten. Oder vielleicht muß Kirche einfach darin zeichenhaft handeln, daß sie für die Bedrängten und Blessierten als Schutz- und Zufluchtsraum offensteht, aber eben nicht nur für Inhaber gültiger Taufscheine, sondern für jeden bedrängten Menschen. Zum Teil bahnt sich eine solche zeichenhafte „Proexistenz" schon jetzt in unserer Mitte an.

Meine Ausführungen haben Ihnen vielleicht deutlich gemacht, daß Sie in Ihrer Situation mit ähnlichen Fragen konfrontiert sind wie wir hier. Die Situation unserer Kirche ist überhaupt nicht so exzeptionell, wie wir es uns hier manchmal einbilden. Die Kirche ist heute weltweit herausgefordert, auf unterschiedliche Bedrohungen des Menschen mit der Kraft ihrer Botschaft und ihres Daseins zu antworten.

Es wäre auch zu bedenken, ob meine Überlegungen Konsequenzen für die Priesterausbildung haben müßten, ob z. B. die doch relativ elitäre, methodisch weit ausufernde Form der Theologenausbildung nicht doch die Hybris weckt, nach der Priesterweihe der einzige kompetente Seelsorger in der Gemeinde zu sein. Aber es könnte umgekehrt auch sein, daß die Theologenausbildung durch immer höhere Differenzierung der Anforderungen geradezu die pastorale Depression nach der Weihe vorprogrammiert. Beide Resultate wären gleich schlimm. Es wird auf jeden Fall wichtig sein, die angehenden Priester auf das vorzubereiten, was in der Kirche von morgen von entscheidendem Gewicht sein wird. Und das wird ohne Zweifel sein:

- Eine Gottesverkündigung, die sich auf das Zentrum konzentriert, eine Verkündigung, die die Kreuzesbotschaft in ihrer verfremdenden Kraft voll zur Wirkung bringt.

- Diese Verkündigung wird – wie der Bankscheck mit klingender Münze – mit einem kirchlichen Lebenszeugnis abgesichert sein müssen, von dem glaubhaft die humanisierende Kraft des Evangeliums ausstrahlt. Gelöste, gelassene Menschlichkeit, von der freien Glaubenszustimmung getragen, ohne Angstmotivation und ohne „Verdrängungslöcher", das wird auch beim Priester gefragt sein, aber eben nicht nur bei ihm.
- Und schließlich die Kirche als der Raum personaler, brüderlicher Begegnung, als Gottesvolk im Einsatz für die Menschenbrüder, als *fermentum*, das durch die je eigene Erneuerung andere anzustecken vermag.

Das sind die Stichworte, auf die hin sowohl unsere pastoralen Programme wie auch die Tagesordnungen von Bischofs- und Regentenkonferenzen geprüft werden müßten. Und ich glaube, daß wir uns dann manches Papier und manche Sitzungsstunde ersparen könnten.

* Vortrag vor der deutschsprachigen Regentenkonferenz in Erfurt im Juli 1984

Worauf es uns als Seelsorger ankommen sollte

Zur gegenwärtigen Lage der pastoralen Arbeit in den Gemeinden*

Es bedarf nicht vieler Worte, um zu zeigen, daß unsere Seelsorgsarbeit vor einer schweren Herausforderung steht. Wir haben unseren Dienst in einer Welt auszurichten, die eine „Stadt ohne Gott" (H. Cox) geworden ist. Unsere Gemeinden leben in einer säkularisierten Umwelt, d. h. einer Umwelt, die mehrheitlich von einer Geisteshaltung geprägt ist, die eine religiöse Interpretation der Wirklichkeit ausschließt bzw. hier bei uns von einer Weltanschauung, die den Bedeutungsverlust von Religion und Kirche ausdrücklich gutheißt.

Es ist hier nicht der Ort, den Entstehungsprozeß dieses Säkularisierungsvorgangs, also des Auseinandertretens von Religion und Gesellschaft in Europa zu skizzieren. Wir wissen, daß viele Ursachen dazu beigetragen haben, die Deckungsgleichheit von Gesellschaft und christlicher Kirche im Verlauf der letzten Jahrhunderte aufzuheben. Nicht zuletzt waren es gerade die Konfessionskriege zwischen den Kirchen, die mit einer gewissen Notwendigkeit eine außerreligiöse, „natürliche" Begründung der menschlichen Gesellschaft als Folge zeitigten. Um des Überlebens der Gesellschaft willen wurde Religion zur Privatsache erklärt, eben weil die religiösen Streitigkeiten das Fundament der Gesellschaft erschütterten.

Wir wollen auch nicht weiter die Frage verfolgen, ob die These einer mit Notwendigkeit fortschreitenden Säkularisierung unserer Lebenswelt Gültigkeit hat. Über diese Frage gibt es gegenwärtig ein interessantes Gespräch, das sich einerseits mit dem mehrdeutigen Phänomen der neueren Religiosität auseinanderzusetzen hat, andererseits auch die merkwürdige „Dialektik der Aufklärung" zu bedenken hat, also die heute ins Bewußtsein gehobene Aufklärung über die Aufklärung mit ihren z. T. gnadenlosen Folgen für den Menschen.

Wir wollen einfach von der vorfindlichen Situation ausgehen und fragen, welche Forderungen an unsere seelsorgliche Arbeit sich aus der realistischen Wahrnehmung unserer säkularisierten

Umwelt ergeben könnten. Dabei sind wir uns einig, daß Seelsorge zu allen Zeiten die eine große Aufgabe hat: Ziel der Seelsorge ist die Abkehr des Menschen von einer sündhaften Selbstverfallenheit und die freie Übereignung des Menschen an Gott in der bewußten Annahme der Nachfolge Christi. Seelsorge will die Bereitschaft wecken, sich sakramental in das Gottesvolk des Neuen Bundes eingliedern zu lassen, damit aus dieser Lebensumkehr und gnadenhaften Eingliederung in die Kirche Jesu Christi die Frucht tätiger Liebe und befreiter Menschlichkeit in der Kraft des Geistes Gottes erwachsen kann. Also: Umkehr, Taufe, Heiligung des Lebens bleiben Zielpunkte seelsorglichen Handelns auch in unserer Zeit. Dabei schwingt in dem Begriff Seelsorge das ganze Umfeld missionarischer, begleitender und nachgehender Sorge um den Menschen mit, die nicht nur die Amtsträger, sondern alle Gemeindemitglieder (in gestufter Weise) realisieren. Als Seelsorger von Amts wegen sind wir ja nicht die einzigen Seelsorger in unseren Gemeinden. Ein Großteil unserer Seelsorge besteht ja darin, andere zu seelsorglichem Handeln, im weitesten Sinne aneinander und für andere anzustiften und zu befähigen.

I.

Ich rufe gleichsam nur in Stichworten einige Gegebenheiten in Erinnerung, die das geistige Umfeld unserer Seelsorgearbeit charakterisieren:

- Wir erleben hierzulande, besonders auch im Blick auf die evangelischen Schwesternkirchen mit voller Wucht *das Ende der „christentümlichen Gesellschaft„*, in der Glaube und Religiosität fraglos tradiert und von außen her gestützt wurden. Wir Katholiken, die wir hier im Raum der jetzigen DDR schon eine längere Diasporaerfahrung haben, erleben, wie sich unsere binnenkatholischen Milieus, die wir meinten noch halten zu können, aufsprengen und ihre bergende Kraft verlieren.
- Wir Seelsorger leben gemeinsam mit unseren Gläubigen in einer Welt, die sich in *autonome „Sinnprovinzen“* auffächert, die untereinander oft keinen Zusammenhang mehr haben, die aber gleichzeitig unterschiedliche Ansprüche an ein und denselben Menschen stellen. Die Soziologen sprechen von der „Segmentierung“ unserer Lebenswelt, einer Aufteilung z. B. in eine Wohn-,

Arbeits- und Freizeitwelt mit teilweise konkurrierenden Sinngefügen.

Wir erleben eine beträchtliche *Schwächung des Menschen* in seiner Widerstandskraft gegenüber gesellschaftlichen Ansprüchen. Es schwindet gleichsam die Kraft zu einer durchhaltenden Identität mit sich selbst bzw. mit einmal gewonnenen Überzeugungen. J. B. Metz spricht von Subjektmüdigkeit, von einer neuen Unmündigkeit des heutigen Menschen, die ungleich gefährlicher sei als jene, aus der I. Kant den Menschen befreien wollte. Denn jetzt sei kein Subjekt mehr da, das diese neue Unmündigkeit bemerke oder beklage oder gar bekämpfe.[1] Folgende Stichworte deuten nur an, wie diese neue Unmündigkeit sich auswirkt: Schwund des geschichtlichen Gedächtnisses, Sprachzerfall, Verlust des Vermögens, Realität wahrzunehmen (verursacht durch die Scheinwelt der Medien), Symptome eines zerstreuten, leichtsinnigen Umgangs mit gesellschaftlichen und politischen Krisen, aber auch mit persönlichen oder familiären Problemen, die oft nur oberflächlich angegangen werden, wenn überhaupt. In bedrängender Weise sind heute Symptome wahrnehmbar, die C. S. Lewis 1943 in seinem auch heute noch lesenswerten Buch beschrieben hat: „Die Abschaffung des Menschen"[2].

- Wir erleben einen tiefgreifenden *Wandel und z. T. einen Zerfall bisher geltender Werte und Grundhaltungen*, die besonders dem Seelsorger zu schaffen machen. Ich nenne nur solche Bereiche wie Ehe und Sexualität, Bindung an die Kirche, Einstellung zur Wahrheit, zu Verpflichtungen gegenüber der Gesellschaft u. a. m. Sicherlich sind auch neue Sensibilitäten für ethische Werte am Wachsen, wie z. B. die Bereitschaft zu konkreter Solidarität im Alltag, zu Verantwortung gegenüber der Schöpfung, für den Schutz des Lebens oder für Freiheit von Konsumzwängen. Doch geht augenblicklich der Trend noch weiter hin zu einer wachsenden Beliebigkeit der Werte und Grundüberzeugungen, wobei m. E. freilich das Gespür für die „Bodenlosigkeit" unserer geistigen Positionen wächst.

II.

Es hat nun keinen Zweck, angesichts dieser tiefgreifenden Wandlungsprozesse, die sich uns gegenwärtig meist als Auflösungs- und

Zersetzungsprozesse darbieten, nur zu lamentieren und zum Rückzug zu blasen. Späteren Zeiten wird sich vermutlich klarer zu erkennen geben, daß schon in unseren Tagen die Kräfte da waren, die die neue Gestalt unserer Kirche und postmoderner Religiosität prägen werden. Uns ist noch weithin verborgen, wohin der Weg Gottes mit seinem Volk zielt. Aber wir sollten als Grundeinstellung zunächst einmal ein gläubiges und zuversichtliches Ja zu unserer Situation sagen. Walter Kasper hat das einmal so ausgedrückt: „Die Kirche ist mehr oder weniger überall Kirche in der Diaspora der modernen Welt geworden, und sie hat diese im ursprünglichen Sinn des Wortes ur-kirchliche Diasporasituation als die ihr vom Herrn der Geschichte verfügte geschichtliche Stunde im Gehorsam anzunehmen. In gewissem Sinn ist der Kirche diese Situation sogar gemäßer als die Deckungsgleichheit von Kirche und Gesellschaft. In dieser Perspektive ist das Mittelalter eher die geschichtliche Ausnahme als die Regel und der Maßstab. Überzeitlich und bleibend ist jedoch der Auftrag, alle Menschen zu Jüngern zu machen. Dieser Auftrag der Kirche ist heute ein und derselbe, wie er schon immer war; die Verhältnisse, in denen die Kirche diesen Auftrag zu erfüllen hat, haben sich jedoch tiefgreifend geändert.«[3]
Was ergibt sich nun aus diesen tiefgreifenden Veränderungen als Folge für das seelsorgliche Wirken der Kirche?

1. Die Kirche muß deutlicher als bisher aus eigener Kraft und mit den ihr eigenen Mitteln seelsorglich handeln.

Die Seelsorge ist stärker, als wir das bisher wahrhaben wollen, der Stützen beraubt, die in der Vergangenheit bestimmte christliche Grundüberzeugungen und auch sittliche Grundhaltungen gleichsam außerkirchlich weitertradierten. Ich möchte nur stichwortartig an einige Gegebenheiten erinnern, die das belegen können.

Schon lange ist hier in Deutschland die *Schule* den Kirchen entrissen worden. Der *Religionsunterricht*, auch wenn er wie hier bei uns sich ganz im Raum der Kirche vollzieht, verändert unmerklich seine Gestalt. Er wird im günstigsten Fall zur Lebensbegleitung aus der Kraft vorgelebten Glaubens – oder (im ungünstigen Fall) versickert er und wird mehr und mehr existentiell wirkungslos, wenn er sich als „quasischulische“ Veranstaltung neben der Lebenswirklichkeit der Kinder zu behaupten sucht. Die *christlichen Familien*, bislang eine sichere Stütze der fraglosen Weitergabe des Glaubens an Kinder und Kindeskinder, verlieren ihre integrierende Kraft. Das ist ohne Zweifel eine der gravierendsten Veränderungen, mit denen Seelsorgearbeit heute zu rechnen hat. Wir können uns nicht mehr auf die religiöse Praxis innerhalb der Familien verlassen. Ein Indiz dafür ist z. B. das weithin aus den Familien geschwundene gemeinsame Gebet. Die *öffentliche Meinung*, schon immer eine sehr schillernde und ambivalente Größe, ist heute ebenfalls keine Stütze mehr für christliche Grundüberzeugungen und christliche Lebenspraxis. Die öffentliche Meinung billigt und toleriert nahezu alles, was möglich ist und was Menschen tun. Hier greift voll der gesellschaftliche Umbruch, den wir eingangs mit dem Stichwort „Segmentierung" beschrieben haben. Es gibt keine geschlossenen Milieus mehr. In der Vergangenheit konnte ein Katholik, selbst noch in Großstadtverhältnissen, sich ganz in „katholischen Kreisen" bewegen: Er lebte in einer katholischen Familie, ging eine katholische Ehe ein, war in einem katholischen Verein, hatte seine Freunde und Bekannten aus dem gleichen katholischen Milieu, las vielleicht sogar eine katholische Zeitung, wählte eine katholische oder christliche Partei und gehörte einer christlichen Gewerkschaft an. Ebendiese Möglichkeit eines Binnenmilieus ist heute nahezu ausgeschlossen. Auch sonstige gesellschaftliche Stützen fallen für die kirchliche Verkündigung weithin aus, z. B. das von den kirchlichen Festen bestimmte *bürgerliche Jahr* oder auch der Bereich *Krankheit und Sterben.* Ich sehe hier noch gewisse Reservate einer verdeckten Religiosität, doch stehen wir hier noch lange nicht am Ende einer Entwicklung, die vermutlich eine atheistische Sterbekultur hervorbringen wird.

Das alles kann ich nur andeutungsweise sagen, um meine Überlegung zu unterstreichen: Die Kirche ist in heutiger Zeit auf sich selbst, auf die eigenen Kräfte und Mittel bei der Glaubensweckung und Glaubensbegleitung angewiesen. Ob uns das allen wirklich richtig bewußt ist?

Was folgt aus dieser Überlegung? Ich möchte den Grundsatz aufstellen: *Alles in der Seelsorge muß Vorrang haben, was zu personaler Zeugenschaft im Glauben anstiftet.* Die Kirche muß wieder jene Kräfte in ihrer Mitte entbinden, die von jeher den Glauben an Christi Wort geweckt und tradiert haben: das persönliche Zeugnis, die Verkündigung durch das Wort und das Lebenszeugnis von einzelnen und Gruppen, die Erfahrung von Menschen, bei denen Einzelentscheidungen erkennbar aufruhen auf einer Grundentscheidung für die Nachfolge Christi – in Freiheit und gelöster Menschlichkeit. Dieses Glaubenszeugnis hat auch heute die Kraft, den Glauben in den Herzen der Menschen zu wecken und sie für die Nachfolge Christi gnadenhaft zu bereiten. Ich möchte diese allgemeine Erkenntnis einmal in konkreten Feldern unserer seelsorglichen Arbeit festmachen.

Heute hätte eine wirkliche Priorität die *Erneuerung des altkirchlichen Erwachsenenkatechumenats.* Die liturgischen und pastoraltheologischen Bemühungen dazu sind schon im Gange,[4] aber in der Praxis unserer Seelsorgearbeit hat sich die Erkenntnis von der Wichtigkeit des Erwachsenenkatechumenats noch nicht durchgesetzt. Neubekehrte, die aus nichtchristlichem Umfeld gewonnen werden, sind ja bekanntlich besonders anstrengend. Sie bedürfen einer besonderen Zuwendung, vor allem auch nach ihrer Eingliederung in die Gemeinde. Warum ist diese Aufgabe so besonders wichtig? Die Beschäftigung mit Katechumenen zwingt uns gleichsam wie nebenbei zu einer heilsamen Konzentration unserer Verkündigung auf die Basissätze des christlichen Glaubens und sie führt zu einer notwendigen „Entschlackung" und Verfremdung unseres christlichen Wortschatzes, der z. T. darum so seltsam und fremd in der heutigen Landschaft ist, weil er sich teilweise zuwenig den wirklichen Lebenserfahrungen der Menschen aussetzt.

Priorität in unserer Seelsorge müßten jene Methoden und Wege haben, die wir im katholischen Raum unter das Stichwort *„Katechese durch die Gemeinde"* fassen. Das meint: Die Formen und Inhalte der Glaubensverkündigung haben Priorität, bei denen die Gemeinde in ihren verschiedenen Gliedern selbst Subjekt wird. Wenn ich zehn Menschen zum Bezeugen ihres eigenen Glaubens vor anderen bringe, ist das wichtiger als vieles Einreden und Belehren, wo nur ich rede und die anderen bloß hören.

Ich nenne weiter beispielsweise das Bemühen, die einzelnen Kinder, Jugendlichen oder auch Einzelbekehrte, die in ihren Familien keinen religiösen Halt haben, in neue „Glaubensfamilien" einzubinden. Ziel seelsorglichen Arbeitens müßte es sein, *die Gläubigen* gleichsam *untereinander zu „vernetzen"*, in Beziehungen zu bringen, die auch dann tragen, wenn der Priester sich notgedrungen zurückziehen muß. Das wäre wichtiger als die pastorale Versorgung, die auf den geistlichen Einzelkonsum ausgerichtet bleibt und von daher in ihrem Sinn anzufragen ist.

Ich nenne weiter die Chance der *Sakramentenkatechese* bzw. *Kasualpastoral* als den gegebenen Ort christlicher Mystagogik, der

Einweisung in das christliche Leben. Jede Taufe muß auch für einige andere zur Tauferneuerung oder zur Möglichkeit der Begegnung mit dem Christentum werden. Der seelsorgliche Beistand, den wir Kranken leisten, muß für die gesunden Angehörigen Einladung zur eigenen Bekehrung werden. Die Gottesdienste müssen noch viel mehr der Ort werden, wo sich die Teilnehmer mit ihrem Leben einbringen und wiederfinden können, aber eben in Konfrontation mit der Welt Gottes, die neues Licht auf unseren Alltag wirft. Die Buße in den Bußzeiten des Jahres muß wieder ein kollektiver, öffentlicher Vorgang werden mit deutlichen Auswirkungen in das soziale Lebensgeflecht der Familien und Pfarrgruppen hinein. Die Hinführung zum Beginn einer christlichen Ehe dürfte kein punktuelles Einzelgeschehen bleiben, sondern Eröffnung eines Raumes, in dem das Leben mit Christus zu einem Medium der fortdauernden gegenseitigen Annahme und Selbsteröffnung der Partner werden kann, usw.

Sinn dieser Beispiele ist es, den genannten Grundsatz zu illustrieren: Alles, was in unserer Seelsorge personales Glaubenszeugnis weckt, es hervorlockt, ihm Raum und Gestalt gibt, soll Vorrang haben. Christliche Gemeinde baut sich auf durch Zeugenschaft. In diesem Sinn dürfen wir uns nicht verleiten lassen, der „Breitenseelsorge" vor der „Tiefenseelsorge" einen vordergründigen Vorrang zu geben. Sicherlich: auch Jesus hat „flächendeckend" Jünger ausgesandt, aber er konnte auch im Haus des Zöllners, am Jakobsbrunnen und im nächtlichen Nikodemusgespräch bei dem einzelnen verweilen und sich ihm zuwenden.

2. *In unserem seelsorglichen Handeln sollten alle Bemühungen Vorrang haben, die dazu beitragen, die unselige Spaltung von Glaube und Alltagskultur zu verringern. Die „weltliche Welt" selbst muß der Ort unserer Glaubensbewährung werden und zur Chance einer neuen, vertieften Gotteserfahrung.*

Ich möchte diese Aussage ein wenig erläutern. Das säkularisierte Umfeld, in dem die Kirche ihre seelsorgliche Arbeit zu leisten hat, ist eine „segmentierte Welt", die in mehr oder weniger zusammenhanglose „Sinnprovinzen" zerfällt. Glaube und Kirche sind dadurch weithin auf den Bereich des Privaten, der Freizeit zurückgedrängt worden. Dadurch ist die Kirche und mit ihr der Glaube in der heutigen Welt irgendwie „ortlos" geworden. Das gilt auch von dem gutwilligen Christen, der einerseits recht real in dieser Gesellschaft existiert und notwendigerweise an ihrem Geist partizipiert, der aber andererseits sich bemüht, der Nachfolge Christi mit ihren Anforderungen, so gut es geht, gerecht zu werden. Weithin leben unsere Gläubigen in einer gewissen Doppelbödigkeit. Oder besser: In ihrem Arbeits-, Wohn- und Freizeitalltag haben sie durchaus Fuß gefaßt auf dem Boden und der Geistigkeit der hiesigen Gesellschaft, in der sie „schlitzohrig" ihre Ecke zum Existieren gefunden haben, auf der anderen Seite aber hängt ihre christliche Existenz an den dünnen Fäden eines Gemeindechristentums, das den einen mehr und den anderen weniger bindet.

Die geistige Not vieler gutwilliger Christen in unserem Land besteht darin, ihre Alltagskultur mit der Glaubenskultur zusammenzubringen, ja überhaupt so etwas wie eine Glaubenskultur zu entwickeln, die eine feste, geprägte und „zumutbare" Gestalt gewinnt in ihrem Ehe- und Familienalltag, in ihrer Arbeitswelt und in ihrem Freizeitverhalten.

Ein falscher Ausweg aus diesem Zwiespalt scheint mir der einer übersteigerten, illusionären Gemeinderomantik zu sein. Auch für die neueren religiösen Bewegungen könnte hier eine Gefahr bestehen. Unsere Gläubigen leben doch nicht nur im Raum der Gemeinde oder einer geistlichen Gemeinschaft. Sie sind notwendig auch Weltbürger, DDR-Bürger. Sie sind sehr real mit deren Problemen konfrontiert und mit Verhaltensweisen infiziert, die diese Gesellschaft hervorbringt, denken wir nur an den z. T. dramatischen Beschaffungskampf, dem ein Normalbürger in bestimmten Bereichen seines Lebens ausgesetzt ist und der ihn voll „besetzt" hält.

Walter Kasper hat es einmal so formuliert: „Durch ein entkultiviertes und gesellschaftlich desinkarniertes Christentum würde sich die Kirche selbst das Grab schaufeln, es sei denn, sie würde sich freiwillig entschließen, in falsch verstandenem Sinn zur kleinen Herde, d. h. zur Sekte zu werden, welche dann freilich mit ihrem universalen Auftrag auch das Evangelium verraten hätte. Das Stichwort Gemeinde und Gemeindekatechese, so wichtig und grundlegend es ist, genügt für sich allein genommen nicht. Es muß ergänzt werden durch eine neue Weise der Präsenz der Kirche im Bereich von Ehe und Familie wie in der Öffentlichkeit ... Das letzte Konzil hat dafür die entscheidende Kategorie bereitgestellt, indem es die Kirche als Sakrament, d. h. als Zeichen und Werkzeug beschrieben hat (LG 1. 9 und öfter). Als sakramentales Zeichen ist die Kirche nicht das Ganze; sie ist u. U. sogar nur eine gesellschaftliche Minderheit. Als Zeichen weist sie aber wesensgemäß über sich hinaus. Sie muß, wie das Konzil ebenfalls sagte, Sauerteig und Ferment des Ganzen sein (LG 31. 38)."[5] Das bedeutet, unser kirchliches Handeln und seelsorgliches Agieren muß aus einer falschen Binnenkirchlichkeit heraustreten. Wir müssen den Gläubigen helfen, zu einer ganzheitlichen, die Alltagserfahrung integrierenden Gestalt des Glaubenslebens zu finden.

Diesem Bemühen steht weithin noch eine z. T. aus leidvollen Erfahrungen der Vergangenheit erwachsene Ghettomentalität in unseren Reihen entgegen. Sicherlich leben wir in einer Gesellschaft, in der ein institutionell abgesicherter, gleichsam „verordneter Atheismus" das ganze Umfeld prägt. Das mag die Tendenzen noch stärken, die Kirche selbst als eine Art Gegeninstitution zu verstehen, hinter deren Mauern sich der Einzelchrist und eine kleine Diasporagemeinde bergen kann. Doch ist dieses Selbstverständnis von Kirche wohl im Ansatz falsch, wie uns das Konzil lehrt. Kirche muß gleichsam „flüssig" bleiben, sie muß einsickern können in alle Strukturen dieser Welt, nicht, um sich ihnen anzugleichen, aber doch um diese mit dem Geist des Evangeliums zu erfüllen. Sicherlich geschieht das auch viel mehr, als wir Seelsorger das wahrnehmen können.

Es sei zugegeben: Vielfach sind katholische Christen kaum noch in leitenden Stellungen bei uns zu finden. Das Bildungswesen macht uns wegen seiner dogmatischen Starrheit zu schaffen. Es gibt keine kirchlichen Verbände, in denen katholische Christen ihren Weltauftrag gemeinschaftlich realisieren könnten. Die Ausbürgerungswelle lähmt den Mut derer, die bleiben wollen. Die Resignation und Verdrossenheit so vieler Menschen in Beruf und Gesellschaft ist keine Ermutigung, zu einer welthaften Gestalt christlicher Glaubensexistenz aufzurufen.

Dennoch gibt es m. E. dazu keine Alternative. Daß uns nur ein „sozialistischer Ort" als katholische Christen in der DDR angeboten wird, den wir nicht einnehmen wollen, ist noch lange kein Grund, das eine kirchliche Standbein nicht doch wieder mehr in die Realitäten unserer Alltagswelt zu setzen. Im Bild gesprochen: Wir lassen unsere Gläubigen weithin nur vorbereitende Gymnastik treiben, aber ein Sportler muß endlich ans Gerät, um zu zeigen, wozu ihn die Gymnastik befähigt. Ohne die Erfahrung, daß unser Glaube eine Hilfe und Beseelung unseres z. T. gnadenlosen Alltags ist, werden unsere Gläubigen auf Dauer frustriert.

Es ist nicht nur die Trägheit und Glaubensunlust unserer Gemeindemitglieder, daß sie manchmal so hilflos unsere kirchlichen Angebote hin- und herwenden oder sich gar von ihnen abwenden. Es könnte vielleicht auch daran liegen, daß unsere Verkündigung und unser pastorales Handeln zu wenig mit der erfahrenen Lebenswelt der Menschen zu tun hat. Daraus leite ich als Wunsch ab: *Wenn die Kirche mehr Kirche in der Welt und für die Menschen werden muß, hat alles Priorität, was den echten Dialog zwischen den amtlich bestellten Seelsorgern und den Laienchristen in Gang bringt und fördert.* Wir müssen als Seelsorger noch mehr Hörende werden. Welche Erfahrungen machen die Menschen wirklich im Betrieb, in ihrer Ehe, im Streß ihrer Alltagsbewältigung? Ich gebe zu: Solches Hören auf den Heiligen Geist in unseren Gläubigen und in den Zeichen der Zeit ist nicht einfach. Wir müssen das, was wir hören, filtern. Wir müssen herausfiltern, gleichsam überhören, was Sünde ist, was falsche Selbstdarstellung, Geltungsdrang, Wehleidigkeit ist. Dennoch: ich bin überzeugt, daß wir nur mit unseren Gläubigen zusammen den Weg zu einer christlichen Weltfrömmigkeit finden, die angesichts der heutigen Lebensverhältnisse trägt und dem Leben eine ganzheitliche christliche Prägung geben kann. Das setzt natürlich ebenso den echten Glaubensdialog unter den Laienchristen selbst voraus. Unser Glaube muß wieder eine Sprache finden, die verständlich und mitteilbar wird. Die Sprachlosigkeit unseres Glaubens ist nur die Folge der Weltlosigkeit des Glaubens. Darum ist die Bewährung des Glaubens in der jeweiligen Welt ein Wesenskonstitutiv christlicher Existenz.

3. Die Einladung zur Lebensgestaltung in der Nachfolge Christi muß klare, eindeutige Konturen haben und in praktikablen Lebensmodellen positiv vorgestellt werden.

Auch hier einige Sätze zur Erläuterung. In unserer säkularisierten Umwelt sind viele Werte einer wachsenden Beliebigkeit ausgesetzt. Wir sahen ja: Die Verbindlichkeiten sind zum Großteil nicht mehr gesellschaftlich abgesichert. Das gilt für alle, auch für nichtreligiöse Lebensbereiche, die eine existentielle Entschiedenheit voraussetzen. Die Soziologen sprechen heute vom „Warenhauscharakter“ der modernen Lebenswelt. Der einzelne Mensch befindet sich gleichsam in einem großen Warenhaus mit vielen Sinnangeboten. Vor der Fülle dieser Angebote ist der einzelne ziemlich ratlos alleingelassen, es sei denn, er hätte selbst Wertmaßstäbe, die für ihn ein solches Warenangebot strukturieren, die ihm gleichsam ein Wegweiser sind zu dem wirklich Wichtigen und Wertvollen. Bei Normalbürgern dominiert die Haltung der beliebigen Auswahl. Es wird ergriffen, was eben in die Augen fällt und „glänzt". (Diese Mentalität erklärt auch manches in der kirchlichen Haltung unserer Gläubigen, die ja auch aus dem Angebot der Glaubenswelt „auswählen". P. M. Zulehner hat den Ausdruck geprägt: „Auswahlchristen".)

Nun wirkt eine solche Auswahlmöglichkeit auf den ersten Blick durchaus befreiend. So empfinden es derzeit auch noch weithin die meisten Menschen. Doch auf die Dauer ist ein Warenhaus, das einem alles Mögliche und Unmögliche aufdrängen will, beklemmend. Die Beliebigkeit der Werte nivelliert gleichsam alle Werte und schafft ein graues Einerlei. Es wird das Gefühl einer Bodenlosigkeit produziert, eine Haltlosigkeit, in der sich dann neue Sinnsurrogate, heutzutage meist irrationaler Art, etablieren und den Menschen aufdrängen.

In unserer östlichen Welt ist dieser Prozeß ein wenig verzögert, aber er kommt m. E. auch auf unsere Gesellschaft zu. Wir haben es vermutlich als Kirche hier etwas günstiger als in den sogenannten pluralistischen Gesellschaften des Westens. Gerade in unserem Raum wird die Suche nach einem neuen Halt eher auf das Evangelium Christi stoßen als im Westen, wo viel mehr Ersatzformen für Sinnerfüllung bereitstehen, die in das Sinnvakuum unserer Tage vorstoßen (neuestes Beispiel: New Age). Viele stehen vor den Türen der Kirche und fragen gleichsam: Was habt ihr zu sagen? Was ist das für eine seltsame Botschaft, die von Jesus Christus ausgeht? Hier erhebt sich die Frage: Wie könnte es uns gelingen, das Evangelium Jesu Christi so neu, gleichsam taufrisch den Ohren und Herzen unserer Zeitgenossen nahezubringen, daß es wirklich verstanden und als praktikable Lebensmöglichkeit erkannt werden kann? Sicherlich, der 2000jährige Staub unserer Kirchengeschichte belastet uns. Aber unsere Tradition ist ja auch selbst ein Schatz, den es immer neu zu heben gilt und in dem erstaunliche Einzelperlen verborgen sind.

Ich möchte als Wunsch für unsere Seelsorge so formulieren: Wir sollten wieder *Mut zu einer Basiskatechese* haben, die klar und eindeutig die christlichen Grundpositionen einer Welt zuspricht, die das Evangelium weithin nicht kennt. Gleichzeitig, und das muß ständig unsere Katechese begleiten, sollten wir versuchen, diese Katechese in *positiven, praktischen Modellbeispielen augen- und sinnenfällig* zu machen.

Hier wäre neu an die bewährten katechetischen Erfahrungen der Kirche in der Vergangenhcit anzuknüpfen. Die Kirche hat es immer verstanden, in gewandelten Zeiten und in neuen kulturellen Kontexten Summarien des Glaubens zu vermitteln, die das Evangelium Jesu in die jeweilige Zeit übersetzten. Ich habe an anderer Stelle von diesem Anliegen der Einfachheit und Ganzheitlichkeit christlicher Glaubenskatechese gesprochen und darf darauf verweisen.[6] Ich meine, daß auch in unserer ethischen Verkündigung wieder eine gewisse Verbindlichkeit und Eindeutigkeit durchaus am Platz wäre. Wir sollten uns nicht scheuen, in unserer Verkündigung liebenswürdig und einladend, aber dennoch klar „Flagge" zu zeigen. Die Menschen haben ein Recht darauf zu erfahren, was Überzeugung der Kirche und was christliche Grundhaltungen sind. Auch wenn wir und unsere Hörer hinter den Forderungen zurückbleiben, die Eindeutigkeit und Verbindlichkeit der Nachfolge Christi muß für die Menschen Kontur erhalten. Wir werden dabei auch in Kauf nehmen müssen, daß wir selbst kritisch an unserer eigenen Verkündigung gemessen werden.

Dabei könnte ich mir denken, daß im Mittelpunkt unserer Verkündigung nicht die Verdammung des Fehlverhaltens steht. Echte Seelsorge geht wohl immer so vor: Sie hebt das positive christliche Verhalten auf den Schild. Sie sagt: *So* könnte eine christlich gelebte Ehe aussehen. *So* gestaltet der Christ seine Beziehung zu den Kindern. *Dieser* Wert ist in heutiger Zeit ein christlicher Wert usw. Die Briefe des Neuen Testamentes sind voll von Fallbeispielen für christliches Verhalten in der Welt des ersten Jahrhunderts. Die Wahrheit Christi ist immer konkret. Wir müßten, auch in ökumenischer Gemeinsamkeit, deutlicher von dem sprechen, was heute zu einer christlichen Grundausstattung in Fragen einer sittlichen Lebensgestaltung gehört.

Das alles müßte begleitet sein von einer Offenheit, solche christlichen Grundhaltungen experimentell in kleinen Gruppen zur Darstellung zu bringen. Unsere Glaubensverkündigung wird nicht allein durch Konzentration und klare Profilierung gewinnen, sondern noch viel mehr durch das Angebot, sich kleinen Lebensgemeinschaften anschließen zu können, die das leben, wovon wir reden. Im Normalfall werden das wohl unsere Gemeinden sein können oder einzelne Gruppen aus der Gemeinde. Es könnte geradezu ein Gradmesser für die Lebendigkeit und Überzeugungskraft einer Gemeinde sein, ob diese in der Lage ist, Neubekehrte in ihrer Mitte zu integrieren – bei aller Wahrung der berechtigten menschlichen Vielfalt und geistigen Pluralität auch in einer Ortsgemeinde. Hier habe ich auch Erwartungen an die geistlichen Gemeinschaften, die gleichsam Modellgruppen gelebter Christlichkeit in der heutigen Zeit sein könnten, ohne daß eine von ihnen einen Anspruch auf Alleinvertretung des Christlichen erheben darf.[7]

Wir schauen zurück. Im Blick auf unsere säkularisierte Umwelt haben sich uns drei Prioritäten für unser seelsorgliches Handeln aufgedrängt.

1. Seelsorge muß Glaubenszeugnis wecken. Man könnte auch sagen: Personen gehen vor Sachen oder Methoden. Das personale Zeugnis ist heute mehr denn je gefragt. Das ist das der Kirche ureigenste Mittel, die Botschaft Christi weiterzugeben. Wir dürfen darauf vertrauen, daß dieses Mittel auch in unserem Jahrhundert greift.

2. Seelsorge muß zu einer Glaubensform ermuntern, die Welterfahrungen nicht verdrängt, sondern integrieren kann. Dazu müssen wir aus einer z. T. vorhandenen falschen Binnenkirchlichkeit heraustreten und einen neuen Inkulturationsakt wagen. Das Evangelium ist in die Lebenswelt unseres DDR-Alltags einzubringen. Es stimmt einfach nicht, daß Gott in unserer Lebenswelt nicht mehr vorkommt. Wir haben oft noch nicht den Blick für die verborgene Anwesenheit Gottes mitten in der angeblichen „Stadt ohne Gott".

3. Seelsorge muß den Mut zu einer klar konturierten Basiskatechese haben, die das christliche Credo bzw. das christliche Ethos von der Palette heutiger Sinnangebote unterscheidbar macht, es z. B. vom „sozialistischen Humanismus" absetzt (wobei nicht ängstlich bestimmte Gemeinsamkeiten geleugnet werden müssen!). Hand in Hand damit muß das Angebot vorhanden sein, den christlichen Glauben in konkreten Lebensgemeinschaften zu praktizieren und seine Tragfähigkeit zu testen.

Die christliche Verkündigung darf sicher in vieler Hinsicht „bestätigen", was Menschen auch außerhalb der Kirche aufgrund ihrer Gewissensüberzeugung tun. Sie wird aber auch Zumutungen aussprechen müssen und Verfremdungen des modernen Lebensgefühls provozieren, freilich so, daß dahinter immer das große Feld christlicher Freiheit aufleuchtet, einer Freiheit, die angesichts der vielen Unfreiheiten des heutigen Menschen eine neue Anziehungskraft gewinnen kann.[8] Gott ist es ja letztlich, der den Menschen zum Glauben bewegt, nicht unsere Seelsorge. Und das darf uns als Trost dienen: Gott ist immer schon in der „Festung“, die wir für ihn erobern sollen.

* Vortrag vor den Dechanten des Bischöflichen Amtes Erfurt–Meiningen am 16. 3. 1988

[1] Vgl. *J. B. Metz,* Zukunft der Aufklärung. Ein Vortrag zum Verhältnis von Moderne und Christentum. FAZ 15. 12. 1987.

[2] *L. C. Lewis,* Die Abschaffung des Menschen, Einsiedeln 1979.

[3] *W. Kasper,* Die Weitergabe des Glaubens, in: *Ders.*, Theologie und Kirche, Mainz 1987, 117–134, hier 119f.

[4] Vgl. Katechumenat in Geschichte und Gegenwart (Pastoral-Katechetische Hefte 65), Leipzig 1988.

[5] *W. Kasper,* aaO., 121.

[6] Vgl. *J. Wanke*, Vom neuen Mut zur Katechese in den Gemeinden, in diesem Buch S. 28–40.

[7] Vgl. *J. Wanke*, Laienfrömmigkeit und Weltheiligung. Beitrag der geistlichen Bewegungen in der DDR zur Sendung der Laien in Kirche und Welt, in diesem Buch S. 285–301.

[8] Vgl. *J. Wanke*, Seelsorge zwischen Bewahrung und Bewährung, in diesem Buch S. 28–40.

Weiterbau in Freiheit

Die Herausforderung für Katholiken in der DDR nach der „Wende"

C. S. Lewis hat sein bekanntes und geistreiches Buch „Dienstanweisung für einen Unterteufel" während des 2. Weltkrieges geschrieben. Für den Leser klingt der zeitgeschichtliche Hintergrund deutlich erkennbar an. Als ich nach Jahren das Buch ein zweites Mal las, war für mich doch verwunderlich, mit welcher Souveränität der Autor Not und Schrecken der Kriegszeit als bloße Folie und relativ belanglosen Hintergrund für das eigentliche Heilsdrama seines „Patienten" benutzte. Fronteinsatz und Bombenschrecken sind nahezu bedeutungslos für die „Operationen" der höllischen Verführungskunst, höchstens Anknüpfungspunkte, die aber mit beliebig anderen menschlichen Erfahrungen austauschbar sind.

Zugegeben, hier handelt es sich um Literatur, dazu noch in köstlich parodistischer Zuspitzung (wie man sie heutzutage leider selten bei religiösen Schriftstellern findet). Dennoch wird hier ein Grundproblem religiöser Existenz sichtbar, das in etwa auch auf das Leben der Kirche im Fluß der Zeiten übertragbar ist: die gegenseitige Verflochtenheit des konkreten Weges der Nachfolge Christi und der jeweiligen Zeitumstände mit all ihren Möglichkeiten, Einschränkungen und Hindernissen, die späteren Generationen oftmals nicht mehr so unmittelbar verständlich sind.

Unsere katholische Ortskirche in der DDR hat seit dem Oktober 1989 bis in das Frühjahr dieses Jahres hinein einen tiefgreifenden Umschwung in den äußeren Bedingungen ihrer Existenz erlebt. Die Auswirkungen dieses Umschwungs, der ja die ganze Gesellschaft ergriffen hat, können wir im Blick auf die Seelsorge und das kirchliche Leben zur Zeit noch gar nicht bis in ihre letzten Verästelungen hinein überschauen. Der Grundtenor in der Stimmungslage vieler Katholiken ist der einer großen Erleichterung, ja sogar der Freude darüber, daß nun hoffentlich bessere Zeiten für alle Menschen anbrechen, die einigermaßen geradlinig ihren Gewissensüberzeugungen getreu leben wollen. Damit teilen die Christen ein Grundgefühl wohl der meisten Menschen in unserem Land. Die neu gewonnene religiöse und kirchliche Freiheit ist ja nur ein Teilaspekt jener neuen Offenheit in der Gesellschaft, die so lange ersehnt, aber auch so lange für unmöglich gehalten wurde. Nun aber ist sie (und ich füge mutig hinzu: hoffentlich auf Dauer) da, nicht zuletzt auch durch den tapferen Einsatz vieler evangelischer und auch katholischer Christen, die sich streitbar und friedlich die Veränderungen zusammen mit den vielen Tausenden, die auf die Straßen gingen, erkämpft haben.

Sofort ist aber auch bei der nachdenklichen Frage, was die „Herbstrevolution 1989" für das Leben unserer katholischen Ortskirchen im Gebiet der DDR bedeutet, eine gewisse Unsicherheit bei Seelsorgern und auch bei engagierten Gläubigen anzutreffen. Die plötzliche Öffnung der bislang so hermetisch abgeriegelten Westgrenze am 9. November 1989 markiert den Beginn dieser latenten Unsicherheit. Natürlich dominierten zunächst Freude und Dankbarkeit über die neu gewonnene Reise- und Besuchsfreiheit – und das bis heute. Doch dann „gingen ihnen die Augen auf ...", könnte man biblisch formulieren, besonders auch den Seelsorgern. Denn was nun an „Zugluft" in unsere bislang so abgeschotteten familiären, gesellschaftlichen und auch kirchlichen Räume einbricht, wird noch manche „Erkältungen" hervorrufen. Ohne Bild gesprochen: Es kommen nun auf einmal neue Herausforderungen auf uns zu, bei denen wir nicht so recht wissen, wie wir sie bewältigen werden. Wir müssen uns deshalb im offenen, notfalls auch kontroversen Gespräch darum bemühen, vor diesen Herausforderungen nicht auszuweichen, sondern sie im Blick auf die Gestalt unserer Seelsorge und unseres kirchlich-katholischen Lebens aufzugreifen und das Beste daraus zu machen. Halten wir es mit Paulus, der im Blick auf vorangegangene seelsorgliche Arbeit anderer Apostel sagen kann: „Ich habe wie ein guter Baumeister den Grund gelegt; ein anderer baut darauf weiter. Aber jeder soll darauf achten, wie er weiterbaut" (1 Kor 3,10b). Wie also sollen wir „weiterbauen"?

I.

Ehe wir eine Antwort auf diese Frage versuchen, sollen mehr grundsätzliche Überlegungen an die eingangs erwähnte Problematik von bleibendem Auftrag und wechselnden Bedingungen kirchlichen Arbeitens anknüpfen.

1. ist zu sagen, daß auch in den kommenden Jahren unter den Bedingungen einer sich öffnenden Gesellschaft, eines demokratisch legitimierten Gemeinwesens und einer pluralistischen kulturellen und weltanschaulichen Situation die katholische Kirche in Thüringen und Sachsen, in Brandenburg und Mecklenburg ihren Grundauftrag in Gelassenheit und innerer Glaubenszuversicht fortzuführen hat, nämlich im Auftrag des Herrn allen Menschen das Evangelium zu verkünden, Gottesdienst zu feiern und das Lob Gottes in diesem Land nicht verstummen zu lassen und der Liebe Christi zeichenhaft und erfahrbar Gestalt zu geben. Hier gilt es, etwas von der Haltung der Relativität zu verinnerlichen, mit der C. S. Lewis gleichsam mit den Augen der „Ewigkeit" auf die Zeitgeschichte schaut, in dessen Rahmen das eigentliche Lebensdrama seines Helden eingespannt ist. Der Blick des Glaubens macht uns beileibe nicht gleichgültig für das Auf und Ab menschlicher Geschichte, aber er bewahrt uns davor, die „zweitwichtigen" Dinge zu letztentscheidenden Fragen hochzustilisieren. Die Gestalt einer ganzheitlichen Nachfolge Christi erfordert zu allen Zeiten und unter allen gesellschaftlichen Bedingungen Tapferkeit und Kraft. Neue Freiheiten für das religiöse Bekenntnis und neue Möglichkeiten für die Gestaltung des kirchlichen Lebens sind durchaus zu begrüßen, aber sie verändern nicht grundlegend die Konditionen des christlichen Nachfolgeweges. Hier ist in der Tat die Erinnerung besonders für unsere Seelsorger angebracht, daß es eine *cura animarum perennis*, eine in allen Wandlungen der Geschichte durchzutragende Grundseelsorge mit bleibenden Aufgaben gibt, die uns auch heute und morgen in die gleichen Pflichten nimmt, wie sie auch jene, die vor uns „gebaut" haben, in Beschlag genommen hat. Dem widerspricht nicht, was dann zu bedenken ist: daß es für die Kirche in jeder Zeit spezifische Herausforderungen gab und gibt, die sie u. U. auch schuldhaft unbeantwortet lassen könnte. Doch darüber wird gleich zu sprechen sein.

2. möchte ich dazu einladen, nach dem zu fragen, was auch in der gewandelten und sich noch weiter wandelnden Situation von unserer bisherigen pastoralen und kirchlichen Arbeit bewahrenswert und für die Zukunft unter allen Umständen beizubehalten ist. Wie immer sich das konkrete Leben unserer Ortskirchen gestalten mag, unter welchen Rahmenbedingungen – auch im Blick auf eine künftige Neuumschreibung von bisherigen Jurisdiktionsgebieten – es sich entfalten und neue Konturen gewinnen wird: Wir haben aus

den letzten Jahrzehnten seelsorgliche Erfahrungen einzubringen, die nicht einfach verlorengehen dürfen. Und wenn es die einfache Erfahrung ist, daß die Menge des bedruckten Papiers in der Kirche nicht unbedingt ein Gradmesser wachsender Lebendigkeit im Gottesvolk ist. Aber da wären manche andere Dinge zu nennen, die auch in die nachfolgenden Überlegungen einfließen werden: die Erfahrung lebendiger Pfarrgemeinden als Quellort der Glaubensbezeugung und Glaubensfreude, die Sorge um eine persönliche Atmosphäre in unseren Gemeinden und Häusern, die Schlichtheit der kirchlichen Selbstdarstellung (eine auch bei uns zunehmend gefährdete Grundhaltung), die Bereitschaft zur Konzentration in der Verkündigung und Katechese, die Bereitwilligkeit, die Grenze zwischen amtlichen, halbamtlichen und ehrenamtlichen Diensten in den Gemeinden fließend zu halten, die Offenheit für die Nöte und Empfindsamkeiten unserer östlichen Nachbarn, die spirituellen Erfahrungen aus der Zeit der äußeren Bedrängnis der Kirche und aus dem Umgang mit einer atheistischen Ideologie, die einen Säkularismus eigener Prägung hervorgebracht hat, und manches andere mehr. Hier sollten wir von dem inneren Glanz unserer Diasporakirche (die natürlich ebenso auch ihre „Runzeln und Flekken" hat) nicht gering denken. Ich meine auch, daß jene Seelsorger, die in den letzten Jahren und Jahrzehnten Freude und Leid der steinigen Alltagsseelsorge im „real existierenden Sozialismus" der DDR getragen haben, auch weiterhin die Gläubigen und die Gemeinden dieses Raumes in die kommende Zeit des Übergangs begleiten und dies nicht einfach anderen überlassen sollten. Es gibt m. E. Verwundungen, die am besten der verstehen und behandeln kann, der sie am eigenen Leib selbst getragen hat. Zumindest kann er sich hineinfühlen in den, der Trost und Zuspruch und Ermutigung sucht angesichts dessen, was eine frustrierende DDR-Existenz menschlich und auch religiös verbogen und verbaut hat.

3. schließlich wäre zu fragen, ob nicht die kritische Rückbesinnung auf die vergangenen Jahrzehnte unseres kirchlichen Arbeitens auch Anstöße zu neuen pastoralen Akzentsetzungen geben könnte. Nun ist hier nicht der Ort, die Geschichte der Seelsorge im Raum zwischen Werra und Oder/Neiße nach 1945 nur annäherungsweise zu beschreiben. Es gibt einige Zäsuren, die diese relativ kurze, aber dennoch pastoral intensive Epoche gliedern:

- die Phase der ersten Konsolidierung der seelsorglichen Arbeit mit den in diesen Raum eingeströmten Flüchtlingen aus den

ehemaligen Ostgebieten, wobei unter sehr schwierigen Bedingungen Bewundernswertes in Seelsorge und Caritas, in Gemeindeaufbau und Verwaltungsarbeit geleistet wurde;
- die Jahre des scharfen Konfliktes zwischen Staat und Kirchen bis hin zum Bau der Berliner Mauer im August 1961, die auch einen Bewußtseinswandel unter den Katholiken auslöste;
- die Phase der Auseinandersetzung mit dem 2. Vatikanischen Konzil (1962–1965) und seinen Folgen für das innerkirchliche Leben und für das neue Selbstverständnis der Kirche in der modernen Welt, wobei wichtige Markierungspunkte die nicht abgeschlossene Meißner Synode (1969/70) und die Dresdener Pastoralsynode (1973–1975) waren;
- die danach folgenden Jahre eines entschlossenen Aufbaus binnenseelsorglicher Strukturen unter Verzicht auf eine umfassende Auseinandersetzung mit dem vom sozialistischen Staat produzierten kulturellen und gesellschaftlichen Milieu.

Es ist deutlich, daß die Beschreibung der Pastoralgeschichte schon wertende Kategorien einführt, die nicht unumstritten sein mögen, die aber gerade deswegen in das gemeinsame Nachdenken und in das nach vorn weisende Gespräch innerhalb unserer katholischen Ortskirchen einfließen müssen. Gegen Ende der siebziger Jahre bahnte sich in unseren Reihen eine Neubesinnung an. Vielleicht wurde diese mit angeregt durch den Weg der evangelischen Schwesternkirchen seit 1978, die auf der Suche nach ihrem eigenen Selbstverständnis mit der von uns kritisch gesehenen Formel „Kirche im Sozialismus“ operierten. Dazu kamen die Impulse der Friedensbewegung, die auch die engagierten jungen Katholiken in unseren Gemeinden erfaßte (1983 wurde ein gemeinsamer Hirtenbrief der Bischöfe der Berliner Bischofskonferenz über den Frieden verlesen). Es wurden nun deutlicher die Defizite eines Pastoralkonzeptes erkannt, das mehr auf die Bewahrung der christlichen Substanz in den Gemeinden setzte, als das Vertrauen darauf stärkte, daß die Nachfolge Christi nur in der ständigen Auseinandersetzung mit einer sich wandelnden Welt die Kraft behält, „Salz“ und „Licht“ und „Stadt auf dem Berge“ zu sein. Hier signalisierten verschiedene Ereignisse ein zunehmendes Drängen und Fragen auch unserer Gläubigen nach einer Wegweisung in einer Welt, deren weltanschaulich monolithischer Zuschnitt zusehends verfiel, worüber die äußerlich festgehaltene Fassade einer sozialistischen Staatsdoktrin nicht hinwegtäuschen konnte. Ich erinnere in diesem Zusammenhang an den Kongreß katholischer Jugendvertreter 1985 in Ost-Berlin, an das Katholikentreffen 1987 in Dresden, das im sog. Kleinen Katholikentreffen und seinen 10 Themenkreisen die unaufgearbeiteten Fragestellungen bei unseren katholischen Christen gut vor Augen führte, während das eigentliche Treffen ein Höhepunkt jenes pastoralen Bemühens war, das binnenkatholische Selbstbewußtsein unserer Gläubigen kräftig zu stärken (was ja auch eindrucksvoll gelungen war). Schließlich erinnere ich an die Ökumenische Versammlung der Kirchen und kirchlichen Gemeinschaften in der DDR (1988/89 in drei Sitzungen), bei der die katholischen Vertreter ohne Schwierigkeiten dank offensichtlich doch gleicher Sensibilität für die Probleme unserer Zeit wie bei ihren evangelischen und freikirchlichen Partnern sofort einbezogen waren in die große Suchbewegung der Christenheit nach Antworten auf die Fragen, die heute die Menschheit bewegen. Ich meine, daß die Beteiligung an diesem Gespräch uns als Diasporakirche sehr geholfen hat, über die Enge unserer eigenen Probleme und Sorgen um den Bestand unserer Kirche hinauszuwachsen. Eine behutsame Vorbereitung für diese Fragen versuchte der Pastoralbrief der DDR-Bischöfe vom September 1986 „Katholische Kirche im sozialistischen Staat" zu leisten, der dann öffentlicher und deutlicher in dem gemeinsamen Hirtenbrief „Kirche – für die Menschen und mit den Menschen" vom Oktober 1988 als Impuls der Ermutigung zum gemeinsamen „Weltapostolat" aller katholischen Christen seine Fortsetzung fand.

Es ist also ein weiter und recht schwieriger Weg von jener Feststellung des Meißener Bischofs Otto Spülbeck 1956 auf dem Katholikentag in Köln: „... wir leben in einem Haus, dessen Grundfesten wir nicht gebaut haben, dessen tragende Fundamente wir sogar für falsch halten ... Wir leben also nicht nur kirchlich in der Diaspora, sondern auch staatlich" bis hin zu der Aufforderung in dem zuletzt genannten Hirtenbrief von 1988: „Wir wollen ... gemäß unserem christlichen Weltauftrag ein mutiges Ja sagen zu unseren Pflichten in Beruf und Alltag, auch auf die Gefahr hin, daß unser Einsatz mit einem ideologischen oder politischen Vorzeichen versehen wird, das unserer christlichen Grundüberzeugung nicht gemäß ist." Wir dürfen freilich nicht vergessen, daß in den Jahrzehnten nach 1945 unsere Kirche einem aggressiven ideologischen System gegenüberstand, das auf die Vernichtung der Kirchen und die Aufhebung des religiösen Bewußtseins im Volk mit allen Mitteln hinarbeitete. Offensichtlich gab es da nur den Weg der klugen Selbstbeschränkung und der kirchlichen Geschlossenheit, der ja auch unsere Kirche vor der Auslöschung bzw. der Gefahr der Vereinnahmung als „Akklamationskirche" des Regimes bewahrt hat. Den Bischöfen und kirchlich Verantwortlichen der damaligen Zeit war es gelungen, alle Versuche der Partei und des von ihr gelenkten Staates, die katholische Kirche als „Friedenskirche" zu vereinnahmen, den Klerus zu spalten und die innere Glaubwürdigkeit der Kirche auszuhöhlen, erfolgreich abzuwehren. Dafür gebührt ihnen und allen, die sich damals in schwierigen Zeiten für die Einheit der bedrängten Kirche einsetzten, bleibender Dank. Das alles freilich darf, bei aller gerechten historischen Bewertung aus der damaligen Zeitsituation heraus, nicht verkennen lassen, daß für diese Einheit und Geschlossenheit ein hoher Preis bezahlt wurde. Eine nüchterne Betrachtung unserer Kirche wird nicht verkennen, daß sie in ihren Lebensäußerungen (trotz des beachtlichen caritativen Engagements) doch sehr nach innen ausgerichtet war und immer noch ist. Es fehlt ihr bis heute ein kräftiges laikales Element und weithin auch das strukturelle Instrumentarium, sich mit den Fragen auseinanderzusetzen, die gemeinhin mit dem „Weltapostolat" der Kirche zusammenhängen. Die Ansätze zu einem Dialog innerhalb unserer Kirche über Fragen des Verhältnisses Kirche–Welt sind nicht entschlossen genug fortgeführt worden und dies hat kritische Gruppen in eine m. E. unnötige Distanz zur Kirche geführt. Das alles wird noch, so hoffe ich, in einem offenen und brüderlichen Gespräch aufzuarbeiten sein. So wird der kritische Rückblick Anlaß zur Besinnung und zu hoffnungsvollem neuem Beginn.

Damit aber wollen wir den Blick von der Vergangenheit auf die vor uns liegende Zeit lenken und fragen, welchen Weg uns Gott unter den nun veränderten Bedingungen kirchlichen Arbeitens und Lebens führen will. Es wird Kontinuität geben müssen, aber auch Neuaufbruch. Dabei setzen wir im Glauben auf die Hoffnung, daß im Blick auf das Geheimnis der Kirche nicht die Soziologen und nicht die Kulturphilosophen das letzte Wort haben. Die kulturellen und politischen, auch kirchenpolitischen Rahmenbedingungen beeinflussen ohne Zweifel das Leben der Kirche, aber sie sind nicht dessen Quellort. Es gab immer wieder in der Kirche überraschende Aufbrüche, die Zeiten einer religiösen Verkrustung beendet haben. Solche Aufbrüche sind nicht zu „machen", aber dem Geist des Herrn wäre durchaus zuzuarbeiten in dem Sinne, daß wir die „Tür", die er uns „öffnet", (vgl. 1 Kor 16,9; 2 Kor 2,12), dann auch mutig durchschreiten.

II.

Zu allen Zeiten haben sich jene, denen die Verkündigung des Evangeliums und der Aufbau der Gemeinden aufgetragen war, von den Erwartungen und Sehnsüchten der Menschen ansprechen und bei ihrem seelsorglichen Tun inspirieren lassen. Die Gestalt der konkreten Kirche ist nie in dem Sinne festgeschrieben, daß ihre Verquickungen und wechselseitigen Abhängigkeiten von kulturellen, wirtschaftlichen und politischen Gegebenheiten einer Zeitepoche nicht auch wieder aufhebbar sind. Für die jeweiligen Zeitgenossen ist es oft schwierig, Wesentliches und Akzidentelles an der Lebensform ihrer Kirche zu unterscheiden. Vieles, was früher vielleicht als wesentlich und unaufgebbar erschien, erweist sich unter späteren Gegebenheiten als unnötig oder gar als erschwerender Ballast. Solche Ablösungs- bzw. Wandlungsprozesse sind für die Kirche oft sehr schmerzhaft und bringen Spannungen mit sich, die durchaus bis zu Abspaltungen von der Kirche führen können.

Es spricht vieles dafür, daß wir im europäischen Kontext Zeugen einer ebenso tiefgreifenden Wandlung der Gestalt kirchlichen Lebens werden, ähnlich wie das unsere Glaubensbrüder in Lateinamerika, Asien und Afrika z. Z. erleben. Wandel der Kirche und Wandel in der Gesellschaft fördern sich natürlich gegenseitig. Wir Katholiken im Raum der DDR haben mit unseren Landsleuten im Grunde den verzweifelten Versuch erlebt, ein Gesellschaftssystem, das mit seinen geistigen Wurzeln ins 19. Jahrhundert reicht, in einer total veränderten Welt des ausgehenden 20. Jahrhunderts mit allen Mitteln festzuschreiben und zu konservieren. Daß dies auf die Dauer nicht gut gehen konnte, war allen einsichtigen theoretisch klar, wenngleich man nicht vorhersehen konnte, daß der Zusammenbruch so plötzlich kommen würde. Zusammen mit den anderen europäischen Ortskirchen müssen wir uns – gleichsam einige Jahrzehnte einer gesellschaftlichen Moderne überspringend – nun den Fragen stellen, die sich auch für die Schwesternkirchen in unseren westlichen Nachbarländern angesichts der Phänomene einer gesellschaftlichen „Postmoderne“ mit ihren vielschichtigen Ausfächerungen und Differenzierungen in Kultur, Wirtschaft, Politik und Gesellschaft erheben. Es ist leicht voraussagbar, daß uns ebenfalls manche Spannungen und Irritationen ins kirchliche Haus stehen werden; ich denke nur etwa an Fragen im Zusammenhang mit dem Wandel in der Beziehung zwischen den Geschlechtern oder Probleme, die durch die zunehmende Freisetzung des Menschen von beruflicher Arbeit entstehen. Diese und andere Herausforderungen sind für uns nicht spezifisch, sondern sie ergeben sich einfach auf dem Weg der Kirche in eine „andere Moderne“.

Dennoch bleibt es legitim, einmal im Blick auf die kommende Gestalt unserer Ortskirche auf die Sehnsüchte und Erwartungen der Menschen zu schauen, die in diesen Monaten in unserem Land aufgebrochen sind, und auf die zu erwartenden Veränderungen im Leben unserer Gesellschaft. Die Fügungen Gottes entsprechen nicht immer dem, was wir erwarten, aber in allen Verfremdungen und paradoxen Zumutungen, die der Glaubensweg bereithalten kann, sind es eben aber doch auch Antworten, die wir vom Geist Gottes auf Fragen unserer Tage erhoffen dürfen.

Ich sehe Aufbruchmöglichkeiten für unsere Kirche in mehrfacher Hinsicht. Wir sollten uns durch die Führung Gottes, der uns in diese zeitgeschichtliche „Stunde“ gestellt hat, ansprechen lassen, mehr auf die Menschen zuzugehen, und zwar ohne jedes wertende „Vorurteil“ (1.), wir sollten uns darauf verständigen, die Kirche als communio und Seelsorge als Weggemeinschaft von gemeinsam Suchenden und Fragenden zu präsentieren (2.), und wir sollten uns schließlich vom Geist des Herrn zur Mitte führen lassen, die allein Halt und spirituelle Festigkeit inmitten des kommenden geistigen Pluralismus geben kann: zur Person Jesu Christi selbst (3.). Ich möchte diese drei Gedankenkreise im folgenden kurz entfalten.

1. Wege zum Menschen

a) Zu den erfreulichsten Gegebenheiten, die die „Herbstrevolution 1989“ in unserem Land bewirkte, gehört die Tatsache, daß manche pessimistischen Gesellschaftsanalysen, die vor 1989 über die DDR verfaßt wurden, weithin Makulatur wurden. Natürlich gab es Phänomene, die mit einer gewissen Berechtigung erlaubten, von der

DDR als einer „Nischengesellschaft" zu sprechen und von einer angepaßten, phantasielosen Jugend. Was aber im Herbst 1989 zum Vorschein kam, war der Durchbruch einer Freiheitssehnsucht und eines Wahrheitspathos, das alle – vielleicht uns selbst am meisten – überraschte.

Ist es vermessen zu meinen, daß hier im Grunde ein gesunder Optimismus einer theologischen Anthropologie bestätigt wurde, der wohl mit zeitweiligen, vielleicht auch länger andauernden Deformationen des Humanum rechnet, aber der sich nie damit abfinden wird, daß der Mensch auf Dauer von den Grundbestimmungen des Seins, dem Wahren, dem Schönen, dem Guten und der Sehnsucht nach innerer Ganzheitlichkeit abzubringen ist? Ich würde sogar meinen, daß spezifische Elemente des Evangeliums, gleichsam Leuchtspuren christlicher Grundüberzeugungen, sich jüngst in unserer Gesellschaft in einem breiten Konsens artikulierten, der für den Außenstehenden erstaunlich war, vor allem, wenn er von der atheistischen bzw. säkularistischen Grundbestimmtheit der Gesellschaft überzeugt war.

Ich weise etwa auf das Phänomen der Gewaltlosigkeit hin, das wesentlich zum Gelingen des Umwälzungsprozesses auf friedlichem Wege beigetragen hat, wenn auch zugegeben günstige außenpolitische Konstellationen den Erfolg des gewaltlosen Ausbruchs aus alten Zwängen förderten. Gewaltlosigkeit ist eine in der Jesusüberlieferung verankerte Grundhaltung. Ihre Plausibilität ist in jahrzehntelanger marxistischer Propaganda verunglimpft worden, aber sie hat sich in eben dieser jahrzehntelang indoktrinierten Bevölkerung dennoch als ein Grundkonsens so überraschend kräftig gezeigt.

Ich weise ferner auf das leidenschaftliche Ausbrechen aus einer gesellschaftlichen und oft auch persönlichen Lebenslüge hin, das sich manchmal in einem übersteigerten Pathos der Wahrheitssuche in der eigenen und in fremden Biographien äußerte. Die Ganzheitlichkeit der Lebensgestalt wurde neu erkämpft, aber eben, weil sie doch unter allen Deformationen und Anpassungen besonders von den jungen Menschen gesucht wurde – wieder ein Hinweis, ein „Spurenelement" biblischer Weisung, vor Gott „wahr" und „authentisch" zu sein.

Noch manche anderen Phänomene könnten in diesem Zusammenhang genannt werden, etwa die Bereitschaft zu Solidarität, der Ruf nach einer neuen Begründung der Menschenwürde, die Sehnsucht nach Erfüllung und Lebenssinn über die versprochenen Konsummöglichkeiten hinaus usw. Diese Andeutungen mögen genügen, um zu sehen, daß sich hier „Türen" für den künftigen Weg der Kirche auftun.

b) Dieser Weg wird stärker noch als bisher zu den Menschen führen müssen, und zwar zu den Menschen in ihren unterschiedlichsten Lebenssituationen. Wir können als Kirche nicht auf die Leute warten, sondern wir müssen dorthin gehen, wo sie sind. Johannes Paul II. hat in seiner ersten Enzyklika „Redemptor hominis" dazu Bedenkenswertes gesagt. „Der Mensch in der vollen Wahrheit seiner Existenz, seines persönlichen und zugleich gemeinschaftsbezogenen und sozialen Seins ... dieser Mensch ist der erste Weg, den die Kirche bei der Erfüllung ihres Auftrages beschreiten muß" (Nr. 14). Was könnte das konkret für uns heißen?

(1) Die künftige Pastoral wird stärker mit den unterschiedlichen Standorten rechnen müssen, die Menschen dem Evangelium Christi gegenüber einnehmen. Exemplarisch wird unsere Unbeholfenheit in dieser Hinsicht gegenwärtig in der Sakramentenpastoral deutlich. Wir operieren hier zu schnell mit rechtlichen Kategorien, die dann in die Alternative von Zulassung und Ausschluß wie in eine Sackgasse hineinführen. Wir werden sehr lernen müssen, daß Gott die Menschen oft sehr lange Wege führt, ehe sie in Ausdrücklichkeit und in sakramentaler Zeichenhaftigkeit das Mysterium gläubig bekennen, das sie schon längst mit geheimer Anziehungskraft ergriffen hat. Zu schnell versuchen wir, den Menschen die Vollform einer kirchlich-gläubigen Existenz überzustülpen, die sie in innerer Wahrhaftigkeit überhaupt noch nicht nachvollziehen können. Wahrhaftigkeit im Ausdruck und innere Nachvollziehbarkeit dessen, wozu eingeladen wird, müssen jedoch die Grundbedingungen einer Seelsorge sein, die sich von der Ehrfurcht vor dem Menschen und vom Erbarmen mit ihm im Sinne Jesu leiten läßt.

Die Palette unseres seelsorglichen Mühens muß vermutlich noch viel breiter und das Instrumentarium unserer Pastoral muß noch bedeutend differenzierter werden, um die Menschen dort anzutreffen, wo sie wirklich stehen. (Ich denke beim Stichwort „Seelsorge" auch an jene gläubige Heilssorge für die Menschen, die in nichtamtlicher Weise vom Kern unserer Gemeinden auf je eigene Weise mitgetragen wird.) Vielleicht können wir manchen Menschen doch sagen: „Du bist nicht fern vom Reich Gottes" (Mk 12,34), ohne ihn zur Taufe bewegen zu können; und vielleicht sind manche jungen Familien mit der regelmäßigen sonntäglichen Eucharistie überfordert, sind aber ansprechbar für bestimmte Dienste oder auf Zeichen, die ihnen das Geheimnis ihres Lebens von Gott her im außersakramentalen Bereich erschließen. Ich bin mir bewußt, daß diese Ausfächerung kirchlich-pastoralen Handelns im Blick auf die unterschiedlichen „Standorte" der Menschen große Spannungen in das Gemeindeleben hineinträgt. In Entschiedenheit am eigenen Glaubensweg festhalten und ertragen, daß andere von Gott erst von weiter her zur Mitte geführt werden, setzt eine innere Reife und geistige Weite voraus, die wohl aber vom echten Jünger Christi gefordert werden müßte. Hier gilt das Wort des Herrn, das neugierigen und vorwurfsvollen Fragen nach dem Glaubensweg des anderen Jüngers antwortet: „... was geht das dich an. Du aber folge mir nach!" (Joh 21,22).

(2) Diesem soeben genannten Prinzip der „Gradualität" in der Seelsorge entspricht umgekehrt das Bemühen, in allen Lebenssituationen Anknüpfungspunkte für einen möglichen Nachfolgeweg zu entdecken und diese in der seelsorglichen Begegnung dem anderen freizulegen. Es muß uns mehr um Einholung, weniger um Ausgrenzung gehen. Natürlich bin ich mir bewußt, daß jede kirchliche Ordnung auch von klaren Abgrenzungen lebt. Es muß gesagt werden, was von Christus trennt und damit auch von seiner Gemeinde. Mein Problem ist nur, daß wir dies vorschnell denen sagen, die noch gar nicht begriffen haben, was das heißt: zu Christus zu gehören. Wir kommen oftmals mit Ausgrenzungen dort, wo der Glaube noch nicht im Herzen Wurzeln geschlagen hat bzw. schon wieder abgestorben ist. Diese Menschen brauchen Zuwendung und positive Möglichkeiten, um das auszudrücken, was in ihnen an Fühlen und Sehnen da ist. Was kirchliche Disziplin ihrem Wesen nach ist, nämlich schmerzhaftes Heilmittel zur Erhaltung und Neubefestigung des neuen Lebens in Christus, kann eigentlich nur Glaubenden einsichtig sein und bei Glaubenden Anwendung finden. Im „Vorraum" des Glaubens jedoch wird erst zu jener Liebe hinzuführen sein, die uns dann u. U. auch im Schmerz oder im Verzicht (etwa auf die volle Eucharistieteilnahme) dennoch selig machen kann.

Manches an der Gestalt und der Praxis unseres kirchlichen Lebens und unserer Seelsorge wird darum aus bestimmten Engführungen zu befreien sein. Oder besser: Wir sollten Möglichkeiten entdecken, Menschen, die dem vollen Leben der Kirche fern stehen, Ausdrucksmöglichkeiten für ihre Sehnsucht nach Gott, dem Geheimnis auch ihres Lebens, anzubieten. Es ist merkwürdig, daß z. B. das Aschenkreuz am Aschermittwoch auch von Menschen angenommen wird, die sonst wenig für kirchliche Riten übrighaben. Die Hochfeste des Kirchenjahres führen uns Menschen in die Kirchen, denen wir oft „nur" die Feier der Eucharistie anbieten, zu der sie keinen Zugang haben. Gerade die vergangenen Monate und Jahre haben uns in der DDR gezeigt, daß Friedensgebete und Nachtwachen, Fastenaktionen und „Öko-Seminare", Meditationswege und Wanderexerzitien junge Menschen ansprechen können und für Fragen öffnen, die auf den biblischen Nachfolgeweg hinweisen. Schnell ist geurteilt: „Das bringt doch alles nichts fürs Katholisch-Werden!" Zugegeben, dennoch werden wir dafür sorgen müssen, daß der Herr wenn auch vielleicht nur für den Augenblick „berührt" wird und so Menschen zu heilen vermag (vgl. Mt 9,21).

(3) Schließlich wird in der nahen Zukunft überhaupt stärker von uns gefragt werden müssen, wo und wie wir Möglichkeiten der „Erstverkündigung" des Glaubens erproben können. Auch hier stehen mir die vielen Einwände und Schwierigkeiten vor Augen, die uns angesichts dieser Aufgabe gleichsam im vorhinein blockieren. In der Tat sagt uns die pastorale Erfahrung, daß die Schwelle für den Eintritt in eine kirchlich geprägte Frömmigkeitspraxis in der heutigen Zeit sehr hoch und für manche Menschen nahezu unüberschreitbar ist. Da kommt viel zusammen: das Erscheinungsbild der Kirche in der profanen Öffentlichkeit, die Vorurteile gegenüber der kirchlichen Morallehre, die Abneigung gegen jedwede Form von Institution in Bereichen, die die personale Mitte des Menschen betreffen usw. Dennoch müssen wir uns vor Augen halten, daß die Abstinenz einer Ortskirche von der Aufgabe der Erstverkündigung an Nichtglaubende auf Dauer schwere Schäden für das Leben dieser Kirche selbst herbeiführen, nämlich Unfähigkeit, den Glauben in der Sprache der Zeitgenossen einfach und konzentriert auszudrücken, Unbeweglichkeit, weil kritische Anfragen von außen ausbleiben und nicht beantwortet werden müssen, das Fehlen geistlicher Kompetenz, den eigenen Glauben immer neu im Akt der Verkündigung sich selbst anzueignen und tiefer zu durchdringen. Erstverkündigung meint nicht allein Wortverkündigung, wiewohl diese in Zukunft in unterschiedlichsten Formen neu möglich sein wird. Ich denke da an den Bereich der Medien, an die Chancen im Bildungswesen, an kirchliche Großveranstaltungen

und Formen der einladenden „City-Seelsorge“, die Außenstehende leicht erreichen könnten. Dazu kommt das an Möglichkeiten, was jede Pfarrseelsorge etwa durch mitmenschliche Kontaktnahme oder durch Feste und Feiern im Verlauf des Kirchenjahres (und eben auch des bürgerlichen Jahres!) zu leisten vermag. Ich denke aber auch an jene Möglichkeiten, die sich auf die Verkündigung durch die Tat des Glaubens beziehen, etwa in unseren caritativen Einrichtungen (die dann vielleicht sich an Quantität einschränken, aber an geistlicher Qualität profilieren müßten), oder auch in Werken menschlicher Solidarität, die sich Randgruppen und von der Gesellschaft Abgeschriebenen zuwenden.

Nehmen wir diese Herausforderungen ernsthaft auf, wird sich vieles in Gestalt und Gehaben unserer Kirche von allein ändern. Das „Außen“ unserer Ortskirche muß sich vom „Innen“ bestimmen lassen, oder besser: von dem, was dem Willen unseres Herrn gemäß unsere wirkliche Aufgabe ist, Sein Wort und Sein Erbarmen zu den Menschen zu tragen. Das aber wird zu einer Kirche der communio, der Weggemeinschaft führen.

2. Wege zu größerer Gemeinsamkeit

a) Unter den „Zeichen der Zeit“, die unser Land in den vergangenen Monaten kennzeichnen, gehört ein tiefes Mißtrauen der Menschen gegen die bisherigen staatlichen und politischen Institutionen. Vielleicht ist das der größte Schaden, den die bisherige Staats- und Parteiführung unserem Land zugefügt hat. Nun mag diese Krise zwischen Bevölkerung und staatlicher Autorität ihre eindeutigen politischen Ursachen haben, die durch offene demokratische Strukturen, durch Gewaltenteilung und Mechanismen der Machtkontrolle wieder langsam aufgearbeitet werden könnten. Hinter der Ablehnung der vorgegebenen Autorität steht freilich mehr als nur Kritik und Aufsässigkeit gegenüber einer Obrigkeit, die versagt hat. Der Bevölkerung geht es zutiefst darum, als Einzelne, als Bürger, als Individuen mit Rechten und dann auch Pflichten, kurz: als Menschen ernst genommen zu werden. Es gibt ebenso eine Sehnsucht danach, glaubwürdigen Menschen zu begegnen, sich ihnen anzuvertrauen, mit ihnen das Leben zu teilen. Übrigens zeigt sich das auch bei jungen Menschen im Blick auf die Partnerschaft der Geschlechter. Personale Werte wie Treue, Aufrichtigkeit, Hilfsbereitschaft, Aufmerksamkeit füreinander u. a. stehen hoch im

Kurs. Ebenso wird Autorität dort respektiert und angenommen, wo sie sich nicht hinter formalen Prinzipien verschanzt, sondern „durchschaubar“ argumentiert und vor allem selbst vorlebt, was eingefordert wird. Es gibt einen Grundkonsens in der Bevölkerung, der ein solidarisches Verhalten und spontane Bereitschaft zur Hilfe für Notleidende nahezu selbstverständlich macht. Noch nie war die Bereitschaft bei den Einzelnen so groß, für die Not der Menschen etwa in Rumänien oder seinerzeit beim Erdbeben in Armenien konkrete Opfer zu bringen. Es gibt das Bewußtsein einer Grundsolidarität in der Gesellschaft, künftigen Wohlstand (den natürlich alle wollen!) nicht auf Kosten der Alten und der gesellschaftlich Schwachen anzustreben. Hier gibt es bei vielen nachdenklichen Menschen Ängste, nicht größeren Wohlstand mit der Kälte einer „Ellenbogengesellschaft“ erkaufen zu müssen.

b) Diese und ähnliche Beobachtungen zeigen, welche Akzente zu setzen sind für eine Kirche, die solchen Erwartungen und Sorgen begegnet. Seelsorge und Gestaltung kirchlichen Lebens müssen entschlossen und konsequent in jene Richtung weiterentwickelt werden, die der neutestamentlichen Grundgestalt der Kirche als „Bruderschaft“ entspricht.

(1) Es gehört für mich zu den schmerzlichen Erfahrungen, Kirchenaustrittserklärungen auf den Tisch zu bekommen, die damit begründet werden, schlechte Erfahrungen mit der Kirche als „Institution“ gemacht zu haben. Es berührt überhaupt merkwürdig, aus der Kirche wie aus einer Partei oder einem Verein austreten zu können. Nun bin ich kein schwärmerischer Utopist, der der Kirche jedwede organisatorische Strukturen absprechen möchte. Aber ich frage mich ernsthaft, wie es gelingen könnte, der Kirche ein „Gesicht“ zu geben, sie zu einer positiven personalen Erfahrung für Menschen werden zu lassen, die eben solche Erfahrungen suchen. Wir werden zukünftig in einer Gesellschaft leben, in der vermutlich das Leben der einzelnen aufgrund bestimmter Sachzwänge immer mehr verbürokratisiert und anonym verwaltet sein wird. Es ist m. E. der Tod der Kirche, wenn sie in die Nähe solcher gesellschaftlichen Organisationsformen gerückt wird, die nur „verwalten“ und „strukturieren“ und für ein reibungsloses „Funktionieren“ sorgen. Wie wäre zu sichern, daß, wer mit Kirche zu tun bekommt, es mit lebendigen Menschen zu tun bekommt? Mit Menschen, die vielleicht auch kantig oder mit Schwächen behaftet sind, die aber dennoch sagen können: „Komm und begleite mich

auf meinem Weg des Glaubens!" „Teile Dein Leben mit mir, mit uns!" Das ist der Grundvorgang von Seelsorge. Sie sagt nicht: „Das machst Du falsch!" oder: „Ich belehre Dich, wie Du es richtig machen mußt!", sondern sie sagt wie der Herr: „Kommt und seht!" (Joh 1,39).

Solche Einsichten haben unmittelbare Konsequenzen für die Gestalt des kirchlichen Amtes, das nur bruderschaftlich, als Angebot zur Weggemeinschaft im Glauben gelebt werden kann (wobei solchem Dienst durchaus auch Autorität, aber eben „im Herrn" zukommt). Sie haben Konsequenzen für das Einbringen und die eigenständige Mitbeteiligung der sog. Laienchristen an der Gestaltung des kirchlichen Lebens. Den Laienchristen kommt ja gleichwertig, wenn auch nicht gleichartig, die Qualität als „Geistlichen" in der Kirche zu. Solche Überlegungen machen nachdenklich im Blick auf das Erscheinungsbild unserer Kirche in der Öffentlichkeit und die Sprache kirchlicher Verlautbarungen. Hier soll nicht mit leichter Hand ein Idealbild der Kirche gemalt werden, was den Realitäten dieser Welt und unseren erbsündlichen Belastungen nicht gerecht wird. Aber diese Überlegungen verpflichten uns, all das im Leben unserer Kirche voranzubringen und zu fördern, was den personalen Raum der Bruderschaft im Heiligen Geist fördert. Nur das an institutionellem Gerüst hat ein Recht in der Kirche, was diesem Raum des Personalen dient und ihn schützt.

(2) Bezüglich der Seelsorge als Heilssorge für den Einzelnen ist für mich als Grundgestalt das Modell der Freundschaft zukunftweisend. Man schaue sich einmal an, in welcher Weise Paulus von den Gemeinden sprechen kann, die er selbst begründet hat. Er gebraucht Wendungen und Sprachbilder, die ganz im Bereich personaler Zuwendung liegen. Die Gläubigen sind seine „Ehre und Freude" (1 Thess 2,20), er hat sie „ins Herz geschlossen" (Phil 1,7), er ist ihnen wie ein „Vater" geworden (1 Kor 4,15), er liebt sie mit „eifernder Liebe" (2 Kor 11,2). Es gehört zu den Selbstverständlichkeiten jeder seelsorglichen Zuwendung, aber man muß dies oft wiederholen: Liebgewinnen ist das erste Gebot der Seelsorge. Von dieser Grundhaltung her öffnet sich das Herz des Menschen dem tröstenden Zuspruch, der mahnenden Bitte, der Einladung zum gemeinsamen Dank gegen Gott. Seelsorge wird in dieser Grundhaltung wirklich zur freundschaftlichen Weggemeinschaft, die nicht nur dem anderen etwas gibt, sondern auch selbst empfängt und so in der eigenen Nachfolge gestärkt wird. Solche Seelsorge ist nicht

belehrende „Einrede“, sondern gemeinsames Suchen und Fragen und Entdecken dessen, was Gott wirken will. Sie kommt aus einer großen Ehrfurcht vor der Würde des anderen und respektiert seine Freiheit, aus der heraus ja allein heilsrelevante Taten des Glaubens, der Hoffnung und der Liebe gesetzt werden können.

Es ist deutlich, daß hier nicht nur von der „amtlichen“ Seelsorge innerhalb der Kirche gesprochen wird, sondern von jeder Zuwendung zum anderen, die im Glauben an Gottes Menschenliebe erfolgt. Dieses Bewußtsein wird in unseren Gläubigen wachsen müssen, selbst Träger der nachgehenden Heilssorge Gottes zu sein, die auch in einer voll computerisierten Welt suchen will, was „verloren“ ist. Nicht zuletzt wird auch bei unseren Seelsorgern durch eine solche Koinonia-Gestalt des seelsorglichen Tuns die Erfahrung wachsen, selbst der Wegbegleitung im eigenen Glauben durch „Brüder“ und „Schwestern“ bedürftig zu sein.

(3) Die christlichen Kirchen haben in den letzten Monaten in unserem Land ein großes Sympathieumfeld gewonnen. Viele Menschen haben die Kirche als den Raum erfahren, der sie vor staatlichen Repressionen schützte, in dem sie sich frei zusammenfinden und über die Zukunft nachdenken konnten, wo sie auch selbst als Nichtchristen für ein nichtangepaßtes Handeln inspiriert und ermutigt wurden. Hier haben sich ohne Zweifel die evangelischen Schwesternkirchen in der DDR in den Jahren vor der „Wende“ ein besonderes Verdienst erworben.

Beim Nachdenken über die kommenden Aufgaben der Kirche in unserem Land wird unter dem Stichwort „Weggemeinschaft im Glauben“ auf die wachsende Bedeutung der Gemeinsamkeit aller Christen in Glaubenszeugnis und Welteinsatz hinzuweisen sein. Ökumene ist ja ein Grundauftrag des Herrn an die Seinen und nicht nur ein Teilaspekt kirchlichen Handelns, das einigen wenigen Experten überlassen werden könnte. Ökumenisches Handeln kann auch nicht allein pragmatisch begründet werden, als ob Gemeinsamkeit sich von gemeinsamen Zielsetzungen her erreichen ließe oder durch beiderseitige Kompromißfähigkeit herbeigezaubert werden könnte. Wir werden uns bewußt bleiben, daß die Einheit nicht allein in unsere Verfügung gegeben ist, sondern ein Gnadengeschenk des Herrn an seine Kirche ist, das erbeten werden muß. Wenn es um die Treue zum Herrn geht und um die Wahrheit gegenüber dem, was im Gewissen verpflichtet, kann nicht der Kompromiß, sondern nur der Konsens im gemeinsamen Blick auf den

Herrn und sein Wort wirkliche Fortschritte in der Ökumene bringen. Darum ist die erste Forderung der Ökumene die je eigene Umkehr zum Herrn.

Dennoch gehört es zu den Herausforderungen dieser geschichtlichen Stunde, in unserem Land eine neue Qualität des ökumenischen Miteinander zwischen den Kirchen und den Christen anzustreben. Wir sollten dort, wo wir guten Gewissens zusammen Zeugnis geben können und miteinander auf eine Gestaltung der Gesellschaft im Geist Christi Einfluß nehmen könnten, entschlossener die Gemeinsamkeit anstreben. Kleinliches Denken, ängstliches Sich-bewahren-Wollen, Mißtrauen, das sich von Vorurteilen nährt – das alles verhindert das Werk der Einheit und verdunkelt das Zeugnis einer Kirche, die von ihrer Wesensbestimmung her „Zeichen und Werkzeug für die innigste Vereinigung mit Gott wie für die Einheit der ganzen Menschheit" sein soll (2. Vatikanisches Konzil, Konstitution „Lumen gentium" 1). Die Zukunft braucht in unserem Land wieder Frauen und Männer einer wahrhaft großherzigen und weitsichtigen Ökumene. Es ist wichtig, daß die Kirchen sich in ihren jeweiligen Gewissensüberzeugungen wirklich respektieren und nicht in falscher Weise bedrängen, aber es ist noch wichtiger, daß wir alle Gemeinsamkeit ausschöpfen, die uns schon jetzt möglich ist, und um das Zeugnis jener Einheit ringen, daß die Welt von uns mit Recht erwarten kann, wenn sie dem Wort Christi glauben soll. Die Ökumenische Versammlung der Kirchen und kirchlichen Gemeinschaften in der DDR war für dieses Ringen ein hoffnungsvolles Zeichen. Vielleicht könnten in naher Zukunft weitere Zeichen gesetzt werden, die die Bereitschaft unterstreichen, als Christen gemeinsam in der Gesellschaft für die innere Erneuerung und Umgestaltung aus christlichem Geist einzustehen. Solche Zeichen könnten sein: gemeinsame Erklärungen und Stellungnahmen zu Fragen der Zeit (ich denke z. B. nur an die Herausforderung durch die Sekten, die uns jetzt auch hier bevorsteht); gemeinsame Überlegungen und Schritte hin zu einer Neuevangelisierung unseres Raumes; gegenseitige Hilfe bei der Einbindung des „Charismatischen" in die jeweilige Kirche; vielleicht auch einmal eine gemeinsame kirchliche Großveranstaltung, die in eine nichtchristliche Öffentlichkeit hineinwirken kann.

Dabei ist natürlich vor allem die geistliche Vollmacht unserer Kirche gefragt, nicht nur Worte zu machen, sondern „Erweise von Geist und Kraft" zu erbringen, die den Menschen von innen her verwandeln (vgl. 1 Kor 2,4). Darum muß dem Weg zu den Menschen und dem Weg zu größerer Gemeinsamkeit gleichzeitig der Weg nach innen, zu Christus hin entsprechen.

3. *Wege nach innen*

a) Es ist leicht abzusehen, daß das Wirken der Kirche in einer offenen Gesellschaft mit manchen Schwierigkeiten konfrontiert wird, die in vergangenen Zeiten so nicht gegeben waren. Mancher Pfarrer wird bald schmerzlich spüren, daß sich die Gemeinde bei der Mitarbeit schwerer tut als früher und dank neu gewonnener Mobilität kaum noch zu den Festtagen beisammen ist. Die Medien werden unsere Gläubigen überfluten und besonders den jungen Menschen die Kraft zu kritischer Sichtung und besonnenem Gebrauch abverlangen. Alle möglichen und unmöglichen Vereinigungen, Sekten und Gruppierungen werden um die Menschen werben und sie für ihre Ziele in Beschlag nehmen. Freizeitangebote aller Art werden vermutlich die Menschen nicht nur „frei" machen, sondern ihnen auch neue Zwänge auferlegen. Die gute Erfahrung des familiären und auch kirchlichen Miteinanders als willkommener Freiraum von der verordneten Staatsideologie – das wird in dieser Weise nicht mehr so selbstverständlich sein.

Umgekehrt spüren freilich unsere Gläubigen, daß sie die vergangenen Erfahrungen einer „Kirche im verordneten Atheismus" nicht einfach als Verlust abschreiben dürfen. Es gibt in unseren Gemeinden ein gewachsenes Selbstbewußtsein, das sich gerade in den Monaten der „Wende" bestätigt weiß: „Wir haben uns als katholische Christen in einer atheistischen Gesellschaft durchaus behauptet!" In der Tat gab es in unseren Gemeinden tapferes Bekennen, mutige Entscheidungen um Christi willen, geduldige Hinnahme von Benachteiligungen und offenen oder versteckten Schikanen. Viele erfahren die jetzige Zeit als eine nachträgliche Bestätigung ihres aufrechten Weges, der ihnen vertiefte Freude am Glauben und ein solidarisches Miteinander in den Pfarrgemeinden und Freundeskreisen eröffnet hat. Solche Erfahrungen sind ein kostbarer Schatz, der nun unter gewandelten Verhältnissen nicht verschleudert werden darf. Das wird angesichts der vielen Sinnangebote, die sich in einer pluralistischen Gesellschaft auch den Gläubigen aufdrängen, nicht einfach sein. Viele Werte werden einer wachsenden Beliebigkeit ausgesetzt sein. Die Soziologen sprechen heute vom „Warenhauscharakter“ der modernen Lebenswelt. Vor der Fülle der vielen Angebote ist der, dem eigene orientierende Wertmaßstäbe fehlen, ratlos allein gelassen bzw. er wird „außengeleitet“. An dieser Erfahrung wachsender Beliebigkeit dessen, was „gilt“, und der zunehmenden „Fremdbestimmtheit“ des einzelnen und der Massen wird die christliche Botschaft und die innere Zielrichtung des Gemeindeaufbaus anknüpfen müssen.

b) Damit ist nicht gesagt, daß sich die christliche Verkündigung nur als „Kontrastbotschaft“ zu stilisieren hätte. Die Verkündigung kann nicht allein vom Kontrast leben (zumal, wenn sie dazu noch in kulturpessimistischer Attitüde daherkommt!). In die vorgestellte Alternative fließt ja immer auch die Begrenztheit dessen ein, von dem man sich absetzen will. Mir ist in diesem Zusammenhang eine Bemerkung Kierkegaards wichtig geworden, der einmal im Blick auf Röm 14,23 gesagt hat, es sei „eine der für das ganze Christentum entscheidendsten Bestimmungen, daß der Gegensatz zu Sünde nicht Tugend ist, sondern Glaube“ (Die Krankheit zum Tode, Gütersloh ^{2}1982, 81). Das will wohl sagen: Es kommt entscheidend darauf an, daß wir von uns selbst wegkommen. Nur der tritt wirklich in die Nachfolge Christi ein, der mit Jesus den Vater und seine umsonst schenkende Liebe entdeckt und auf sie antwortet. So wird die Verkündigung und der die Verkündigung begleitende Gemeindeaufbau in immer neuen Verstehenszugängen diese Andersartigkeit und unfaßbare Fülle des Heils zu vermitteln haben, von dem das Evangelium spricht. Dieses Heil ist nicht „machbar“, sondern überraschendes Geschenk.

(1) Vielleicht könnte dies der Brennpunkt sein, in den hinein die verschiedenen Linien der uns aufgetragenen Botschaft zu bündeln sind: „Du bist angenommen!“ Die Erfahrung bestätigt uns, daß der Mensch nicht dieses und jenes an Einzelwerten sucht, die möglicherweise sein Leben bereichern könnten, sondern daß er in seiner ganzen Wirklichkeit, als Person angenommen werden will. Es ist hier nicht der Ort, solche kerygmatischen Ansatzpunkte für die Verkündigung zu skizzieren. Deutlich soll nur dies werden: Von ihrem Gehalt her wird die Botschaft unseres Glaubens, die von der Erlösung des Menschen spricht, mit der Bestimmung des Menschen zur Freiheit zu vermitteln sein. Unsere Verkündigung muß aus dem Geruch des Moralischen herauskommen. Sie muß den Raum der Liebe Gottes eröffnen, in der allein Freiheitssehnsucht

und Annahme des Sünders mit dem ganzen Elend seiner Selbstverfallenheit zusammengehen können. Dieses *proprium* des Evangeliums, diese charakteristische Sinnmitte der Botschaft Christi muß erkennbar werden, dieses große „Umsonst" der Gnade, das uns nicht in unserer Freiheit entwürdigt (vgl. Offb 21,6 in Aufnahme von Jes 55,1). Es lohnt jede Anstrengung, sich in diesen Kern unseres Glaubens hineinzuversenken, um von dort her gleichsam mit verwandeltem Herzen, Sprache und Praxis unseres kirchlichen Alltags kritisch zu durchleuchten.

Wir sollten nicht ängstlich sein, solche Einstiege in der Verkündigung zu wählen, die sich vom Lebensgefühl und den Erfahrungen des heutigen Menschen anbieten. Es wird entscheidend darauf ankommen, den Menschen die Einsicht zu vermitteln, daß unser Glaube nicht ein Vielerlei an Lehren und Lebenseinsichten, sondern im Grunde nur eine einzige Botschaft ist: die Kunde von der sich selbstlos schenkenden Liebe Gottes, die sich – wie das Licht in Facetten – in den unterschiedlichen Lebenserfahrungen jedes Menschen immer wieder neu und überraschend vielgestaltig bricht. Ob nicht die mangelnde Annahme dessen, was die Kirche beispielsweise zur menschlichen Geschlechtlichkeit zu sagen hat, an dieser fehlenden Durchsichtigkeit auf die auch darin uns ansprechende und herausfordernde Liebe Gottes liegt? Man müßte einmal eine Sexualmoral von dem apokryphen Jesuswort „Geben ist seliger als Nehmen" (Apg 20,35) her konzipieren. Zumindest manchmal gelingt es mir, jungen Menschen deutlich zu machen, daß auch hier die Wegweisungen der Kirche uns nicht einengen, sondern reicher machen wollen.

(2) Wenn wir in unserer Seelsorge den Weg nach innen beschreiten wollen, werden wir sorgsam auf alle Erfahrungen zu achten haben, die zu einem geistlichen Leben mitten in der Welt befähigen. Ich halte dies für eine Schlüsselfrage der heute und morgen anstehenden Seelsorge, ob es gelingt, die innere Evidenz des christlichen Glaubens an dieser Fähigkeit des Menschen festzumachen, seinen konkret erfahrenen Lebensalltag mit seinen Höhen und Tiefen auf die geheimnisvolle Nähe Gottes hin transparent zu machen. Nach einer solch nüchternen, unsere Welterfahrung mit einbeziehenden (nicht sie ausschließenden) Spiritualität müssen wir Ausschau halten – bei uns Seelsorgern selbst (denn auch wir haben unseren Alltag!), aber noch mehr bei unseren Gläubigen, besonders bei jenen, die eine solche Frömmigkeit meist unreflektiert

schon überzeugend leben. Vermutlich werden es sehr eingedunkelte, wenig „erhabene" Erfahrungen sein, die für den einzelnen zu sprechen anfangen. In einer Welt, die unsere Sinne und unser Herz mit allen möglichen Dingen „füllen" wird, werden Räume der Stille, Erfahrungen des „Ausgeleertseins" und aufgenötigte Einsamkeit, die in Geduld getragen wird, zu Kontaktstellen mit dem göttlichen Geheimnis werden. Natürlich ist von solchen Dingen nur sehr schwer zu sprechen; aber unsere Seelsorge wird Räume anbieten müssen, die erfahrungsgemäß solche Begegnungen mit Gott schenken. Die Pastoral unserer Tage darf nicht zu geschäftig werden.

Ich beobachte im Augenblick, daß unsere kleine Diasporakirche der gebündelte Hilfswille der bundesdeutschen Christen überflutet, die uns mit ihren Bildungsangeboten einfach zudecken. So dankbar wir für die darin zum Ausdruck kommende Zuwendung sind, so sehr wünschte ich mir besonders von den Seelsorgern kritische Wachsamkeit, sich hier nicht zu verlieren. Wir müssen bei unserer Mitte bleiben. Wir können der Welt das, was sie ohnehin schon weiß, nicht noch besser sagen. Wir können ihr nur das Zeugnis unserer in Christus verwurzelten Existenz schenken. Und das bedeutet, daß wir in immer neuem Bemühen unsere Personenmitte, unser Denken, Fühlen und auch Leiden in ihn hineinversenken müssen, bis wir einmal mit Paulus sagen können: „Nicht mehr ich lebe, sondern Christus lebt in mir" (Gal 2,20). Daraus erwachsen dann wirklich durchhaltende (!) Kräfte der Erneuerung und wahrer Lebensumkehr, die von allein Früchte hervorbringen.

(3) Wege nach innen beschreiten heißt aber nicht, sich in die Innerlichkeit des eigenen Herzens zu flüchten, um dort ungestört fromm sein zu können. Wege nach innen gehen heißt für die Kirche auch, sich in die Dinge der Welt von ihrem Standpunkt aus einzumischen. Wir sagten eingangs, daß der kritische Rückblick auf die vergangenen Jahrzehnte unserer jüngsten kirchlichen Geschichte uns lehrt, hier nicht wieder zu ängstlich zu sein.

Wenn es überhaupt einen Sinn macht, sich aus der Sicht des christlichen Glaubens in Fragen der Politik und der gesellschaftlichen und kulturellen Entwicklung eines Landes einzumischen, dann zu dem Zweck, diese Gesellschaft durch den Verweis auf ein Stück Nicht-Welt offen und tolerant, man könnte auch sagen: menschlich zu erhalten. Wir erleben gerade, wie wieder einmal ein groß angelegter Versuch gescheitert ist, mit teils gewaltsamer, teils sanfter Nachbesserung des Menschen eine vollkommene Gesellschaft zu bauen. Auch die Zukunft wird nicht davor gefeit sein, solche Versuchungen unter anderen Vorzeichen neu zu beginnen. Am Horizont zeigen sich schon andere schreckliche Möglichkeiten, einen „konditionierten" Menschen zu schaffen, der dann wiederum die perfekte Welt herbeiführen soll. Bei der Abwehr solcher Versuche stehen wir Christen gottlob nicht allein. Auch rein rational lassen sich mancherlei Gründe auch von außerchristlichen Positionen aus aufzeigen, daß solche Versuche notwendig und diesmal wohl noch furchtbarer scheitern müssen. Doch kann der Glaube, der auf die nicht innerweltlich ableitbare Würde des einzelnen und die auf Gott hin offene Freiheitsgeschichte der Menschheit insgesamt hinweist, ein starkes Bollwerk gegen jedwede totalitäre Gesellschaftsidee sein – freilich der Glaube nicht als blasse Theorie, sondern nur in Menschen, die sich Gottes Anspruch in allen Lebensbereichen, auch in der Sphäre des politischen Handels öffnen, und in einer Kirche, die auch für die profane Öffentlichkeit erfahrbar und sichtbar ihre Hoffnung auf das Evangelium setzt.

Hier erhoffe ich mir von den neu begründeten Vereinigungen unserer katholischen Laienchristen, daß sie in die kommende Gesellschaft hinein Impulse vermitteln, die diese Aufgabe des „Offenhaltens" erfüllen können. Auch eine kleine Kirche vermag da vieles anzuregen und zu bewegen. Die Vergangenheit hat gezeigt, daß auch Minderheiten prophetische Zeichen setzen und Kräfte des geistigen Widerstandes mobilisieren können, die für das Ganze der Gesellschaft heilsam werden. Es wird in Zukunft weiterhin auf diese qualitative geistliche Kompetenz ankommen, die der Botschaft Christi Beachtung und Ausstrahlung sichern wird.

Wir haben einige zugegeben unvollständige Antworten auf die Frage versucht, wie unter den neuen Gegebenheiten in unserem Land kirchlich weiterzuarbeiten ist. Die veränderten Bedingungen, unter denen wir Katholiken jetzt leben und wirken können, geben uns ohne Zweifel neue Möglichkeiten und Chancen. Freilich, der Weg der Nachfolge und des Glaubenszeugnisses gegenüber einer Welt, die Christus nicht kennt, wird ebenso wie in den vergangenen Jahren nicht einfach sein. Dennoch dürfen wir mit großer Zuversicht auf die vor uns liegende Zeit schauen, denn auch sie kommt uns aus der Hand unseres Herrn entgegen.

(abgeschlossen am 15. Februar 1990)

GELEBTER GLAUBE

„Da uns eine solche Wolke von Zeugen umgibt, wollen auch wir alle Last und die Fesseln der Sünde abwerfen. Laßt uns mit Ausdauer in dem Wettkampf laufen, der uns aufgetragen ist, und dabei auf Jesus blicken, den Urheber und Vollender des Glaubens; er hat angesichts der vor ihm liegenden Freude das Kreuz auf sich genommen, ohne auf die Schande zu achten, und sich zur Rechten von Gottes Thron gesetzt. Denkt an den, der von den Sündern solchen Widerstand gegen sich erduldet hat; dann werdet ihr nicht ermatten und den Mut nicht verlieren.«

Hebr 12,1–3

„Die Quelle der wahren Menschlichkeit"

Hirtenbrief zum „Elisabethjahr 1981"

Liebe Brüder und Schwestern im Herrn!
Der Begriff „Menschlichkeit" gehört zu den anziehenden Worten unserer Tage. Der Ruf nach Menschlichkeit und nach einem menschenwürdigen Leben ertönt allenthalben in der Welt und findet Resonanz in den Herzen. Wo fließen aber die Quellen, aus denen die Menschlichkeit des Menschen und unseres Lebens gespeist werden kann?

1981 begehen wir den 750. Todestag der hl. Elisabeth und den 400. Geburtstag des hl. Vinzenz von Paul – beide sind Heilige, die die menschenfreundliche Liebe Gottes in ihrer Zeit haben aufleuchten lassen. Der Höhepunkt dieses Gedenkjahres wird die Herbstwallfahrt am 20. September in Erfurt sein, zu der wir Wallfahrer aus allen Jurisdiktionsbezirken unseres Landes erwarten. Doch soll das „Elisabethjahr" auch Impulse für unser christliches Leben im Alltag geben. Ich möchte darum im folgenden Hirtenbrief über die Quelle der wahren Menschlichkeit schreiben, aus der die hl. Elisabeth, der hl. Vinzenz und viele andere Heilige der christlichen Caritas geschöpft haben: über die Güte und Menschenfreundlichkeit Gottes.

1. Menschlichkeit entzündet sich am Erbarmen Gottes

Gerechtigkeit allein reicht nicht aus, um ein wirklich menschliches Zusammenleben zu ermöglichen. Das ist eine Erfahrung der Geschichte und der Gegenwart. Die Gerechtigkeit kann verfälscht werden. Im Namen einer angeblich historischen Gerechtigkeit wurden und werden Menschen getötet, ihrer Freiheit oder elementarer Rechte beraubt. Wahre Menschlichkeit muß daher aus einer noch tieferen Quelle gespeist werden: aus der Kraft der Liebe.

Im Magnifikat preist die Kirche mit Maria das Erbarmen Gottes über jene, die ihn fürchten. Es gehört zu den tiefen Einsichten des Glaubens, daß wir alle von der erbarmenden Liebe Gottes leben. Wäre Gott allein zu uns gerecht, würden wir vor ihm nicht bestehen können. Doch „wenn das Herz uns auch verurteilt – Gott ist größer als unser Herz" (1 Joh 3,20). Wir leben aus einem ungeheuren Vorschuß an erbarmender göttlicher Zuwendung. Gott schenkt uns zunächst einmal das natürliche Leben mit all seinen Fähigkeiten und Kräften. Darüber hinaus schenkte er uns seinen Sohn Jesus Christus, der in seinem Todesgehorsam unseren Ungehorsam aufhob. Er gab uns damit die Grundlage eines erneuerten Lebens, dessen Qualität das rein natürliche Leben übersteigt und uns Hoffnung auf wirkliches, ewiges Leben gibt.

Es ist ein gefährlicher Irrtum, zu meinen, daß Menschlichkeit durch Reden über Menschlichkeit herbeigeführt werden kann. Wahre Menschlichkeit entzündet sich an der Betrachtung des göttlichen Erbarmens mit uns Menschen, insbesondere an der Betrachtung des Lebens und Sterbens Jesu Christi, der die menschgewordene Liebe des Vaters ist. Wer Christus sieht, sieht den Vater (vgl. Joh 4,9). Wer seine Lebens- und Todeswunden betrachtet, kann ermessen, was wir Gott wert sind.

Das kommende „Elisabethjahr", besonders die vor uns liegende Fastenzeit, lädt uns zur Erneuerung einer ganz schlichten Dankbarkeit gegenüber Gott ein. Diese kann mit Maria beten: „Meine Seele preist die Größe des Herrn ..., denn der Mächtige hat Großes an mir getan." Nächstenliebe ist eine Frucht der Liebe, die sich am Erbarmen Gottes mit uns entzündet. Der Blick zu Gott lenkt nicht vom Bruder ab, wie uns die atheistische Kritik nachweisen möchte, sondern macht uns erst fähig, den anderen als Bruder und als Schwester anzunehmen. In den kommenden Wochen wird an Euch die Einladung zu geistlicher Besinnung, zum Familiengebet, zu verschiedenen Formen der Glaubensvertiefung in Gesprächskreisen und Vortragsabenden ergehen. Das alles ist nicht ein frommes Mäntelchen für eine Sache, die man an sich auch so haben oder üben könnte. Wir können den Mitmenschen nicht als Bruder oder Schwester annehmen, wenn wir vergessen, wer unser gemeinsamer Vater ist und was er an uns in seiner Liebe getan hat.

2. Die Zuwendung zum anderen beschenkt uns selbst

Es gehört zum Geheimnis des menschlichen Herzens, daß wir dann glücklich sind, wenn wir uns selbst vergessen können. Wir alle haben diese Erfahrung schon gemacht. Gott hat uns offensichtlich nach der Grundidee seines eigenen, göttlichen Lebens konstruiert: Göttliches Leben ist reine, schenkende und sich verströmende Liebe, höchste Vollendung der Freude und Seligkeit im Geben und Empfangen zwischen Vater und Sohn im Heiligen Geist. Es ist nicht so, daß die Liebe zu Gott und dem Nächsten zum Gottesglauben noch zusätzlich dazukommt. Glaube und Liebe sind vielmehr die zwei Seiten einer Medaille. In der Liebe glaube ich, wie umgekehrt der wahre Glaube liebt.

Die Nächstenliebe ist darum nicht nur eine Forderung an besonders caritativ begabte Christen. Die Zuwendung zum Bruder und zur Schwester, insbesondere zu denen, die unsere Liebe nötig haben, ist die Substanz unseres Glaubens. „Gott ist die Liebe, und wer in der Liebe bleibt, bleibt in Gott, und Gott bleibt in ihm", sagt Johannes (1Joh 4,16). Das heißt doch mit anderen Worten: Die Bruderliebe ist nicht eine lästige Pflicht. Sie ist vielmehr ein Geschenk, in dem Gott sich uns selbst schenkt. Die Zuwendung zum anderen gehört zur Herzmitte unseres Glaubens. Ja, man kann sagen: Nächstenliebe ist eine Art Sakrament der Christusbegegnung, von ähnlicher Würde wie die heilige Eucharistie.

Wir erfüllen also nicht nur eine Pflicht, wenn wir uns gegenseitig annehmen und in Liebe stützen. Wir werden selbst in dieser Zuwendung zum anderen reich beschenkt. Auch unter Menschen ist erbarmende Liebe nie einseitig. Der Schenkende ist immer auch der Beschenkte. Eine Mutter wird glücklich, wenn sie nicht mehr an sich denkt, sondern an das geliebte Kind. Ein Erzieher wird dann froh, wenn er wirklich sein Herz in die Unterweisung der Kinder investiert. Ein Arzt kann sich selbst vergessen, wenn er ganz in der Behandlung des Kranken aufgeht. Wir werden – seltsamerweise – dann froh, wenn wir andere beschenken können. Ob diese göttliche Pädagogik uns nicht ermuntern will, uns auf das Wagnis selbstloser, notfalls sogar kreuzesförmiger Nächstenliebe einzulassen? Ich wünsche Euch die Erfahrung, daß Ihr in der liebenden Sorge füreinander letztlich selbst mehr erhaltet, als Ihr an Kraft und Opferbereitschaft aufbringen müßt. Sicher, es kann auch in der Liebe das Kreuz Jesu Christi stekken. Doch wer selbstlos liebt, kommt letztlich niemals zu kurz.

3. Die konkrete Tat zählt mehr als Worte

1981 wird viel über die hl. Elisabeth gesprochen und geschrieben werden. Wir sind heute gegenüber den vielen großen Worten in der

Welt schon ein wenig abgestumpft. Rufen wir uns in Erinnerung, was Jesus im Gleichnis von den beiden ungleichen Söhnen zu bedenken gibt. Der eine Sohn sagt zwar: „Ja, ja“, geht aber nicht in den Weinberg arbeiten. Der andere Sohn weigert sich zunächst (er weiß wohl zu genau, was ihn erwartet!), aber dann geht er doch (vgl. Mt 21,28–32). Nicht die Worte, sondern die Taten zählen, auch bei Gott. Dic hl. Elisabeth wird mehr geehrt, wenn wir ihrer Praxis folgen, als wenn wir über sie viele Worte machen.

Es wird sehr von Eurer Phantasie und Einsatzbereitschaft abhängen, konkrete Wege der Nächstenliebe in Euren Gemeinden und im persönlichen Lebensbereich zu suchen und zu begehen. Anregungen dazu sind genug gegeben. Es sei nur an die letzten Pastoralkongresse in Erfurt und Heiligenstadt mit ihren Aussprachekreisen und Arbeitsmaterialien erinnert.

Wenn wir uns am 20. September zur Wallfahrt in Erfurt versammeln, sollte jeder von uns eine Tat der Liebe als Wallfahrtsopfer mitbringen, vielleicht sogar eine gemeinsame Tat der Gemeinde. Gott will durch uns sein Erbarmen in unserem Lande aufleuchten lassen, in dem es vielleicht keine Hungrigen und Durstigen gibt, aber mit Sicherheit Einsame, Kranke, Vernachlässigte, Überforderte und Verzweifelte. Wollen wir deren Hilfeschrei allein der organisierten staatlichen und kirchlichen Wohlfahrt überlassen? Hören wir deren Hilferuf überhaupt noch in unseren oftmals gut schallisolierten und stereoausgerüsteten Wohnungen? Der Herr wird uns einst danach fragen. Und dann wird die kleinste Tat der Liebe mehr zählen als alle Aktivitäten zu Ehren des 750. Todestag der hl. Elisabeth. Christus sagt uns: „Wer einem von diesen Kleinen auch nur einen Becher frischen Wassers zu trinken gibt ...: Amen, ich sage euch: Er wird gewiß nicht um seinen Lohn kommen“ (Mt 10,42).

Liebe Brüder und Schwestern,
zunehmend setzt sich in unserer Zeit die Erkenntnis durch, daß wirklicher Fortschritt nicht ohne Umkehr der Herzen möglich ist. Uninteressiertheit am Schicksal des Nachbarn und brutaler Eigennutz machen alle technischen und wirtschaftlichen Erfolge der Menschheit fragwürdig. Wir Christen resignieren nicht angesichts solcher bedrohlicher Tendenzen. Wir schließen uns auch nicht den wehleidigen Klagen an, daß der einzelne ohnehin nichts bewirken und verändern könne. Der Christ fängt mit der Umkehr des Herzens bei sich selbst an. Das „Elisabethjahr“ lädt uns dazu ein.

Schöpft aus der wahren Quelle der Menschlichkeit, nach der unsere Zeit so sehnlich Ausschau hält. Unser Glaube erschließt sie uns. Macht die Güte und Menschenfreundlichkeit Gottes in unserem Land bekannt.

Dazu segne und stärke Euch der allmächtige Gott, der Vater und der Sohn und der Heilige Geist. Amen.

„Den anderen suchen“

Predigt anläßlich des Elisabethjubiläums, 20. September 1981

Liebe Brüder und Schwestern im Herrn!
Vom griechischen Philosophen Diogenes wird erzählt, er sei eines Tages am hellen Mittag mit einer Laterne über den belebten Marktplatz von Athen gelaufen. Auf die Frage, was er denn mit seiner Lampe suche, habe er geantwortet: „Ich suche einen Menschen!“ Die Suche nach dem Menschen hat bis heute nicht aufgehört. „Menschlichkeit“ ist ein Wort, das ganz groß geschrieben wird. Wir sind auf der Suche nach einer menschlichen Welt. Die Angst vor dem Heute und noch mehr die Angst vor dem Morgen ist weithin die Angst vor dem unmenschlichen Menschen. Was haben wir – allein schon in diesem Jahrhundert – nicht alles fertiggebracht. Und welche bedrohlichen Perspektiven eröffnen sich noch! „Ich suche einen Menschen!“

Unsere Wallfahrt zum Erfurter Mariendom steht in diesem Jahr ganz im Zeichen des Gedenkens an die hl. Elisabeth von Thüringen. Wenn die Kirche bestimmte Menschen heilig nennt, dann möchte sie sagen, daß in ihnen etwas vom Wesen wahrer Menschlichkeit aufleuchtet, von der Maßgestalt des Menschen, wie ihn Gott sich vorstellt und wünscht. Ich meine, daß uns die hl. Elisabeth bei unserer Suche nach einer menschlichen Welt viel zu sagen hat. So soll sie mit ihrem Leben heute zu uns predigen.

Elisabeth ist 24 Jahre alt geworden. Es reichte, um heilig zu werden. Wir würden heute sagen: „Schade, so ein junges Leben. Sie hat ja gar nicht richtig gelebt.“ Dazu kommt: Elisabeth hat sich nicht geschont. Mittelalterliches Leben war ohnehin hart. Elisabeth hat zudem noch freiwillig Härten auf sich genommen und Verzicht geübt. Die Kehrseite ihrer Barmherzigkeit war eine tiefe Liebe zum Kreuz des Herrn. Alban Stolz hat sein Elisabethleben zutreffend mit den Worten überschrieben: „Die gekreuzigte Barmherzigkeit“.

Wir verstehen das Leben dieser Heiligen nur, wenn wir mit ihr die grundlegende Einsicht teilen, daß der Sinn unseres Lebens darin besteht, auf Gottes Liebe zu antworten. Ich möchte ihr Leben auf diese Formel bringen: Es ist Antwort auf Gottes Liebe. Was heißt das?

Es heißt zunächst, daß der Sinn unseres Lebens nicht in ihm selbst zu finden ist. Der Satz „Der Mensch – das Maß aller Dinge“ mag seine Richtigkeit haben. Aber mit Sicherheit ist nicht der Mensch sein eigenes Maß. Das Ziel, die Erfüllung unseres Lebens, liegt jenseits der Todeslinie. Auch unser Sterben, noch mehr das Sich-selbst-Sterben, hat etwas mit unserem Leben zu tun. Das ist eine Aussage, die viele Menschen uns Christen nicht abkaufen wollen. Leben heißt für viele: möglichst viel mitbekommen; alle Möglichkeiten des Habenkönnens ausschöpfen; sich selbst verwirklichen, notfalls auch um den Preis eines narkotisierten Gewissens. Das Leben der hl. Elisabeth bezeugt eine andere Grundhaltung: Hier ist ein Mensch fasziniert – nicht von sich selbst, von den eigenen Möglichkeiten, sondern er ist fasziniert von Gottes Liebe. Hier antwortet ein Mensch nicht sich selbst, den Wünschen und Begierden seines Herzens, sondern er antwortet einem Anruf, der ihn von außen erreicht. Elisabeth, die in der Kapelle der Wartburg vor dem Bild des Gekreuzigten kniet – hier liegt das Geheimnis ihres Lebens und jedes christlichen Lebens. Ich bin angerufen, Gott hat mit mir etwas vor, mein Leben ist wie ein Pfeil, der – einmal abgeschnellt – unaufhaltsam einem Ziel entgegeneilt. „Unruhig ist unser Herz, bis es ruhet in dir, mein Gott“, so sagt es Augustinus. Und ob der Pfeil nur 24 Jahre fliegt – oder 60 oder 80 Jahre –, wichtig ist, daß er das Ziel erreicht. Von dorther erhält das ganze Unternehmen „Leben“ seinen Sinn. Die Gemeinschaft mit Gott, das Angebot, an seinem Leben teilzuhaben, in seine Liebe einzutauchen, das ist das Maß unseres Lebens. An ihm wird gemessen, ob sich ein Leben gelohnt hat oder ob es verfehlt war. Doch wir können noch mehr sagen. Elisabeths Leben offenbart schon etwas von Gottes Art zu leben. Elisabeth ist die große Liebende. Sie liebt ihren Mann, den Landgrafen Ludwig, so innig, daß die Hofgesellschaft sich verwundert. Sie liebt ihre Kinder. Sie liebt ihr Thüringer Volk. Sie liebt ihre Kranken und Armen, denen sie über Nahrung und Pflege hinaus vor allem ihr Herz, ihre liebende Zuwendung schenkt – und: sie liebt den gekreuzigten Herrn, dem sie in allem zu gefallen sucht.

Was macht ihr Leben so menschlich, so anziehend? Es ist die Kraft einer selbstüberschreitenden Liebe, die das eigene Ich hinter sich lassen kann. Immer wieder wurde an Elisabeth ihre Maßlosigkeit gerügt. Sie paßte sich nicht ein in die Konvention des Hofes, aber auch nicht in die Konvention der üblichen wohltemperierten Frömmigkeit ihrer Zeit. Ich bin überzeugt, daß sie auch uns heute ziemlich auf die Nerven gehen würde.

Aber was soll man auch mit einem Menschen machen, der mit der ganzen Kraft seines Herzens liebt? Da helfen keine Argumente. Da hilft nicht der Hinweis: „Wo soll das wohl hinführen ...“ oder „Wenn das alle machen wollten ...“ Echte Liebe ist immer auch töricht – aber nur in den Augen derer, deren Herz kalt bleibt. Elisabeths Leben hat dieselbe Qualität wie das Leben Jesu von Nazaret. „Was hat er nur?“ So fragen die Pharisäer aller Zeiten. „Warum ist er nur so maßlos? So radikal?“ So können sie nur fragen, weil sie nicht lieben und nicht begriffen haben, daß uns die Liebe des Herrn nachgeht bis in die Torheit der Selbstaufgabe. Gott ist die Liebe, und wer liebt, der allein lebt wirklich. Denn er trägt dann das Leben Gottes in sich. Unser Leben wird einst gemessen werden an der Kraft unserer Liebe.

Nichts gegen die Güter und Werte dieses Lebens: Bildung, Arbeit, Wohlstand, vermehrte Freizeit, Lebenserleichterung durch Technik und Wissenschaft. Als Christen gebrauchen wir diese Güter in Dankbarkeit und tragen zu ihrem Bestand und Ausbau bei. Aber wir wissen, daß diese Dinge letztlich nur ihren Sinn darin haben, uns für ein Leben aus der Kraft der Liebe frei zu machen. Bildung kann isolieren. Arbeit kann auffressen, Wohlstand kann träge machen. Die Neubauwohnung kann zum Ghetto werden, in dem wir uns abschotten gegen Nachbarn und Gemeinde. Ob nicht der griechische Philosoph auch heute mit der Lampe über unsere Marktplätze und durch unsere Neubauviertel gehen könnte auf der Suche nach dem wahren Menschen? Elisabeths Geheimnis ist ihre Bereitschaft, sich von der gekreuzigten Liebe Jesu ergreifen zu lassen. Sie bleibt nicht vor dem Feuer stehen. Sie geht in das Feuer der Liebe hinein.

Und da beginnt etwas, was der Zurückbleibende nur erahnen kann, aber eigentlich nur richtig begreift, wenn er sich selbst auf das Abenteuer der Liebe einläßt. Die Liebe des Herrn verbrennt uns nicht, löscht uns nicht aus. Sie führt uns vielmehr zu einer beglückenden neuen Freiheit. Nach außen hin hat es manchmal den Anschein, als ob das Gebot der Nächstenliebe von uns Christen nur deshalb akzeptiert wird, weil es von Jesus so laut und deutlich eingeschärft wurde. Haben wir nicht im stillen schon manchmal geseufzt, wie anstrengend Nächstenliebe sein kann? Hätte sich Jesus nicht etwas anderes einfallen lassen sollen? Vielleicht liegt unser Unverständnis daran, daß wir uns noch nicht richtig in das Feuer der Liebe hineinbegeben haben. Nächstenliebe ist eben mehr als nur eine schöne Dekoration, die notfalls auch fehlen könnte. Gott kann uns nicht anders zum Heil führen als durch dieses Feuer hindurch, das unseren Egoismus verbrennt. So ist Nächstenliebe kein Geschenk, das wir herablassend dem anderen machen, sondern es ist ein Geschenk, das wir zunächst und vor allem uns selbst machen. Denn „den anderen suchen" heißt: sich selbst finden. Gott wartet auf mich im Bruder. Und er schenkt mir dort die selige Erfahrung des Findens und Gefundenwerdens. „Wer sein Leben retten will, wird es verlieren. Wer es aber um meinetwillen verliert, wird es retten." (Mk 8,35).

Macht Elisabeth etwa einen trübseligen, asketisch verklemmten Eindruck? Macht sie den Eindruck, im Leben zu kurz gekommen zu sein? Genau das Gegenteil ist der Fall. Zeitgenossen sagten, man habe diese Frau nicht ansehen können, ohne von Herzen froh zu werden. Wer sich in der Nachahmung Jesu Christi auf ein Leben der sich verschenkenden Liebe einläßt, kommt selbst nicht zu kurz. „Wir wissen, daß wir aus dem Tod in das Leben hinübergeschritten sind, weil wir die Brüder lieben" (1 Joh 3,14). Und: „Mit dem Maß, mit dem ihr meßt und zuteilt, wird auch euch zugeteilt werden" (Lk 6,38).

Liebe Brüder und Schwestern im Herrn! Elisabeths Leben ist die maßlose Antwort auf eine maßlose Liebe. Hier deutet sich die Richtung an, in der wir als Kirche, als Christen heute zu gehen haben. Die Herausforderungen unserer Tage sind groß. Der Friede ist bedroht durch Feindseligkeit und Angst der Mächte voreinander. Unmenschlichkeit und Gewalt im Zusammenleben der Völker und Gruppen greifen um sich. Das Gefühl der Ohnmacht des einzelnen angesichts der anonymen Mächte, die das Leben weithin beherrschen, nimmt zu. Was kann ich als einzelner schon machen? Was können wir als kleine Diasporakirche schon ausrichten? Die Antwort auf diese Herausforderung kann nicht Resignation sein. Der christliche Glaube gründet seinen Optimismus darauf, daß Gott in Jesus Christus zu uns sein Ja-Wort gesprochen hat. Nichts vermag uns zu trennen von der Liebe Gottes. – Diese Gewißheit ist unsere Stärke. Darum können wir es wagen, auch heute den Weg der hl. Elisabeth nachzugehen:

Es ist der Weg der Barmherzigkeit, der uns empfänglich macht für die Not der anderen.

Es ist der Weg der Versöhnung, der Gräben zuschüttet, nicht aufreißt; der fremde Schuld nicht aufrechnet, sondern erträgt.

Es ist der Weg der Armut, der bereit ist, vom eigenen Reichtum wegzuschenken.

Es ist letztlich der Weg der Liebe, der den anderen sucht und ihn zum Bruder, zur Schwester macht.

Und all das einzig aus dem Grund, um Gott auf seine Liebe zu uns zu antworten! Wo immer das durch uns geschieht, überzeugt Kirche. Kirche überzeugt dort nicht, wo sie sich für fremde Ziele einspannen läßt. Bleiben wir bei dem, was uns das Vorbild Elisabeths nahegelegt. Sie hat keine Grundsatzprogramme verkündet und keine Resolutionen unterschrieben. Sie hat sich herabgebeugt und Wunden verbunden. Nur so, durch die konkrete Tat der Liebe, kann die Kirche zu einem Hoffnungszeichen werden für eine weithin ratlose Welt.

Liebe Brüder und Schwestern! Ihr werdet bald wieder in euern Alltag, in die Vereinzelung eurer Diasporagemeinden zurückkehren. Viele werden von eurem Glauben an Gott vielleicht nur am Rande oder sogar nur kopfschüttelnd Kenntnis nehmen. Aber sie werden auf euer Leben schauen, auf das Leben eurer Familien und Gruppen. Werden sie dort etwas vom Geist der hl. Elisabeth wiederentdecken können? Ich wünschte, daß man auch von euch, euren Familien und Gemeinden das sagen kann, was man von der hl. Elisabeth sagte: Man konnte auf sie nicht schauen, ohne dabei von Herzen froh zu werden. Bewundert die hl. Elisabeth nicht nur. Gebt wie Elisabeth mit allen Kräften der Seele und des Leibes, mit allem Einfallsreichtum eures Herzens, die gleiche Antwort der Liebe dem, der uns zusammen mit ihr in seine Liebe unverlierbar eingeschlossen hat. Amen.

Den Glauben teilen

Hirtenbrief zur Fastenzeit 1982

Liebe Brüder und Schwestern im Herrn!
Wir erfahren heute schmerzlich, daß vielen Menschen in unserem Land der Glaube an Gott fremd und seltsam erscheint. Wir halten es oft für unmöglich, unseren Glauben anderen zu erklären, geschweige denn, sie dafür zu gewinnen. Worte sind abgestumpft, Glaubensbegriffe klingen fremd. Vieles, was mit Kirche zusammenhängt, ist bei den Menschen belastet mit schlechten Erfahrungen, schiefen Vorstellungen oder Vorurteilen. So schweigen wir lieber über unseren Glauben. Wir igeln uns ein und überlassen die anderen sich selbst. „Jeder soll nach seiner Fasson selig werden!" „Ich habe ja genug mit mir zu tun!"

Diese Reaktion birgt eine Gefahr in sich, die auf Dauer wie eine schleichende Krankheit an unserem Christ-Sein zehrt. *Ein Glaube, der sich nicht mitteilen kann, wird stumm und stirbt ab. Glaube bleibt nur Glaube, wenn wir ihn mit anderen teilen können.* Wie aber geht das – den Glauben teilen? Ich möchte Euch auf einige Möglichkeiten hinweisen, die mir in der gegenwärtigen Lage unserer Kirche wichtig erscheinen.

1. Aufeinander hören

Die Kunst des Hörens ist in unserer Zeit unterentwickelt. Das hat vielerlei Ursachen. Eine Ursache der allgemeinen „Taubheit" könnte darin liegen, daß man wenig vom anderen erwartet. „Was weiß der schon zu sagen!" Das ist ein gängiges Urteil im Umgang der Menschen. Staunen erregt einer, der nicht sofort nach den ersten Sätzen des anderen sein Urteil fertig hat, der zuhören kann und der hinter den Worten seines Gesprächspartners dessen eigentliche Anliegen erkennen will.

Die Kirche selbst lebt vom Hören auf Gottes Wort. Wir wissen, daß Gott auch durch den Bruder oder die Schwester zu uns sprechen kann. Aufeinander hören heißt ja nicht, sofort das tun, was der andere verlangt. Aber es heißt, den anderen ernst nehmen, ihn achten, mit ihm rechnen als einem Menschen, der mir Gottes Willen übermitteln kann.

Warum sind wir eigentlich so schnell miteinander fertig? Warum etikettieren wir uns so gern gegenseitig? Aufeinander hören heißt: einander trauen. Gemeinsamkeit im Volk Gottes kann es nur geben, wenn wir einander Vertrauen schenken. Gegenseitige Tröstung und Stärkung kann es nur geben, wenn wir einander das Ohr leihen und darin letztlich das Herz. In unserer Mitte sollte niemand von vornherein abgeschrieben werden. „Was ist von dem schon Positives zu erwarten!“ Ein solches Vorurteil verhindert, daß der Geist Gottes in der Gemeinde zum Zuge kommt. Worte wie „konservativ“ oder „progressiv“ sind schnell als Etikett dem anderen angeklebt – aber werden wir ihm damit gerecht? Es ist schlimm, wenn die „Jungen“ nur deshalb keine Chance haben, weil sie jung und unerfahren sind, und umgekehrt die „Alten“ abgeschrieben werden, weil sie alt und angeblich ohne Verständnis für die Jugend sind. Ich nenne ein letztes Beispiel:

Es müßte in der Gemeinde möglich sein, auch auf die Vorwürfe und Beschwerden jener zu hören, die wir so gern als die „Abständigen“ bezeichnen. Vielleicht hält sie nicht nur ihre Trägheit oder Glaubensschwäche von der Gemeinde fern, sondern auch unsere Taubheit, die uns nicht hinter ihren Vorwürfen den geheimen Ruf um Hilfe vernehmen läßt.

Doch auch den Nichtgläubigen gegenüber ist das Zuhörenkönnen eine Form des Glaubenszeugnisses. Wer zuhören will, muß Zeit, Geduld und Kraft haben. Es ist sicherlich leichter, manchmal die Ohren und Augen zu verschließen, als sich mit fremden Problemen zu belasten. Woher kommt solche Geduld und Kraft? Wer sich von Gott geduldig ertragen weiß und wer gelernt hat, seine Sorgen auf Gott zu werfen, wird auch fähig sein, auf die Mitmenschen zu hören. Euch sagen manchmal Kollegen oder Nachbarn Dinge, die sie anderen nicht sagen würden. Sie haben Vertrauen zu Euch, daß Ihr das Gehörte nicht auf der Straße ausposaunt. Sie spüren, daß Ihr Verständnis habt und die Kraft, fremde Sorgen zu teilen. Ein guter Christ ist in seiner Umgebung manchmal wie eine tiefe Grube, in die aller möglicher Unrat versenkt wird. Die Kraft zu einem geduldigen Anhören des Mitmenschen wird so zu einem sprechenden Zeugnis unseres Glaubens, der selbst ein gehorsames Hören auf Gottes Wort ist.

2. Mit den anderen reden

Unser tägliches Sprechen in Beruf und Alltag ist meist sehr schablonenhaft. Im Grunde kommen wir mit wenigen Worten und Floskeln aus. Oft sind wir des Redens müde. Es wird zuviel geredet. Der Gehalt der Worte hält manchmal mit der Menge der Worte nicht Schritt. In religiösen Dingen fühlen wir uns auch zu unbeholfen im Reden. Wir überlassen dieses Feld daher gern dem Priester oder denen, die sich hauptamtlich der religiösen Unterweisung widmen. Was ist da zu tun?

Unser Glaube kommt dort in Gefahr, wo er nicht mehr in unseren alltäglichen Gesprächen vorkommt. Mit Sicherheit reicht nicht das Tischgebet, um eine Familie als christliche Familie auszuweisen. Weder das Kreuz an der Wand macht es alleine noch die Teilnahme am Gottesdienst. Ich sehe eine Gefahr darin, daß unser Glaube die Alltagssprache verlassen hat. Er ist aus den Gesprächen am Küchentisch und in den Kinderzimmern verschwunden. Er spricht nicht mehr mit vor den Fernsehschirmen und in den Gesprächen der Frauen in den Kaufhallen. Er kommt nicht mehr vor in unseren Ehegeplänkeln und Straßengesprächen.

Ich weiß, daß es eine berechtigte Scheu gibt, vorschnell mit religiösen Vokabeln zu hantieren. Ich weiß auch, daß wir wenig geübt sind, unseren Glauben in einer einfachen, unkomplizierten Sprache auszudrücken. Doch all das darf keine Entschuldigung dafür sein, daß wir unser Sprechen und Reden miteinander religiös völlig „keimfrei“ halten. Der Christ sieht hinter allem, was ihm zustößt, Gott am Werk. Darum wertet er die Alltagserfahrungen nicht nur als Zufälligkeiten oder Schicksal. Darum kann er auch in seiner Arbeit, seiner Ehe oder auch in seiner Freizeit Erfahrungen der Nähe Gottes machen. Solche Erfahrungen sollten wir uns gegenseitig mehr bezeugen, die Eltern den Kindern, die Ehegatten untereinander, die Laien den Priestern, die Priester untereinander.

Meine Sorge ist es, daß wir außerhalb des Gottesdienstes in religiöse Sprachlosigkeit versinken. Ich möchte dazu ermutigen, Euch gegenseitig Eure Erfahrungen mit Gott in der Sprache und Form zu bezeugen, die Euch aus dem Herzen kommt. Der Glaube kann mitreden in der Art, wie Ihr zu Hause Geburtstag feiert, eine gemeinsame Mahlzeit begeht oder den Sonntag verbringt. Eine Mutter braucht nicht viele Worte zu machen, wenn sie ihr Kind mit einem Kreuz auf die Stirn segnet und so zur Schule schickt. Sie teilt darin etwas von ihrem Glauben mit. Es hat etwas mit dem Glauben zu tun, wenn Kinder einen Vater erleben, der trotz großer Arbeitsbelastung für sie Zeit hat und mit ihnen sogar spielen kann. Es könnte sein, daß die Kinder dann viel besser begreifen, daß Gott unser lieber Vater ist. Und warum sollten sich Eheleute nicht gegenseitig daran erinnern dürfen, daß der Herr kraft des Sakramentes in ihrem Lebensbund in der Mitte ist – etwa durch das gemeinsame Gebet? Sicherlich gilt es hier am Anfang manche Scheu zu überwinden. Doch steht der Gewinn für Euer Leben und für den Glauben in keinem Verhältnis zu der aufgewendeten Mühe.

Dann wird es Euch auch möglich sein, mit dem einen oder anderen Eurer ungläubigen Kollegen oder Bekannten ein Wort über den Glauben zu reden. Sie werden Euch anmerken, daß Eure Worte von Eurem Leben gedeckt sind. Und darum werdet Ihr auch überzeugen können. Ich bin voller Zuversicht, daß es hier und heute möglich ist, „jedem Rede und Antwort zu stehen, der nach der Hoffnung fragt, die uns erfüllt" (1 Petr 3,15), wie es in der Schrift heißt. Wir müssen nur lernen, aus unserer ängstlichen Sprachlosigkeit herauszutreten und uns einander ins Herz schauen zu lassen.

3. Miteinander leben

Unsere Zeit bietet zahlreiche Möglichkeiten zu Gemeinschaft und Kommunikation an. Dennoch gibt es viel Einsamkeit. „Ich bin so allein" – das ist eine weitverbreitete Klage. Manchmal verbindet sich solche Einsamkeit mit besonders schmerzlichen Belastungen, einer Krankheit oder einem anderen Kreuz.

Christen teilen den Glauben, wenn sie miteinander das Leben in Freude und Leid teilen. Die Freude des anderen zu teilen fällt uns relativ leicht. Schwieriger ist es, fremdes Leid mitzutragen. Der Apostel Paulus mahnt die römischen Christen: „Freut euch mit den Fröhlichen und weinet mit den Weinenden" (Röm 12,15). Für viele Menschen ist die Tatsache des Leidens in der Welt, sei es ein persönliches Leid oder überhaupt die Realität von Krankheit, unverschuldetem Unglück und Sterben das stärkste Hindernis für den Glauben an Gott. Diesen Menschen müssen wir behutsam helfen, von Gott größer zu denken, als sie – und vielleicht auch wir – es gewohnt sind. Sicher, Gott ist in einem ganz tiefen Sinn der Punkt, wo die losen Fäden unseres Lebens und damit auch unserer

Leiderfahrung zusammenlaufen. Aber er ist dies als unbegreifliches Geheimnis, das nicht einfach in vorhinein zu ergründen ist. Hier gilt das Wort des Psalmisten: „Kommt, laßt uns anbeten und niederfallen und *weinen* vor dem Herrn, der uns gemacht hat" (Ps 95,6). Gott ist der letzte Sinn und Grund unseres Lebens, aber er ist es wie ein Abgrund, dessen Dunkel sich nicht vorher lichtet, dem man sich anvertrauen muß, ohne vorher den Grund zu sehen. Wir Christen versuchen das im Blick auf das Kreuz Jesu Christi, das sich uns als Zeichen der Liebe Gottes enthüllt hat.

Es ist eine Form des Glaubenszeugnisses, wenn wir andere an unserer Seite ermutigen, unabänderliches Leid anzunehmen und zu tragen, und wenn umgekehrt wir uns aus dem Glauben heraus Kraft zum eigenen Kreuzweg zusprechen lassen. Den Glauben miteinander teilen heißt: nicht gefühllos und stumm am Geschick des anderen vorbeizugehen. Die Verwundeten liegen heute freilich nicht am Weg von Jerusalem nach Jericho, sondern hinter der anderen Korridortür in unserem Neubaublock, hinter die wir nie schauen. Sie finden sich im Betrieb, wo es nach der Leistung geht, nicht nach dem menschlichem Vermögen; im Altersheim, wo wir unsere Alten sich selber überlassen; im Krankenhaus, wo zwar für den Leib vorbildlich gesorgt wird, aber keiner Zeit hat, mit dem Kranken in seiner Not zu sprechen. Ist nicht die Isolierung, in der sich viele Menschen heute befinden, eine Folge des Unglaubens? Dort, wo Gott nicht mehr Vater ist, können wir nicht mehr einander Brüder sein. Ohne Gott bleibt der Mensch in der Tat letztlich allein. Umgekehrt aber kann dort, wo echte Brüderlichkeit und Solidarität in Freud und Leid erfahren wird, auch Gott erfahren werden.

Liebe Brüder und Schwestern im Herrn!
Der Glaube an Gott will und muß ein sprechender, mitteilbarer Glaube sein. Anders wäre er kein wirklicher Glaube. Das Licht einer Kerze, das an andere weitergegeben wird, wird dadurch nicht schwächer. Den Glauben teilen heißt: den Glauben stärken.

- Aufeinander in Geduld hören,
- mit anderen aus der Kraft des Glaubens reden,
- in Tapferkeit und Solidarität gemeinsam die Lasten des Lebens tragen:

Das sind Möglichkeiten, den Glauben miteinander zu teilen. Der Geist Gottes helfe uns, einander und der Welt den heilbringenden Glauben an Gott in dieser Weise zu bezeugen.

Dazu segne Euch der allmächtige Gott, der Vater und der Sohn und der Heilige Geist.

„Leben ist mehr – Glauben hilft leben"

Biblische Anmerkungen zum pastoralen Leitthema 1983

Im biblischen Sprachgebrauch ist „Leben" ein Schlüsselbegriff mit einer reichen Palette von Bedeutungen: das vorfindliche, irdische Leben; Leben als eschatologisches Heilsgut; das Leben der Glaubenden mit Christus; das Leben Gottes usw. Allein im Neuen Testament kommt das Substantiv 135mal vor, das Verbum 140mal. Im Blick auf unser Thema können nur einige Breschen in den Wald der Schriftaussagen über diesen komplexen Begriff geschlagen werden.

Das unvoreingenommene Hören des Pastoralthemas erweckt den Eindruck, daß der Glaube (an Gott) dazu beitragen soll, die Qualität des Lebens zu mehren bzw. recht *eigentlich* das Leben leben zu können. Religiöse Existenz soll als Hilfe zum Leben gedeutet werden (vgl. das Buch von Paul. M. Zulehner, „Helft den Menschen leben"). Im Blick auf die biblische Botschaft des Alten und Neuen Testamentes müssen wir sagen: Diese Fragestellung ist der Heiligen Schrift unbekannt. Natürlich wird in vielfacher Variation ständig gesagt: „Tu das, und du wirst leben" (Lk 10,28). Aber der Akzent liegt auf dem ersten Teil dieser Aussage: Es geht um Gott, um seinen Anspruch an den Menschen, um seine Ehre, seinen Willen, sein Reich usw. Als Folge eines rechten Verhaltens des Menschen gegenüber Gott wird dann das Leben als Heilsgut verheißen. Aber die Erringung bzw. Steigerung des Lebens ist nicht die primäre Intention des biblischen Kerygmas. Dessen theozentrische Ausrichtung ist – bei aller Bewegtheit durch die Frage nach dem wahren Heil des Menschen – doch offensichtlich. Wie ein Leitfaden könnte für die Theozentrik der Schrift das Wort stehen: „Suchet zuerst das Reich Gottes und seine Gerechtigkeit, dann wird euch alles andere hinzugegeben" (Mt 6,33), also auch das Leben.

Die Schrift denkt also anders als unsere pastorale Grundgestimmtheit. Wir meinen, daß der Lebenshunger des Menschen ein Anknüpfungspunkt sein sollte für eine Evangeliumsverkündigung. Wir würden formulieren: „Wenn du wirklich leben willst, tue dies (d. h. den Willen Gottes erfüllen)." Wir möchten an den Ursehnsüchten des Menschen anknüpfen (Zulehner: „die Sehnsucht nach einem Namen, nach Freiheit, nach Beheimatung“), um zu zeigen, daß diese sich im Gottesglauben gemäß der Art Jesu erfüllen. Das biblische Kerygma geht – global geurteilt – einen anderen Weg. Es deckt Gottes Anspruch auf uns auf. Es spricht von der Schuldigkeit des Menschen gegenüber diesem Gott, der in einer bestimmten Weise an uns gehandelt hat, an Israel wie am Gottesvolk des Neuen Bundes. Erst in zweiter Linie wird dann gesagt, daß die auf Gottes Tun angemessen reagierende Antwort des Menschen dessen Heil ist. Ich meine, daß diese Grundausrichtung des biblischen Kerygmas nicht nur für die inhaltliche, sondern vermutlich auch für die formale Seite unseres pastoralen Handelns Bedeutung hat. Schlicht gesagt: Wir sollten uns hüten, kurzschlüssig unserer Ansicht nach offene anthropologische „Töpfe“ mit theologischen „Deckeln“ zu versehen. Hier liegt die Gefahrenquelle für eine verengt ansetzende anthropologische, d. h. anthropozentrische Pastoralstrategie.

I. Leben als Gabe

Bei der biblischen Meditation des Begriffs „Leben“ kann zunächst eine Fundamentalaussage gemacht werden, die wohl alle biblischen Schriften stützen: Das Leben ist Gabe. In diesen Satz wäre sowohl die Schöpfungsaussage als auch die Erlösungsaussage einzubringen.

Vielleicht könnte man bei der Analogie einsetzen, die die gegenwärtige Friedensdiskussion bietet. Die Losung „Frieden schaffen“ ist in sich verräterisch. So richtig der Einsatz des Menschen und der Gesellschaft Bedingung für den politischen Frieden ist, so wichtig ist aber auch die Erkenntnis, daß der politische Friede immer auch von dem Frieden lebt, der nicht zu schaffen ist, sondern der als Geschenk von Gott her anzunehmen ist. „Frieden schaffen“ können nur befriedete Menschen. Diese aber können sich nicht allein Befriedung verschaffen – alle Versuche in dieser Richtung erweisen sich als ideologischer Bumerang –, sie müssen irgendwo das Wagnis passiver Empfänglichkeit für eine Vergebung der Lebensschuld eingehen, um so mit sich selbst und mit Gott versöhnt „Friedensstifter“ sein zu können. Zugespitzt gesprochen: Jeder Akt kirchlicher oder profaner Buße mit dem Eingeständnis eigener Schuld und der Bitte um Vergebung bedeutet mehr für den Frieden als ein Friedensappell oder eine Friedensaktion.

Auf unser Thema „Leben ist mehr" angewandt, heißt das zunächst einmal fundamental: Begegne mit äußerster Vorsicht und kritischer Distanz der Losung „Leben schaffen". Diese Parole ist ja heute – östlich und westlich – in possessione. Wir erleben den gigantischen Versuch, dessen Scheitern freilich sich mehr und mehr offenbart, das Leben aus der Kraft eigener menschlicher Potenz zu sichern, qualitativ zu steigern und zu letztem Genuß – individuell und gesellschaftlich – hochzustilisieren („mehr – besser – weiter" usw.). „Leben ist mehr" erinnert uns über alle Transzendierung irdischer Lebenswerte hinaus (also die in der Arbeit gründende Sehnsucht nach Ehre und Anerkennung, die im Besitz gründende Sehnsucht nach Freiheit, die auf Sexualität aufbauende Sehnsucht nach Liebe und Geborgenheit usw.) an den grundlegenden Sachverhalt: Leben ist Gabe, also primär nicht zu schaffen, sondern entgegenzunehmen. Die Zeugung und Geburt neuen Lebens ohne vorausgehendes Verdienst des neuen Lebewesens ist ein Dauersymbol dieses Sachverhalts: Leben ist Gabe auf Vorschuß. Es ist ungeschuldet. Es entspringt einem Wollen, das weder in das Kalkül einer Kosten-Nutzen-Ökonomie gefaßt werden noch als prometheischer Wille zur Selbstverherrlichung nach Art eines gigantischen göttlichen Super-Egoismus verstanden werden kann. Wenn man die Sinnfrage nicht völlig ausblendet, ist Leben wohl am einleuchtendsten zu erklären als Teilhabe am Leben Gottes, das seine letzte Ursache im rätselhaften Willen Gottes hat, ein Sein außerhalb des eigenen göttlichen Seins zu erschaffen und dieses dann sogar noch zu lieben.

In dieser Überlegung ist all das eingeschlossen, was zur Sicht des Lebens als geschöpflicher Wirklichkeit (1), aber auch als Erlösungswirklichkeit (2) zu sagen ist.

1. Insofern die Schrift das Leben als Gabe aus der Hand Gottes versteht, hat sie einen grundlegenden Lebensoptimismus. Das Leben ist gut, weil Gott die Quelle des Lebens ist (Ps 36,10: „Denn bei dir ist die Quelle des Lebens" und ähnlich öfters).

Freilich, das Leben ist nicht göttlich. Es wird darum in der Schrift in seiner ganzen Hinfälligkeit und Fragwürdigkeit wahrgenommen. Für viele Beispiele dieses biblischen Realismus nenne ich nur Ijob 14,1: „Der Mensch, vom Weib geboren, knapp an Tagen, unruhvoll, er geht wie eine Blume auf und welkt, flieht wie ein Schatten und bleibt nicht bestehen" (vgl. auch das Buch Kohelet); ferner auch Jak 4,14, wo zu den geschäftstüchtigen Menschen gesagt wird: „Ihr wißt doch nicht, was morgen mit eurem Leben sein wird. Rauch seid ihr, den man eine Weile sieht, dann verschwindet er."

Dennoch, die Schrift weiß um den Lebenshunger des Menschen. Das menschliche Herz ist unersättlich (Spr 27,20: „Unersättlich sind die Augen des Menschen"; vgl. auch das Gleichnis Jesu vom törichten Bauern (Lk 12,16–21), ferner das Lehrgedicht vom Raben und der Lilie (Lk 12,22ff). Wichtig ist, daß dieser Lebenshunger nicht in sich diskreditiert wird, er wird vielmehr als Gegebenheit angenommen und auf Gott hin gelenkt. Die samaritanische Frau sagt in Joh 4: „Gib mir dieses Wasser, damit ich keinen Durst mehr habe."

2. Die Schrift weiß freilich vor allem, daß das irdische Leben nur ein Schatten des eigentlichen, gültigen Lebens ist, nach dem der Mensch verlangt. Von der Sündentheologie der Genesis bis hin zur Sündenlehre des Paulus in Röm 5 durchzieht die Schrift das Wissen, daß es ohne Gottes Erbarmen für den Menschen kein Leben als Heilsgut geben kann (Ps 63,4: „Denn deine Huld ist besser als das Leben").

Alttestamentliche Beter suchen und ringen hier um Antworten, die angesichts des fehlenden Glaubens an ein Weiterleben nach dem Tod nur schwer zu geben sind. Bekanntlich gibt es einige Spitzenaussagen im Alten Testament, die eine bleibende Rettung der Glaubenden hin zu Gott auszusprechen suchen (vgl. Ps 73: „Ich aber bleibe immer bei dir ... Wenn auch mein Leib und mein Herz verschmachten, Gott ist der Fels meines Herzens und mein Anteil auf ewig"; vgl. ferner Ijob 19: „Ohne mein Fleisch werde ich Gott schauen"; ferner Jes 25,8: „Gott beseitigt den Tod auf immer"). Erst in der griechischen Weisheitsliteratur und in der Apokalyptik kommt dann die individuelle und gesellschaftliche Heilshoffnung voll ins Wort. Die neutestamentlichen Schriften wissen um das Heilsgut des göttlichen, ewigen Lebens: in der Verkündigung Jesu im Bild des Reiches Gottes; bei Paulus im Bild der neuen Gerechtigkeit; bei Johannes in den Schlüsselbildern Brot, Licht, Wasser; weithin sonst in der jüdischen Redeweise: „... in das Leben eingehen", „das Leben erben", „die Krone des Lebens empfangen", „den Weg des Lebens gehen" u. a. Einzelheiten brauchen hier nicht näher entfaltet zu werden.

„Leben als Gabe" – damit ist nach der Schrift jede rein innerweltliche Lebenssicht aufgesprengt. Die Schrift könnte niemals das Leben losgelöst von Gott betrachten. Im Empfangen der Lebensgabe von Gott her in Schöpfung und Erlösung lebt der Mensch. Wo er sich von Gott abschneidet, verfällt er dem Tod.

II. Bedingungen des Lebens

In einem zweiten Schritt wäre noch näher nach den Bedingungen des Lebens zu fragen. Wir sagten schon eingangs, daß die biblische Botschaft nicht den Lebensgewinn als Primär-Intention hat. Die Schrift sagt nicht: „Willst du leben, so suche Gott!", sondern: „Suche Gott, und du wirst leben!".

Hier kommt ein Grundgesetz zum Tragen, das auch sonst personales Leben bestimmt. Es gibt Wirkungen, die sich gerade deswegen einstellen, weil wir sie nicht direkt anstreben. Und es gibt umgekehrt Dinge, die im direkten Wollen sich entziehen. Das hat jeder schon gemerkt, der die Schlaflosigkeit mit dem fixierenden Gedanken bekämpfen wollte: Jetzt will ich schlafen. Die Folgen sind normalerweise hellwache Stunden. Oder wenn krampfhaft in eine Runde hineingerufen wird: „Jetzt wollen wir uns einmal gut unterhalten", läßt das für gewöhnlich jedermann verstummen. Ähnlich dürfte es mit vielen Gütern des Lebens sein, die sich nur einstellen, wenn zwei oder mehrere Personen innerlich übereinstimmen. So allein entstehen Liebe, Treue, Freundschaft, Glück und Friede; ähnlich ist es auch, wenn sich Dinge erschließen wie etwa im künstlerischen Bereich, wo bekanntlich Inspiration und Genie auch nicht erzwungen werden können.

So müssen wir, wenn wir nach den Bedingungen des Lebens fragen, einige Kriterien aufstellen, die zunächst einmal mit Leben wenig zu tun haben. Nicht zuletzt von daher leitet sich der Verdacht vieler Zeitgenossen ab, daß religiöse Existenz „lebenverkürzend" ist. Gemäß biblischer Schriftaussage wird zunächst einmal als Lebensbedingung der *Glaube* verlangt, im Sinne der Schrift als radikales Sich-Gott-Überlassen. Es sei hier auf die Abrahamsgestalt verwiesen. Gen 15,6: „Abraham glaubte dem Herrn, und der Herr rechnete es ihm als Gerechtigkeit an" (vgl. Röm 4,22); vgl. auch Amos 5,6: „Suchet den Herrn, dann werdet ihr leben", auch Jes 55,3: „Neiget Euer Ohr mir zu, und kommt zu mir; höret, dann werdet ihr leben"; vgl. Joh 11,25ff: „Ich bin die Auferstehung und das Leben. Glaubst du das?"

In biblischer Sprache kann auch gesagt werden: Der findet das Leben, der den *Willen Gottes erfüllt.* Dtn 4,1: „Höret (die Rechtsvorschriften und Gesetze), und ihr werdet leben." In der Botschaft Jesu wäre das Vaterunser mit der Bitte „Dein Wille geschehe" zu nennen und viele andere Worte Jesu, die vom Erfüllen des Willens Gottes vor allem anderen reden.

Bedingung für das Leben ist *Gottesdienst,* freilich unter der Bedingung eines reinen bzw. versöhnten Herzens. Vgl. Ps 15: „Wer darf Gast sein in deinem Zelt? Wer makellos lebt ..."; auch Ps 24,36: „Wer darf hinaufsteigen zum Berg des Herrn? Wer reine Hände hat und ein lauteres Herz." Mt 5,23f fordert: „Wenn du deine Gabe zum Altar bringst, geh und versöhne dich zuerst mit deinem Bruder."

Und damit ist das grundlegende Stichwort genannt, das als Bedingung für das Leben im Sinne der Schrift zu gelten hat: *Bekehrung, Umkehr.* Hier wären jene Jesusworte zu zitieren, die vom Verlieren und Finden des Lebens bzw. auch von der Kreuzesnachfolge sprechen, denn in ihnen ist am deutlichsten die Rede über jenes paradoxe Gesetz von dem „ungewollten Wollen", das ich eingangs erwähnt habe. Vgl. Mt 10,39: „Wer das Leben gewinnen will, wird es verlieren. Wer es aber um meinetwillen [Mk fügt hinzu: Und um des Evangeliums willen] verliert, der wird es gewinnen"; Mk 8,34: „Wer mein Jünger sein will, verleugne sich selbst, nehme sein Kreuz auf sich und folge mir nach"; Mk 8,36: „Was nützt es einem Menschen, wenn er die ganze Welt gewinnt, dabei aber sein Leben einbüßt? Um welchen Preis könnte ein Mensch sein Leben zurückkaufen?" Lk formuliert hier: „Was nützt es einem Menschen, wenn er sich selbst verliert?" Jesus verlangt das furchtlose Bekennen, auch wenn das Leben des Leibes gefährdet ist (vgl. Lk 12,4ff). Letztlich illustriert das Phänomen der Jesusnachfolge insgesamt diese paradoxe Botschaft: Bedingung für das Leben ist gerade das, was Leben zu verkürzen scheint: die Kreuzesnachfolge, das Verlassen der Welt, das Aufgeben von Besitz, Familie usw. Auch die paradoxe Botschaft des Evangeliums gipfelt letztlich im Zeichen des Kreuzes als Heilszeichen. Das Zeichen tiefster Qual wird durch Gehorsam Jesu zum Zeichen des Lebens. Abgesehen von der Frage des stellvertretenden Einstehens Jesu für die Menschen ist hier deutlich, wie der christliche Glaube Leben versteht:

nicht im Sinne griechischer bzw. profaner Humanität als kontinuierliche Entfaltung des im Menschen Angelegten („Werde, was du bist!“), sondern als radikale Selbstaufgabe, die im Verlieren an Gott das eigentliche Leben findet. C. S. Lewis sprach einmal vom „Flaschenhals-Prinzip“. Man muß erst durch die Enge der Selbstaufgabe, um das „Selbst“ zu gewinnen. Das ist paradox, aber letztlich die Quintessenz des Lebens Jesu und seiner Nachfolger.

Wir sollten daher vorsichtig sein, das Leben in der Nachfolge Jesu als Höhenweg anthropologischer Selbstentfaltung darzustellen. Ob hier manche pastoralen Schriftsteller nicht zuviel versprechen? Ich gebe zu, daß sich in der Nachfolge Jesu auch krankhafte Verkrüppelungen des Lebens einstellen können, die nichts mit der genannten Selbstverleugnung bzw. Kreuzesnachfolge zu tun haben. Aber im Normalfall gibt es keine christliche Existenz ohne gekreuzigtes Leben. „Leben“ ist also für den Christen eine sehr verborgene Größe. Die Teilhabe am Leben Gottes erschließt sich uns hier und da geschenkweise. Aber sie ist niemals anzudemonstrieren. „Euer Leben ist mit Christus verborgen in Gott“ (Kol 3,3). Dieser Satz – hier tauftheologisch verstanden – gilt m. E. grundsätzlich: Das neue Leben Gottes ist unanschaulich. Seine Erfahrung ist nicht zu garantieren. Unsere Pastoral sollte daher auch keine Erwartungen wecken, die nicht erfüllt werden können.

III. Was macht das Leben aus?

Schließlich noch einige Gedanken zur inhaltlichen Füllung des biblischen Begriffs „Leben“. Es ist bekannt, daß es in der Schrift keine direkten Schilderungen des paradiesischen Lebens gibt, vielleicht das Bild vom Mahl ausgenommen (vgl. Jes 25; ferner die Gleichnisse Jesu; vgl. auch das Bild vom himmlischen Jerusalem in Offb 21). Alttestamentlich wird die Lebensqualität, das erfüllte Leben, recht irdisch verstanden: langes und sattes Leben, Nachkommenschaft, das Leben als ein Wohnen im Lande in Ruhe und Frieden u. a. m. Doch wissen die biblischen Erzähler, daß erst die Gemeinschaft mit Gott das Leben zu einem erfüllten Leben macht. Ps 16,11: „Du zeigst mir den Pfad zum Leben, und vor deinem Angesicht herrscht Freude in Fülle, zu deiner Rechten Wonne für alle Zeit.“ Über das *Wie* dieses „vor Dir“ schweigen die Texte. So ähnlich macht es auch das Neue Testament: Paulus weiß von den

Toten, die in Christus gestorben sind, als Größtes zu sagen, daß sie „mit *ihm* sind" (vgl. 1 Thess 4,14.17). Johannes bindet in seinen großen Reden das Leben an Christus. Wer Christus ißt, wer ihm als Hirten folgt, ihn als Weg betritt, von ihm sich leuchten läßt, ihn als Tür durchschreitet, ihm als Weinstock inkorporiert ist, der hat das ewige Leben schon jetzt. Das Leben ist also eine Relationsgröße. Es ist Existenz in und mit Christus. Auch hier greifen die biblischen Aussagen auf letzte anthropologische Gegebenheiten zurück: Erfahrung geglückten Lebens kann nur eine dialogische Existenz machen, ein Mensch, der sich anderen bzw. Gott öffnet.

In diesem Zusammenhang ist wichtig, daß wir in unserer Verkündigung zwei Spannungslinien der biblischen Lebensbotschaft aufrechterhalten: Das Leben Gottes ist Gabe für den einzelnen und für die Ganzheit der Menschen, für die Welt, und ferner: Das Leben ist gegenwärtiger Besitz und gleichzeitig auch Hoffnungsgut. Dazu noch einige Anmerkungen. Die biblische Botschaft hält an beiden Aussagereihen fest: Das Heil ist immer Heil für den einzelnen und für die Welt. Für das erstere braucht es keine Belege. Für die zweite Aussage sei verwiesen auf einzelne spätalttestamentliche Belege in der apokalyptischen Literatur, ferner auf die prophetische Hoffnung auf die Völkerwallfahrt zum Zion und im Neuen Testament auf jene Aussagen, die Jesu Sterben als Stellvertretungstat für die vielen, d.h. für alle, zu verstehen suchen. Je tiefer über das Wesen dessen nachgedacht wird, was Gott in seiner Liebe schenken will, desto weniger kann man jemanden davon ausschließen. Es wird wichtig sein, daß in der Verkündigung unserer Kirche die soziale, gesellschaftliche Dimension des Heiles stärker zum Zuge kommt.

Ferner ist wichtig, an der Spannungslinie festzuhalten: Das Leben ist gegenwärtiger Besitz und gleichzeitig Hoffnungsgut, auf das wir uns noch ausstrecken. Die Zukunftsaussagen haben m. E. die wichtige Funktion, den Weltbezug der christlichen Aussagen vom Heil festzuhalten. Heil wäre nicht Heil, wenn es nicht die leiblich-physische Existenz des Menschen mit einschlösse und auch den Menschen als soziales Wesen. Es gibt auch kein Heil auf Kosten anderer, auch nicht auf Kosten der schon Toten oder künftig Sterbenden. Es gibt nur das Heil als Totalwirklichkeit, und dazu gehört Öffentlichkeit, Sichtbarkeit, Erfahrbarkeit im vollsten Sinn. Ohne Entmachtung des Todes gibt es kein Leben. Hier liegt eine Gefahrenstelle aller pietistischen Erlösungslehren, die das Heil verinnerlichen bzw. zu einem ausschließlich gegenwärtigen Besitz im Glauben machen. Freilich muß auch festgehalten werden, daß das Heil schon gegenwärtiger Besitz ist. Dieser Aussage ist ja besonders die johanneische Theologie verpflichtet. Die Präsenz des Heiles im Hier und Heute erinnert daran, daß christliche Heilsverkündigung die geschichtliche Wirklichkeit transzendiert. Heil geht also nicht in Geschichte auf, was gegen alle innerweltlichen Absolutsetzungen von Heilsvorstellungen festgehalten werden muß. Das „Schon“ und das „Noch-nicht“ verdeutlichen diese Spannung, daß der christliche Advent vom Gekommen-Sein Jesu abhängt und nicht ein Futurum ist, das innerweltliche Möglichkeiten nur in die Zukunft verlängert.

Wir müßten also fragen, ob in unserer Verkündigung und im pastoralen Handeln in angemessener Weise beide Spannungslinien zum Tragen kommen: Leben für dich – und für die Welt. Leben als gegenwärtiger Besitz und als künftiges Gut, auf das sich unsere feste und gewisse Hoffnung ausrichten darf. Ich meine, daß unserer konkreten Frömmigkeit weithin das soziale und das zukunftseschatologische Moment abhanden gekommen ist – sehr zum Schaden unserer missionarischen Stoßkraft. Vielleicht ist unser religiöses Reden vom Leben zu schal geworden.

Abschluß

Was ist aus den biblischen Einsichten für unser Pastoralthema zu gewinnen? Mir ist als Anliegen aufgegangen, daß unser Thema nicht als vorschnelle Therapie für heutige Lebensnöte verstanden werden darf. „Leben ist mehr – Glaube hilft leben“ das ist richtig. Aber der Glaube ist keine „Lebenspille“: Nimm – und es wird schon besser werden!

Wenn wir einige Stichworte als Resümee festhalten wollen, könnten wir so formulieren:

- Theozentrik

  Wir müssen ansetzen bei dem, was biblisch „Leben“ meint: Suche Gott – und alles andere kommt dir nebenher zu. Wir müssen also „Horizonterweiterung“ betreiben. Es gilt, die innerweltliche Verhangenheit des Menschen aufzureißen, die Tiefendimension irdischen Lebens aufzudecken, das Fragen zu vertiefen, die Unruhe am jetzigen augenblicklichen Leben zu schüren, die Sattheit zu bekämpfen usw. Hier können uns die gegenwärtige Literatur und das künstlerische Empfinden der Zeit Hilfestellung leisten.

- Unruhe um das Leben
  Der Christ darf sich auszeichnen als einer, den die Sehnsucht nach Leben umtreibt. Unheilserfahrungen machen uns dabei sensibel dafür, daß die Rede vom „ewigen Leben" nicht platt und banal wird. Wir teilen mit allen Menschen den Lebenshunger, wir müssen ihn nur in die radikale Tiefe führen.
- Lebensbejahung
  Wir müssen und dürfen das Leben als unzerstörbare Gabe preisen und bejahen, auch und gerade angesichts von Lebensverachtung und Lebensverkürzung aller Art um uns herum. Der Christ, der sich nicht ängstlich fixieren läßt durch den Mangel an Konsumgütern bzw. der nicht darauf sein Urteil über Lebensqualität aufbaut, wäre ein sprechendes Zeichen.
- Leidintegration
  Die unabwendbare Leiderfahrung muß als Kreuzesnachfolge interpretiert werden. Unsere Verkündigung wird glaubhaft, wenn sie Leid in das Gesamt des Lebens integrieren kann. Natürlich nicht Leid an sich, sondern im Sinne des „Flaschenhals-Prinzips", als Medium und Raum der Umkehr im biblischen Sinn.
- Dialogisches Leben fördern
  Unser Wissen, daß Leben ein Relationsbegriff ist, sollte uns in die Richtung weisen, die Vereinsamung profaner und religiöser Art aufzubrechen. Es gilt, das *Du* bzw. das *Wir* zu finden in Ehe und Familie, Gemeinde und Gesellschaft, damit wir so fähig werden für das „Mit-Christus-Sein" in Gott.

„Wir sind Christus, unserem Herrn, geweiht“

Brief an Anja vom Februar 1988

Erfurt, Februar 1988

Liebe Anja,
Du hast mir zusammen mit Deinen Freunden die Frage gestellt, warum ein katholischer Christ nicht zur Jugendweihe gehen soll.

Ich möchte Euch kurz auf Eure Frage antworten:
1. Der katholische Christ wird gefirmt. Wir sind Jesus Christus, unserem Herrn, geweiht. Darum kommt für uns eine andere Weihe nicht in Frage.
2. Die Jugendweihe ist eingeführt worden, um Schülern, die nicht an Gott glauben und keiner Kirche angehören, eine Welt- und Lebenssicht ohne Gott zu vermitteln. Das war früher so, und das ist auch jetzt noch so. Auch heute kommt in den Vorbereitungsstunden Gott und der christliche Glaube nicht zur Sprache. Darum kann ein Christ nicht freiwillig an diesen Stunden und der Weihe teilnehmen.
3. Eine Weihe für einen Staat gibt es nirgends in der Welt, auch nicht in anderen sozialistischen Ländern. Auch wenn ein katholischer Christ nicht an der Jugendweihe teilnimmt, ist er damit nicht gegen den Staat. Daß wir katholische Christen gute Bürger sind, zeigen wir dadurch, daß wir ordentlich leben, eine gute Familie haben, zuverlässig und fleißig sind. Dazu brauchen wir keine Weihe.

Ferner möchte ich Euch auf folgendes aufmerksam machen (und Euch bitten, dies auch Euren Lehrern zu sagen):
1. Die Jugendweihe hat nichts mit der Schule zu tun. Sie wird von besonderen Jugendweiheausschüssen veranstaltet. Die Teilnahme an der Jugendweihe ist freiwillig und gehört nicht zur pflichtmäßigen Schulausbildung.
2. Der Rat des Bezirkes Erfurt hat dem Bischof zugesagt, daß eine Ablehnung der Jugendweihe keine Nachteile für die betreffenden Schüler haben darf. Wer damit droht oder solche Nachteile andeutet, handelt gegen den Willen der staatlichen Behörden.

3. Wer bei der ersten Werbung für die Jugendweihe klar gesagt hat: „Ich bin katholisch, ich gehe aus religiösen Gründen nicht zur Jugendweihe, das ist meine feste Entscheidung", darf nicht weiter bedrängt und in Gespräche verwickelt werden. Das gilt auch für die Eltern dieser Schüler am Arbeitsplatz. Wenn das trotzdem geschehen sollte, so meldet mir das.
4. Wenn die Lehrer sagen, die Jugendweiheteilnehmer verleugnen nicht den Glauben, so sagt: „Was Verleugnung des Glaubens ist, kann nicht die Schule bestimmen. Wir spüren im Gewissen, daß wir die Jugendweihe nicht ehrlich mitmachen können. Außerdem sagen uns der Bischof und die Kirche, was in religiösen Dingen für den Christen verbindlich ist."

Jetzt habt Ihr von mir einiges zu Eurer Frage gehört. Ich hoffe, daß Euch das helfen wird. Gleichzeitig möchte ich Euch bitten: Sprecht darüber mit Eurem Pfarrer, der Euch weiter raten kann.

Noch eine Bitte habe ich: Streitet Euch nicht mit den anderen Schülern, die zur Jugendweihe gehen. Ich weiß nicht, warum sie das tun. Es reicht, wenn Ihr selbst einen festen Standpunkt habt. Es wird Euch noch oft im Leben so gehen, daß Ihr manche richtige Entscheidung ganz allein durchtragen müßt.

Schreibt mir einmal, ob es Euch gelingt, trotz allem in der Klasse und der Religionsgruppe Frieden zu halten. Ich freue mich darüber, wenn Ihr mir schreibt. Bleibt frohe Christen, die Jesus gern haben.

Ich grüße und segne Euch alle
Euer Bischof Joachim

Miteinander glauben, sich gegenseitig stärken

Predigt zur Herbstwallfahrt 1989

Liebe Schwestern und Brüder im Herrn, liebe Wallfahrer!
„Ich habe ja nur dies *eine* Leben!“ – das ist ein Satz, den ich in letzter Zeit mehrfach hören konnte, vornehmlich aus dem Mund junger Menschen, mit denen ich über das Problem der Ausreise sprach. „Ich will etwas von meinem Leben haben; ich will etwas von der Welt sehen; ich will mir etwas leisten können!“ Verständlich – aber in diesem Satz „Ich habe nur dies *eine* Leben!“ spricht sich auch eine Angst aus, die Angst, möglicherweise zu kurz zu kommen, etwas zu verpassen, eben – das Leben nicht richtig auskosten zu können. Ich will etwas vom Leben haben! Richtig! Aber, wie *hat* man etwas vom Leben?

Der Sohn im Gleichnis des Evangeliums, das wir eben hörten, meinte wohl auch: Ich habe ja nur das *eine* Leben. Aber er durfte erkennen, daß das Leben mehr ist als Genießen und Haben und Verbrauchenkönnen. Er kehrte zum Vater zurück. Leben ist Gemeinschaft – miteinander, füreinander, mit Gott. Nur wer so lebt, hat etwas vom Leben.

Ist das glaubhaft? Ja, denn
- das dürfen wir Christus glauben,
- das dürfen wir den Heiligen glauben,
- das dürfen wir einer dem anderen glauben.

1. Das glauben wir Christus

Im Hebräerbrief steht die seltsame Formulierung: Christus sei der Urheber und Vollender des Glaubens. Das will sagen: An Christus erkennen wir, was es heißt, dem liebenden Anruf des Vaters in Liebe zu antworten; sein Leben eben nicht sich selbst zu leben, sondern Gott. Wir glauben Jesus seinen Glauben, wenn er sagt: Gott, du mein guter Vater; wenn er das sagt – nicht nur in guten, sondern auch in bitteren Stunden, in Getsemani und am Kreuz. Jeder, der in seinem eigenen Leben Zeit und Liebe verschenkt, ohne etwas dafür zu erwarten, der verzeiht, ohne dazu genötigt zu sein; der in irgendeiner Weise über sich hinauswächst auf einen Mitmenschen hin, auf Gott hin – der teilt den Glauben Jesu. Er wird sein Bruder und seine Schwester im Glauben. Das ist der entscheidende Beweggrund unserer christlichen Lebensauffassung: Weil Christus dem Vater geglaubt hat und von ihm aus dem Tod in das österlich-neue Leben hineingerettet wurde, wagen wir es, auch unser Leben dem Vater und den Mitmenschen zu schenken. Und wenn es uns auch manchmal schwerfällt, wenn wir manchmal zögern, nach Sicherheiten fragen, vielleicht auch nur halbherzig „schenken" – letztlich dürfen wir wie Petrus sagen: „Herr, auf dein Wort hin will ich es wagen!"

Weil Jesus Christus dieses Wort uns vorgesprochen hat, wagen auch wir zu sagen: Du unser guter Vater im Himmel, dir gehört mein Leben – und ich vertraue darauf, daß ich nicht zu kurz komme, wenn ich mich in dich hinein verliere.

2. Wir glauben unseren Glauben mit den Heiligen,

mit den bekannten Heiligen, die im Festkalender stehen, mit Maria, der Mutter des Herrn, zu deren Dom wir heute pilgern, und den vielen unbekannten heiligen Frauen und Männern, die still und unbemerkt vor uns auf dieser Welt lebten und im Glauben Christus nachgefolgt sind.

Ich meine diese „Wolke von Zeugen", von der die Hebräerlesung sprach, von Maria angefangen bis hin zu dem jungen Arbeiter und Blutzeugen Marcel Callo und dem gefolterten Pfarrer Otto Neururer, der 20 km von hier entfernt im KZ Buchenwald als Zeuge Christi starb. Unser Glaube lebt von ihrem Glauben. Wir haben Anteil an ihrem Glauben. In jedem von uns steckt ein wenig von der hl. *Elisabeth;* denn welche Mutter, welcher Vater unter euch verzichtet nicht auf eigenes, um für die Seinen ganz dazusein, ohne nach Lohn und Dank zu fragen? In jedem von uns steckt ein wenig vom Martyrer *Marcel Callo*; denn wer von euch ist noch nicht wegen seines Katholischseins offen oder insgeheim belächelt worden und hat sich dennoch nicht versteckt und seines Glaubens geschämt? In jedem von uns steckt, so hoffe ich, zumindest ein wenig vom Missionseifer des hl. *Kilian und seiner Gefährten.* Denn wer von euch hat nicht schon einen anderen Menschen nachdenklich gemacht, ob es Gott vielleicht doch gibt und das Leben mehr ist als Essen und Trinken? Ja, so positiv möchte ich es einmal sehen. Natürlich bleiben wir hinter den Heiligen zurück, aber wir teilen auch irgendwie ihren Glauben, ihre Hoffnung, ihre Liebe. Sie haben damals zu ihrer Zeit geglaubt und ihr Leben auf Gott gebaut. Wir sollen und dürfen dieses Zeugnis *heute* geben. Wie sagt es der Hebräerbrief? „Da uns eine solche Wolke von Zeugen umgibt, ... laßt uns mit Ausdauer in dem Wettkampf laufen, der uns aufgetragen ist." Der hl. *Kilian* kam damals mit seinen Gefährten aus dem fernen Irland in das unwirtliche, fremde Frankenland. Er hätte zu Hause sicher ein ruhiges und friedliches Leben als Mönch und Gelehrter in seiner Klosterzelle verbringen können. Die Liebe Christi drängte ihn, viele andere zur Gottesliebe zu erwecken, die unsere letzte und bleibende Seligkeit sein wird. Jeder Lehrling oder Student, der heute in Ausbildung, Studium, Armeezeit und unter ungläubigen Freunden treu zu Christus steht, ist ein Bekenner und ein Missionar dazu, beinahe so wie der hl. Kilian unter den heidnischen Franken. Ja, wir glauben den Heiligen ihren Glauben, wir teilen ihn mit ihnen – und wir versuchen, ihn heute in unserem Alltag auf unsere Weise ins Leben umzusetzen.

Und schließlich:

3. Wir teilen den Glauben miteinander

Wir könnten auch sagen: Wir glauben uns *einander* den Glauben. Ihr werdet sagen: „Nun, da nimmt der Bischof wohl den Mund zu voll. Mir geht es eher so, daß ich trotz meiner katholischen Bekannten meinen Glauben bewahre." Ja, ich gebe zu, wir können einander auch zum Ärgernis werden. Leider! Und das soll uns schamrot bis unter die Haarwurzeln machen. Aber, ist es nicht auch so, daß wir uns immer auch auf den Glauben des anderen wirklich stützen?

Wenn ich daran denke, wer für meine ganz persönliche Glaubensgeschichte wichtig geworden ist, dann muß ich sagen: Das waren einige wenige ganz konkrete Personen, die mich einfach als Menschen und Christen überzeugt haben: die Mutter in schweren Tagen der Vertreibung und der Not; der Pfarrer der Jugendzeit, bei dem ich spürte, daß er gern Priester war und ein prächtiger Mensch dazu; die katholische Lehrerin in der Oberschule, die sich nicht scheute, jeden Sonntag in unserer Diasporagemeinde am Gottesdienst teilzunehmen; der verheiratete Freund, der mir mit seinem Glaubensmut selbst Mut macht ... Vielleicht könnte ich noch einige andere

Personen nennen: theologische Lehrer, priesterliche Freunde und nicht zuletzt den von uns allen so hochgeschätzten Bischof Hugo Aufderbeck, dessen Bild mir bis heute lebendig vor Augen steht. Seht, davon lebt mein persönlicher Glaube. Ja, ich sage es so ungeschützt, denn ich weiß, das alles sind auch nur Menschen. Menschen sind immer auch begrenzt, fehlerhaft, Sünder, aber vielleicht geht es euch ähnlich wie mir: Irgendwo machen wir uns im eigenen Glauben am Glauben anderer Menschen fest, und zwar nicht ferner Menschen, sondern von Menschen, die wir kennen, mit denen wir umgehen, die uns gleichsam in ihr Herz blicken lassen. Ist das nicht der tiefste Sinn der Kirche: miteinander glauben, um sich gegenseitig zu stärken?

Darum geht heute von dieser Stelle aus meine herzliche Bitte an euch alle: Öffnet euch einander und *zeigt euch gegenseitig euren Glauben.* Versteckt ihn nicht, wenn ihr miteinander redet, wenn ihr miteinander arbeitet, wenn ihr miteinander feiert. Ein Feiertag in einer katholischen Familie muß erkennbar anders sein als bei Heiden, und eine Kirmes in einem katholischen Dorf sollte sich nicht durch Betrunkene auszeichnen, sondern durch eine gelöste Freude am Miteinander, die in der Kirche *und* auf dem Festplatz zusammenführt, versöhnt und einig macht – eine Freude, die niemanden ausgrenzt oder im Abseits stehenläßt. Ihr versteht, was ich meine. Ich meine nicht, daß wir überall christliche Etiketten aufkleben sollen. Die Heiligkeit einer Pfarrgemeinde richtet sich nicht nach der Menge des verbrauchten Weihwassers, sondern die Gemeinde soll auszeichnen, daß in ihr Gott öffentlich und privat gelobt wird; daß in ihr nach dem Willen Gottes gefragt und dieser einfach und schlicht getan wird; daß in ihr immer neu verziehen, getröstet wird; daß da Menschen einander helfen, einander Mut machen für ihren Weg als Zeugen Christi in dieser Zeit.

So sollte unser Glaube voreinander und vor der Welt erfahrbar werden. Ich bin fest überzeugt, jeder von euch kann etwas vorzeigen: Gottesliebe, Tapferkeit, Geduld. Viele von euch klagen nicht, wenn das Bekenntnis zu Christus unter Umständen nicht einfach ist oder Nachteile bringt. Manche tragen schwere Lasten, Krankheit, Einsamkeit, einen schwierigen Partner und bleiben dennoch zuversichtlich und innerlich froh. Einige setzen Zeit und Kraft ein, um bei der Glaubensverkündigung zu helfen, und sie fragen nicht nach Lohn und Anerkennung. So zeigt jeder dem anderen, woraus er eigentlich lebt. Einer trägt den anderen im Glauben.

Nehmt dieses Wort mit nach Hause: miteinander glauben, sich gegenseitig stärken. Wir teilen den Glauben *mit Christus, mit den Glaubenszeugen vor uns* und *mit den Brüdern und Schwestern an unserer Seite.* Dieses *dreifache Miteinander* trägt uns und macht uns Mut, Ja zu sagen zum Heute und zum Morgen.

Ja zu sagen zum Heute – das ist das Stichwort, um abschließend noch ein Wort zu dem zu sagen, was euch alle bewegt: das Problem der vielen Ausreisenden. Ich weiß, ihr wartet auf solch ein Wort. Zweierlei möchte ich sagen.

Zum einen: Es wäre mein Wunsch, daß die Gründe, die zur Ausreise führen, bald verschwinden und

zum anderen: Ich möchte euch Gründe nennen, die einen Christen motivieren könnten, auch weiterhin hier seinen Platz zu erkennen.

Eingangs möchte ich klarstellen: Das Recht auf Ausreise und Wieder-Einreise in ein Land, einschließlich des eigenen, ist selbstverständliches Recht jedes Menschen. So steht es in der Erklärung der Menschenrechte der UNO von 1948. Unter den gegebenen Umständen ist freilich die Tatsache, daß Tausende von Menschen, eine größere Zahl eben auch aus unseren Gemeinden, dieses Land verlassen oder verlassen wollen, eine Herausforderung auch für unsere katholische Kirche. Meist steckt hinter jeder Ausreise auch eine menschliche Not. Die, die zurückbleiben, sind ebenfalls betroffen und leiden unter dem Weggang vertrauter Menschen.

Ihr wißt, es gibt unterschiedliche Gründe für die Ausreisen. Viele Motive bündeln sich da, persönliche und familiäre Gründe, auch vordergründig materielle. Viele haben aber auch Gründe, die mit der gesellschaftlichen Situation hierzulande zu tun haben. Sie sind enttäuscht, verbittert und resigniert aufgrund bestimmter Erfahrungen im Betrieb, im Umgang mit den Behörden, in Handel und Versorgung, im Bemühen um eine Reisegenehmigung. Hier muß ich als Bischof in Verantwortung für die Menschen die führenden Politiker unseres Landes fragen: *Muß das eigentlich so sein?* Muß das so sein, daß einer nach dem Gang zu den Behörden das Empfinden bürokratischer Gängelei hat? Muß das wirklich so sein, daß die Erfahrung am Arbeitsplatz häufig frustrierend ist und so ganz anders, als es die „Aktuelle Kamera“ oder die Zeitungen beschreiben? Muß das so sein, daß sich einer in Weltanschauungsfragen zu Äußerungen gedrängt sieht, die nicht mit seiner eigenen inneren Überzeugung übereinstimmen?

Ich meine, das muß nicht so sein! Ich habe immer wieder in meinen Predigten betont: Als katholische Christen treten wir grundsätzlich stets positiv ein für das, was dem wirklichen Wohl der Menschen und damit auch der Gesellschaft dient. Wir wollen aber auch unsere Erwartungen und Forderungen nicht verschweigen:

Wir erwarten z. B., daß die Schule das grundlegende Erziehungsrecht der Eltern anerkennt und sich von verpflichtenden ideologischen Vorgaben im Bildungs- und Erziehungsprogramm freimacht. Nach unserer Auffassung ist nicht der Staat der Ersterzieher unserer Kinder, sondern die Eltern, die ihnen das Leben schenken.

Wir erwarten, für junge Christen, auch wenn sie Bausoldaten werden oder nicht in der FDJ sind, echte Chancengleichheit in Ausbildung und Beruf. Wir erwarten, daß sich berufliches Fortkommen an Befähigung und Einsatz festmacht und nicht an der Zugehörigkeit zu bestimmten Parteien und Organisationen.

Wir erwarten, daß eigenständige Mitarbeit in Gesellschaft und Staat aus christlicher Verantwortung auch dann willkommen ist, wenn manches kritisch angefragt wird.

Ich kann nur hoffen, daß die Verantwortlichen in unserem Land diese und andere berechtigte Erwartungen von Menschen wirklich aufgreifen. Dafür will ich mich auch in Zukunft einsetzen.

Zum Zweiten: Was kann uns als katholische Christen bewegen, trotz allem in diesem Land zu bleiben? Ich nenne euch drei Gründe:

1. *Gott hat uns hierher gestellt.* Wir stehen unter seiner Führung und in seinem Auftrag. Ich glaube nicht, daß es Gottes Wille ist, dieses Land nur den Menschen zu überlassen, die Gott nicht kennen. Dieses Land gehört auch uns Christen! Das bedeutet, daß es auf uns Christen, katholische wie evangelische, unverzichtbar ankommt: daß wir von Gott Zeugnis geben, christliche Hoffnung verbreiten und in Geduld und Zuversicht und großer Treue Gott und den Menschen dienen. Wir können nicht einfach von unserem Auftrag weglaufen, nur weil manches bei uns schwieriger ist als anderswo.

2. *Wir tragen füreinander Verantwortung.* Wir sahen soeben: wir leben nicht nur für uns selbst, sondern mit anderen und für andere. Darum sollte sich jeder, der mit dem Gedanken der Ausreise spielt, fragen, ob er nicht gegenüber anderen Menschen in seinem Beruf oder auch rein familiär echte Verantwortung hat, die er nicht auf andere abwälzen kann. Dem Wohl der Patienten im Erfurter Ka-

tholischen Krankenhaus kann man nicht in Bayern dienen, und alte Eltern kann man nicht einfach dem Altersheim überlassen.

3. *Ost und West stehen vor gemeinsamen Herausforderungen.* Die wirklichen Herausforderungen der Zukunft, unser verantwortlicher Umgang mit der Schöpfung, die Suche nach einem Lebensstil, der das *Sein* vor das *Haben* rückt, die Bereitschaft, für den Frieden notfalls auch zu leiden – diese Herausforderungen stehen im Osten wie im Westen in gleicher Weise an. Die Nachfolge Christi und der Ruf zur Umkehr fordern uns hier wie dort. Es könnte sein, daß wir hier sogar wacher bleiben für Gottes Anruf. Das Weggehen löst vielleicht private Probleme, und diese auch nicht immer, es löst aber in keinem Fall die Probleme, die unsere gemeinsame Zukunft in Ost und West betreffen.

Ihr seht, es gibt durchaus für uns als Christen gute Gründe, aus dem Glauben und der Verantwortung für das Ganze heraus *hier* unseren Platz zu sehen. Wir wollen mit Freimut und Festigkeit für das eintreten, was unser und unserer Kinder gutes Recht ist, und dazu möchte ich euch ermutigen! Wir wollen aber auch das tun, was der Herr von uns erwartet: einander und den Menschen dienen.

Laßt uns nun mit unserem Gottesdienst fortfahren und Gott bitten, daß er uns, sein Volk, weiterhin führe, uns heilige und uns im gemeinsamen Glauben bestärke. Amen.

„Kehrt um und glaubt an das Evangelium!“

Hirtenbrief zur österlichen Bußzeit 1990

Liebe Schwestern und Brüder im Herrn!
In der österlichen Bußzeit ruft uns der Herr zu: „Die Zeit ist erfüllt, das Reich Gottes ist nahe. Kehrt um und glaubt an das Evangelium!“ (Mk 1,15).

In diesem Jahr hören wir diesen Ruf mit besonderer Aufmerksamkeit. Große Dinge sind in unserem Land geschehen. Eine Wende im politischen und gesellschaftlichen Leben ist im Gang, die uns alle berührt. Wir sind dankbar für die Erfahrung einer Freiheit, auf die wir so lange gewartet haben. Wir können freier reden. Wir können reisen, wohin wir wollen. Die politische Einheit unseres Vaterlandes ist in greifbare Nähe gerückt. Doch Freude und Dank vermengen sich mit Unruhe, ja sogar mit Angst. Wird es gute politische und wirtschaftliche Lösungen geben für die Probleme, die sich jetzt zeigen? Werden die Parteien auch das einlösen können, was sie versprechen? Werden wir durch die Wahlen eine Regierung bekommen, die neue Zuversicht in der Bevölkerung zu wecken vermag?

Das sind Fragen, die mich ebenso wie Euch bewegen. Ich bin zuversichtlich, daß die gesellschaftliche Erneuerung auf einem guten Weg ist. Doch weiß ich auch: Die Wende im politischen und gesellschaftlichen Leben muß von einer *inneren* Erneuerung des Menschen begleitet sein. Allein aus Buße und Umkehr wächst neues Leben.

I.

Haben wir Buße nötig? *Ja, auch wir Christen haben Buße nötig.* Jeder von uns wird bedenken müssen, wo er – mit oder gegen seinen Willen – in die allgemeine Unwahrhaftigkeit dieses Landes mitverstrickt war. Ich frage mich, ob ich als Bischof nicht noch deutlicher Unrecht und Lüge hätte beim Namen nennen müssen. Hatten wir vielleicht zu wenig Mut, besonders in den letzten Jahren, uns in die Gesellschaft einzumischen, um sie zu verändern? Haben wir Gott zu wenig zugetraut und uns zu sehr um uns selbst gesorgt? Mancher von uns wird sagen müssen: Ich habe den Weg des geringsten Widerstandes gewählt. Ja, wir haben Buße und Umkehr nötig und müssen Gott um Vergebung bitten, daß unser Glaube nicht mutiger und unser Zeugnis nicht eindeutiger war.

Manche von Euch werden mit Bitterkeit auf die vergangenen Jahre zurückschauen. Ihr habt Benachteiligung und Schikanen um Eures Glaubens willen auf Euch genommen. Ich denke nur an jene, die ihre Kinder nicht zur Jugendweihe geschickt haben. Andere wollten nicht in die Partei eintreten und mußten deshalb auf berufliches Vorwärtskommen verzichten. Wieder andere haben laut ihre Meinung gcsagt und Kritik geäußert. Sie haben nicht mitgemacht bei dem, was viele gedankenlos mitmachten. Sie wollten ihrem Gewissen treu bleiben. Das alles war nicht umsonst. Diese Standhaftigkeit hat zum Umschwung in unserem Land beigetragen. Ich möchte Euch dafür danken und Euch sagen: Bei Gott ist das nicht vergessen.

Um so wichtiger ist, daß wir nun auch die *Kraft zur Vergebung* finden. Richtig ist, daß Unrecht beim Namen genannt und wenn möglich auch gesühnt wird. Doch müssen wir als Christen zur Versöhnung beitragen. Wir wollen nicht mit Fingern auf andere zeigen und uns gegenseitig die Schuld aufrechnen. Gottes Barmherzigkeit schließt niemanden aus. So müssen wir auch denen eine Chance zur Umkehr geben, die an uns und an diesem Land schuldig geworden sind. Wir Christen sollten nicht zu denen gehören, die lautstark nach Rache rufen und Emotionen anheizen.

Ich weiß, daß eine solche Gesinnung der Versöhnung angesichts erlittenen Unrechts nicht einfach ist. Dennoch gehört das zur Umkehr dazu. Denkt an die Bitte des Vaterunsers: „Vergib uns unsere Schuld, wie auch wir vergeben unseren Schuldigern.“ Nur in diesem Geist kann es eine echte Wende geben. Besonders Euch, katholische Eichsfelder, und Euch, katholische Christen in der Rhön, bitte ich: Sorgt in Euren Dörfern und Gemeinden, in Euren Betrieben und Familien dafür, daß nun nicht neues Unrecht das alte ablöst. Der Haß verzerrt das Gesicht und macht blind. Gott hat sich unser erbarmt, damit auch wir miteinander voll Erbarmen umgehen.

II.

Der Herr fügt dem Aufruf zur Buße hinzu: *Glaubt an das Evangelium,* an die frohe Botschaft.

In den vergangenen Monaten haben wir Gottes Führung besonders eindringlich erfahren. Das Gebet um Frieden und Freiheit und um die Einheit, von uns über Jahre hindurch treu durchgehalten, ist erhört worden. Das sollte die Angst aus unseren Herzen vertreiben und unseren Glauben stärken. Bei allen Sorgen um eine Zukunft, die wir noch nicht kennen, dürfen wir darauf vertrauen: Wir sind in Gottes Liebe geborgen. „Täglich neu ist seine Gnad über uns und allen", so singen wir im Lied. Und weiter heißt es dort: „Hat er nicht zu aller Zeit uns bisher getragen und geführt durch allen Streit? Sollten wir verzagen?" Nein, Gottes Macht ist wirklich unsere Hoffnung. Damals in Dresden 1987 haben wir nicht zu hoffen gewagt, was nun Wirklichkeit wird. Jetzt wollen wir in der Kraft dieser Hoffnung mutig die neuen Herausforderungen, die vor uns liegen, annehmen. Wir Christen sind jetzt gefragt, jeder einzelne von uns: in den Betrieben und Schulen, in den Krankenhäusern und Heimen, in den Büros und Verwaltungen. Gefragt ist unsere Bereitschaft, politische Verantwortung zu übernehmen, ganz aktuell durch unsere Beteiligung an den Wahlen am 18. März und 6. Mai, aber auch in der Zeit *nach* den Wahlen. Rennen wir nicht vor der Verantwortung davon, die wir zusammen mit allen Menschen guten Willens für dieses Land haben. Dem Eichsfeld, Thüringen oder dem Geisaer Land könnt Ihr nicht in Hessen oder Bayern helfen. Wir sind jetzt *hier* nötig!

Laßt Euch nicht anstecken von der Jagd nach dem Mammon. Was unser Leben wirklich reich macht, sind nicht Westgeld und der Edeka-Laden um die Ecke (so sehr wir uns beides auch wünschen!). Reich sind wir, weil wir Gott und Seine Verheißungen kennen; reich sind wir, weil wir *einander* haben und in Treue und Solidarität zueinander stehen. Denkt an manche Länder in Afrika und Asien. Die Menschen dort wären dankbar für einen Bruchteil des Wohlstandes, den wir trotz allem doch haben. Besonders die jungen Leute bitte ich: Geht jetzt nicht den bequemen Weg des schnellen Geldes! Ihr habt nun die Chance, aus Eurer Heimat und Eurem Leben etwas zu machen, ohne faule Kompromisse eingehen zu müssen. Ihr habt bis jetzt dem dialektischen Materialismus widerstanden, laßt Euch nun nicht vom praktischen Materialismus auffressen!

Liebe Schwestern und Brüder im Herrn!
Ich habe versucht, Euch zu verdeutlichen, was Umkehr und Glaube in der augenblicklichen Situation im Frühjahr 1990 in der DDR für

uns bedeuten könnten. *Umkehr* heißt heute für uns: nicht *anderen* die Verantwortung für uns, unsere Kinder und die künftige gesellschaftliche Entwicklung zu überlassen.

Glaube heißt: Gott zu trauen, daß er auch *hier* eine Zukunft für uns bereithält.

Ich schlage euch wieder ein Bußwerk vor. Packt einmal über den persönlichen und familiären Bereich hinaus etwas an, was unsere konkrete Umwelt besser macht – im Dorf oder in der Stadt, auf der Arbeitsstelle, in der Schule, im Gemeindeleben. Es müßte etwas sein, wo Ihr beim ersten Nachdenken sagt: „Was geht das mich an? Das sollen mal die anderen machen!" Das könnte ein Hinweis darauf sein, daß es genau *das* Bußwerk ist, das ich meine. Sprecht einmal zu Hause miteinander darüber. Folgende Liedstrophe mag Euch dann an den Fastenvorsatz erinnern: „Hilf, Herr, meiner Seele, daß ich dort nicht fehle, wo ich nötig bin!"

In der Liebe Christi verbunden grüße und segne ich Euch.

DIENST AM FRIEDEN

„Christen sind gerufen, durch Wort und Beispiel Gesinnung des Friedens zu wecken und zu wahren in Verbindung mit allen Menschen guten Willens, die den Frieden in der Ordnung der Gerechtigkeit und Liebe begründet sehen.
Bei der christlichen Erziehung sollen Tugenden des Friedens besondere Beachtung finden:

- *Aufmerksamkeit für fremdes Leid und Ungerechtigkeit,*
- *Verständnis für die Lebensinteressen der anderen, zum Beispiel im Zusammenleben der Generationen,*
- *Achtung der Rechte von Minderheiten und Schwachen,*
- *Abbau von Vorurteilen,*
- *Weckung von Vergebungsbereitschaft,*
- *Verzicht auf Gewaltanwendung.*

Pastoralsynode, Dienst der Kirche für Versöhnung und Frieden 18,19

Der Friede unter uns heutigen Menschen

Predigten zur Fastenzeit 1982*

1. Predigt:

Die Gefährdung des Friedens

Ziel: Die brennende Sorge um den Frieden muß von den Kirchen aufgenommen werden.

Angst als Phänomen heutigen Lebens
Oft genug ist gesagt worden, daß Angst ein besonderes Charakteristikum unserer Zeit ist. Stimmt diese Behauptung? Angst hatten sicherlich die Menschen schon immer. Man braucht nur alte Gebetbücher aufzuschlagen, um zu erkennen, in welchen Gefahren und Ängsten die Menschen gelebt haben. Ohne Angst hätten sie nicht so innige Gebete gesprochen und so flehentliche Bittrufe gesungen.

Und wie ist es heute? Angst als das Kennzeichen einer Zeit ist ja sicher nicht sehr ehrenvoll. Wenn sie aber immer wieder als Kennzeichen genannt wird, wird wohl ein guter Grund dafür vorliegen.

1. Wovor haben Menschen Angst?

Früher hatten sie Angst: vor Pest, Hunger und Krieg, vor Blitz und Ungewitter, vor Erdbeben. Und heute? Bei einer jüngst durchgeführten Befragung anläßlich eines Jahreswechsels antworteten 80% der Befragten, sie hätten Angst *vor* der Zukunft (nicht *um* die Zukunft). Nur ganz wenige konnten genauer sagen, wovor sie sich fürchteten und ängstigten. Vor Naturkatastrophen? Nein! Vor einer schweren Krankheit, beispielsweise vor Krebs? Nein! Vor dem Verlust des Arbeitsplatzes? Nein! Wovor denn?

Einige sprachen von ihrer Furcht vor der Gewalt auf der Straße; Kinder fürchteten nach ihren eigenen Aussagen manchmal die elterliche Gewalt; andere Menschen ängstigten sich wegen der Umweltverschmutzung und Umweltzerstörung; viele Eltern zeigten sich besorgt wegen der vermeintlichen oder wirklichen Chancenlosigkeit ihrer Kinder. Die einen fürchteten für sich oder einzelne andere, die anderen trugen Furcht für das Volk oder die Gesellschaft, wieder andere für die ganze Menschheit.

2. Warum haben wir Menschen Angst?

Man kann die Nachrichtenübermittlung dafür verantwortlich machen: Weil alle Katastrophen aus der ganzen weiten Welt täglich über Radio und Fernsehen bekanntgemacht werden und wir nicht immer gleich alles in die richtigen Größenverhältnisse setzen, befürchten wir leicht überall gefährliche Katastrophen und Gewalt. Das macht Angst.

Vielleicht gerät mancher in Angst und Furcht durch die ständige Propagierung der Gewalt als Mittel zum (guten oder doch gut gemeinten) Zweck, besonders wenn diese Propagierung verbunden ist mit der Einsicht, daß wir oft unwillkürlich selbst unsere kleinen Ziele mit Gewalt zu erreichen bemüht sind (Ellenbogenmentalität).

Von einer nicht zu unterschätzenden Wirkung ist es sicherlich auch, wenn immer so geredet wird, als hätten wir Feinde; wenn die Kinder durch Spiele schon mit Feindbildern konfrontiert werden ... wenn die Appelle zum Guten immer wieder begründet werden mit der Behauptung, andere wollten uns stören und hätten nur Böses im Sinne. Die penetrante Erziehung zur Verteidigung und zur Verteidigungsbereitschaft flößt uns die Vorstellung ein, wir müßten uns ständig verteidigen.

Man kann auch daran denken, daß die Gewöhnung an Bilder der Gewalt von einer nicht kontrollierbaren, aber nachhaltigen Wirksamkeit auf unser Empfinden ist. Man denke an die vielen Bilder in den zahllosen Filmen: immer wieder Gewalt, immer wieder Überfälle, immer wieder Hinterlist, immer wieder Gemeinheit, immer wieder Körperverletzung ...

Aber das können auch nicht alle Gründe sein. Sie allein bewirken nicht so unbestimmte und doch umfassende Ängste. Könnte der Grund für die Ängste und Befürchtungen nicht in folgenden Momenten des Lebens liegen:

– In der Undurchschaubarkeit des Lebens in seiner Komplexheit? In den Veränderungen, die so rasant sind, daß sie das Leben nicht leichter machen? Im unbegrenzten Fortschritt, der nicht eindeutig den Menschen zum Nutzen ist?

- Oder in der Konzentration der Gewalt in den Händen weniger?
- Schließlich im Erleben, daß Menschen die Zukunft bestimmen, weil wir doch immer mehr in der von Menschen gemachten, gestalteten und verwalteten Welt leben?

Und vom Standpunkt des Glaubens aus werden wir fragen: Ist die Angst nicht wohl auch darin begründet, daß Menschen durch den Schwund des Glaubens nicht mehr hinter allen Geschehnissen Gott vermuten oder glauben, sondern sich auf sich selbst verwiesen vorfinden oder auf anonyme Mächte und dann bedrohlich ihre eigene Enge, ihre Unfähigkeit und Unzuverlässigkeit erleben? Möglicherweise gibt es ein instinktives Gefühl dafür, daß die Menschheit sich selbst in Gefahr bringt; daß die Menschheit gefährdet ist, weil sie selbst gefährlich ist.

In dem Roman „Jeder Mensch in seiner Nacht“ von Julien Green liest der unsympathisch geschilderte James Knight dem Hauptheldem Wilfred aus der Bibel vor:

„Er schlug die Heilige Schrift auf und las: ‚Dieses aber sind die Namen der 12 Apostel: Als erster Simon, der genannt ist Petrus, und Andreas, sein Bruder; Jacobus, Sohn des Zebedäus, und Johannes, sein Bruder; ... Simon, der Kanaaniter, und James Knight, der ihn verriet.'

Wilfred erbebte.

‚Warum sagen Sie das?' fragte er.

‚Kommt es Ihnen unwahrscheinlich vor, daß James Knight Jesus verraten hat?' fragte der Lesende, und ließ sein Buch sinken: ‚Wir können ja statt seinem einen anderen Namen einfügen: Und der 12. hieß Wilfred, und er verriet ihn.'

Wilfred stand auf und öffnete den Mund, fand jedoch nicht die Kraft, etwas zu sagen.

‚Merken Sie sich', sagte Knight, ‚daß wir alle, wie wir sind, unseren Namen statt des Judas Namen einfügen könnten. Haben Sie sich darüber nie Gedanken gemacht?'“

Müßten wir nicht, wenn wir aufzählen, wer den Frieden bedroht, an einer ganz entscheidenden Stelle, wenn nicht zuerst, dann eben zuletzt, auch sagen: „Und ich, der ich ja auch den Frieden störe“?

3. Sind die allgemeinen Ängste der Menschen begründet?

Ich stocke: Sage ich „Ja“, bestärke ich die Menschen in ihrer Angst; sage ich „Nein“, verführe ich zu einer gefährlichen Sorglosigkeit.

Wie sind die beschriebenen Ängste zu werten? Sind sie Phantasien zu vergleichen? Führen sie zu einem Pessimismus, der vielleicht ganz unbegründet ist und aus ganz unergründlichen irrationalen Wurzeln kommt? Oder haben die Menschen ein richtiges Gespür für eine Gefahr, auch wenn sie diese gar nicht näher bezeichnen und darstellen können?

Einer unbestimmten Angst sollten wir nicht einfach zum Opfer fallen. Unbestimmte Ängste können unbegründete Ängste sein. Aber nicht jede Art solcher Angst ist unbegründet, und dann dürfen wir sie auch nicht leichtfertig überspielen.

So dürfen wir z. B. ganz gewiß nicht die Kriegsgefahr unterschätzen. Es entspricht nicht der tatsächlichen Gefährlichkeit, in der wir leben, wenn nur 3 % der befragten Menschen Angst haben vor einem Krieg. Tatsächlich ist ein ungeahntes Rüstungspotential vorhanden von einer unvorstellbaren Wirksamkeit. Man denke nur an all die Zahlen, die genannt werden, wenn es um die Verteidigungsausgaben der Staatshaushalte geht, und vergleiche dann diese Zahlen, die die Stärke der Verteidigungsbereitschaft dokumentieren können, mit den anderen Zahlen für andere Ausgaben. Man bedenke, was mit dem Geld, das für die Verteidigungsbereitschaft ausgegeben wird, geschaffen und beschafft werden könnte!

Und es gibt tatsächlich eine große Gefahr für den Frieden, denn es gibt eine Konzentration der Macht in den Händen weniger; und es gibt die Überzeugung, daß Gewalt ein geeignetes Mittel ist, zum guten Ziel zu kommen. Und es gibt die schreckliche Verführung, Gewalt anzuwenden. In diesem Zusammenhang denke ich an eine Tagebuchnotiz, die Max Frisch einmal veröffentlicht hat.

„Über einem Städtchen, das wie unsere architektonischen Modelle anzusehen, entdeckte ich unwillkürlich, daß ich durchaus imstande wäre, Bomben abzuwerfen. Es braucht nicht einmal eine vaterländische Wut kommen, nicht einmal eine jahrelange Verhetzung; es genügt ein Bahnhöflein, eine Fabrik mit vielen Schloten, ein Dampferchen am Steg; es juckt einen, eine Reihe von schwarzen und braunen Fontänen hineinzustreuen, und schon ist man weg. Man sieht, wie sich das Dampferchen zur Seite legt, die Straße ist wie ein Ameisenhaufen, wenn man mit einem Zweiglein hineinsticht, und vielleicht sieht man auch noch die Schlote, wie sie gerade ins Knie brechen und in einer Staubwolke versinken, man sieht kein Blut, hört kein Röcheln, alles ganz sauber, alles aus einem ganz unmenschlichen Abstand, fast lustig, nicht ohne eigene Gefahr; das meine ich nicht, daß es harmlos sei; ich denke auch an die weißen Wölkchen, die jetzt ringsum aufplatzen, eine Staffel von Jägern, die hinter uns auftauchen und größer werden mit jedem Atemzug, lautlos, dann das erste Splittern in einer Scheibe, ein Gejaul wie in den Scheibenständen gefolgt von einem verspäteten und verwehten Geratter. Das alles ist inbegriffen!

Ich meine nur den Unterschied, der darin besteht, ob ich Bomben streue auf ein solches Modell, das da unter den jagenden Wolken liegt, halb rührend, halb langweilig und kleinlich, oder ob ich ebenfalls dort unten stehe, mein Sackmesser öffne und auf einen Menschen zugehe, einen einzigen, dessen Gesicht ich sehen werde, beispielsweise auf einen Mann, der gerade Mist verzettelt, oder auf eine Frau, die strickt, oder auf ein Kind, das barfuß in einem Tümpel steht und heult, weil sein papiernes Schifflein nicht mehr schwimmt. Das letztere kann ich mir nicht zutrauen. Beim ersteren, das ist der Unterschied, bin ich durchaus nicht sicher."

Es ist nicht sehr tröstlich, wenn man sich die Ängste der Menschheit bewußtmacht und sich selber bewußtmacht, wie man an dieser Angst teilnimmt. Es ist schon gar nicht beruhigend und tröstlich zu hören, daß diese Angst auch eine gewisse Begründung hat. Und doch ist es gut und heilsam, sich das Ausmaß der Gefährlichkeit einmal bewußtzumachen. Nur muß man daran denken, daß uns die Bedrohung nicht wie eine schreckliche, unaufhaltsame göttliche Gewalt umgibt, sondern vom Menschen, der sie heraufgeführt hat, auch gemeistert werden kann. Darum, und nur darum geht es: daß wir motiviert werden, die Bedrohung zu vermindern.

Wir können also nicht nur zur Kenntnis nehmen, wie es um die Welt steht, wir müssen auch fragen: „Was ist zu tun?" Und wir werden davon an den nächsten Sonntagen sprechen. Sicher ist es aber gut, schon heute zu beherzigen, daß der Anfang bei uns selber liegen muß.

In einem Gebetbuch fand ich folgendes kleines Gebet:

„Herr, erwecke deine Kirche, und fange bei mir an!
Herr, baue deine Gemeinde, und fange bei mir an!
Herr, bringe deine Liebe und Wahrheit zu allen Menschen, und fange bei mir an!"

Und ich möchte hinzufügen:

„Ja, Herr, lasse die Menschen den Frieden schaffen, und fange bei mir an!"

2. Predigt

Friedfertigkeit als Voraussetzung für den Frieden

In unserer Jugend wurde uns gesagt, und wir lasen es auf Spruchkarten, Kalenderblättern und Wandbehängen: „Zu Hause muß beginnen, was leuchten soll im Vaterland" (Reinhold Schneider).

Mich erinnert dieses Wort an eine Mahnung unserer Mutter, die sie oft – gerade während der Kriegsjahre – geäußert hatte: „Wie soll Friede werden in der Welt, wenn ihr Geschwister euch nicht einmal vertragt?!"

Wenn wir uns bewußt werden, unter welcher Gefahr und unter welcher Bedrohung viele Menschen – ganze Völker, vielleicht die ganze Menschheit – leben, dann ist es eine brennende Frage: Wie entgehen wir der Bedrohung? Wie mindern wir die Gefahr? Wie wird der Friede bewahrt oder wiederhergestellt?

Es ist ja keineswegs so einfach, daß man die unterschiedlichen Gefährdungen nur aufzuzählen brauchte, um sagen zu können, was geschehen muß. Wenn wir beispielsweise sagen: Eine Gefahr für den Frieden ist die Existenz der Atombombe, also: „Schaffen wir sie ab" – dann ist das zwar richtig, aber die Frage bleibt: Wie? Oder: „Der Rassismus ist eine Quelle des Unfriedens, also darf es keinen geben." Natürlich! Aber wie kommen wir dahin?

Wie steht es mit großen Programmen?

Erwarten wir Hilfe nur von den Politikern an den Verhandlungstischen?

Oder gilt das Wort: „Zu Hause muß beginnen, was leuchten soll im Vaterland"?

Bevor wir von anderen den Frieden rettende Maßnahmen erwarten, ist es gut, zu fragen, ob überhaupt die Voraussetzungen dafür gegeben sind.

Es sei ausdrücklich gesagt: Wenn wir so fragen, ist eine erste Voraussetzung bereits ausgesprochen: Wir halten den Frieden für möglich. Das ist ja gar nicht selbstverständlich. Man müßte sicherlich auch gleich hinzufügen: Der Friede ist nicht einfach machbar und von Menschen zu schaffen; er muß gegeben werden von Gott. Aber wenn Gott den Frieden will, wie er uns ausdrücklich verbürgt, wird der Friede dann, wenn wir Menschen auch das Unsere tun, Realität werden, nicht Utopie bleiben?

Das also ist die erste Frage: Sind wir selber so, daß von uns der Friede ausgehen könnte? Sind wir selbst friedfertig? Sind wir Friedensstifter?

Auf einige wichtige Möglichkeiten sei hingewiesen:

1. Die eigene Mitschuld am Unfrieden in der Welt nicht leugnen

Nicht nur Böswillige sind an den gefährlichen Spannungen schuld. Es gibt institutionalisierte Ungerechtigkeiten, die wir als solche nur schwer erkennen und aus denen wir auch kaum ausbrechen können. Ein Beispiel: Wir regen uns auf, daß Bananen teuer sind, und denken daran, daß sie anderswo billiger sind. Denken wir daran, daß sie nur dann billig sein können, weil sie irgendwo in der Welt unter Hungerlöhnen gepflückt werden? Wie oft mögen wir Nutznießer sein von Geschäften und Praktiken, bei denen der eine übervorteilt wird und der andere ungerechtfertigte Profite einstreicht!

Wir können da oft genug gar nicht ausscheren. Wir können diese Verstrickung wohl auch gar nicht als persönliche Schuld bezeichnen. Und doch müßten wir uns fragen, ob die Gedankenlosigkeit nicht auch zum Einverständnis werden kann oder geworden ist.

Und wenn wir in eine gespannte oder friedlose Situation geraten sind, sollten wir dann nicht immer zuerst fragen: Welchen Fehler habe *ich* da gemacht, daß es so kommen konnte? Dann erst: Welchen die anderen? Und am besten fügen wir immer gleich hinzu: Warum haben wohl die anderen einen solchen Fehler gemacht?

2. Die Sprache des Friedens sprechen

Es gibt eine Verrohung der Sprache. Ich meine nicht Deftigkeit im Ausdruck oder pointierte Redeweise, die auch dem Schwerfälligen Klarheit bringen soll. Ich denke daran, daß die Wahl des sprachlichen Ausdrucks Zeichen der Ehrfurcht oder Ehrfurchtslosigkeit ist, Zeichen der Behutsamkeit oder der Gewaltsamkeit.

Wie fühlt man sich eigentlich bei einem Menschen, der nicht von den Händen redet, sondern nur von den „Pfoten", der nicht von den Augen spricht, mit denen man sieht, sondern nur noch „glotzt", der nicht vom Kopf spricht oder vom Haupt, sondern nur von der „Rübe"? Wie einer über Abwesende spricht, läßt erraten, mit welcher Erwartung er den anderen begegnet. Man braucht einem Menschen nur eine Viertelstunde zuzuhören, um zu wissen: Der würde eine Entschuldigung böse zurückweisen, vielleicht gar verlachen oder auch die Bitte aufnehmen wie eine zur Versöhnung ausgestreckte Hand. Wie begütigend wirkt ein Mensch, der die Sprache des Friedens spricht und bei dem man hinter jedem Wort spürt, daß er vermitteln möchte!

Und wenn offensichtlich Unrecht geschieht, dann sollten wir uns nicht duckmäuserisch zurückhalten, sondern ein klares Wort sprechen. Auch das ist Sprache des Friedens.

3. Vorurteile abbauen

Es ist uns Menschen wohl angeboren, daß wir uns selber immer von der besten Seite beurteilen und andere von ihren Schwächen her. Selbst wenn ich an mir eine Schwäche feststelle, möchte ich mich gleich entschuldigen, möchte ich gleich abschwächen: Das sei ja nicht das Typische ... Im Grunde genommen ist mein Wesen doch ganz anders!

Der andere? Oh, wenn der daneben tappt, wie leicht bin ich mit dem Urteil dabei: „Ganz typisch!" – Vor allem, wenn er mir unsympathisch ist. Und wir haben ja alle unsere geheimen „schwarzen Listen". Da sind alle vermerkt, die uns nicht passen und an denen wir etwas auszusetzen haben. Schlimmer wird diese Tendenz, andere zu verdächtigen und anderen zu mißtrauen, wenn wir der Propaganda verfallen, die uns dauernd Feindbilder einredet: Der „von drüben" ist der Feind, der Klassenfeind ...; wenn Erziehung darauf angelegt ist, in einer Schwarz-Weiß-Malerei den Eindruck zu erwecken: Wer sich nicht ausdrücklich mit uns solidarisiert, der ist auch unser Feind!

Hier zeigt sich eine Aufgabe für alle, die mit der Erziehung zu tun haben: Wir müssen zur Kritik befähigen: Stimmt das, was an Schlechtem über andere gesagt wird? Oder ist nicht der schlecht, der Schlechtes erzählt?

4. Toleranz beweisen

Das Wort „Toleranz“ hat einen guten Klang gekommen. Toleranz wirkt anziehend. Toleranz wird erwartet, und wem Toleranz nachgesagt wird, der gewinnt Vertrauen.

Die Frage ist aber, ob wir sie selber üben oder nur von anderen erwarten.

Toleranz besteht darin, daß wir den anderen das Recht zuerkennen, anders zu sein und anders zu denken. Anders zu sein heißt ja nicht: schlechter zu sein. Und selbst wenn der andere sich irrt oder primitiv ist, hat er ein Recht auf unsere „Duldsamkeit“, d. h. Toleranz. Toleranz gibt es nicht gegenüber der Bosheit, der Lüge, der Ungerechtigkeit – aber selbst dem Bösen gegenüber, dem Lügenden, dem Irrenden erweisen wir Toleranz, auch wenn wir ihn unschädlich machen müssen. „Hasse den Irrtum, aber liebe den Irrenden“, sagt der Kirchenvater Augustinus.

5. Bereitschaft, zu verzeihen und sich zu entschuldigen

Am deutlichsten aber zeigt sich die Bereitschaft und Fähigkeit zum Frieden, wo wir vergeben und um Vergebung bitten.

Beides ist nicht leicht. Aber beides ist notwendig. Und ich denke, es gehört als Fähigkeit zusammen. Wer nicht um Vergebung bitten kann, kann wohl auch nicht verzeihen. Vielleicht ist er bereit, über Kränkung und Unrecht hinwegzusehen, aber Verzeihung ist ja mehr. Verzeihung heißt: dem anderen die Schuld abnehmen, weil man es mit ihm gut meint, nicht: weil man für sich selbst Ruhe und Frieden will.

Es scheint so, daß dazu nur einer fähig ist, dem bewußt geworden ist, daß ihm verziehen wurde, und der erlebt hat, daß seine Schuld genommen ist – nicht, weil der Schaden behoben wurde, sondern aus Güte.

Wir sind in Sorge um den Frieden der Welt. Wird Friede bleiben? Wird er erhalten oder wiedergewonnen werden?

Wir sprachen von einigen Voraussetzungen. Möglicherweise ist das alles nicht recht überzeugend; vielleicht ist der Eindruck entstanden: So leicht geht das leider nicht, es gehört noch viel mehr dazu. Aber ohne diese einfachste Form der Friedfertigkeit wird es

auch keinen Frieden geben. Sie ist noch längst nicht alles, aber sie ist Voraussetzung – vor allem eine Voraussetzung, die sich bei uns erweisen muß.
Wir sollten an Reinhold Schneiders Worte denken: „Zu Hause muß beginnen, was leuchten soll im Vaterland."

3. Predigt

Die Versöhnungstat Christi am Kreuz – Ursprung des Friedens

Die Parole „Frieden schaffen" ist verräterisch. Vieles ist machbar, ist es auch der Friede? Es gibt Wirklichkeiten, die nicht einfach zu produzieren sind wie Konsumgüter: Vertrauen, Treue, Liebe. Dazu gehört der Friede. „Es kann der Beste nicht in Frieden leben, wenn es der Nachbar nicht will." Der Friede hat also Voraussetzungen. Die Voraussetzungen beim Menschen haben wir schon miteinander bedacht (vgl. 2. Predigt). Hängt die Möglichkeit des Friedens aber nur von unserem guten Willen ab?

1. Grundlage des Friedens ist die in Jesus Christus verwirklichte Versöhnung zwischen Gott und Menschheit

Die Botschaft der Heiligen Schrift lautet in ihrem Kern: „Wir haben Frieden mit Gott durch Jesus Christus" (Röm 5,1). Erst an zweiter Stelle heißt es dann mit bezeichnender Einschränkung: „Soweit es euch möglich ist, haltet mit allen Menschen Frieden" (Röm 12,18). Vor aller menschlichen Friedensbereitschaft liegt die Friedenstat Gottes an uns. Auf ihr gründet letztlich unsere Hoffnung, daß Friede auch auf Erden möglich ist. Was Christus als unser Menschenbruder für uns getan hat, wird im Neuen Testament mit verschiedenen Bildern umschrieben. Er ist in stellvertretender Sühne für uns in den Tod gegangen (Abendmahlsworte), er hat uns losgekauft aus der Knechtschaft (Gal), er hat uns mit Gott versöhnt (2 Kor 5,18ff). Wie sind solche Aussagen zu verstehen, zumal angesichts der weiterbestehenden alten Unheilsstrukturen?

2. Gottes Rettungstat in Christus hat die Bedingungen des menschlichen Lebens verändert

Revolutionen wollen gesellschaftliche Strukturen verändern. Gottes Tat in Christus verändert darüber hinaus die Grundlagenbedingungen menschlichen Lebens überhaupt.

a) Der christliche Glaube bewahrt sich im Gegensatz zu vorschnell optimistischen Weltanschauungen den Blick für die Realität. Zu dieser Realität des menschlichen Lebens gehört die Schuld. Schuld entsteht, wo der Mensch sich in offener Rebellion gegen seinen Schöpfer auflehnt. An dieser Rebellion, die mit Adam begann, sind wir alle beteiligt. Die Ursachen der Unversöhnlichkeit, des Hasses, letztlich auch des Krieges führen über die gesellschaftlichen Wurzeln (die wir nicht leugnen) zu den Menschen bzw. menschlichen Systemen, die wie Gott sein wollen. Es gibt eine Verflochtenheit aller in die Sünde der Welt, die Gott nicht Gott sein lassen will.

b) Der Menschensohn Jesus zerreißt dieses Geflecht der Sünde. In seinem Leben und in der Art seines Sterbens schenkt er dem Vater jenen umfassenden, liebenden Gehorsam, der eigentlich unsere Aufgabe wäre. Er hat also das getan, was unsere ureigenste Bestimmung ist. Das hat Auswirkungen auf die Menschheit insgesamt. Wie ist das zu verstehen? Wir stehen ja nicht nur in einer Verflochtenheit der Schuld, sondern auch in einer Solidarität des Heiles. Diese gegenseitige Abhängigkeit aller Menschen voneinander ist leicht einsehbar. Wir brauchen nur beispielsweise an das Netz der weltweiten technisch-wirtschaftlichen oder politisch-gesellschaftlichen Verflechtungen als Analogie zu denken. Wir sitzen alle – so oder so – in einem „Boot". Solche und ähnliche Erfahrungen der gegenseitigen Verwiesenheit der Menschen aufeinander können helfen, die Aussage verständlich zu machen, daß Jesu Gehorsamstat für uns alle Bedeutung hat. Jesus hat für alle Menschen eine neue Art des Lebens als reale Möglichkeit eröffnet. Entrissen der Gewalt der alten Schuldverflechtung, ist es den Glaubenden möglich, in der Nachfolge Jesu „neue Schöpfung" zu sein, d. h., sich im liebenden Gehorsam dem Willen des Vaters im Himmel zu überantworten. Die „Bedingungen" hierfür sind uns gnadenhaft eröffnet: Glaube und Taufe. Sie eröffnen die Chance eines Lebens nach der Art Jesu, ein Leben, das von sich selbst absieht, das auf allen Eigenruf verzichtet, das sich ganz und gar als verdanktes Leben versteht und sich so in den Dienst der Liebe zu Gott und den Nächsten

genommen weiß. Ein Vergleich: Es kann sein, daß einer nach einem schweren Verkehrsunfall, bei dem er wie durch ein Wunder mit dem Leben davonkam, dann auf einmal anders lebt, dankbarer, weniger egoistisch, wahrhaftiger und mit mehr „Tiefgang".
c) Trotz der anhaltenden Unheilsstrukturen in der Welt hat der Christ darum einen unzerstörbaren Friedensoptimismus. Der Friede, den Christus uns gebracht und eröffnet hat, ist nicht mit menschlichen Waffen zu zerstören. Gott läßt sich die Schöpfung durch uns nicht rettungslos verderben. In Christus hat er ein für allemal sein Ja zu uns gesprochen (vgl. 2 Kor 1,19). Läßt eine Mutter ihr trotziges Kind im Stich? Auch wenn es nicht will, bleibt es umfangen – selbst in der Auflehnung – von einer nicht zu strapazierenden mütterlichen Liebe. Gott läßt uns nicht mit uns allein. Seine Liebe hat die von der Sünde verdorbene Schöpfung erneuert (vgl. das Stichwort „Erneuerung des Menschen" in der Präfation für die Sonntage IV).

Es gibt nun die Grundlagebedingungen für geglücktes menschliches Leben, frei von Ausbeutung und Unterdrückung, von Willkür und Krieg, vor allem frei von der Sünde, vom Tiefen-Egoismus des menschlichen Herzens, aus dem letztlich alles Unheil stammt. Der christliche Einsatz für den Frieden zwischen Menschen, Gruppen und Völkern hat darum bei allem Streit um die rechten Methoden der Friedensarbeit ein unzerstörbares Fundament, auf dem wir immer wieder neu, auch nach mißglückten Ansätzen, aufbauen können: Gottes Friede mit uns in Jesus Christus.

Das gibt uns Gelassenheit in allen Bedrängnissen und menschlichen Hoffnungslosigkeiten (vgl. Röm 8,31–39), aber auch Mut zu den kleinen konkreten Schritten zum Frieden, über die die Militär- und Gesellschaftsstrategen erhaben lächeln. „Den Frieden schaffen" – das überlassen wir Gott. Wir wollen lieber den Frieden, den er uns schenkt, „suchen und ihm nachjagen" (1 Petr 3,11; vgl. Hebr 12,14). Dann wird auch die konkrete Welt, in der wir leben, ein Stück mehr in Ordnung kommen.

4. Predigt

Friedensdienst in unserer geschichtlichen Stunde

Über den Frieden im allgemeinen zu sprechen, über seinen Wert und seine Voraussetzungen, ist nicht schwer. Schwierig kann es werden, wenn in einer bestimmten Situation die Wege zum Frieden zu finden und zu ermöglichen sind, denn dann gilt es, bestimmte Momente dieses Lebens zu werten und gegenseitig abzuwägen. Besonders schwierig ist es aber, wenn der Friede bedroht ist und nur noch das Gleichgewicht des Schreckens den Verlust des Friedens und den Ausbruch der Feindseligkeit hindert, wenn Angst herrscht vor dem Gegner. In beinahe solch einer Situation steht aber für uns die Frage nach unserem konkreten Friedensdienst: Was ist zu tun, was müssen und können wir tun in dieser geschichtlichen Stunde, in der Großmächte sich gegenseitig bedrohen und gefährliches Spiel vorwerfen?

Es ist damit zu rechnen, daß es verschiedene Vorstellungen und Wege gibt. Da heißt es, geduldig und tolerant zu bleiben. Auch andere als die eigenen Wege für möglich zu halten und sich über andere Auffassungen als die eigenen aufzuregen könnte ein Prüfstein der eigenen Friedfertigkeit werden.

So bitte ich alle Zuhörer, die folgenden Gedanken wohlwollend aufzunehmen und nicht nur kritisch, sondern auch ruhig zu prüfen.

1. Die Kirche vertritt *nicht einen absoluten Pazifismus*, d. h., sie hält unter Umständen die Anwendung von Gewalt für erlaubt, angebracht oder sogar geboten. Die Kirche weiß, daß das Böse in der Sünde und als Folge der Sünde so hinterlistig, hartnäckig und brutal sein kann, daß Menschen derartig verführt sein können durch das Böse, daß man seine verheerende Wirkung nur einschränken oder verhindern kann, wenn Gewalt angewandt wird, die auch Menschen trifft.

Gewalt ist immer bedauerlich. Durch Menschen sollte sie nach der ursprünglichen Schöpfungsordnung nicht angewandt werden.

In der durch die Sünde geschädigten Welt ist sie aber manchmal nicht vermeidbar. Sie ist in sich nicht gut; aber um ein größeres Übel zu verhindern, ist sie erlaubt, wenn andere Mittel versagen.

So ist es zu erklären, daß es auch in der christlichen Tradition die Vorstellung und die Lehre von einem gerechten Krieg gegeben hat; und daß es grundsätzlich einen gerechten Krieg geben kann, dieser Gedanke darf auch heute nicht einfach als ein Irrweg bezeichnet werden. Zu unterscheiden davon ist die Frage, ob bei dem heutigen Rüstungspotential, vor allem der Großmächte, nicht jeder Krieg schon ungerecht würde. Ferner muß herausgestellt werden, daß der einzelne für sich auf Gewaltanwendung verzichten kann, ja sogar soll – das wäre das Ideal! –, daß es aber doch geboten sein kann, den Schwächeren und Unschuldigen bei ungerechtfertigtem Angriff zu schützen, notfalls mit Gewalt gegenüber dem Angreifer.

Das alles zu bedenken ist für uns heute von Wichtigkeit, damit wir nicht unbesonnen jeden, der den Dienst mit der Waffe nicht ablehnt, verdächtigen und nicht jedem, der die Waffe zur Hand nimmt, das Christ-Sein absprechen. Ja, es wäre eine fragwürdige Friedfertigkeit – geradezu eine Ironie oder ein Zynismus! –, wenn böses Blut entstünde und die Gefahr harter Auseinandersetzung wüchse, weil Anhänger der Friedensbewegung andere, die Waffengewalt unter Umständen für erlaubt halten, eines Abfalls von der christlichen Grundüberzeugung bezichtigten und dadurch den Frieden störten.

Man wird auch bei aller Bevorzugung der Gewaltlosigkeit ernsthaft das Argument erwähnen müssen, daß eine Bewaffnung nötig ist, damit Waffen nicht angewendet werden. Und wenn man mit gutem Grund wiederholt, daß das „Gleichgewicht des Schreckens" zwar noch nicht Frieden ist, so muß man auch die Überzeugung jener ernst nehmen, die sagen, daß der Ausbruch des Krieges heute leider nur durch das Gleichgewicht entgegengesetzter Kräfte verhindert werden kann. Allerdings kann nicht genug und nur mit Bedauern betont werden, daß ein solcher Zustand ein notwendiges und bedauerliches Übel ist – ein Übel, wenn auch notwendig!

Die Kirche vertritt nicht einen absoluten Pazifismus. Freilich muß sofort hinzugefügt werden:

2. Jesus Christus empfiehlt den *Weg der Gewaltlosigkeit.* Wir haben allen Grund, diese Empfehlung sehr ernst zu erwägen und auf ihren verpflichtenden Charakter hin zu prüfen, auch bei der Frage nach dem Waffendienst. Denn wenn beim heutigen Stand der Waffenentwicklung und der Rüstung jede kriegerische Auseinandersetzung „unterschiedslos die Zerstörung ganzer Städte und ganzer Gebiete und ihrer Einwohner bewirkt", eine solche aber nach den Worten des II. Vatikanischen Konzils „eindeutig und ohne Zögern verurteilt werden muß" (Gaudium et spes 80), wenn nach den Worten von Papst Johannes XXIII. es in unserem Zeitalter „Wahnsinn ist, den Krieg noch als das geeignete Mittel zur Wiederherstellung verletzter Rechte zu betrachten" (Pacem in terris), dann ist tatsächlich die Frage zu stellen, wie es mit der Beurteilung

des Waffendienstes heute steht. Wir plädieren sehr dafür, daß in dieser Frage der einzelne eine Gewissensentscheidung fällen muß. Er kann und darf sich die Gewissensentscheidung nicht durch staatliches Gesetz abnehmen lassen; er darf sich weder durch Versprechungen guter Berufsaussichten noch durch irgendeine Drohung beeinflussen lassen. Auch die Kirche kann hier nicht eindeutig für alles Stellung beziehen. Das mag manch einer bedauern. Aber das Leben ist heute so vielfältig kompliziert, daß es in vielen Bereichen durch allgemeine Normen allein nicht eindeutig bestimmbar ist. „Sobald ein wacher Mensch eine konkrete Entscheidung von größerer Bedeutung treffen soll, beginnt er ratlos zu werden und fühlt sich von den ihm bekannten allgemeinen Normen im Stich gelassen, auch wenn er die Nützlichkeit und Verpflichtung dieser Normen anerkennt und zu respektieren gezwungen ist.

Wie soll er sein Geld anlegen? Welchen Beruf in jungen Jahren ergreifen? Welche Partei wählen? Welche genauere Meinung soll er in Fragen der Abrüstungspolitik, der Umweltverschmutzung, des sogenannten alternativen Lebensstils haben? Wie muß eine menschlich und sittlich richtige und notwendige Familienplanung konkret aussehen?“ (Karl Rahner)

In der Frage des *Wehrdienstes* wird das Recht auf freie Gewissensentscheidung ja auch durch die staatliche Gesetzgebung in der DDR ausdrücklich anerkannt. In der „Anordnung des nationalen Verteidigungsrates der DDR über die Aufstellung von Baueinheiten ... vom 7.9.1964“ wird gesetzlich geregelt, daß die Wehrpflichtigen, die aus religiösen Anschauungen oder aus ähnlichen Gründen den Wehrdienst mit der Waffe ablehnen, einen Wehrersatzdienst ohne Waffe leisten dürfen. Jeder Priester kann darüber nähere Auskunft geben. Wenn mancher auch zu diesem *Wehrersatzdienst* aus Gewissensgründen nicht bereit ist – weil dieser Dienst, obzwar ohne Waffe, so doch in der Armee integriert ist –, dann sollten wir auch vor dieser Gewissensentscheidung Achtung haben. Als unfair empfinden wir es, daß junge Männer, die den gesetzlich vorgeschriebenen Wehrdienst von 18 Monaten leisten wollen, oft hart bedrängt werden, länger zu dienen, bzw. wenn die Möglichkeit des Hochschulstudiums an die Bereitschaft gebunden wird, Reserveoffizier zu werden. Ferner erfüllt es uns mit Trauer, daß es übelgenommen wird, wenn ein Bürger unseres Landes über mögliche Formen eines *zivilen Wehrersatzdienstes* nachdenken und sprechen will. Wir möchten uns ganz entschieden dagegen wehren, daß Überlegungen solcher Art, die aus ehrlicher Friedensgesinnung kommen, von vornherein als ungesetzlich oder verfassungsfeindlich, als vom Feinde ausgehend verunglimpft werden. Wir verbürgen uns dafür, daß junge Menschen, die nach solchen Möglichkeiten fragen, sich nicht drücken wollen vor Opfern und Schwierigkeiten, sondern ihrem Gewissen folgen und den bestmöglichen Dienst für den Frieden leisten möchten.

Wenn wir als Christen die Gewissensentscheidungen des einzelnen achten und wenn wir es hochschätzen, daß Menschen sich dem Worte Jesu folgend für den Weg der Gewaltlosigkeit entscheiden, oder wenn wir mit dem Konzil wünschen, daß in allen eine neue Friedensgesinnung geweckt wird, dann können wir nicht schweigen zum *Wehrunterricht.* Mit Erziehung zum Frieden ist Wehrunterricht und vormilitärische Ausbildung von Schülern doch wohl nicht vereinbar. Ganz abgesehen davon, daß eine solche Ausbildung sich über das Erziehungsrecht der Eltern hinwegsetzt, ist zu befürchten, daß eine solche Unterrichtung ein Freund-Feind-Denken weckt, das einer Friedensgesinnung entgegensteht. Mit schmerzlicher Betroffenheit nehmen wir wahr, daß immer jüngere Jahrgänge von Heranwachsenden mit militärischem Gedankengut vertraut gemacht werden und eine Begeisterung und Einsatzfreudigkeit für militärische und vormilitärische Übungen geweckt werden soll, die die Herzen vergiften muß. Wir wünschen, daß der Brief, den 1978 Kardinal Bengsch als Vorsitzender der Berliner Bischofskonferenz an die Regierung der DDR zur Frage des Wehrunterrichtes gerichtet hat, mehr Beachtung gefunden hätte. In Dankbarkeit nehmen wir zur Kenntnis, daß hier und da Eltern ihre Kinder vom Wehrunterricht abgemeldet haben und daß diese Entscheidung akzeptiert worden ist, sofern sie sich als eine Entscheidung aus Gewissensgründen dargestellt hat.

Vielleicht meint einer, diese Predigt habe sich auf ein Feld gewagt, auf dem eine Predigt ungewohnt ist: auf das Feld des gesellschaftlichen und politischen Lebens. Es geht uns nicht um gesellschaftspolitische Fragen oder um die Einmischung in solche Fragen, sondern um den Frieden und um unseren Beitrag zur Wahrung und Vertiefung des Friedens. Und das ist nicht nur ein gesellschaftliches oder politisches Anliegen, sondern auch ein Anliegen christlicher Lebensgestaltung. Ich denke, wir sind dem Volke Gottes auch solche Überlegungen schuldig:

- damit wir nicht in blindem und wirklichkeitsfernem Eifer alle jene aburteilen, die nicht Pazifisten sind;
- damit wir aber auch deutlich erkennen, daß es der Lebensweise Jesu entspricht, gewaltlos zu bleiben und nach Gewaltlosigkeit zu verlangen. Es kann sein, daß sich Gewaltlosigkeit nicht immer gleich auszahlt. Es kann sein, daß der Gewaltlose äußerlich überwunden wird und unterliegt. Dann sollten wir aber die Frage stellen: Wer ist der Größere? Der Henker oder der Märtyrer? Und ist nicht Christus Sieger geworden, gerade als er starb?

* Die Predigten wurden zusammen mit engen Mitarbeitern des Bischofs konzipiert und verfaßt.

Material zur Anregung

Vgl. das Dokument der Pastoralsynode der kath. Kirche in der DDR „Dienst der Kirche für Versöhnung und Frieden", bes. Kap. 3: Christen im Dienst der Versöhnung.
King, M. L., Warum wir nicht warten können, Berlin 1967.

CHRISTLICHE GEMEINDE

„Haltet in eurem Herzen Christus, den Herrn, heilig! Seid stets bereit, jedem Rede und Antwort zu stehen, der nach der Hoffnung fragt, die euch erfüllt.

1 Petr 3,15

„Christliche Entschiedenheit und Toleranz innerhalb der Gemeinde“

Hirtenbrief zur österlichen Bußzeit 1984

Liebe Brüder und Schwestern im Herrn!
Aus manchen Gesprächen mit Gemeindegliedern weiß ich um die Fragen und Probleme, die für viele von Euch mit dem Durchhalten ihrer christlichen Grundentscheidung in Familie, Beruf und Öffentlichkeit gegeben sind. Viele gehen in aller Klarheit und Eindeutigkeit ihren Weg als Christen, ohne sich davon durch tatsächliche oder angedrohte Zurücksetzungen im beruflichen oder öffentlichen Leben abbringen zu lassen. Es gibt bewundernswerte Zeugnisse von Glaubenstreue und Bekennermut in unseren Gemeinden, gerade auch in den Reihen unserer Jugend. Ihnen gilt das Wort des Herrn: „Wer sich vor den Menschen zu mir bekennt, zu dem werde auch ich mich vor meinem Vater im Himmel bekennen“ (Mt 10,32).

Wir wissen aber auch, daß sich manche aus vielerlei Gründen an entscheidenden Punkten, an denen unser Glaubensbekenntnis gefordert ist, nicht zu eindeutigen und klaren Entscheidungen durchringen. Auch sehen wir solche neben uns, die es sich anscheinend manchmal einfacher machen als wir, sei es, daß sie einem äußeren Druck schneller nachgeben, sei es, daß sie in dem geforderten „Mitmachen“ keine Verleugnung des Glaubens sehen. So kommt es manchmal zu unguten Spannungen innerhalb der Gemeinde, der Familie oder der weiteren Verwandtschaft und Bekanntschaft. Wer von uns hat sich noch nicht über das Verhalten eines anderen erregt? Und wie schnell sind wir mit Verurteilungen zur Hand! Ihr alle wißt, wie sehr das Gemeindeleben unter solchen Spannungen leiden kann.

Ich möchte Euch in diesem Hirtenbrief einige Überlegungen vortragen, die mir im Blick auf dieses Problem wichtig erscheinen.

I.

Ein erster Gedanke: *Dort ist meine klare Entscheidung herausgefordert, wo Gottes Herrschaft über mein Leben in Frage gestellt wird.*

Ausgangspunkt unserer Überlegung muß sein, daß christliches Leben ohne Entschiedenheit unmöglich ist. Der Grund dafür ist einleuchtend: Der christliche Glaube ist das volle Ja des Menschen zu Gott, der uns zuvor in Jesus Christus seine Liebe und sein Erbarmen geschenkt hat. Wie einer zu seinem Ehepartner nicht ein Ja mit Vorbehalt sagen kann – dann ist es eben kein Ja –, so auch nicht der Christ, wenn er als Jünger Jesu beten will: „Vater unser im Himmel, dein Name sei auch in meinem Leben geheiligt." Damit haben wir einen Maßstab gewonnen, der uns in manchen Anfragen des Alltags eine Richtschnur sein kann. Er lautet: Wo Gottes Anspruch über mein Leben eingeschränkt oder verdunkelt werden soll, bin ich unausweichlich vor die Forderung gestellt, meinen Glauben klar und eindeutig zu bekennen. Das ist etwa dort der Fall, wo ich zum Kirchenaustritt aufgefordert werde oder zum Eintritt in eine atheistische Partei.

Aber auch in anderen Bereichen des Lebens kommen wir nicht um klare Entscheidungen herum, auch wenn diese nicht immer von der Mehrheit mitgetragen werden. Wie rede und denke ich über den ehelichen Treuebruch? Wie ist meine Einstellung zur Abtreibung unerwünschten Lebens? Wie verhalte ich mich, wenn ich mich auf Kosten der Allgemeinheit persönlich bereichern könnte? Wie bewerte ich die Lüge, mit der ein Arbeitskollege geschädigt oder einem Bekannten aus Rache oder Mißgunst etwas Übles angehängt wird? Wäre es für mich selbstverständlich, einen unbequemen oder lästigen Menschen „fertigzumachen" oder gar jahrelang an unversöhnlichem Haß festzuhalten? Was sage ich zu der Lässigkeit, mit der einer aus Bequemlichkeit oder Scheu seine Pflichten als Christ versäumt, etwa die Sonntagsmesse, die längst fällige Beichte oder wenn es ihm egal ist, daß seine Eltern oder Großeltern im Krankenhaus ohne Sakramente sterben? Wie leicht ist es, sich damit zu entschuldigen: „Ich verhalte mich ja nur so wie die anderen." Genau hier, wenn es um Gottes Gebot und die klare Weisung der Kirche geht, muß uns deutlich sein: Wir können unser Christsein auf Dauer nur durchhalten, wenn wir uns in zentralen Punkten unseres Lebens anders verhalten als unsere Umwelt.

Die Trennung von Gott fängt nicht von heute auf morgen an, sondern sie hat ihre Vorstufen und Vorentscheidungen. Ich nenne als eine solche negative Vorentscheidung die Einstellung, alle Unbequemlichkeiten und Härten, die eine christliche Lebenspraxis notwendig mit sich bringt, als unzumutbar zurückzuweisen. Manche Christen meinen: Das Christentum darf nicht wehe tun. Die Kirche darf mir nicht zumuten, in meiner nichtchristlichen Umwelt aufzufallen. Die Kirche darf mich nicht wegen der Jugendweihe in Konflikt mit der Schule und dem Betrieb bringen. Der christliche Glaube darf mir nicht meine Berufsaussichten verbauen usw.

Liebe Brüder und Schwestern!
In der Tat weiß ich, daß es manchmal schon heroisch ist, sich überhaupt noch als Christ in bestimmten beruflichen Positionen zu bekennen. Doch ist der Weg der Christusnachfolge zu allen Zeiten und in allen Gesellschaftssystemen nicht einfach. Aber es ist der Weg der christlichen Freiheit, zu dem wir von Christus her ermächtigt und aufgerufen sind. Von größter Bedeutung sind auf diesem Weg frühzeitige klare Entscheidungen. Die Erfahrung lehrt, daß sie den späteren Lebensweg als Christ erleichtern. Wer lange zaudert und mit halben Entscheidungen hantiert, läuft Gefahr, daß er über kurz oder lang auch in wesentlichen Punkten nachgeben wird. Das macht meist das spätere Nein, um das wir ohnehin nicht herumkommen, nur schwerer. Im übrigen wird im Beruf oder Lebensalltag eine redliche und offene Entscheidung, die sich klar religiös begründet, häufig auch von der nichtgläubigen Umwelt anerkannt und respektiert, vielleicht sogar insgeheim erwartet – ganz abgesehen davon, daß sie uns eine tiefe Übereinstimmung mit uns selbst und einen unbezahlbaren Frieden des Gewissens schenkt. Im Grunde beneiden uns viele Menschen um diese Kraft einer ganzheitlichen Grundentscheidung, die Denken, Reden und Handeln in Übereinstimmung zu bringen sucht. Wir wissen zwar, daß wir darin auch immer wieder versagen – aber es ist ein Unterschied, ob wir diese Ganzheitlichkeit zumindest anstreben oder uns von vornherein damit abfinden, „gespaltene" Menschen zu bleiben.

II.

Bisher haben wir von solchen Situationen gesprochen, in denen unser Glaube und unverzichtbare Werte auf dem Spiel stehen. Wir sahen: Da geht es nicht ohne eindeutige Entscheidungen. Nun gibt es freilich Situationen, in denen nicht auf den ersten Blick erkennbar ist, in welcher Weise wir verantwortlich handeln sollen. Dennoch sind wir häufig gezwungen zu handeln, denn wir können uns der Wirklichkeit, die uns umgibt, nicht einfach entziehen. Ich denke da z. B. an Eltern mit schulpflichtigen Kindern, an jene, die eine Leitungsfunktion in einem volkseigenen Betrieb haben, an Mitglieder einer sozialistischen Brigade, an Studenten und Lehrer, überhaupt an unsere Situation als Christen in einer vom Atheismus geprägten Gesellschaft. Dazu möchte ich Euch eine zweite Überlegung vortragen.

Ihr alle wißt aus eigener Erfahrung, daß manche Entscheidungen, die der Alltag in Familie, Beruf und Öffentlichkeit von uns fordert, nicht eindeutig durch Gottes Gebot oder die Weisungen der Kirche geregelt werden. Diese Entscheidungen können also nur aufgrund eines Gewissensspruches des einzelnen fallen. Dabei ist klar, daß es zu unterschiedlichen Handlungsweisen unter Christen kommen kann. Das zu ertragen, erfordert von einer christlichen Gemeinde eine beachtliche innere Reife und gegenseitige Toleranz. Ihr wißt, wie schnell einer am anderen Ärgernis nehmen kann. Ich meine damit nicht nur, daß manche Gewissen beängstigend weit sind und durchaus noch „Kamele" verschlucken können, andere aber schon „Mücken" aussieben (vgl. Mt 23,24). Ich meine vielmehr den Fall, bei dem in der Tat unterschiedliche Ansichten bzw. Entscheidungen verantwortlich möglich sind. In diesen schwierigen Fällen sollte als Grundsatz für uns gelten: Entschiedenheit, wenn es um Gottes Gebot und die klare Weisung der Kirche geht, doch gegenseitige Toleranz, wenn verantwortlich unterschiedliche Gewissensurteile denkbar sind.

Aber wie ist jeweils zu erkennen, ob eine Handlungsweise verantwortet werden kann? Hier kann ich Euch keine Patentrezepte anbieten. Meist sagt uns jedoch unser Herz deutlich, wo die eigentliche Unklarheit oder die Möglichkeit eines Zugeständnisses aufhört und die Gefahr zur Sünde anfängt. Voraussetzung für diese Unterscheidungsgabe ist freilich, daß wir ein Herz haben, das den Umgang mit Gott und seinem Heiligen Geist gewohnt ist.

Zunächst möchte ich Euch empfehlen, sich in diesen Zweifelsfällen nicht unbedingt nach der Mehrheit zu richten. Entscheidend ist das eigene Gewissensurteil. Das Gewissen des Christen muß sich jedoch immer wieder bilden. Das geschieht nicht im Selbstlauf. Lest miteinander die Heilige Schrift, besonders die Worte Jesu! Lebt mit der Kirche und ihrer Liturgie! Betet um die Gabe der Unterscheidung der Geister und um die Klarheit des Gewissens! Prüft und bedenkt das Beispiel heiligmäßiger Männer und Frauen aus Geschichte und Gegenwart! Sie waren oft in ähnlichen Schwierigkeiten wie wir. Im übrigen bringt Euch mutig und selbstbewußt ein, wenn im Betrieb oder in der LPG, in der Schule oder in der Hausgemeinschaft Eure menschlichen und christlichen Qualitäten gefragt sind! Wir brauchen uns als Christen nicht zu verstekken. Aber entwickelt auch ein Gespür für Situationen, in denen Euer Einsatz als Christen für fremde Zwecke mißbraucht werden soll! In allem bedenkt, ob Ihr durch Euer Tun dem Bruder Ärgernis gebt. Es geht nicht nur um *dein* Gewissen, sondern auch um das der anderen.

Die Priester bitte ich, in Geduld mit den Gläubigen die Fragen und Probleme zu besprechen, die mit dem Christsein hier und heute verbunden sind. Laßt Eure Gemeindeglieder spüren, daß Ihr deren Not kennt, daß Ihr sie mittragt und mit ihnen zusammen auch den besten Weg suchen wollt! Als Priester könnt Ihr den Gläubigen etwas Entscheidendes in diesen Gesprächen vermitteln. Ihr könnt ihnen zeigen, wie man aus der Kraft des Glaubens heraus die Angst überwindet und zur Freiheit der Gotteskindschaft gelangt.

Und Euch alle lade ich ein, Euch gegenseitig in der Kraft Eures eigenen Glaubens zu helfen, die richtigen Entscheidungen im Alltag des Berufes, der Kindererziehung, des Ehe- und Familienlebens und der sonstigen gesellschaftlichen Verpflichtungen zu treffen. Jeder von Euch hat den Heiligen Geist empfangen. Und der gibt bekanntlich in der entscheidenden Stunde ein, „wie und was ihr reden sollt“ (Mt 10,19), wie die Schrift sagt. Darauf dürfen wir uns auch heute verlassen.

III.

Laßt mich abschließend noch ein Wort zu denen sagen, die vielleicht nicht die Kraft haben oder hatten, bestimmte Entscheidungen in ihrem Leben als Christen durchzustehen. Ich denke da auch besonders an jene, die durch das Scheitern der ersten Ehe nun als Wiederverheiratete vom Empfang der heiligen Sakramente ausgeschlossen sind. Doch wende ich mich auch an alle, die an anderen Geboten gescheitert sind. Ich weiß, daß viele von Euch sich nach bestem Wissen und Gewissen um einen guten Lebensweg für sich und ihre Familien vor Gott mühen. Darin möchte ich Euch ermutigen. Ich möchte Euch sagen, daß Ihr trotz allem, was es in Eurem Leben an Dunkelheit und Schuld gegeben haben mag, auch weiterhin zur Kirche gehört. Wir alle leben vom Erbarmen Gottes, auch der Bischof, auch die Kirche selbst mit ihren Schwachheiten und Fehlern. Keiner kann den Bruder verurteilen, weil er schwach ist – und so verurteilt auch die Kirche niemanden, selbst wenn sie in ihrer Sorge um Gottes Ordnung in der Gemeinde bestimmte Auflagen machen muß. Ihr alle bleibt eingeladen, das eigene Leben jetzt und in Zukunft nach der Weisung des Evangeliums auszurichten. Das ist mit Sicherheit nicht immer der bequemste Weg. Freilich, wenn Ihr den gehen wolltet, würdet Ihr Euch diesen Hirtenbrief nicht anhören. Vielleicht kann Euch das zum Trost sein, was Paulus den kritiksüchtigen römischen Christen zuruft: „Wie kannst du deinen Bruder richten? Wie kannst du ihn verachten? Ihr werdet doch alle vor dem Richterstuhl Gottes stehen“ (Röm 14,10). Auf diesen Urteilsspruch Gottes allein kommt es an, und vor ihm relativieren sich alle anderen Urteile.

Die ganze Gemeinde aber ermahne ich mit den Worten des Apostels, die heute ebenso aktuell sind wie vor 2000 Jahren: „Ermutigt die Ängstlichen, nehmt euch der Schwachen an, seid geduldig mit allen!“ (1 Thess 5,14).

Am Ende dieser Fastenzeit werden wir wieder Ostern feiern dürfen, das Fest unserer Erlösung. Das Heilige Jahr, zu dem uns der Papst aufgerufen hat, findet darin sinnvoll seinen Abschluß und Höhepunkt. Ich wünschte mir, daß wenigstens diese Einsicht bei uns das Heilige Jahr überdauert: Nur eine untereinander versöhnte Gemeinde bezeugt glaubhaft Gottes barmherzige Liebe. Um dieses Zeugnisses willen bitte ich Euch: *Seid entschieden für Gott – und habt Geduld miteinander!* Der christliche Glaube erweist darin seine Echtheit, daß er beides miteinander vereinen kann.

Mir ist ein altes englisches Pilgergebet sehr lieb geworden. Ich möchte es Euch empfehlen: „Gott, schenke mir Gelassenheit, das hinzunehmen, was ich nicht ändern kann. Gott, schenke mir Mut, das zu ändern, was ich ändern kann. Gott, schenke mir Weisheit, das eine vom anderen zu unterscheiden.“

Ich lade Euch ein, in den Gruppen und Kreisen Eurer Gemeinden über diesen Hirtenbrief zu sprechen.

Euch und Eure ganze Gemeinde segne der allmächtige Gott, der Vater und der Sohn und der Heilige Geist. Amen.

„Ihr alle seid Geistliche"

Tonband-Referat an die Mitglieder der Dekanatsräte

Liebe Mitglieder des Dekanatsrates!
Es mag eine etwas ungewöhnliche Art sein, in der ich mich heute an Sie wende. Mein Anliegen ist freilich auch von besonderer Art. Ich möchte Sie einladen, über ein Thema nachzudenken, das für das Leben unserer Kirche in der DDR von großer Wichtigkeit sein wird. Damit meine ich die Frage, ob es uns gelingen wird, mehr noch als bisher die ganze Gemeinde für die Aufgabe zu gewinnen, den christlichen Glauben an die nachfolgende Generation weiterzugeben. Es wäre mein Wunsch, mit Ihnen – sowohl den Priestern als auch den Laienmitgliedern des Dekanatsrates – in dieser Frage zu einem Gedankenaustausch zu kommen. Diesem Anliegen soll auch ein Pastoraltag am 7. Oktober 1985 in Erfurt dienen, zu dem ich neben den Dechanten und Pastoralreferenten auch zwei Laienvertreter Ihres Dekanatsrates einladen möchte.

Lassen Sie mich mein Anliegen etwas verdeutlichen. Würden Sie mir zustimmen können, wenn ich das Grundgefühl vieler katholischer Christen in unseren Gemeinden in etwa so umschreibe: „Ich bin ja ganz froh, katholischer Christ zu sein. Ich will und werde es auch – mit Gottes Hilfe – bleiben. Aber – ob meine Kinder richtige Christen werden oder ob ich gar einen Arbeitskollegen oder Bekannten bewegen könnte, Christ zu werden – das bezweifle ich. Für mich übernehme ich ja eine gewisse Garantie, aber daß ich in der Lage sein könnte, bei anderen den Funken des Gottesglaubens zu entzünden, da habe ich doch meine starken Bedenken. Ich habe ja meine Mühe mit mir selbst. Wie soll ich da noch auf andere Einfluß nehmen können?"

So oder ähnlich werden viele in unseren Gemeinden sprechen. Verstärkend kommt die Erfahrung einer Umwelt hinzu, in der Gott anscheinend keinen Platz mehr hat. Im Bildungswesen und in der Freizeit, in der Berufsarbeit und in der Öffentlichkeit wird so getan, als ob Gott nicht existiert. Wir Christen werden als die „letzten Mohikaner" angesprochen, auf die man zwar noch eine gewisse Rücksicht zu nehmen hat, die aber doch letztlich zum Aussterben bestimmt sind. In der Tat: werden unsere Gemeinden nicht kleiner? Erleben wir nicht, wie unsere Kinder und Jugendlichen dem Gottesglauben entfremdet werden und den Kontakt zur Gemeinde aufgeben? Das alles könnte zu einer Haltung verleiten, die sagt: „Da kann man halt nichts machen. Der Zeitgeist und die Umstände sind eben doch stärker!"

Ich verharmlose den Einfluß des materialistischen Zeitgeistes nicht. Doch möchte ich einmal eine Gegenthese aufstellen: Stimmt es wirklich, daß es in unseren Gemeinden echten Glaubensabfall so häufig gibt? Ist es nicht vielmehr so, daß jene, die nach einer gewissen Zeit das religiöse Leben aufgeben, vorher Gott überhaupt nicht richtig kennengelernt hatten? So geben sie etwas auf, was sie gar nicht richtig besessen haben. Sie waren eben getauft und gefirmt worden, aus welchen Gründen auch immer, aber sie waren überhaupt nicht gläubig geworden. Im Vergleich gesprochen: Viele sogenannte Gleichgültige oder Abständige kommen mir vor wie unmusikaliche Menschen, die sich gegenseitig versichern, daß das Anhören von Mozart-Symphonien unnötige Zeitverschwendung sei. Sie merken gar nicht, wie arm sie sind, weil sie vorher Gott nicht geschmeckt und verkostet hatten. Wer selbst nicht schwimmen kann, dem kann in der Tat ein einladender See zur Sommerszeit völlig gleichgültig sein. Wer aber weiß, wie köstlich ein erquikkendes Bad in einem sauberen See ist, der wird nur die armen Nichtschwimmer bedauern können.

Damit aber komme ich genau zu dem Punkt, an dem weithin unser Leben in den Gemeinden zu kranken scheint. Ich möchte es so sagen: Unser Glaubensleben leidet an Minderwertigkeitsgefühlen. Wir verstecken unseren Glauben, weil wir nicht davon überzeugt sind, daß er im Grunde ein Reichtum ist. Wir scheuen uns, unseren persönlichen Glauben an Gott erkennbar werden zu lassen, weil wir meinen, wir erregen damit in der Umwelt nur Anstoß. Ja selbst vor dem Ehepartner und den eigenen Kindern haben wir eine merkwürdige Scheu, ein Gebet zu sprechen oder auf Gottes Gegenwart hinzuweisen. Wir überlassen es dem Pfarrer, über religiöse Dinge zu sprechen oder von Erfahrungen mit Gott zu berichten. Warum ist das eigentlich so? Im normalen Leben gilt doch eigentlich eine andere Regel: Wo das Herz voll ist, geht der Mund über. Warum scheut sich z.B. ein Musikliebhaber nicht, für Mozart, auch vor musikalischen Ignoranten, eine Lanze zu brechen oder ein Bade-Begeisterter auch vor Nichtschwimmern die Vorzüge eines Ostseeurlaubs zu rühmen?

Doch genug der Bilder. Sie spüren wohl, worum es mir geht. Unsere Kirche hat hierzulande keine Zukunft, wenn nur die Pfarrer von Gott sprechen. Das Glaubenszeugnis der amtlich bestellten Glaubensverkündiger reicht nicht aus. Glaubensweitergabe ist eine Sache *aller* Gemeindeglieder, der Eltern und Großeltern, der Männer und Frauen, selbst auch der Jugendlichen und Kinder. Wir alle sind Geistliche in dem Sinn, daß wir vom Heiligen Geist her die Befähigung haben, die Reichtümer unseres Glaubens im Leben zum Leuchten zu bringen. Und ich weiß auch, daß dies auf vielfältige Weise in den Gemeinden geschieht. Da ist Euer Engagement etwa bei der Renovierung von Kirchen oder beim Bau von Gemeinderäumen zu nennen. Da wäre hinzuweisen auf Eure Mitarbeit im Gemeindeleben, Eure Beteiligung beim Gottesdienst, bei Wallfahrten und Gemeindefesten. Da ist das indirekte Glaubenszeugnis Eurer Treue in Ehe und Berufsalltag, Eure Geduld in Krankheit und Leiden, Eure Bereitschaft, Euch das Bekenntnis zur Kirche etwas kosten zu lassen usw. Das alles übersehe ich nicht. Das alles ist schon vom Heiligen Geist gewirktes Glaubenszeugnis, das in unsere Umwelt hineinwirkt. Auch sehe ich in vielen Gemeinden mit Freude, wie es gelingt, die nachwachsende Generation in der Kirche zu beheimaten. Der Einsatz unserer Seelsorger und die treue kirchliche Praxis der Väter und Mütter, die selbst in der kirchlichen Jugendarbeit engagiert waren, zahlt sich schon aus.

Dennoch bleibt meine Sorge: Ist unser Gottesglaube selbstbewußt genug, daß er sich überzeugend und einladend nach außen hin kundtun kann? Geben wir unseren Kindern und Jugendlichen, unseren Ehepartnern und Freunden, den Menschen, mit denen wir täglich zu tun haben, Gelegenheit, uns ins Herz schauen zu lassen – oder zeigen wir ihnen immer nur unsere glatte kirchliche Außenseite? Vor allem junge Menschen reagieren da besonders sensibel. Unsere Jugend will keine Außenfassaden sehen. Sie will unseren ganz persönlichen Gottesglauben sehen, auch in seinen Zweifeln, Ängsten und Schwächen, aber auch mit seiner Bereitschaft zum Wagnis und mit seiner Zuversicht. Ich sehe dankbar, wie vereinzelt in den Gemeinden schon Laienchristen den Mut aufbringen, vor der nachwachsenden Generation und vor einander ihr ganz persönliches Glaubenszeugnis einzubringen, sei es bei der Vorbereitung der Firmung oder der Erstkommunion oder im gemeinsamen Glaubensseminar mit Jugendlichen oder auch im Glaubensgespräch mit Brautpaaren oder jungen Eltern, die ihr erstes Kind zur

Taufe anmelden. Das stimmt mich hoffnungsvoll, denn hier zeigt sich etwas qualitativ Neues, was wir bisher in unserer DDR-Kirche so nicht kannten: Es wird spürbar, daß nicht nur der Priester Glaubensverkündiger ist, sondern daß wir alle es sind. Es wird das Werk der Glaubensweitergabe und Glaubensbezeugung auf mehr Schultern verteilt als bisher. Männer und Frauen in den Gemeinden werden sich bewußt, daß auch sie in der Lage sind, anderen die Wirklichkeit Gottes aufzuschließen. Der Priester hat seine spezifischen Aufgaben – aber er ist nicht der einzige Spezialist für Gotteserfahrung in seiner Gemeinde!

Natürlich weiß ich, daß manche Faktoren die Bereitschaft zum Glaubenszeugnis hemmen. Neben unserer eigenen Schwäche und Phantasielosigkeit ist es vielfach die Angst, als besonders fromm oder gar bigott verschrien zu werden. Besonders im katholischen Eichsfeld und in der Rhön ist diese falsche Scheu sehr verbreitet. Sie verhindert, daß sich einer mehr kirchlich engagiert als der Nachbar. „Ich will ja nicht auffallen!" – so heißt es. Ich meine freilich, daß die Zeiten zu ernst sind, als daß wir uns diese Scheu noch leisten können. Entweder werden wir alle – Priester wie Laienchristen – zu Glaubensverkündigern, oder die Kirche in der DDR wird zu einem Museum, das nur noch für Kunsthistoriker interessant ist. Ich sehe für die Verkündigung des Evangeliums in unserem Land gute Chancen. Ist es nicht so, daß gerade im Grunde die massive atheistische Indoktrination unserer Jugend den Hunger nach Gott wachsen läßt? Suchen nicht unsere Kinder und Jugendlichen im tiefsten Grunde ihres Herzens nach Menschen, die ihnen glaubhaft die Wirklichkeit der Liebe Gottes aufschließen? Begünstigt nicht im Grunde unsere konkrete Umwelt das Zeugnis des Glaubens? Ist nicht gerade für junge Menschen ein Leben mit Gott schon deswegen interessant, weil es sich nicht dem Zeittrend anpaßt? Verlangen nicht unsere Jugendlichen trotz aller Schnoddrigkeit und gelegentlichen Frechheit nach wirklichen Autoritäten, die nicht mit Parolen und Sprüchen kommen, sondern mit dem Brot der Wahrheit, das genießbar ist und dem Hunger des Menschenherzens wirklich abhelfen kann?

Ich meine, wir dürften allmählich in unserer Kirche von einer Trendwende sprechen. Ich erfahre das, wenn ich mit einzelnen engagierten Laienchristen in den Gemeinden ins Gespräch komme. Bei ihnen wird spürbar: Wir dürfen unsere Priester nicht mit der Aufgabe allein lassen, den Glauben in den Herzen unserer Kinder und Jugendlichen zu wecken. Wir wollen endlich Ernst damit machen, zu zeigen, daß der Geist Gottes nicht nur den Priestern verliehen wurde. Auch wir sind „geistbegabte" Christen. Es waren nicht die schlechtesten Zeiten der Kirchengeschichte, in denen Laienchristen in die Kirche hinein Kräfte der Erneuerung und des missionarischen Elans einbrachten. Sicher, wir brauchen Priester. Sie sollen uns klar und zutreffend den Glauben erklären, vor allen Dingen sollen sie mit uns Eucharistie feiern und die sakramentalen Zeichen der Nähe Gottes vermitteln. Aber zum einen können die Priester nicht allen Menschen, die es nötig hätten, ihren persönlichen Gottesglauben vermitteln, und zum anderen gilt – und das ist noch wichtiger – auch wir Laienchristen sind „Geistliche"!

Dieses neue Selbstbewußtsein von Laienchristen meine ich, wenn ich von einer Trendwende in unserer Kirche spreche. Oder ist das in Ihrer Gemeinde etwa noch nicht spürbar?

Ich möchte Sie nun zu einem Gespräch über meine Gedanken einladen. Am 7. Oktober 1985 will ich mit Vertretern Ihres Dekanatsrates über die hier angeschnittenen Fragen sprechen. Der Tag soll unter dem Leitwort stehen: *„Ihr alle seid Geistliche!" Formen und Möglichkeiten der Glaubensweitergabe durch Priester und Laienchristen.*

Dieser Tag soll einmal eine Art Bestandsaufnahme bieten, was da alles in unseren Gemeinden schon an neuen Formen der Glaubensvermittlung praktiziert wird. Aber er sollte auch unsere Phantasie anregen, die vielen Charismen und geistlichen Begabungen unserer Gläubigen für das große Werk der Glaubensweitergabe noch stärker wirksam werden zu lassen. Ich sehe zumindest mehr Möglichkeiten und Chancen, als wir im Augenblick nutzen.

Ich bin sehr interessiert daran, zu erfahren, ob Sie meine Ansicht teilen können. In Erwartung Ihrer Überlegungen grüße und segne ich Sie von Herzen.

Ihr Bischof
Joachim Wanke

Erfurt, im April 1985

„Seid Platzhalter Gottes“ – einer Gemeinde ins Stammbuch geschrieben

150 Jahre St.-Elisabeth-Gemeinde Arnstadt

Liebe Brüder und Schwestern der Pfarrgemeinde St. Elisabeth! Euer Pfarrer hat mich eingeladen, in dieser Festschrift über die Aufgaben einer Pfarrgemeinde angesichts der Herausforderungen von Gegenwart und Zukunft zu schreiben. Ich möchte meine Überlegungen mit einem Satz einleiten, den der Apostel Paulus vor rund 2000 Jahren einer jungen christlichen Gemeinde geschrieben hat: „Ihr sollt ein Leben führen, das des Herrn würdig ist und in allem sein Gefallen findet“ (Kol 1,10).

Wenn es einen Schwerpunkt für eine christliche Gemeinde gibt, gleichsam eine „Hauptaufgabe“, dann wäre es diese: ganz und ungeteilt „dem Herrn zu gefallen“. Eine Pfarrgemeinde ist ja mehr als eine Zweckorganisation oder ein Verein gleichgesinnter Menschen. Sie ist Teil am „Leib des Herrn“; sie ist eine Schar aus dem „wandernden Gottesvolk“, durch Christi Blut gereinigt und geheiligt, bestimmt zur Herrlichkeit der Kinder Gottes. Die wichtigste Aufgabe einer Pfarrgemeinde kann es nur sein, dieser hohen Berufung durch ein Leben zu entsprechen, „das des Herrn würdig ist“. Wie soll ein solches Leben, das „dem Herrn gefällt“, hier und jetzt aussehen?

Eine Gemeinde muß in ihrer Umwelt Zeugnis vom lebendigen Gott geben, vom „Vater unseres Herrn Jesus Christus“. Wenn Ihr Euch am Sonntag, dem „Tag des Herrn“, zum Gottesdienst versammelt, wenn Ihr Eure Kinder taufen laßt und Eure Ehen „im Herrn“ schließt und führt, wenn Ihr im Sterben den Heimgang zum Vater seht, wenn Ihr miteinander betet und Euch im Alltagsleben auf Gottes Gegenwart besinnt – dann seid Ihr „Platzhalter Gottes“ inmitten von Menschen, die Gott nicht mehr in den Blick bekommen. Das Herz des Menschen wird auch in Zukunft immer unruhig bleiben und nach Gott fragen und suchen – direkt oder auf verschlungenen Seitenwegen. Wir erleben heute schon ein neues Fragen nach Gott oder, vorsichtiger formuliert: nach dem, was „bleibt“. Wichtig wird sein, daß diese fragenden und suchenden Menschen dann nicht nur Euer Kirchengebäude sehen, sondern gläubige Männer und Frauen, die Gott und den Umgang mit ihm anschaulich werden lassen.

Eine weitere Aufgabe wird sein, dem nivellierenden Druck der Umwelt in den Fragen standzuhalten, die die Lebensauffassung und Lebensführung betreffen. Christen, die in ihrer Umwelt nicht auffallen, müssen sich fragen, ob sie noch richtige Christen sind. In vielen Fällen wird uns die Umwelt als „Fremdlinge" ansehen, z. B. bei der Bewertung des ungeborenen Lebens, der ehelichen Treue, der Wahrhaftigkeit in Wort und Tat, der Einschätzung von Alter und Sterben, der Fähigkeit der „Karriere nach unten" um des Herrn willen und bei vielem anderen mehr. Es ist eben ein Unterschied, ob wir „uns selber" oder „dem Herrn" leben, wie Paulus sagt (vgl. Röm 14,7). Wer weiß, daß ihm das eigene Leben nicht gehört, wird sich anders verhalten als einer, der das Leben mit einem Konsumartikel verwechselt. Unsere Zeit braucht (wieder) Christen, die auf dem Feld der sittlichen Lebensführung klar Flagge zeigen, und zwar in aller Bescheidenheit (wir wissen um die eigene Armseligkeit) und Demut vor Gott (nur seine Gnade vermag uns heilig zu machen). Dennoch gilt: Die Lebensführung eines Christen, einer christlichen Familie und einer katholischen Gruppe muß „unterscheidbar" sein. Wenn bei uns hinter der religiösen Etikettierung nur ein Allerweltsverhalten zu entdecken ist, wird das Salz schal, und das Licht gerät unter den Leuchter (vgl. Mt 5,13ff). Auch für die kommenden Zeiten gilt das Wort des Apostels: „Das ist es, was Gott will: eure Heiligung" (1 Thess 4,3).

Schließlich sehe ich eine wichtige Aufgabe für Euch darin, Euer Gemeindeleben zum Prüfstein Eures Glaubens und Eurer Liebe werden zu lassen. Ihr wißt: Christsein geht nicht allein! Doch ist es nicht nur die Diasporasituation, die uns zum Zusammenrücken nötigt. Unser Glaube braucht die Erfahrung, daß Christi Wort und Gegenwart schon jetzt unser Leben verwandelt. Nicht umsonst soll Euch Euer Pfarrer als „Brüder und Schwestern im Herrn" anreden. Brüderlichkeit und Schwesterlichkeit sollen den Innenraum Eures Gemeindelebens bestimmen, Euer Verhalten zueinander, in den Gruppen, beim Gottesdienst, in der Sorge für die Kinder, die Alten und Sterbenden. Niemand soll in Eurer Mitte allein bleiben. Helft einander, Lebenslasten zu tragen! Sucht bei Konflikten und Spannungen den Weg, der zur Versöhnung führt! Vergeßt über alle Prinzipien hinaus nicht die Menschlichkeit! Ich bin oft erschüttert darüber, wie sich im Innenraum unserer Kirche bei Menschen, die häufig oder gar „dienstlich" dem Evangelium Christi begegnen, in Konfliktsituationen ein heidnischer Kern offenbart, den das Taufwasser offensichtlich noch nicht erreicht hat. Für uns selbst wie für Außenstehende wird der brüderliche Umgang miteinander innerhalb der Gemeinde so etwas wie die „Nagelprobe" unseres Glaubens sein. Christus hat ja der kleinsten Tat der Liebe die Verheißung ewigen Lohnes gegeben (vgl. Mt 10,42) – also sind solche Taten durch nichts zu ersetzen. Wir müßten ja nicht gleich mit der „Fußwaschung" anfangen, es reicht schon, wenn wir einander manchmal „einen Becher Wasser" reichen. Und zu unserem Trost sei gesagt: Was immer die Zukunft für Eure Gemeinde und für uns alle bringen wird – solche Taten werden in Ewigkeit nicht vergessen; denn sie sind „beim Herrn" aufgehoben.

Meine guten Wünsche gehen an Eurem Festtag zu Euch allen in der St.-Elisabeth-Gemeinde Arnstadt. Werdet immer mehr das, was Ihr seid: Gemeinde des Herrn! Gottes Segen geleite Euch in Gegenwart und Zukunft!

In der Liebe Christi mit Euch verbunden grüßt Euch

Euer Bischof
Joachim Wanke

„Unverkennbar seid ihr ein Brief Christi!" (2 Kor 3,3)

Paulinische Reflexionen über das Thema: Kirche in der Diaspora

Erfahrene Seelsorger sagen: In der Diaspora „verdunste" der Glaube in drei Generationen. Der ständige Zufluß von außen, von katholischen Gebieten her, sei für die Präsenz der Kirche unter Diasporabedingungen entscheidend. Was sollen wir katholischen Christen in der DDR zu solchen Erfahrungen sagen? Wir haben nur relativ kleine katholische Gebiete im Eichsfeld, in der Rhön und im Sorbenland. Der „Nachschub" von Katholiken aus dem katholischen Süden und Westen ist abgeschnitten. Die katholischen „Ausstrahlungen" vom Osten her sind – bedingt durch Sprachbarrieren und fremde Mentalität – gering. Sind wir also am „Austrocknen"?

Es gehört zum Geheimnis der Kirche, daß soziologische Gesetzmäßigkeiten wie jene von der absorbierenden Kraft eines überstarken gesellschaftlichen Umfeldes auch durchbrochen werden können. Das geschah nicht nur am Anfang der Kirche. Das geschieht auch heute. Es geschieht immer dort, wo es gelingt, das Evangelium Jesu Christi in seiner Fremdartigkeit, aber auch in seiner erhellenden Sinnhaftigkeit den Menschen nahezubringen. Perioden einer religiösen Verkrustung können so mit überraschenden Aufbrüchen abwechseln, die dem Glauben neues Terrain gewinnen, vielleicht gerade dort, wo es am wenigsten erwartet wird. Wir dürfen dem Geist Gottes vertrauen, daß er der Verkündigung immer neu eine „Tür öffnet" (vgl. 1 Kor 16,9; 2 Kor 2,12) – nicht nur damals dem Apostel Paulus in Ephesus und Troas. Es ist ein Kennzeichen der Kirche, daß sie auch dort hofft, wo alles gegen die Hoffnung spricht, eben weil ihre Hoffnung nicht auf menschlichem Vermögen allein aufbaut. Ohne diese Hoffnung wäre nie ein Christusbote in missionarisches Neuland vorgestoßen. Paulus wollte nur dort das Evangelium verkündigen, wo der Name Christi nicht bekannt war (vgl. Röm 15,20). Sind wir in unserem Land nicht (schon wieder) an diesem Punkt angekommen?

Die folgenden Gedanken kreisen um die Frage nach der Zukunftsgestalt einer Kirche in der Diaspora. In vielfacher Weise weiß ich mich bei diesen Überlegungen meinem Vorgänger im bischöflichen Amt, Hugo Aufderbeck (gest. 1981), verpflichtet, der als „urkatholischer" Sauerländer ein geisterfüllter Hirte und Lehrer unserer kleinen Erfurter Diasporakirche gewesen ist.[1]

I.

Das Zweite Vatikanische Konzil hat uns neu auf die unterschiedlichen Bilder aufmerksam gemacht, unter denen jeweils im Neuen Testament besondere Aspekte der Wirklichkeit Kirche vorgestellt werden: Leib Christi, Volk Gottes, Schafstall, Pflanzung oder Acker Gottes, Bauwerk, Tempel, Familie, Braut Christi, „unsere Mutter" u. a. m.[2] Wir wissen, daß diese Bilder komplementär auszulegen sind. Dennoch bieten sie immer einen Zugang zum Ganzen der gemeinten Sache, wenn sie diese auch nicht in dem einen Zugriff allein ausschöpfen können.

So ähnlich verhält es sich auch mit dem von Paulus in 2 Kor 3,1–3 gebrauchten Bild von der Gemeinde als „Brief Christi". Dieses Bild ist offensichtlich durch den polemischen Kontext nahegelegt. Der Apostel will sich gegen den Vorwurf seiner Gegner verteidigen, der bringe sich selbst in seiner Person zu stark in der Gemeinde ins Spiel. Das Stichwort lautete wohl: „Selbstempfehlung" (vgl. 2 Kor 3,1, auch 4,2; 5,12; 10,12). Normalerweise war es üblich, sich durch Empfehlungsbriefe in fremden Gemeinden auszuweisen und solche für andere Gemeinden zu erbitten. Diesen Brauch übernahmen die Christen aus ihrer Umwelt. Paulus scheut sich nicht, Empfehlungsschreiben abzufassen (vgl. Röm 16,1f, auch den Philemonbrief insgesamt). Nur für seine eigene Person lehnt Paulus es ab, sich mit Empfehlungsschreiben auszuweisen. (Das ist übrigens einer der vielen Hinweise auf die starke apostolische Autorität, mit der Paulus seinen Gemeinden gegenübertritt.[3] Die Ausstattung aller in der Gemeinde mit entsprechenden Geistgaben meint nicht „Gleichmacherei". Das sollte man bei der Darstellung der paulinischen Charismenlehre nie aus dem Auge verlieren.)

Bei der Abwehr des Vorwurfs der „Selbstempfehlung" kommt Paulus nun zu dem Gedanken: „Unser Empfehlungsschreiben seid ihr; es ist eingeschrieben in unser Herz, und alle Menschen können es lesen und verstehen" (2 Kor 3,2). Paulus trägt die Gemeinde gleichsam im Herzen. Sie ist ja „sein Werk" (vgl. 1 Kor 9,1), er hat sie „gepflanzt" (1 Kor 3,6). So kann er sie auch anderwärts als Legitimation für sein apostolisches Wirken vorweisen. Der Gedanke impliziert, daß die Gemeinde über ihre eigenen Grenzen hinaus bekannt ist und Aufmerksamkeit erregt. Das setzt Paulus auch bei anderen Gemeinden voraus (vgl. 1 Thess 1,8f; Röm 1,8). „Jede Gemeinde ist auf ihre Art schon durch ihre bloße Existenz ein aufsehenerregendes Zeichen in der Welt und für die Welt."[4] Das mag sich damals in einem bescheidenen Rahmen gehalten haben, aber wir wollen vermerken, daß Paulus das Faktum des Bekanntheitsgrades einer Gemeinde als Aktivposten in seinen Darlegungen einsetzt.

Im nächsten Satz führt Paulus den Gedanken durch ein kühnes Bild weiter: „Unverkennbar seid ihr ein Brief Christi, ausgefertigt durch unseren Dienst, geschrieben nicht mit Tinte, sondern mit dem Geist des lebendigen Gottes, nicht auf Tafeln aus Stein, sondern – wie auf Tafeln – in Herzen von Fleisch" (2 Kor 3,3). Das Bild fließt Paulus offensichtlich wie nebenbei in die Feder. Es wird von ihm nicht weiterverfolgt. Die Gedankenassoziation führt von dem mit Tinte geschriebenen Brief zu den auf Stein geschriebenen alttestamentlichen Gesetzestafeln (vgl. Dtn 9,10f, Ex 31,18 u.ö.) und damit zu den Antithesen Buchstabe – Geist; Alter Bund – Neuer Bund; Mose – Paulus, denen sich der Apostel dann im folgenden zuwendet.

Das wie nebenbei eingeführte Bild – die korinthische Gemeinde als ein „Brief" Christi – läßt in aller Kürze das paulinische Kirchenverständnis aufleuchten. Die Gemeinde ist (trotz 1 Kor 9,1) nicht eigentlich das Werk menschlicher Anstrengung. Sie hat ihren Ursprung in Christus. Er ist der „Autor" des Briefes. Und umgekehrt gilt: In den Lebensvollzügen der Gemeinde kommt der göttliche Autor zur Darstellung. Die Gemeinde ist Widerspiegelung der Wirklichkeit Christi (vgl. 2 Kor 3,18). Wer auf die Gemeinde schaut und in ihr Leben eintaucht, erfährt etwas von der Lebensmacht und der Herrlichkeit des Herrn.

Welche Rolle hat der Apostel in dieser Gemeinde? Das Bildwort weist ihm die Rolle des Dieners zu, der den Brief (nicht schreibt, sondern) „besorgt" – d.h. wohl: amtlich überbringt. Paulus wird dabei an sein missionarisches und pastorales Mühen denken, an das Werk der Gründung und der Leitung der Gemeinde, die ihm ja bekanntlich manchen Kummer bereitet hat. Dennoch kann der

Apostel so groß von ihr denken: Was da entstanden ist, ist nicht nur eine menschliche Wirklichkeit. Eine christliche Gemeinde hat eine „Innenseite", die durch keine soziologischen oder psychologischen Formeln erfaßt werden kann. Sie ist „geschrieben" „mit dem Geist des lebendigen Gottes", der den Glaubenden als erster Anteil am verheißenen Heil ins Herz gegeben wurde (vgl. 2 Kor 1,22).

Dazu kommt als weitere Aussage: Kirche ist nicht um ihrer selbst willen da. Sie hat in der Welt einen Auftrag auszurichten. Ein „Brief" soll ja gelesen werden (vgl. 2 Kor 3,2b). Er hat einen Adressaten, und das ist in diesem Fall alle Welt, vor deren Augen sich das Leben der Gemeinde entfaltet. Man kann angesichts der menschlichen Armseligkeiten in Korinth, die uns ja nicht verschwiegen werden, über das Selbstbewußtsein des Apostels staunen. Er vertraut darauf, daß die Gemeinde „gelesen" wird, d. h. als Botschaft Christi für alle Welt zur Wirkung kommt. Die Gemeinde ist nicht nur im Heiligen Geist gesammelte Schar der Heilsanwärter, sie ist die Schar derer, die in die Welt entlassen werden, um dort als „Sauerteig" für die Botschaft Christi zu wirken. Das ist ausdrücklich von allen Gemeindegliedern gesagt. Nirgends ist angedeutet, daß Paulus das Werk der Sendung nur den „Amtsträgern" zuschreibt, wenngleich er um die unterschiedlichen Gaben der Verkündigung, des Vorstehens und der Diakonie weiß.[5] Allen in der Gemeinde gibt der Geist die Befähigung, „Brief Christi" zu sein, weil sie alle „Geistliche" sind. Gott selbst hat sein Gesetz (gemäß Jer 31) in ihr Inneres gelegt und den neuen Bund (nach Joel 3) mit ihnen geschlossen, der durch den Geistbesitz des ganzen Volkes gekennzeichnet ist. Paulus und die ihm im Amt der Leitung der Gemeinden Nachfolgenden haben dabei eine höchst wichtige Funktion. Sie sind Diener, die bei der „Besorgung" des Briefes helfen.

Die kurze Betrachtung dieser „Nebenbemerkung" des Apostels macht uns auf wesentliche Strukturelemente des neutestamentlichen Kirchenbegriffs aufmerksam. Die Kirche, die sich in der konkreten Ortsgemeinde darstellt, hat ihren Ursprung in Gott selbst. Der erhöhte Herr spricht sich in ihr aus. Die Gemeinde repräsentiert gleichsam die Lebensmacht des Kyrios Jesus Christus in der Welt. Durch den Dienst der Verkündigung des Evangeliums und der Spendung der Herrensakramente halten die Amtsträger die Gemeinde in der Kraft des Geistes als Gemeinde des erhöhten

Herrn zusammen und rüsten sie zu, sich immer neu in die Welt als „Brief Christi" senden zu lassen.

II.

Wir wollen nun einige Aspekte, die uns bei der Betrachtung von 2 Kor 3,1–3 auffielen, weiter entfalten. Dabei steht uns die Diasporasituation vor Augen, wie sie weithin für die Kirche in der Welt bestimmend ist, auch für die Kirche in der DDR.[6]

1. Wir fragen: Was fördert den Aufbau und den Zusammenhalt unserer Diasporagemeinden? Mit Paulus wollen wir antworten: Alles, was in ihnen der Lebensmacht Christi Raum und Gestalt gibt. Christus muß zum Zuge kommen, zu allererst bei uns, die wir „von Amts wegen" für den Aufbau und Zusammenhalt der Gemeinden verantwortlich sind, aber auch bei allen, die lebendige Gemeindeglieder sein wollen. Das bedeutet: All dem muß Vorrang und allerhöchste Aufmerksamkeit im Gemeindeleben eingeräumt werden, worin der erhöhte Herr an seinem Volk heilend und verwandelnd am Werk ist, d. h. also der Verkündigung seines Wortes, der mystagogisch erschlossenen Feier der Sakramente, vornehmlich der Eucharistie, dem „Zusammenkommen" der Gläubigen am Herrentag und dessen ganztägiger (!) Feier, dem alltäglichen Vollzug brüderlicher Liebe, in der die gekreuzigte Liebe des Herrn „für die vielen" geteilt und aktualisiert wird. Wir als Priester und unsere Gemeinden werden nicht zur missio in die Welt kommen, wenn wir nicht die communio mit dem Herrn kennen.[7] Die Gemeinschaft mit dem Herrn wird eine die Kräfte des bloßen Intellekts übersteigende Mächtigkeit erfahren müssen. Das wird (in Zukunft wohl noch stärker) in kleinen Gruppen geschehen können, in denen der (formal) bekannte Glaube und das (materiell) eingebrachte „Leben mit dem Herrn" am ehesten zur Deckung gebracht werden können.

Mustern wir unter dem Anspruch dieser Überlegung einmal unseren „Pastoralalltag" durch. Kirchliche Bildungsarbeit, sozialer Einsatz, Angebote zur Freizeitgestaltung und „Geselligkeit" können durchaus hilfreich und nützlich sein. Aber führt das alles wirklich zur Bekehrung hin zum Herrn? Ich will keine falschen Alternativen aufbauen, doch meine ich, daß *ein* Segen unserer kirchlichen Diasporasituation darin besteht, daß wir manches nicht leisten und anbieten können. Die Anziehungskraft geistlicher Gemeinschaften, besonders dort, wo deren Vertreter sich mit herzerfrischender Menschlichkeit und in geistiger und geistlicher Weite präsentieren, zeigt uns den Mangel unserer „Normalpastoral". Wir setzen nicht radikal genug auf die verfremdende Wirkung der *Mitte* des Evangeliums, und diese Mitte ist die paradoxe Kreuzesbotschaft mit ihrem, wie C. S. Lewis es ausdrückt, „Flaschenhalsprinzip". Wir wollen uns und unseren Gemeinden den demütigenden Gang durch das „Nadelöhr" der Selbstaufgabe ersparen. So machen wir es allen recht, aber gewinnen keinen. Die Nachfolge Christi beginnt mit der „Hinkehr zum Herrn", und d. h. in unserer erbsündlichen Ordnung immer „Umkehr", Kehrtwende. In der profanen Umwelt wächst das (z. Z. noch) dumpfe Gefühl, daß dies eine bedenkenswerte Alternative zu den vielen profanen Sinnangeboten sein könnte, die nur die „alten Kleider und Schläuche" flikken wollen. Eine bis ins Letzte profan gewordene Welt wird wieder überraschend neu empfänglich für das Wort des Evangeliums Christi. Eine Diasporagemeinde, die ganz bei diesem Wort des Evangeliums, also beim Herrn, „bleibt" (vgl. Joh 15,4) und nicht ängstlich sich und anderen ihre gesellschaftliche Nützlichkeit beweisen will, ist in aller äußerlichen Armseligkeit Einfallstor für Christi Liebe in die Welt. Das „Beim-Herrn-Bleiben" macht das Proprium christlicher Gemeinde aus, und nur so gewinnt sie Profil, das sie von vergleichbaren menschlichen Sozietäten unterscheidet. Die Sorge um den geistlichen „Grundwasserspiegel" unserer Diasporagemeinden muß bei allem, was wir seelsorglich anstoßen und begleiten, den Vorrang haben. Und vor allem gilt: Der „geistlichen" Gemeinde kann nur ein „Geistlicher" dienen. Andernfalls gehen unsere seelsorglichen Aktivitäten ins Leere. Oder paulinisch: Wir expedieren dann alle möglichen Briefe, nur nicht den „Brief Christi", der mit dem Geist des lebendigen Gottes geschrieben wurde. Darum ist der wichtigste Grundsatz einer Diasporapastoral: Sammlung der zum Herrn Bekehrten, Räume schaffen und anbieten, in denen die communio mit dem Herrn Gestalt und Ausdruck gewinnen kann.

2. Wir wollen sofort hinzufügen: Briefe werden geschrieben, damit sie gelesen werden. Kirche in der Diaspora muß dafür sorgen, für ihre Umwelt auf Gott hin transparent zu bleiben. Das wird nicht allein von ihr abhängen. Die Kirche muß mit epochalen Blindheiten und Verdunkelungen der Menschheit rechnen, die

jedes noch so glaubwürdige Christuszeugnis ins Leere laufen lassen. Doch muß es trotz allem zunächst ihre Sorge sein, daß sie eine Gestalt gewinnt, die dieses Zeugnis für den Herrn möglich macht. Dabei wird es auf den einzelnen Christen als Glaubenszeugen ankommen, aber dann auch auf den bruderschaftlichen Charakter der konkreten Ortskirche, in die ein Bekehrter eingegliedert wird.

Fragt man erwachsene Taufbewerber nach dem Anstoß, der zum Katechumenat geführt hat, verweisen sie meist auf eine bestimmte Person, die für sie zum Glaubenszeugen geworden ist. Wir erleben wieder neu, daß der christliche Glaube vornehmlich „personengebunden“ weitergegeben wird. „Neuer“ Glaube entzündet sich an einem Zeugen des Glaubens, der aus verschiedenen Gründen für den Katechumenen in der Symbiose seiner Menschlichkeit und Christlichkeit überzeugend ist – im Grunde eine urchristliche Erfahrung, die nur durch die Massenkirche ein wenig verdeckt wurde, obgleich sie auch dort letztlich wirksam war. Der Glaube eines Bezugschristen als Heimstätte und Quellort einer anziehenden Humanität und befreiten Personalität ist für die säkularisierten Zeitgenossen oft der einzige Einstieg in eine durchtragende christliche Existenz. Das gilt auch mehr und mehr für die Weitergabe des Glaubens in unseren christlichen Familien. Diese Erfahrung soll uns also nicht erschrecken, sondern trösten und ermutigen: Es gilt heute wieder neu das Grundgesetz, das eigentlich immer für die Glaubensweitergabe gültig war. Viele Christen ahnen oft gar nicht, daß sie für eine größere Zahl von Zeitgenossen Jesus Christus repräsentieren. Ihr Leben ist letztlich der „Brief“, der gelesen wird – zustimmend oder auch ablehnend.

Das Lebenszeugnis des einzelnen Christen ist freilich nicht alles. Um einen vom Herrn (!) Bekehrten auf dem Weg der Nachfolge zu halten, bedarf es einer Gemeindestruktur, die mehr noch als bisher bruderschaftliche Gestalt annehmen muß. Dort, wo es zu einem (Neu-) Anfang im Glaubensleben gekommen ist, wird häufig bewußt die weitere Bindung an den Glaubenszeugen, der den Anstoß zur Bekehrung gab, bzw. an andere Christen, also an eine Gemeinde, gesucht. Das ist letztlich auch notwendig. Freundeskreise, Spiritualitätsgruppen, „Familiengemeinden“ berufsspezifische Gruppen u.a. werden darum innerhalb der territorialen Großgemeinde an Bedeutung gewinnen. Wir Priester sehen das unter Umständen nicht gern, weil wir meinen, wir müßten die Übersicht behalten. Sicherlich müssen wir den Gruppen und Personalgemeinden ihre katholische Weite erhalten (s. u. 3.). Aber wir können ihnen unmöglich allen persönlich präsent sein. In den größeren Gemeinden geht das ohnehin nicht. Wir haben diese Kreise vielmehr „inhaltlich“ auf die Substanz einer christlichen Existenz hinzuorientieren, was vornehmlich geschieht durch eine sach- und situationsgerechte Verkündigung in Predigt und Katechese (können unsere Gläubigen von unserer Predigt wirklich „leben“?) und eine Eucharistie- bzw. Sakramentenmystagogie, die liturgisch „erfahrbar“ macht, wovon wir reden. Diese beiden Aufgaben sind wichtiger als die priesterliche Omnipräsenz, die unsere Pastoral oft so „überanstrengt“ macht.

Die Diasporasituation bringt für eine christliche Gemeinde das nicht einfache Problem mit sich, eine gewisse Öffnung nach außen hin mit Festigkeit und Konsequenz im eigenen Verhalten und Sein zu verbinden. Die Gemeindegrenzen werden gleichsam fließend. Das erleben wir schon heute, und es macht uns nicht geringe Sorgen: Unsere Gemeinden sind „Heimat“ für unterschiedlich vom Glauben ergriffene Menschen, von denen nicht in gleicher Weise volle Identifizierung mit der Kirche erwartet werden kann. Um die Kerngemeinde mit ihren personalisierten Gruppierungen werden sich (auch in Zukunft) die „Verbraucherchristen“ scharen, die auf ständige „Versorgung“ angewiesen sind und die die Zeit der Seelsorger oft über Gebühr beanspruchen; ferner die „Randchristen“ und „Halbgläubigen“ in unterschiedlichsten Schattierungen, von „Nikodemuschristen“ angefangen, die nur „nachts“ kommen, bis hin zu „Johanneschristen“ (vgl. Apg 19,2f), die noch nichts vom Heiligen Geist gehört haben, und schließlich Sympathisanten und Neugierige, die sich irgendwo anhängen und sich ebenso locker wieder absetzen. Das ist für uns Priester oft schwer zu ertragen. Aber wir sollten es hier mit Lk 8,44 halten: Manchmal kann auch eine einmalige Berührung des Herrn heilen.

Grundsätzlich gilt also: Eine Diasporagemeinde muß so bruderschaftlich und offen sein, daß (wenigstens ab und zu) Außenstehende die Möglichkeit haben, als Bekehrte in ihr heimisch zu werden. Nur so ist Gemeinde wirklich ein Brief, der sein eigentliches Ziel erreicht: gelesen und verstanden zu werden.

3. Paulus sagt von dem „Brief Christi“, den die Gemeinde darstellt, er sei „ausgefertigt durch unseren Dienst“. Diese Bemerkung verweist auf den apostolisch-amtlichen Dienst, der die Autorität des Herrn in der Gemeinde zur Geltung bringt. Damit ist gewährleistet, daß es gleichsam ein „offizieller“ Brief ist, der durch Christus der

Welt in der Gestalt der korinthischen Gemeinde präsentiert wird. Die Sphäre der reinen Subjektivität ist damit verlassen. Der apostolische Dienst bindet die korinthische Gemeinde in eine Ecclesia des Herrn ein, die aus den vielen einzelnen Kirchen des Erdkreises (von Jerusalem, Ephesus, Thessalonich, Philippi usw.) besteht.

Ich möchte von diesem Gedanken her auf einen Punkt aufmerksam machen, der mir für die Existenz einer Diasporakirche wichtig erscheint. Wir müssen darauf achten, daß unsere Gemeinden keine in sich geschlossenen religiösen Konventikel werden, in denen die subjektiv erfahrene religiöse Welt zum letzten Maßstab des Kirchlichen wird. Diese Gefahr ist nicht allein damit gebannt, daß die Gemeinden soziologisch offen sind für Außenstehende. Der Gegensatz zu konventikelhaft wäre vielmehr: katholisch. Damit ist aber eine Haltung angedeutet, die die Kirche als eine „transsubjektive" Größe neu entdeckt. Guardini sagte seinerzeit: „Die Kirche erwacht in den Seelen." Heute wäre als pastorale Losung auszugeben: Sie darf nicht in den „Seelen", also im Bereich der bloßen Subjektivität, bleiben. (Ich weiß, daß ich damit Guardini nicht gerecht werde, dessen Anliegen ja gerade die Entdeckung des Objektiven im religiösen Vollzug war.) Ich gebe zu, daß dieser „katholische" Anspruch an den je einzelnen, sich im Glauben auf eine transsubjektive Gemeinschaft hin zu überschreiten, schwer zu vermitteln ist. Wir liegen damit sogar dem Zeittrend völlig entgegengesetzt. Denn dieser sagt: „Nur das hat recht, was du begreifst und innerlich bejahen kannst." „Was du nicht einsiehst, bindet dich nicht." „Du bist der letzte Maßstab für alle Werte und Normen, die dir von der Kirche vorgelegt werden" usw. Sicher ist richtig, daß eine kluge Pastoral immer auf die Fassungskraft des einzelnen, auch einer Gemeinde Rücksicht nimmt. Es gibt auch das stufenweise Hinführen zur vollen Wahrheit, die am Anfang eines Nachfolgeweges noch nicht ganz ergriffen werden kann. Was wir jedoch erreichen müssen, ist die Offenheit, „katholisch" weit zu werden, d. h. sich als einzelner und als Ortsgemeinde in den Strom der apostolischen Tradition zu stellen, der uns, von der Geschichte herkommend, mit dem Evangelium als objektiv vorgegebener Größe konfrontiert, d. h. ferner, sich in die weltweite communio der Kirche einzuordnen, die zwar an den verschiedenen Orten verschieden den Glauben „ausprägt", aber die dennoch überall die gleiche Kirche ist. Nur so bleibt die Gefahr gebannt, daß aus unseren kleinen Gemeinden nicht religiöse Erweckungsgruppen werden.

Gerade wenn in Zukunft die bruderschaftlich geprägten und strukturell offenen Gruppen und Zellen in der Kirche größere Bedeutung haben werden (s. o. 2.), muß dieses Gespür für das eigentliche Geheimnis der Kirche gestärkt werden. Anders gesagt: Wir sollten nicht nur die Worte Jesu miteinander meditieren, sondern auch den Epheserbrief. Der Leib Christi ist mehr als die Summe seiner Glieder, und das wandernde Gottesvolk ist mehr als ein Interessenverband religiös Gleichgesinnter. Der „Brief Christ" muß „amtlich" ausgefertigt sein. Diese Einbindung unserer Gemeinden in die Kirche erfolgt ohne Zweifel durch den apostolisch-amtlichen Dienst, der sich durch die Geschichte hindurch bis zum heutigen Tag fortsetzt. Sie erfolgt durch die Feier der Liturgie, die die Glaubenden in der permanenten Anbetung des Vaters im Geist und in der Wahrheit eint. Aber der „katholischen Weitung" unserer Diasporagemeinden dient auch alles, was sie untereinander und mit der Weltkirche verbindet: das Interesse füreinander, gegenseitige Hilfeleistung, Austausch im Glauben und in der Liebe. Es dient ihr aber am meisten jene Demut, die sich nicht selbst zum letzten Maßstab macht für das, was in der Gemeinde gelten soll. Ich bin davon überzeugt, daß der gegenwärtigen geistigen „Großwetterlage", in der eine auf der Autonomie des Subjekts gegründete Religiosität scheinbar nicht zu erschüttern ist, bald eine andere folgen wird, in der wir wieder neu und vertieft Zugang zu der Wahrheit von Christus als dem neuen Adam und dem Haupt der neuen Menschheit gewinnen werden.[8] Die Aporien, in die sich gegenwärtig die Menschheit hineinmanövriert hat, werden hoffentlich zu einer solchen Umkehr des Denkens kräftig beitragen.

Sind wir durch unsere biblische Meditation zu weit vom Thema „Diasporakirche" abgekommen? Wir haben uns durch das paulinische Bild anregen lassen, wesentliche Strukturelemente der Kirche und ihrer konkreten Ausprägung in der Ortsgemeinde zu erspüren. Daraus haben wir zu folgern gesucht, was für die Kirche der Diaspora heute und morgen wichtig sein wird. Diese Kirche

- wird „geistlich" dem Herrn zugekehrt sein müssen, ohne Angst, dadurch die Welt zu verlieren;
- sie wird bruderschaftlich offen sein müssen für alle, ohne dabei ihre eigene Identität aufzugeben, und
- sie wird „katholisch" weit sein müssen, um so Instrument der Einheit für eine auseinanderdriftende und dennoch aufeinander verwiesene Menschheit werden zu können.

[1] Vgl. *H. Aufderbeck*, Kirche in der Diaspora - Ghetto oder Mission? Notizen zur Theologie der Diaspora, in: *H. Aufderbeck* (Hrsg.), Sperare. Pastorale Aufsätze, Bd. 7, Leipzig 1979, 39–55; *ders.*, Das gemeinsame Werk. Gedanken über Bischof, Priesterschaft und Gemeinde, Leipzig 1972 (Regensburg 1972); vgl. die Bibliographie H. Aufderbeck in: Liturgisches Jahrbuch 34 (1984) 186–189.

[2] Vgl. Dogmatische Konstitution *Lumen Gentium* 6f.9.

[3] Vgl. zuletzt *J. Zmijewski*, Paulus – Knecht und Apostel Jesu Christi. Amt und Amtsträger in paulinischer Sicht, Stuttgart 1986.

[4] *H.-J. Klauck*, 2. Korintherbrief (Die neue Echter Bibel 8), Würzburg 1986 (Leipzig 1990), 35.

[5] Vgl. *H. Schürmann*, Die geistlichen Gnadengaben in den paulinischen Gemeinden, in: *ders.*, Ursprung und Gestalt. Erörterungen und Besinnungen zum Neuen Testament, Düsseldorf 1979, 236–267.

[6] Vgl. *B. Kresing* (Hrsg.), Für die Vielen. Zur Theologie der Diaspora, Paderborn 1984; *L Ullrich* (Hrsg.), Kirche in nicht-christlicher Welt (Erfurter Theologische Schriften 15), Leipzig 1986; *H. Schürmann*, Der Presbyter von morgen. Ein utopischer Orientierungsversuch im heute, in: *Ders.*, Die Mitte des Lebens finden, Freiburg–Basel–Wien 1979, 85–127.

[7] Vgl. *J. Wanke*, Communio und missio. Überlegungen zu Aussagen der römischen Bischofssynode 1971 über das Priesteramt, in diesem Buch S. 190–197.

[8] Vgl. *H. de Lubac*, Katholizismus als Gemeinschaft, Einsiedeln–Köln 1944, ein Werk, das auch heute noch vor uns liegendes Terrain beschreibt.

IM DIENST DER VERKÜNDIGUNG

„Wer dialogisch verkündigen will, muß differenziert vorgehen, denn der eine ist für das Evangelium erst zu gewinnen, der andere muß im Glauben gestärkt und weitergeführt werden. Diese schwierige Aufgabe der differenzierten Verkündigung kann nur zusammen mit der Gemeinde geleistet werden, die in Liebe, Freimut und Geduld den Dienst am Worte Gottes unterstützt und berät, korrigiert und ergänzt, umsetzt und weiterführt."

Pastoralsynode, Aspekte des Verkündigungsdienstes der Gemeinde 11

Seelsorge im priesterlichen Alleingang?

Fünf Thesen zur Mitarbeit der Laien beim Gemeindeaufbau*

Liebe Mitbrüder,
ich greife ein Thema auf, das auf vielfältige Weise unseren priesterlichen Dienst tangiert: Die Mitarbeit der Laien beim Gemeindeaufbau. Wenn ich mit Mitbrüdern über die Laienaktivitäten im Gemeindeleben spreche, kann ich unterschiedliche Erfahrungen machen. Die einen loben „ihre" Laien, etwa den Pfarrgemeinderat oder einzelne herausragende Männer und Frauen; andere haben nur ein mißfälliges Kopfschütteln und die Bemerkung „Im Ernstfall bin ich doch allein". In der Tat bietet sich für den Betrachter der pastoralen Landschaft ein verwirrendes Bild. Einerseits haben wir eine Reihe beachtlicher Laieninitiativen im kirchlichen Raum. Eine Liste der konkreten haupt-, neben und ehrenamtlichen Betätigungen von Laien hier bei uns, die ich mir einmal zusammenstellte, ergab 51 Positionen – und ich bin mir nicht sicher, ob ich alles erfaßt habe. die Bereitschaft bzw. der Wille, sich im Raum der Kirche zu betätigen, ist also durchaus vorhanden. Ob alles immer auch von rechten Motiven getragen ist, soll dahingestellt bleiben! Das ist die eine Erfahrung. Doch wäre es unrealistisch, nicht auch die andere Erfahrung zu nennen, die viele von uns machen müssen: Irgendwo bleiben wir als Priester allein. Die hauptamtlichen Mitarbeiter machen nach Dienstschluß auf „privat", von rühmlichen Ausnahmen abgesehen. Sie müssen es ja auch tun, denn sie haben ja Familie. Die nebenamtlichen Kräfte sind Hilfskräfte, die ständig Anleitung erfordern und kaum Eigeninitiative entwickeln. Die ehrenamtlichen Helfer müssen im Normalfall mühselig gesucht werden, sie ermüden schnell und sind oft infolge beruflicher und familiärer Belastungen kaum ansprechbar. Also fällt doch irgendwo alles auf uns zurück. Und so kommen sich viele Mitbrüder vor wie ein Tormann, der vorn eine müde Mannschaft im Feld hat, und der im Dauerstreß bemüht ist, die gegnerischen Bälle vom eigenen Tor abzuwehren, die eigentlich schon im Vorfeld abgefangen werden müßten. Verständlich, daß wir einmal müde werden oder gar sauer. Jeder möge nur einmal bei sich die Probe machen, wel-

che Gefühle das Stichwort „Pfarrgemeinderat“ oder „Dekanatsrat“ bei ihm hervorruft.

Unser Thema ist also aktuell. Sicherlich will keiner von uns sich nachsagen lassen, daß er Seelsorge im priesterlichen Alleingang betreibe. Aber wie können wir aus der ungewollten, aber faktisch doch vorhandenen priesterlichen Isolation auf dem Felde der Pastoral heraustreten? Ja, ist es überhaupt zu begrüßen, daß wir pastorale Verantwortung delegieren? Ist nicht der Priester von Amts wegen doch der „Tormann“, bei dem die letzte Verantwortung liegen muß?

Ich möchte meine Überlegungen zu diesen Fragenkomplexen in einigen Thesen vorlegen, die sowohl zur theologischen Reflexion als auch zum Austausch praktischer Erfahrungen anregen wollen.

1. These: Träger der Seelsorge ist die Gesamtgemeinde, nicht der Priester allein

Unter „Seelsorge“ verstehe ich, daß Menschen durch die Feier der Liturgie, den Empfang der Sakramente, durch Zuspruch, Mahnung und Tröstung zu einem Leben aus Glauben, Hoffnung und Liebe befähigt und gestärkt werden. Insofern ist „Seelsorge“ der Inbegriff des kirchlichen Lebens, denn kirchliches Leben hat kein anderes Ziel als eben dieses. Der Priester ist ein hervorragender Seelsorger, weil ihm eine Reihe seelsorglicher Hilfsmittel zur Verfügung stehen, die der Laie nicht besitzt, z. B. die Verwaltung bestimmter Sakramente. Aber er ist nicht der einzige Seelsorger seiner Gemeinde.

Ich versage es mir hier, auf das neutestamentliche Gemeindebild näher einzugehen. Ich erinnere nur an Bekanntes: Im Verständnis des Neuen Testamentes ist die Gemeinde ein „eschatologisches“ Ereignis, d. h., für alle Gemeindeglieder gilt, was die prophetische Verheißung vom Neuen Bund Gottes mit seinem Volk besagt, etwa (nach Jer 31, 31–34): „Fürwahr – Tage kommen – da schließe ich mit dem Haus Israel einen neuen Bund. Ich lege mein Gesetz in ihr Inneres und schreibe es ihnen ins Herz. Ich will ihr Gott sein, und sie sollen mein Volk sein. Nicht mehr braucht fürderhin einer den anderen und ein Mann seinen Bruder zu belehren und zu ermahnen: Erkennet den Herrn!, sondern sie alle werden mich erkennen, klein und groß.“ Wenn Paulus 1 Thess 4,9 schreibt: Alle sind in der Frage der Bruderliebe „Gottbelehrte“, dann spielt er eben damit auf diese prophetische Verheißung an. Alle in der Gemeinde sind von Gott belehrt! Gott schreibt in seiner Gemeinde nicht mehr auf „Tafeln von Stein", sondern „wie auf Tafeln – in Herzen von Fleisch" (2 Kor 3,3). Der Dienst des Neuen Bundes ist ein Dienst des Geistes, nicht des Buchstabens, also eine pneumatische Begebenheit. Es gibt in der Gemeinde Jesu Christi nur geistbegabte Dienste, charismatische Dienste. Das ist zwar schwer zu glauben, wenn Sie an das Gesicht ihres Küsters am frühen Morgen denken, aber dies erschüttert nicht die grundsätzliche Richtigkeit der neutestamentlichen Aussagen.

Ich erinnere ferner an die Gegebenheit, daß in der Kirche des Anfangs für die anstehenden Gemeindedienste eben nicht die einschlägigen profanen Termini übernommen werden. Neutestamentliches Priestertum wurde nicht von der „Vor-Rangigkeit" oder von der „Hoch-Würdigkeit" der antiken Beamtenhierarchie her verstanden, es wurde auch nicht primär vom Sacerdotalen her verstanden, also von der Mittlerfunktion zwischen Gott und den Gläubigen her.

Gott steht seiner eschatologischen Gemeinde, die er sich mit dem Blute Jesu erworben hat, unmittelbar und direkt gegenüber. Jeder ist von Gottes Geist ergriffen und „belehrt" – und so ist er befähigt zur Diakonia am Bruder und an der Gesamtgemeinde. Wir sollten also nicht so tun, als ob, wenn Eltern ihre Kinder katechisieren; wenn Jugendliche miteinander die Heilige Schrift lesen; wenn ein Ingenieur den Firmlingen seinen Glauben bezeugt; wenn eine Frau der Gemeinde Krankenbesuche macht; wenn ein christlicher Arzt mit Brautleuten spricht – als ob das alles Seelsorge nur in abgeleitetem, indirektem Sinne wäre, als ob nur wir Priester allein und eigentlich rite Seelsorger sein könnten. Das stimmt weder praktisch noch theologisch. Seelsorge in der Gemeinde treiben eigentlich alle engagierten Glieder der Gemeinde, und das manchmal intensiver und fruchtbringender als wir.

Aber wird da nicht der priesterliche Dienst ungebührlich relativiert?

2. These: Der Prediger hat für ein geordnetes Miteinander der unterschiedlichen Charismen und Dienste in der Gemeinde zu sorgen

Ich unterscheide hier mit der Dresdener Synode (in dem Papier „Dienste und Ordnungen in der Gemeinde") zwischen Charismen und Diensten. Unter Charismen verstehe ich die Geistbegabungen, die sich spontan entfalten und zur Wirkung kommen. Bei den Diensten ist mehr an die regelmäßige Mitarbeit im Gemeindeleben gedacht.

Die priesterliche Leitungstätigkeit besteht also darin, für ein geordnetes Miteinander der Charismen und Dienste zu sorgen. Das erfordert ein nicht geringes Geschick und Einfühlungsvermögen. Noch einmal: Der priesterliche Dienst ordnet sich grundsätzlich in das vom Herrn gegebene Gesamt des Charismengefüges ein. Hier gibt es im Blick auf die Gemeindeglieder keine Unterordnung und Überordnung. Hier gilt: „Ein Haupt" (damit ist Christus gemeint! Ob hier nicht noch bei manchen Primizpredigten theologisch gesündigt wird?) – „viele Glieder" (1 Kor 12,14). „Gott hat jedes einzelne Glied so in den Leib eingefügt, wie es seiner Absicht entsprach" (1 Kor 12,18). Der Priester in der neutestamentlichen Gemeinde hat freilich dafür zu sorgen, daß aus dem Volke Gottes kein wilder Haufe von eigensinnigen Charismatikern wird, die machen, was sie wollen! Er hat den Dienst an der Einheit des Gottesvolkes auszuüben, und dazu braucht er besondere „kybernetische" Gaben. Er leistet diesen Dienst an der Einheit, indem er der Eucharistie des Gottesvolkes vorsteht; indem er das Evangelium autorisiert verkündet; indem er die apostolische Überlieferung weitergibt; indem er in vielfältiger Weise „die Heiligen für die Erfüllung ihres Dienstes zurüstet, für den Aufbau des Leibes Christ" (Eph 4,12). Er tut dies alles nicht als Privatmann, sondern im Auftrag, in persona Christi. In 2 Kor 5,20 heißt es: „Wir sind Gesandte an Christi Statt ... Gott ist es, der durch uns mahnt ..." Die Weihe des Priesters macht diese objektive, von der subjektiven Würdigkeit unabhängige Aufgabe des Priesters deutlich, Christus als das Haupt in der Gemeinde zu repräsentieren. Und darum ist und bleibt der Priester (und hinter ihm der Bischof) der eigentliche Leiter der neutestamentlichen Gemeinde, und darum kann es im eigentlichen Sinne keine Gemeinde ohne Priester geben. (Das hat nicht geringe Konsequenzen für die Konzipierung unserer Diasporaseelsorge mit ihren priesterlosen Stellen.)

Ich meine, Größeres kann vom neutestamentlichen Priester nicht gesagt werden. Er steht mitten in der Gemeinde, in bestimmter Hinsicht ihr auch gegenüber (insofern er Christus präsent macht) – aber doch als Geistbegabter unter Geistbegabten, nicht als einzig Sehender unter Blinden. Gibt es in unserer Mitte nicht doch ein wenig von diesem geistlichen Hochmut, der vom eigenen Dienst viel und dem der Laien oft recht wenig hält?

Es bleibt also dabei: Die Vielfalt der Charismen und Dienste in der Gemeinde ist gottgewollt und darf nicht zerstört, ja muß bewußt ausgebaut werden. Die Begabungen unserer Gemeindeglieder sollten für uns ein Grund des Dankens und des Staunens sein. Es gibt in unseren Gemeinden viele „hochwürdige", „exzellente" und „eminente" Laien! Unser priesterlicher Dienst ist es, die Laien für ihren Dienst zuzurüsten, damit sie einander dienen können „als Verwalter der vielfältigen Gnade Gottes, jeder mit der Gabe, die er empfangen hat" (1 Petr 4,10). Und diese „Zurüstung" geschieht mit dem Ziel, die Gemeindeglieder zu befähigen, mit ihren Gaben die Gemeinde „aufzuerbauen" (vgl. dazu die innere Gedankenführung von 1 Kor 14,3ff). Unsere Sorge muß es sein, daß die Laien nicht sich selbst auferbauen, sondern *einander* auferbauen. Paulus wird nicht müde, zu betonen, daß das Liebesgebot die Charismen reguliert. Die Gaben, die das Liebesgebot und die Pflicht zum gegenseitigen Dienst verletzen, sind keine Gaben des Geistes, höchstens Begabungen elitärer Gnostiker. Deshalb muß der Priester auch einmal ein Machtwort sprechen – im Namen des Herrn, wie etwa Paulus: „Wir und die Gemeinde Gottes kennen einen solchen Brauch nicht" (1 Kor 11,16). Wohl der Gemeinde, die einen so wachsamen und energischen Priester hat! Aber, wir wachen eben nicht über *unsere* Schafe, sondern die Schafherde des Herrn. Das Wort Jesu „Ich kenne die Meinen und die Meinen kennen mich" (Joh 10,14) sollte uns vorsichtig machen.

3. These: Das vorrangige Feld des Laienengagements liegt mehr im weltlichen als im kirchlichen Bereich. Darum entspricht dem Laien auch mehr die ehrenamtliche Mitarbeit in der Kirche

Mit dieser These soll der theologische „Ort" der Existenz des Laien umschrieben werden. Die Aussage klingt zunächst sehr theoretisch, hat aber für die kirchliche Praxis eine große Bedeutung. Die These hebt die priesterliche Existenz, auch die des Ordensstandes, von der des Laien ab.

„Zum Dienst in der Welt sind grundsätzlich alle berufen; den Laien ist (der) ‚Weltcharakter' jedoch in besonderer Weise zu eigen (vgl. Kirchenkonstitution, Nr. 31, Dekret über das Laienapostolat, Nr. 7). Ihre Aufgabe ist es, das soziale Milieu, Beruf und Freizeit, Mentalität und Sitte, Gesetz und Strukturen der Gesellschaft durch Wort und Tat mit dem Geist Jesu Christi zu durchdringen" (Beschluß der Gemeinsamen Synode der Bistümer in der Bundesrepublik Deutschland „Die pastoralen Dienste in der Gemeinde" 3.1.1). (In der Dresdener Synode fehlt im Papier „Dienste und Ordnungen" ein entsprechender Hinweis auf den „Weltcharakter" der Laienexistenz, doch vgl. das Papier „Dienst der Kirche für Versöhnung und Frieden", Nr. 34, wo von den Möglichkeiten und Grenzen [!] des Weltdienstes der Christen gesprochen wird.)

Die Laien repräsentieren als Christen durch ihre „Weltexistenz einen der wesentlichen Aspekte der Kirche. Die Kirche muß ihrem Wesen nach missionarische Kirche sein, sie ist Kirche für andere. Das kann sie aber nur sein, wenn sie – durch die Laienchristen – in der Welt präsent, wirksam präsent ist. Diese Wirksamkeit wird sicherlich nur gegeben sein, wenn die Laien auch im Innenraum der Kirche richtig beheimatet sind, das steht außer Frage. Doch dürfen wir urteilen: „Der Ort der Laien ist ... die Spannung zwischen dem Außen und Innen der Kirche" (W. Kasper, in: Einleitung zu dem eben erwähnten Beschluß der Gemeinsamen Synode „Die pastoralen Dienste" Offizielle Gesamtausgabe I, Freiburg i. Br. 1976, 587.)

Damit tritt eine Unterscheidung in den Blick, die für unser Thema grundlegend ist. Jedem Christen ist eine Sendung eigen, die sich unmittelbar aus Taufe und Firmung ableitet. Darüber hinaus aber gibt es Christen, die zusätzlich durch eine Spezialbeauftragung am amtlichen Apostolatsauftrag der Kirche teilnehmen. Das aber bedeutet: Die Kirche muß sich dagegen wehren, zu einer „Kirche der kirchlichen Angestellten" zu werden, zu einer Kirche mit einer beamteten Laienhierarchie. Nichts gegen besondere Beauftragungen für bestimmte Sachbereiche, auch pastoraler, etwa katechetischer oder liturgischer Art, die haupt-, neben- oder ehrenamtlich ausgeübt werden. Das eigentliche Laienengagement aber hat keiner besonderen kirchlichen Beauftragung zu bedürfen! Wenn wir in der Kirche eine Anstellungsmentalität fördern, werden wir von unseren Gläubigen bald allein gelassen werden (nach dem Motto: „Mich hat ja keiner gedungen!"). Braucht es wirklich zu jedem Tun eines Laien eine kirchliche Anstellung? Muß jede Initiative vom Pfarrer oder dem Bischöflichen Amt sofort gerahmt und in einer Schublade des Seelsorgeamtes einsortiert werden? Nichts gegen Ordnung in der Kirche! Der Pfarrer kann nicht jeden einfach Religionsunterricht halten lassen. Doch möchte ich hier einmal diese These betont festhalten und zur Diskussion stellen: Die Kirche, speziell die Kirche hier bei uns, muß in erster Linie den ehrenamtlichen Dienst der Laien herausstellen, und das wird normalerweise ein Dienst sein, der nicht eine feste Anstellung voraussetzt. Unsere Gläubigen müssen wissen: Es ist einfach selbstverständlich, daß wir als Laien im Innen- und Außenraum der Kirche aktiv werden. Das ist unsere Pflicht und Schuldigkeit und bedarf keiner besonderen Anstellung. Manches bedarf einer Beauftragung, das ist richtig und ist um der Ordnung willen nötig. Nicht jeder kann z.B. auf einmal anfangen, Kommunion auszuteilen! Aber nicht jeder Dienst muß sofort in eine hauptamtliche oder nebenamtliche kirchliche Anstellung einmünden.

Wenn das Engagement des Laien im Leben als Christ in dieser Welt besteht, dann gehört einfach das ehrenamtliche Tun in der Gemeinde mit zu diesem Weltauftrag, denn ohne Gemeindebewußtsein – darin sind wir uns sicher einig – gibt es auch kein missionarisches Bewußtsein. Wir müssen meines Erachtens einem doppelten Trend wehren: bei den Laien der Sehnsucht, aus dem Getümmel der Welt in den stillen Hafen einer kirchlichen Anstellung zu flüchten – und bei uns, in unseren speziell priesterlichen Aufgaben uns von Laien vertreten zu lassen. Ich sehe hier Gefahren für die Praxis unseres Gemeindelebens. Die Laien teilen Kommunion aus, und der Pfarrer muß Zement besorgen. Die Eltern erteilen Religionsunterricht, und der Kaplan kümmert sich um die Girlanden beim Faschingsabend. Der Diakonatshelfer hält in der Pfarrkirche die Rosenkranzandacht, und der Pfarrer muß die Dachdecker nach Hause fahren usw. Ich weiß, daß ich hier „Sprengsätze" lege. Denn wer bekommt heute noch Zement für die Kirche, wenn nicht der Pfarrer? Und wer kümmert sich um das Gelingen eines Festes, wenn nicht der Kaplan, und wenn der Pfarrer nicht die Handwerker holt, Bier und Material mundgerecht hinstellt, wer macht das dann sonst? Aber es muß doch einmal erlaubt sein zu fragen: Sollten nicht eigentlich die Laien den Zement und die Handwerker besorgen und die Jugend den Pfarrsaal schmücken usw.? Sie werden sagen: „Sollten ..." Ich weiß um die Nöte, doch möchte ich zumindest unseren Blick schärfen, so daß wir bestimmte Dinge wirklich nur mit schlechtem Gewissen tun können. Und wir sollten auch unseren Gemeinden die Augen dafür öffnen, daß sie ihrem Priester bestimmte Dinge nur mit schlechtem Gewissen tun sehen! (Was nicht heißt, daß auch ein geweihter Priester einmal eine Schaufel anpacken und ein Stück „Strippe“ verlegen kann!) Sicherlich geht es in diesem Zusammenhang um mehr als nur um solche „profanen“ Tätigkeiten der Laien innerhalb des kirchlichen Raumes. Die Beispiele wollen nur illustrieren: Der Laie soll grundsätzlich bei seiner Sendung bleiben, als Christ in der Welt seinen Mann zu stehen. Und er sollte dann aus diesem Wissen um diese grundsätzliche Sendung in die Welt hinein sich nach Maßgabe des Möglichen auch innerkirchlich ehrenamtlich engagieren. Verzichten wir auf dieses ehrenamtliche Laienengagement, dann berauben wir uns einer kostbaren Gabe, von der Diasporachristentum zu allen Zeiten lebte. Daß ich damit nicht einer „Ausbeutung der Laien um Gottes Lohn“ das Wort rede, versteht sich hoffentlich von selbst. Aber eine Kirche, die meint, ihre Aufgaben nur durch den Aufbau eines großen Stabes an hauptamtlichen Laienmitarbeitern erfüllen zu können, ist m. E. auf einem Weg in die falsche Richtung. Vielleicht sollten wir in dieser Richtung auch einmal kritisch fragen, ob wir im Diakonie- oder überhaupt im Baubereich nicht schon über unsere Verhältnisse leben.

4. These: Die Gewinnung und Bestärkung ehrenamtlicher Mitarbeiter im Gemeindeleben setzt von seiten des Priesters einen offenen Leitungsstil voraus

Nachdem wir in These 3 gesagt haben, daß jeder – Priester und Laie – bei seinen „theologischen Leisten“ bleiben soll, können wir nun ohne Gefahr des Mißverständnisses von der Mitverantwortung der Laien in der Kirche reden. Das Wort „Mitverantwortung“ ist sehr belastet, und zwar durch gesellschaftliche Erfahrungen, die m. E. auch auf den kirchlichen Sektor übergreifen. Echte Mitverantwortung ist meist eine bloße Floskel. Viele haben den Eindruck, es wird ohnehin oben entschieden und unten nur ausgeführt. Wenn dazu kommt, daß der Sinn der geforderten Leistungen nicht eingesehen wird, breiten sich Unlust und Interessenlosigkeit aus. Diese Erfahrungen aus dem profanen Bereich sollten uns zu denken geben. Wir alle wissen, daß Appelle allein niemanden zur Mitarbeit bewegen. Was bewegt, ist eine gute Sache, die Einsicht in den Sinn eines Tuns. Was im Engagement bestärkt, sind gute Erfahrungen, die man bei diesem Tun sammeln kann. Ehe wir uns über mangelnde Laieninitiative beklagen, sollten wir einmal still Gewissenserforschung betreiben. Ich bin der Überzeugung, daß manche Schwierigkeiten in der Zusammenarbeit zwischen Priestern und Laien auf einen falschen priesterlichen Leitungsstil zurückgehen und wenig mit der Interesselosigkeit der Gläubigen zu tun haben (die es freilich auch gibt).

Auch hier kann ich nicht auf alle Fragen einer modernen Menschenführung im partnerschaftlichen Stil eingehen. Ich bin auch kein Fachmann dafür. Ich kann mir nur denken, daß wir vermutlich in der Kirche auch ein wenig davon lernen müssen, wie die Laien im weltlichen Bereich auf ihre Verantwortung hin angesprochen werden. Ob unsere Räte zum Teil nicht auch daran scheitern, daß wir manche Spielregeln des Umgangs mit solchen Gremien noch nicht beherrschen?

Es wird heute meist über mangelnde Mitarbeit im Gemeindeleben geklagt. Ich möchte daher einige Grundregeln für die Gewinnung und Erhaltung von ehrenamtlichen Laienaktivitäten im Gemeindeleben zur Diskussion stellen:

1. Das Ansprechen des einzelnen unter vier Augen für einen konkreten Dienst hilft mehr als Werbung von der Kanzel.
2. Ein Laienchrist ist eher bereit, eine Aufgabe zu übernehmen, wenn diese klar begrenzt ist, sowohl in sachlicher als auch in zeitlicher Hinsicht. Der Betroffene muß überschauen können, worauf er sich einläßt. Es muß auch für ihn eine Möglichkeit des ehrenvollen Rückzugs geben.
3. Bei der Gewinnung von ehrenamtlichen Helfern sollten wir die Neigung und Eignung der Betroffenen beachten. Was man gern tut, tut man intensiver und länger.
4. Jede Mitarbeit sollte dankbar anerkannt werden, auch wenn sie nicht vollkommen ist. Auch uns muß manchmal die Gemeinde den guten Willen anrechnen und nicht die gelungene Leistung!
5. Wo Eigenständigkeit des Laienengagements sinnvoll ist, sollte sie echt gewährt werden. Wir müssen ein feines Gespür dafür entwickeln, wo die Grenze zwischen Hilfestellung und Gängelei ist.
   Es gibt sicherlich Mitarbeit, die ständiger Begleitung des Priesters bedarf, etwa der Dienst des Diakonatshelfers, die Mithilfe von Laien bei der Katechese im Sinne der Gemeindekatechese; anderes wird eher vertragen, daß der Priester nur anregt,

ohne selbst kompetent für die Sache zu sein, etwa der Dienst auf kirchenmusikalischem Gebiet oder im Diakoniebereich, bei Baufragen oder Fragen der Fest- und Feiergestaltung und anderem.

6. Sekundäre Störungen bei der Mitarbeit sind auszuräumen, z. B. der Einfluß einer Haushälterin, die sich zwischen Pfarrer und Gemeindehelfer schiebt, oder der falsche Trend beim Pfarrer, immer sofort über alles informiert sein zu müssen.
7. Wer einen Dienst übernommen hat, muß dafür auch befähigt werden. Ich denke hier etwa an solche Dienste wie Kantoren, Lektoren, katechetische Helfer, Gruppenleiter u. a. Manchmal genügt eine einfache Einführung, manchmal ist aber eine besondere Qualifizierung angebracht.
8. Der Helfer sollte Gelegenheit haben, seine Erfahrungen mitzuteilen oder mit anderen auszutauschen. Auch Jesus ließ seine Jünger nach der Rückkehr berichten! Interessieren wir uns z. B. dafür, wie manche mit bestimmten Dingen zurechtkommen, was sie dabei erleben und erfahren?
9. Ehrenamtliche und hauptamtliche Mitarbeit bedarf ständiger Erneuerung der Motivationen. Die Helfer müssen wissen: Warum tun wir das eigentlich? Welchen Sinn hat das für den Gemeindeaufbau? Die seelsorgliche, geistliche Begleitung unserer Helfer ist eine wichtige Aufgabe für uns Priester.
10. Die Helfer sollten in das pastorale Gespräch mit dem Priester einbezogen werden. Wenn wir unsere Sorgen und Anliegen in die Gemeinde hineintragen, werden sie auch von den Gläubigen mitgetragen.
11. Schließlich bedarf jeder Dienst ständiger Ermutigung. Eines der ältesten Verben für die Tätigkeit des Vorstehers ist das Wort „zureden" (1 Thess 5,12: „Wir bitten euch, Brüder, anerkennt diejenigen, die unter euch arbeiten, die euch im Herrn vorstehen und euch gut zureden"). Auch wir selbst bedürfen solch guten Zuspruchs immer wieder. Unsere Laienchristen vermutlich noch mehr! Ein gutes Wort des Dankes, der Anerkennung, der Ermutigung zur rechten Zeit vermag viel.

Wenn wir uns umschauen in unseren Gemeinden, so dürfen wir dankbar sagen: Es gibt sehr viele gutwillige Mithilfe. Ohne sie könnten wir vermutlich unseren Dienst nur schwer ausüben. (Bischof Hugo bat einmal einen Priester einer kleineren Gemeinde, er solle alle ehrenamtlichen Helfer seiner Gemeinde am Nachmittag einladen. Der Pfarrer mußte alle einladen!) Aber es hängt auch viel, sehr viel vom Priester ab, ob es Mithilfe in der Gemeinde gibt. Der Heilige Geist gibt zwar Charismen, aber ersetzt nicht die Spielregeln, die bei einem guten Leitungsstil zu beachten sind, unseretwegen außer Kraft.

5. These: Je näher hauptamtliche kirchliche Mitarbeiter den Grundvollzügen des kirchlichen Lebens stehen, desto mehr bedürfen sie einer besonderen Führung und Stützung

Was wir in These 4 ausführten, hat sicher auch weithin Geltung für den Umgang mit unseren *hauptamtlichen* Laienmitarbeitern. Doch möchte ich zu dieser Gruppe noch ein besonderes Wort sagen.

Ich halte die hauptamtlichen Laienmitarbeiter im Dienst der Kirche für eine besonders gefährdete Menschengruppe, und zwar „gefährdet" in verschiedener Hinsicht:

1. Im Innenraum der Kirche erhalten sie stärkeren Einblick in menschliche Schwächen und Unzulänglichkeiten der konkreten Kirche. Die Gefahr des Ärgernisnehmens ist für sie größer als für normale Christen.
2. Der kirchliche Dienst kann (übrigens auch uns Priestern) von den gesellschaftlichen Realitäten isolieren und so zwischen den Gläubigen und kirchlichen Angestellten eine Kluft aufreißen. Mancher unserer Laienmitarbeiter mußte das schon hören: „Der hat gut reden ..." „Was hat die schon auszustehen ...!"
3. Hauptamtliches kirchliches Engagement, zumindest im engeren Bereich der Seelsorge, ruht meistens auf einer geistlichen Grundentscheidung auf, die mit der Zeit verblassen kann. Unsere Seelsorgehelferinnen, Fürsorger, Altenpfleger, Gemeindekatecheten, unsere Referenten und manche andere sind in den kirchlichen Dienst eingetreten, weil sie damit der Kirche und damit letztlich Christus dienen sollten. Die Berufskrise bei den Seelsorgehelferinnen z.B. hat meines Erachtens mit ihren Grund in der oftmals schwindenden geistlichen Verankerung dieser besonderen Form des Laienapostolats, für die die Kirche sogar eine Sendung ausspricht, also nicht nur eine Beauftragung.

4. Schließlich sind hauptamtliche Laienmitarbeiter doch, ob wir wollen oder nicht, weithin vom zugeordneten Priester abhängig. Diese Abhängigkeit ist besonders stark bei Frauenmitarbeitern. Bei technischen Laiendiensten ist die Zuordnung zum Priester oft kein besonderes Problem; sie wird aber dort oft schwierig, wo Laien im engeren pastoralen Feld mitarbeiten. Wo hört die notwendige Zuordnung zur priesterlichen Autorität als Garant der Einheit des kirchlichen Handelns auf, und wo fängt Gängelei an, falsche Abhängigkeit von Eigenarten und Eigensinnigkeiten des Priesters, überzogene Gehorsamserwartungen, die die Eigenverantwortung der Mitarbeiter tangieren, ja seine menschliche Entfaltung behindern? Das sind Probleme, mit denen die Kirche vermutlich bis zum Ende dieser Weltzeit kämpfen muß. Mir ist klar, daß hier auch keine bischöflich verordneten Papiere helfen und auch Priesterräte und sonstige Gremien nur wenig ausrichten können. Aber es ist schon viel, wenn wir als Priester diese besonderen Gefährdungen unserer hauptamtlichen Laienmitarbeiter zur Kenntnis nehmen.

Aber können wir hier auch etwas tun?

Ich möchte mich auf einige Bemerkungen beschränken, die mehr den geistlichen Bereich betreffen. Wenn wir uns einig sind, daß unsere Mitarbeiter in der Seelsorge, in der Caritas, in der Fürsorge, in den kirchlichen Häusern und in der Verwaltung in besonderer Weise einer Zuwendung des Priesters bedürfen, würde ich auf folgende Aufgaben aufmerksam machen:

1. Wir sollten uns bemühen, den dienstlichen Umgang miteinander in geistliche Atmosphäre einzubetten. Daß dies nicht krampfhaft geschehen darf, ist klar. Doch ist es schlecht, wenn ein Priester mit seinen Mitarbeitern niemals gesondert (!) betet oder die Schrift meditiert. Auch das in eine dienstliche Angelegenheit einfließende geistliche Wort, das an die Gegenwart Christi erinnert, an die Macht Gottes oder die Kraft des Geistes, hilft, die Tiefendimension des pastoralen Tuns im Alltag zu bewahren. Und es schadet nicht, wenn wir uns selbst ein solches geistliches Wort von unseren Laien zusprechen lassen. Daß solche geistliche Atmosphäre dort am überzeugendsten geschaffen werden kann, wo der Priester nur am eigenen geistlichen Leben Anteil zu geben braucht, sei nur am Rande vermerkt.
2. Wir sollten uns bemühen, das persönliche Gespräch mit unseren Mitarbeitern zu suchen. Der Mitarbeiter muß sich von uns

menschlich angenommen wissen. Das schließt keineswegs Konsequenz in den dienstlichen Anforderungen aus. Das Wort unter vier Augen oder die außerdienstliche Begegnung sind Stellen, wo dienstliche Spannungen menschlich erträglich werden. Dort werden wir vielleicht auch von Lebensnöten des Mitarbeiters erfahren, die uns seine Situation besser verstehen lassen.

3. Dankbar schließlich sollten wir sein, wenn Mitarbeiter in einer bestimmten Spiritualität geistliche Beheimatung finden. Es ist letztlich ein Segen, wenn unsere kirchlichen Angestellten spirituell geprägt sind. Ich sehe in aller Nüchternheit, daß jede Spiritualität auch ihre speziellen Gefährdungen hat. Aber ist das ein Grund, sich über konkrete Formen einer Laienfrömmigkeit herablassend zu äußern? Letztlich kann jeder in seiner Spiritualität auch wachsen, er kann darin zu katholischer Weite gefördert werden. Wäre das nicht gerade auch unsere Aufgabe? Täuschen wir uns nicht: Auch die Laien im kirchlichen Dienst leben geistlich nicht nur von ihrem Dienst. Manche Seelsorgehelferin, die hier keine geistliche Bindung hat, ist mir da ein Problem! Unsere Laienmitarbeiter brauchen auch den, der ihnen diesen Dienst deutet und ihnen unter den Alltagsverkrustungen der Routine den Sinn ihres kirchlichen Engagements immer neu erschließt. Eine geprägte Frömmigkeit, eine geistliche Gruppierung, die beheimatet und Halt gibt, kann da ein Segen sein.

Wir haben miteinander über Fragen der Mitarbeit der Laien im Gemeindeleben nachgedacht. Sie werden nun sagen: „Also hängt es doch letztlich wieder an uns Priestern!?“ Ich möchte antworten: „Ja und nein.“

„Ja“, insofern wir mit unserem Weihecharisma selbst voll gefordert sind. Die Weihe verhindert, daß wir es uns in der Kirche bequem machen können. Ohne unser volles Engagement wird Gemeindeleben nicht möglich sein, auch wenn alle Räte bestens funktionieren.

„Nein“, es hängt letztlich nicht alles an uns Priestern, insofern wir Glaube, Hoffnung und Liebe nicht bei den Gläubigen produzieren müssen. Der Geist Gottes wirkt das Fundament des Christseins ganz allein. Das zu erleben, auch hier bei uns, in dieser materialistischen Umwelt, ist ein Wunder. Darum ist mir nicht bange, daß wir als Priester einmal allein dastehen könnten. Es liegt zwar viel an uns, aber wir liegen zusammen mit unseren Brüdern und Schwestern im Laienstand in der Hand Gottes. Und das macht uns bei aller Schwachheit stark und zuversichtlich.

* Vortrag auf den Priesterkonferenzen in Erfurt und Heiligenstadt im Oktober 1982

„Gemeinde im Plural konjugieren“

An alle Priester und Diakone im Bereich des Bischöflichen Amtes Erfurt-Meiningen

Liebe Mitbrüder im Priester- und Diakonenamt!
Am 17. Januar 1984 sind es 3 Jahre her, daß Bischof Hugo von Gott in die Ewigkeit gerufen wurde und ich in die volle Verantwortung des bischöflichen Amtes eintrat. Ich möchte dieses Datum zum Anlaß nehmen, in einem persönlichen Brief Euch einige Gedanken vorzulegen, die mich im Blick auf meinen Dienst und unseren gemeinsamen Auftrag bewegen.

Für mich selbst waren die vergangenen drei Jahre reich in vielerlei Hinsicht. Zunächst einmal gab es Erfahrungen, die mich dankbar machen – und diese überwiegen alles andere. Ich nenne dabei die von Euch erfahrene Konfraternität und Treue an erster Stelle. Mein Dienst hat mich inzwischen wohl mit jedem von Euch in näheren Kontakt gebracht. Nicht jede Begegnung erlaubt es, das auszusprechen, was hinter allem Dienstlichen, Geschäftsmäßigen und manchmal auch Ärgerlichen von mir als fundamentale Erfahrung gemacht wurde: Die Einheit des Presbyteriums und Diakoniums mit dem Bischof in unserem Raum ist keine leere Floskel. Gerade die Begegnungen mit älteren Mitbrüdern, die sich mit Recht auf ihre größere seelsorgliche Erfahrung berufen können, zeigen mir, daß Ihr im Bischof dem Herrn treu sein wollt, der uns alle in seinen Dienst gerufen hat. Das ist für mich Grund zur Freude und zur Demut zugleich.

Daneben gab und gibt es freilich auch manche bitteren Erfahrungen. Ich darf sie hier so offen nennen, weil ich weiß, daß sie Euch ebenso bedrücken. Da sind die aus dem priesterlichen Dienst ausgeschiedenen Mitbrüder, zwei davon aus meinem Weihekurs. Da sind Erfahrungen der Hilflosigkeit angesichts des weiten pastoralen Arbeitsfeldes und des Mangels an nachwachsenden Priestern. Da sind Bitterkeiten, die aus eigenem Versagen und Ungeschicklichkeiten, aber auch aus Mißverständnissen und falschen Unterstellungen erwachsen, gegen die wir uns alle bekanntlich oft nicht wehren können oder wollen. Da sind unnötige und belastende Streitigkeiten in den Gemeinden, besonders solche zwischen Priestern und hauptamtlichen Mitarbeitern. Da sind aber auch die Spannungen zu nennen, die uns unsere Umwelt zu tragen aufgibt. Und hier habt Ihr in der konkreten Seelsorge sicher einen größeren Lastanteil zu tragen als der Bischof. Ich nenne nur einige von diesen Lasten:

Die Erfahrung der scheiternden Ehen in den Gemeinden; die lockere Handhabung des Sonntagsgebotes bei vielen Gläubigen; das schweigende Wegbleiben der Jungen und Mädchen im Jugendalter, um die wir uns so gemüht haben; dazu kommt das Fehlen von wirklich selbstlosen Helfern, manchmal hinein bis in die Alltäglichkeit des eigenen Haushaltes oder die Sorge um den warmen, sauberen oder trockenen Kirchenraum u. a. m. Nicht zuletzt kommt noch dazu, daß Euch der Bischof eine Perspektive zumuten muß, die uns auf den ersten Blick erschreckt. Ich nenne nur die Stichworte „zusammenlegen", „zusätzlich übernehmen", „konzentrieren". Kein Wunder, daß manche Mitbrüder an ihren Stellen sich etwas ängstlich ausrechnen, was da unter Umständen noch auf sie zukommen kann. Wer wollte leugnen, daß diese Sorgen uns nicht alle bedrücken und den ohnehin nicht leichten seelsorglichen Alltag noch schwerer machen.

Ich habe auf diese belastenden Erfahrungen letztlich auch nur die Antwort, die Ihr alle selbst im Glauben auch wißt und die Paulus so formuliert hat: „Von allen Seiten werden wir in die Enge getrieben und finden doch noch Raum; wir wissen weder aus noch ein und verzweifeln dennoch nicht; wir werden gehetzt und niedergestreckt und doch nicht vernichtet" „... so wird deutlich, daß das Übermaß der Kraft von Gott und nicht von uns kommt" (2 Kor 4,8f.7). Die folgenden Überlegungen wollen also nicht so verstanden werden, als lösten sie das Grunddilemma unseres Dienstes, der immer Dienst in der Nachfolge eines gekreuzigten, d. h. äußerlich gescheiterten Herrn sein wird. Aber ich meine, daß innerhalb der eben genannten Grundüberzeugung, die unsere Hilflosigkeiten in das Kreuz Jesu einordnet und von daher effektiv sein läßt, noch manches andere gesagt werden kann. Es wäre vermessen, immer und sofort mit dem Kreuz Jesu zu operieren, wo vielleicht von uns ein Umdenken gefordert wird, das u. U. schmerzlich ist. Ich möchte Euch deshalb einladen, mit mir einige Aspekte unseres Dienstes zu bedenken, von denen ich meine, daß sie uns trotz der genannten Schwierigkeiten Hoffnung geben können.

Wir erleben heute eine merkwürdige Ambivalenz der Menschen gegenüber dem Phämomen „Religion". Einerseits erfahren wir das Zerbrechen von Traditionskirche mit all seinen schmerzlichen Folgen, aber andererseits begegnen wir vereinzelt, aber zunehmend, einem neuen – freilich oft unbestimmten – Interesse an Gott und Kirche. Ich möchte meinen, daß der Geist Gottes gerade die Kirche unseres Landes Erfahrungen machen läßt, die für die Universalkirche wegweisend sein könnten. In gewisser Hinsicht, wenn wir an die noch lange nicht ausgeschöpften Möglichkeiten eines militanten Atheismus bzw. schlaffmachenden Materialismus denken, könnte der Geist Gottes uns Wege führen, die wir als „Vorhut" für die ganze Kirche zu beschreiten haben. Ich deute manche der eingangs genannten Erfahrungen als Drängen des Geistes, der uns „munter" machen möchte, also nicht vordergründig als Grund zu Klage und Resignation. Dazu berechtigt allein die schlichte Glaubenseinsicht, daß es für uns keine Zufälle gibt, sondern letztlich Fügungen, die zu uns sprechen wollen.

Laßt mich meine „Prognose" in folgende Grundthese fassen:

Die christlichen Gemeinden der Zukunft in unserem Land werden solidarische Bruderschaften mit geistlichem Engagement und überlegenem Wertbewußtsein sein. Dieses Gemeindebild wird sich nicht unbedingt mit dem bekannten und vertrauten Bild der Traditionskirche decken, das wir (noch) gewohnt sind. Damit wird auch für den Priester ein Umdenken hinsichtlich des Erscheinungsbildes seines Dienstes notwendig. Laßt mich das in einigen Sätzen entfalten.

1. Wir erleben immer stärker, daß der christliche Glaube „personengebunden" weitergegeben wird. „Neuer" Glaube entzündet sich an einem „Zeugen" des Glaubens, der aus verschiedenen Gründen für den Katechumenen in der Symbiose seiner Menschlichkeit und Christlichkeit überzeugend ist – im Grunde eine urchristliche Erfahrung, die nur durch die Massenkirche ein wenig verdeckt wurde, obgleich sie auch dort wirksam war. Der Glaube eines Bezugschristen als Heimstätte und Quellort einer anziehenden Humanität und befreiten Personalität ist für die säkularisierten Zeitgenossen oft der einzige Einstieg in eine durchtragende christliche Existenz. Das gilt auch mehr und mehr für die Weitergabe des Glaubens in unseren christlichen Familien. Diese Erfahrung soll uns also nicht erschrekken, sondern trösten und ermutigen: Es gilt heute wieder neu das Grundgesetz, das eigentlich immer für die Glaubensweitergabe gültig war.

2. Dort, wo es zu einem (Neu-)Anfang im Glaubensleben gekommen ist, wird häufig bewußt die weitere Bindung an den Glaubenszeugen bzw. an andere Christen gesucht. Das ist letztlich auch notwendig. Freundeskreise, Spiritualitätsgruppen, „Familiengemeinden", berufsspezifische Gruppen u. a. werden darum innerhalb der territorialen Großgemeinde an Bedeutung gewinnen. Wir Priester sehen das u. U. nicht gern, weil wir meinen, wir müßten die Übersicht behalten. Sicherlich müssen wir den Gruppen und Personalgemeinden ihre katholische Weite erhalten. Aber wir können ihnen unmöglich allen persönlich präsent sein. In den größeren Gemeinden geht das ohnehin nicht. Wir haben diese Kreise vielmehr „inhaltlich" auf die Substanz einer christlichen Existenz hinzuorientieren, was vornehmlich geschieht durch eine sach- und situationsgerechte Verkündigung in Predigt und Katechese (können unsere Gläubigen von unserer Predigt wirklich „leben"?) und eine Eucharistie- bzw. Sakramentenmystagogie, die liturgisch „erfahrbar" macht, wovon wir reden. Diese beiden Aufgaben sind wichtiger als die priesterliche Omnipräsenz, die unsere Pastoral oft so „überanstrengt" macht.

3. Inhaltlicher Schwerpunkt einer Verkündigung in der säkularisierten Umwelt wird die paradoxe Kreuzesbotschaft mit ihrem „Flaschenhals-Prinzip" (C. S. Lewis) sein. In der Selbstaufgabe des „Eigenruhmes" ist das Leben durch Christus gewonnen worden und immer neu in seiner Nachfolge zu gewinnen. Diese „Engführung", dieser „Flaschenhals", muß begriffen und durchschritten werden. Dann öffnet sich das Feld der christlichen Freiheit mit all seinen Überraschungen. Die christliche Freiheit wird sich konkret äußern im Ideal einer alternativen Lebensweise, die sich von allen Zwängen des Milieus löst und jedem Konsum- und Karrieredenken entsagt; ferner in der Fähigkeit, inmitten der Profanität zur Anbetung des transzendenten Gottes vorzustoßen und so den Absolutheitsanspruch des Profan-Politischen als Deformation des Humanum zu entlarven. Das alles wird zu einem wenn auch demütigen, aber dennoch überlegenen Wertbewußtsein der Christen führen („Ich kann es mir leisten, ein Christ zu sein!"). Anzeichen dafür sind m. E. schon zu erkennen.

4. Unsere Ortsgemeinden werden mehr und mehr Beheimatung für unterschiedliche Gemeindeglieder sein müssen, von denen nicht in gleicher Weise volle Identifizierung mit der Kirche erwartet werden kann. Um die Kerngemeinde mit ihren personalisierten

Gruppierungen werden sich (auch in Zukunft) die „Verbraucherchristen“ scharen, die auf ständige „Versorgung“ angewiesen sind und unsere Zeit oft über Gebühr beanspruchen, ferner die „Randchristen“ und „Halbgläubigen“ in unterschiedlichsten Schattierungen, von „Nikodemuschristen“ angefangen, die nur „nachts“ kommen, bis hin zu „Johanneschristen“ (vgl. Apg 19,2f), die noch nichts vom Heiligen Geist gehört haben, und schließlich Sympathisanten und Neugierige, die sich irgendwo anhängen und sich ebenso locker wieder absetzen. Das ist für uns Priester oft schwer zu ertragen. Aber wir sollten es hier mit Lk 8,44 halten. Manchmal kann auch eine einmalige Berührung des Herrn heilen.

5. Ein beträchtliches Umdenken wird uns die stärkere Fluktuation der Christen und deren unterschiedliche Wohnsituation abverlangen. Unsere Ortsgemeinden werden in Zukunft noch durchlässiger werden. Das erfordert von uns ein „großräumiges“ Denken, das gezielt die Pastoration eines größeren Gebietes im ständigen Kontakt mit den Mitbrüdern und Mitarbeitern angeht und auch stärker die „Beweglichkeit“ der Gläubigen herausfordert. Ich möchte das an zwei Punkten konkretisieren.

a) Ich schlage vor, über den Begriff „Außenstation“ neu nachzudenken. Das Wort „außen“ ist manchmal irreführend. Ich erlebe auf mancher Kleinst-Station u. U. mehr christliches „Innen“ als in der dazugehörigen Hauptpfarrei. Was heißt hier „außen“, was heißt „innen“? Als technisch-räumliche Begriffe mögen diese Bezeichnungen ihre Gültigkeit haben – aber nicht als Klassifizierung des Qualitätsanspruchs.

– Es gibt Stationen, die (um eine Bezugsperson geschart) echte „Kleinstgemeinden“ im oben beschriebenen Sinn darstellen. Ihr Kennzeichen ist es, daß sie nicht nur die Messe „konsumieren“, sondern miteinander „die Messe leben“ – also z. B. auch miteinander ein kleines Gemeindefest auf die Beine bringen oder z. B. einen atheistischen Ehepartner „neugierig“ machen können für das, „was da in der Kirche los ist“.
– Oder es gibt „draußen“ ein oder zwei christliche Familien, also eine „Hausgemeinde“, um die sich verstreut lebende Christen sammeln lassen.
– Ferner gibt es auf den Dörfern die voneinander isoliert lebenden, meist älteren Christen, die bei ihren ungläubigen Kindern wohnen und von der Stadt aus sakramental „versorgt“ werden müssen.

– Schließlich gibt es in den Urlaubsgegenden unseres Gebietes Stationen, an denen sich nur in der Ferienzeit eine liturgiefähige Gemeinde versammeln kann.

„Außenstation“ ist also nicht gleich „Außenstation“. Die „Kleinstgemeinde“ kann nicht einfach mit der Stadtgemeinde „zusammengelegt“ (wohl aber in der Betreuung koordiniert und im Zusammengehörigkeitsgefühl mit der Hauptgemeinde bestärkt) werden. Und die „Hausgemeinde“ braucht vielleicht eher als die Messe den festlichen Besuch des Priesters, vielleicht zum 3. Weihnachtsfeiertag oder zum Geburtstag des „Hausvaters“ in der großen Familienrunde (?), und dazu die Ermutigung, sich ihrerseits in der Stadtgemeinde personal (!) einbinden zu lassen. Unsere „Schnell-Messen“ auf den vielen Stationen sind m. E. pastoral ineffektiv und bergen die Gefahr der geistlichen „Abnutzung“ in sich. Ich sehe einige Mitbrüder hier die Stirn runzeln, aber ich vertraue darauf, daß sie mein Anliegen verstehen und es nicht per excessum ad absurdum führen wollen (was sicherlich leicht geht).

In diesem Zusammenhang möchte ich noch ein Wort an die Mitbrüder richten, die im katholischen Gebiet zwei oder mehrere Gemeinden zu betreuen haben, in denen vorher zwei Priester wirkten. Hier ist der „Erwartungsdruck“ der Gläubigen auf den Priester oft recht groß. Es sollen möglichst alle seelsorglichen Dinge so weiterlaufen wie bisher. Das Verständnis dafür, daß bei einem größeren Arbeitsfeld notwendig der priesterliche Dienst für die Einzelgemeinde reduziert werden muß, ist oft nicht vorhanden. Es wird auch wenig Bereitschaft aufgebracht, sich u. U. auf den Weg in die Nachbargemeinde zu begeben, obwohl das Auto in der Garage steht.

Hier muß eine geduldige, anhaltende Umerziehungsarbeit einsetzen. Das wird mit einer PGR-Sitzung nicht zu schaffen sein. Unsere Eichsfeld- und Rhöngemeinden müssen (wieder?) lernen, daß zum katholisch-Sein auch „Beweglichkeit“ (sowohl im echten wie auch übertragenen Sinn des Wortes) gehört. Auch auf die Gefahr hin, hier einzelne vor den Kopf zu stoßen, müssen wir liebevoll (!) zur Einsicht hinführen: Der Glaube ist mehr als das „Dorfgefühl“ und der Gottesdienst ist auch „Dienst“ und nicht nur Serviceleistung der Kirche, die sich in allem den eigenen Bedürfnissen und Wünschen unterzuordnen hat. Wir tun dem Evangelium und der Zukunft der Kirche in unserem Land keinen Gefallen, wenn wir uns einfach hinsichtlich unseres priesterlichen Einsatzes allen Ansprüchen beugen. Hier sollten wir unsere Gläubigen ermutigen, wieder an der Eigenständigkeit früherer Gemeindegenerationen anzuknüpfen, die ohne Konzil und Rätesystem beachtliche Laienaktivitäten entwickelt hatten – vielleicht gerade deshalb, weil sie nicht so gut „betreut" waren wie heute.

b) Ein anderer konkreter Punkt wäre z. B. für mich die Bereitschaft, pfarrei- bzw. kuratieübergreifend zu denken und zu handeln. Ich wage die Behauptung, daß wir davon schon 20 Jahre lang reden, aber es noch immer nicht (ausreichend) tun. Es ist eine Binsenwahrheit, daß jeder Garten seinen Gärtner voll beschäftigt – und wenn der Garten noch so klein ist. Kann ich aber z. B. zusehen, daß ein Mitbruder im Dekanat von den Aufgaben in seinen Krankenhäusern und Altersheimen oder in seinem Neubaugebiet erdrückt wird, während ich alle möglichen Stationen mit Messen versorge? Ist es richtig, daß ich mein spezielles Talent für einen besonderen Dienst (z. B. Brautleute-Seminar, Unterricht für Taufbewerber, Vortragsdienst u. a.) vergrabe, bloß weil es in „meinem" Pfarrgebiet nicht gefragt ist? Kann ich es verantworten, den Besinnungstag für die Jugend abzulehnen, wenn der ältere Mitbruder in der Nachbarschaft mich darum bittet (er sollte freilich auch darum bitten) usw.? Nicht alles kann das Bischöfliche Amt bei der Verteilung der personellen Kräfte bedenken. Vieles (z. B. Entfernungen, Winterprobleme, Raumfragen, Gesundheit und Eignung der Mitarbeiter) kann nicht von Erfurt aus immer richtig eingeschätzt werden. Ich muß darauf vertrauen, daß die Mitbrüder im Dekanat, in den pastoralen „Großräumen" (zusammen mit den Laienmitarbeitern) ihre Gemeinden im Plural „konjugieren", also nicht sagen: „meine Pfarrei", sondern „unsere Pfarreien". Wenn wir das echt wollen, finden wir auch neue Wege und Möglichkeiten. Ich weiß freilich auch, daß manches, was der Bischof sich denkt, wirklich nicht geht! Doch sollte anderes einen Versuch wert sein, auch wenn wir dabei Neuland betreten.

Im übrigen laßt mich zum Schluß meine feste Überzeugung zum Ausdruck bringen, daß sich dem Evangelium hier bei uns zusehends neue Türen auftun. Ob Paulus in Ephesus nur fromme Gottesfürchtige zu pastorieren hatte? Sicherlich nicht. Dennoch sah er eine „Tür“ offen (vgl. 1 Kor 16,9, besonders auch den 2. Halbsatz!). Die Tiefenwirkung unserer Seelsorge läßt sich nicht in Zahlen ausdrücken. Wenn wir nur glauben, was wir verkünden, und wenn wir leben, was wir glauben, brauchen wir uns über die Ausstrahlungskraft des Evangeliums keine Sorge zu machen. Darum schaue ich trotz aller Probleme und Sorgen voll Zuversicht auf die Kirche in Thüringen, im Eichsfeld und in der Rhön. Vergessen wir nicht das gute Wort von Bischof Hugo: „Auf dieses herrliche Land ist mein Los gefallen“ (Ps 16,6). Die Liebe zu diesem Land und seinen Menschen wird uns von allein in heilsame, missionarische Unruhe versetzen.

Mit der Bitte um euer anhaltendes Gebet für den Bischof und seine Mitarbeiter grüße und segne ich Euch alle von Herzen.

Von der Schwierigkeit, den eigenen Glauben zum Beruf zu machen

Sechs nachdenkliche Sätze für Frauen und Männer im Seelsorgsdienst.*

Der Seelsorgsberuf im hauptamtlichen Dienst der Kirche ist nicht ein Beruf wie jeder andere. Damit ist nicht gesagt, daß nicht auch andere Berufe vom Menschen mehr als fachliches Wissen und Können verlangen. Viele Berufe, besonders solche, die sich direkt um Menschen mühen, wie etwa die sozialen oder medizinischen Berufe, leben vom existentiellen Engagement derer, die sie ausüben. Dennoch bleibt eine Besonderheit beim Beruf des Seelsorgers: Er macht seinen eigenen Glauben, den er mit vielen anderen teilt, zum Beruf. Oder umgekehrt: der Glaube wird zur innersten Mitte dessen, was bei anderen Berufen die Liebe zur Sache oder die Sorge um bestimmte Menschengruppen oder einfach der Zwang zur Sicherung des Lebensunterhalts ausmacht. Das mag eine Banalität sein, doch enthält dieser innere Zusammenhang von Glaube und Berufsarbeit seine spezifischen Schwierigkeiten, die im folgenden einmal angesprochen werden sollen. Das Erkennen solcher Schwierigkeiten ist schon der halbe Weg zur Behebung dieser Nöte. Noch mehr: die spezifischen Spannungen, in die ein auf persönlichem Glauben aufruhender Beruf hineinführt, können geradezu ein Angebot sein, diesem Beruf und seinem Alltag Tiefe und Ausstrahlungskraft zu geben. Man muß einmal den Roman „Der Betrug" von George Bernanos gelesen haben, um zu ermessen, in welche Spannungen ein Seelsorger kommen kann, dem plötzlich die innerste Mitte seines Dienstes, der Gottesglaube, verlorengeht. Zugegeben: glauben können ist Gnade, aber dennoch dürfen und sollen wir uns mühen, empfangsbereit für dieses Geschenk zu sein. Wer seine Taschen nicht aufhält, dem können sie nicht gefüllt werden. So verstehe ich die nachfolgenden Ausführungen. Sie wollen nicht nur auf unsere berufsspezifischen Nöte aufmerksam machen, sondern auch die Chancen zeigen, die gerade in der Annahme und Bewältigung dieser Nöte liegen.

* Vortrag vor Seelsorgehelferinnen und Katecheten am 15. 3. 1989 in Erfurt

1. Satz: Wir Seelsorger möchten gern wie Menschen anderer Berufsgruppen als Spezialisten anerkannt sein – und dürfen anderen Mutter und Schwester, Vater und Bruder im Glauben werden.

In heutiger Zeit Seelsorger zu sein, hat etwas Anachronistisches (dem Zeitgeist Widersprechendes) an sich. Modern ist heute das Spezialistentum. Das findet Respekt und Anerkennung: Etwas von einer Sache verstehen, möglichst alles von ihr verstehen! Dieses Überlegenheitsgefühl möchten wir gern auch mit anderen Berufen teilen: „Hier können Sie mir nichts vormachen!" „Hier weiß ich Bescheid!" Sofort rückt alles ehrfurchtsvoll zur Seite. „Er hat das studiert, er ist Fachmann!"

Hermann Lins hat jüngst in einem lesenswerten Artikel („Studiertes und Probiertes auf dem Weg ins Pfarramt", in: Amtsblatt der Evang.-Luth. Kirche in Thüringen 1988, 54–58) geschrieben: „Der Pfarrerberuf hat etwas Archaisches wie der der Mutter. Er umfaßt das Ganze des Lebens. Er ist nicht so wie andere Berufe durch Spezialistentum verengt" (54). Das gehört zur Schönheit, zum Reichtum des seelsorglichen Dienstes. Es gibt kaum ein Talent, kaum eine Fähigkeit, die dem Seelsorger nicht nützlich sein könnte. Damit ist nicht spezielles Fachwissen oder Zusatz(aus)bildung für den Seelsorgsdienst verketzert. Nur, solche Spezialausbildung prägt nicht die Mitte unseres beruflichen Tuns (wenn man nicht gerade Dozent für Neues Testament werden will). Als Seelsorger dürfen wir für die uns anvertrauten Menschen mehr sein als Spezialisten. Wir dürfen ihnen als Pfarrer, Kapläne, Seelsorgehelferinnen und Katecheten, Mütter und Schwestern, Väter und Brüder auf dem Lebens- und Glaubensweg werden. Das scheint wenig, ist aber viel. Dazu sollten wir bewußt Ja sagen, im demütigen Wissen, daß manche anderen Menschen bessere Fachleute sind, etwa in Pädagogik oder Jugendpsychologie. Wir dürfen unsere Leute, die Kinder, die Jugendlichen, die Menschen, die uns im Dienst begegnen, liebgewinnen. Wo ein Psychologe aufsteckt oder ein Pädagoge verzweifelt, dort fängt eine gute Mutter, ein guter Vater erst richtig an. „Liebgewinnen ist das erste Gebot der Pastoral" (H. Lins, 54).

2. Satz: Wir Seelsorger möchten manchmal gern „dienstlich" und „privat" trennen – und merken, daß uns unser Dienst zu unserem eigenen Heil auch privat nicht losläßt.

Auch das ist eine Not, die sich jeder Seelsorger ruhig eingestehen sollte. In jedem Menschen steckt das tiefe Bedürfnis, manchmal

„nur“ Privatmann zu sein. „Jetzt habe ich frei, ich bin nicht ansprechbar.“ Das geht beim Apotheker, der verweist auf die nächste Apotheke, die Spätdienst hat. Aber geht das bei uns? Natürlich sollen und dürfen wir Freizeit haben. Es gibt so etwas wie eine private Sphäre, die jeder Mensch, auch der Seelsorger, mit Recht haben darf und muß. Dennoch: unser Dienst ist auch hierin unzeitgemäß. Unser Tun als Seelsorger läßt sich nicht auf Stunden fixieren. So wie man nicht stundenweise gläubig sein kann, kann man auch nicht stundenweise Seelsorge betreiben, etwa von Montag bis Freitag oder von Mittwoch bis Sonntag.

Eben das macht wiederum die Schönheit unseres Berufes aus. Der Herr will uns ganz und gar in Beschlag nehmen, nicht um uns „kaputt zu spielen“, sondern um durch uns in ganzheitlicher Weise, auch durch unser ganz persönliches, „privates“ Lebenszeugnis hindurch in die Welt hinein zu wirken. Er kann keine Beamte gebrauchen, die in der Gefahr stehen, „nach Dienstschluß“ nicht ansprechbar zu sein (die ordentlich und menschenfreundlich arbeitenden Beamten mögen mir diesen Vergleich verzeihen).

Man kann sich an dieser Eigenart unseres Berufes wundreiben. Das tut bestimmt der, der jede dienstliche Stellung mit der Frage anfängt: „Wann ist hier mein freier Tag?“, oder: „Steht das auf meinem Dienstplan?“ Es ist eben schwer zu entscheiden, ob die heilige Messe am Werktagmorgen zum Dienst gehört oder nicht, oder ob der Besuch beim Berufskollegen privaten oder dienstlichen Charakter hat. Wenn das Feuer erloschen ist, fängt das Rechnen an (wenngleich der Herr uns auch zum Rechnen angehalten hat, vgl. LK 14,28ff. 31ff).

3. Satz: Wir möchten gern auch in der Seelsorge möglichst schnell Erfolge sehen – und lernen im Durchhalten ohne zu „schauen“ österliche Hoffnung.

Das ist ein verständlicher Wunsch jedes Menschen: Wer sät, möchte auch ernten. Der Herr mutet uns in der Seelsorge meistens zu, die Ernte anderen zu überlassen oder gar Ihm selbst in der Ewigkeit (wenngleich er uns auch manchmal ernten läßt, was andere gesät haben). Den Mangel an sichtbaren Erfolgen für engagierten Einsatz erfahren sicher auch andere Berufe, z. B. Lehrer, Psychiater oder Betriebsleiter. Diese Berufe entwickeln gewisse Mechanismen säkularer Tröstung, die auch uns Seelsorgern nicht fremd sind. Aber wir merken vielleicht noch schneller, wie billig diese Tröstungen sind. Unser missionarischer Auftrag läßt sich nur im Osterglauben durchhalten. Der Herr hat schon gesiegt. Wir brauchen Ihm nicht unter die Arme zu greifen. Auch wenn wir als Saatkorn untergepflügt werden – die Frucht ist unweigerlich am Kommen: in uns, um uns herum, durch uns.

Es lohnt sich, immer neu über das Gesetz des Weizenkorns (vgl. Joh 12,24) im Alltag unserer Berufsausübung nachzudenken. Besser: dieses Gesetz zu durchbeten, es stets von neuem vor dem Kreuzbild des Herrn zu buchstabieren. „Wenn wir Seelsorger in der Presse sind, hat die Gemeinde das Öl davon" (H. Lins, 55). Die Seelsorge wird in geheimnisvoller Weise auch dort effektiv, wo wir Gott unsere Niederlagen und Erfolglosigkeiten anbieten (was nicht heißt, daß wir zunächst einmal alles mit Geschick und Klugheit und Eifer tun sollen, was uns möglich ist). Diese Haltung des Durchhaltens, des „Darunterbleibens" (der Geduld im neutestamentlichen Sinn) bringt uns in die Nähe der Gesinnung Jesu als Seelsorger seines Volkes und seiner Jünger. Für mich sind solche Überlegungen Hilfen, die Hostienschale bei der täglichen Eucharistie zu füllen.

4. Satz: Wir wollen als Seelsorger ständig „positiv" sein und möglichst alle Frustrationen verbergen. Und doch führt vor Gott und den Menschen eingestandener Kleinglaube zu größerer Seligkeit als unangefochtene Selbstsicherheit.

Hier berühre ich einen sehr heiklen Punkt unseres geistlichen Lebens als Seelsorger. Die Väter des frühen Mönchtums nannten eine der Hauptsünden die Geisteshaltung der Azedia, der „Unlust". Wir würden heute sagen: Frust. Mit hintergründigem Humor wurde diese Haltung einem Mittagsdämon zugeordnet. Denn besonders am „Mittag" des beruflichen Wirkens kann einen dieser Dämon packen (ich rechne gerade schnell meine Dienstjahre aus!). Man könnte die mit dem Stichwort Azedia bezeichnete Geistesverfassung so ausdrücken: „Das bringt doch alles nichts. Ich habe keine Lust dazu. Es ist alles so sinnlos. Wenn Sie wüßten, was ich alles schon versucht habe! Das lohnt überhaupt kein Engagement. Mein Leben ist verpfuscht. Wie konnte ich mich nur darauf einlassen ..."

Daß gerade der Seelsorger manchmal heftig von dieser Versuchung der Azedia gepackt wird, hängt wohl mit unserer Aufgabe zusammen, ständig „positiv" sein zu sollen, ständig voranzumarschieren, Zugpferd sein zu müssen. Wer wird da nicht müde? Ich finde jene Episode im Evangelium so menschlich anrührend, in der

Jesus seine Jünger beiseite nimmt und ihnen sagt: „Kommt mit an einen einsamen Ort, wo wir allein sind, und ruht ein wenig aus" (Mk 6,31). Es gibt ein tiefes Bedürfnis in uns, auch so getröstet und gestärkt zu werden.

Gefährlich ist es, wenn wir uns diese geistliche Müdigkeit, diesen partiellen Unglauben nicht eingestehen. Auch Seelsorger dürfen einmal müde sein und quälende Fragen an Gott und ihr Leben haben. Nicht das Faktum solcher Dinge ist gefährlich, sondern eine bestimmte Art, damit umzugehen: nämlich diese Fragen zu verdrängen, sie nicht aufzuarbeiten, sie nicht auszusprechen – allein, vor Freunden, in der Beichte, im Gebet vor Gott. Wir dürfen uns vor Christus geben, wie wir sind. Wir brauchen ihm nichts vormachen. Dieses Wissen erleichtert. Es macht unseren Dienst menschlicher, ehrlicher, gelassener. Wer durch Schuld und Vergebung hindurchgegangen ist, wird zudem noch mehr lieben (vgl. Lk 7,47b).

5. Satz: Wir leiden an verschuldeter (und unverschuldeter) Einsamkeit – und lernen, daß Einsamkeit für fremde Not sensibel und für Gottes Nähe empfänglich macht.

Die Klage des gelähmten Mannes am Teich Betesda „Ich habe keinen Menschen" (Joh 5,7) ist heute weit verbreitet. Auch der Seelsorger, besonders der unverheiratete (aber nicht nur er oder sie), kann Phasen schmerzlicher Einsamkeit erleben müssen. Daran können wir selbst Schuld haben (indem wir uns abschotten und „bedeckt" halten, ohne jemanden an uns herankommen zu lassen), es gibt aber auch eine strukturelle, gleichsam in bestimmten Situationen vorgegebene Einsamkeit, in die ich hineingeführt werden kann wider eigenen Willen, z. B. durch eine Versetzung an eine Stelle ohne Mitarbeiter, „abseits der großen Wege" oder auch durch die Bischofsweihe (!). Es gibt echte Einsamkeit mitten in Geschäftigkeit und Arbeitstrubel. „Viele sind um mich herum da, aber ich habe keinen, dem ich mein Herz ausschütten kann. Ständig soll ich andere tragen, wer trägt mich?" Das sind Fragen der Einsamkeit. Ich denke an Paulus: „Wer leidet unter seiner Schwachheit, ohne daß ich mit ihm leide?" (2 Kor 11,29). Solche strukturelle, durch bestimmte Umstände vorgegebene Einsamkeit ist auch nicht allein durch guten Willen aufzuheben. Sicherlich muß ich immer wieder den Versuch machen, aus meinem eigenen Lebensgehäuse auszubrechen, um anderen zu begegnen, um mit ihnen ein Stück Lebensweg zusammen zu gehen. Der Seelsorgsberuf verlangt nach Weggefährten, nach Freunden, nach Lebensaustausch. Zölibatär leben heißt nicht einsam leben. Der Herr sandte seine Jünger zu zweit aus. Dennoch bleibt bei bestem Mühen wohl auch für den Seelsorger wie für jeden Menschen Einsamkeit eine Realität.

Vermutlich muß das auch so sein. Einsamkeit gehört zu den Erfahrungen, die unserem Tun und Sprechen Tiefe geben. In der Einsamkeit erfahre ich, wie es anderen in ähnlichen Situationen gehen mag. Ich werde auf einmal sensibler und solidarischer für fremde Not, die ich sonst übersehen hätte. So Leidgeprüfte und Leiderprobte unter uns werden manchem Menschen besser helfen können als solche, die da nie ihre Schwierigkeiten hatten. Auferlegte Einsamkeit ein Stück weit aushalten, ohne zu entfliehen und sich zu betäuben, bringt wohl auch in die Nähe des Herrn. Gott spricht ja nicht im Sturm und in Blitz und Donner, sondern im leisen Wehen des Windes (vgl. 1 Kön 19,12f).

6. Satz: Wir nehmen Anstoß an der Menschlichkeit der Kirche, ihrer Ämter, ihrer Institutionen, ihrer Glieder – und entdecken im Gehorsam, der konkret wird, daß unser Glaube doch echt ist und daß eine selbstgewählte Bindung, die reuelos bleibt, uns wirklich frei machen kann.

Die Schwierigkeit unseres Berufes, von der im Thema des Vortrags die Rede ist, macht sich besonders auch in folgendem Umstand bemerkbar: Als Mitarbeiter in der Seelsorge bin ich eingebunden in eine kirchliche Struktur, die aus konkreten Menschen mit all ihren Fehlern und Schwächen besteht. Da gibt es eine kirchliche Behörde mit dem Bischof und seinen Mitarbeitern, da gibt es den Dechanten, den zuständigen Pfarrer, die anderen Mitarbeiter usw. Bei anderen Berufen wird es auch Erfahrungen konkreter Fehler und Schwächen bei Vorgesetzten und Mitarbeitern geben, doch rechne ich da wohl schon im Vorhinein stärker mit bestimmten Defiziten. Anders in der Kirche: Dort verbindet sich die dienstliche Struktur (z. B. ein Unterstellungsverhältnis) mit einem geistlichen Anspruch, der mich nicht nur zu einer oberflächlichen Loyalität verpflichtet, sondern der mich tiefer, im Glauben binden will. So ist verständlich, daß da Erfahrungen menschlichen Fehlverhaltens mich viel stärker treffen als in einem Betrieb, wo ich den Meister oder den Mitarbeiter nach Feierabend vergessen kann.

Ich mache als Bischof die Erfahrung, daß im kirchlichen Bereich dienstliche Konflikte oftmals mit einer überzogen heftigen persönlichen Verbitterung ausgefochten werden. Ob das daran liegt, daß die gegenseitigen Erwartungen (mit Recht) unter uns höher sind als anderswo und die Enttäuschungen dementsprechend tiefer? Es mag auch sein, daß gläubige Menschen manchmal weniger bereit sind, bestimmte Techniken der Konfliktbewältigung zu erlernen und anzuwenden, weil sie meinen, es müsse sich doch alles mit Nächstenliebe und Selbstlosigkeit regeln lassen. Das ist sicher richtig, aber echte Nächstenliebe ist eben auch diplomatisch, und Selbstlosigkeit muß auch um bestimmte psychologische Grundregeln wissen. Es gibt Selbstlosigkeit, die fremde Sünden geradezu provoziert!

Ich stelle einfach die Frage: Woran liegt es, daß ein Konflikt zwischen Pfarrer und Kaplan heute manchmal sofort eine Berufskrise auslöst oder ein Streit zwischen Priester und Laienmitarbeitern so hoffnungslos ins Persönliche geht, daß eine Bereinigung oftmals über Jahre hindurch nicht möglich wird? In der Tat, unser Beruf ist gefährlich. Wir beschuldigen den anderen – und offenbaren nur unsere eigene existentielle Blöße. Wir nehmen Anstoß – und bleiben darin hängen wie in einer Falle. Wir nehmen zu wenig die Chancen wahr, im Anstoßnehmen über uns hinauszuwachsen. Der Ernstfall unserer seelsorglichen Sendung ist der Nachweis, selbst in der Kraft des Evangeliums, das wir verkünden, Spannungen und Konflikte dienstlicher oder sonstiger Art im eigenen Leben aufzuarbeiten und zu bewältigen.

Es könnte sein, daß meine Überlegungen vielleicht den einen oder anderen mehr entmutigt als auferbaut haben. Ich gebe zu: ich habe Schwachpunkte unseres beruflichen Umfeldes aufgespießt und deutlich gemacht, daß gerade im existentiellen Anspruch unseres Dienstes bestimmte Schwierigkeiten und Gefahren lauern. Wer einen Bogen spannt, lebt gefährlicher als einer, der so ein Gerät überhaupt nicht in die Hand nimmt. Man kann den Bogen überspannen – und dann bricht er entzwei, oder es kann sich herausstellen, daß einem die hinreichende Kraft zum Spannen des Bogens fehlt –, und dann fällt der Pfeil einem vor die Füße. So oder so – ein großes Werk hat seine Risiken. Aber das gilt wohl von vielen Dingen im menschlichen Leben.

Ich meine jedoch deutlich gemacht zu haben, daß im Seelsorgsberuf gerade auch die genannten Schwachstellen Ansatzpunkte für eine Veränderung zum Besseren hin darstellen. Paulus sagt: „Wenn ich schwach bin, dann bin ich stark“ (2 Kor 11,10). Insofern ist unser Beruf tatsächlich ohne lebendigen Glauben nicht ausübbar. Seelsorge ist mehr als eine erlernbare Technik. Der Glaube ist die Seele unseres Dienstes. Und unser konkretes Leben, das Dienstliche wie das Private in ihm, ist der Leib, den wir dieser Seele als Ausdrucksform geben.

Communio und missio

Überlegungen zu einer Grundspannung im priesterlichen Dienst anhand der Aussagen der römischen Bischofssynode 1971 über das Priesteramt

Es darf „im Leben des Priesters zu keiner Spaltung zwischen Christusliebe und apostolischem Eifer kommen“[1]. Hinter diesem lapidaren Satz der römischen Bischofssynode von 1971 verbirgt sich eine fundamentale Spannung innerhalb der priesterlichen Existenz, von deren Ausgewogenheit viel für die Identität und Glaubwürdigkeit des Priesters abhängt.

Die Bischofssynode 1971 hatte seinerzeit mutig die vielfach diskutierten Probleme des priesterlichen Dienstes aufgegriffen. Die einleitenden Kapitel des Synodendokumentes, die eine „Beschreibung der Lage“ des Priesters in der heutigen Welt geben, haben nichts von ihrer Aktualität verloren. Keiner kann sagen, daß die dort aufgeworfenen Fragen heute ausgestanden wären: die Frage nach der Ehelosigkeit des Priesters; nach dem unterscheidend „Priesterlichen“ im Leben des Geweihten; nach der bleibenden Treue gegenüber dem biblischen Ursprung dieses Dienstamtes in einer gewandelten Weltsituation; die Frage nach dem „Sitz im Leben“ des kultischen und sakramentalen Handelns inmitten einer säkularisierten Welt u. a. m.

Die Bischofssynode machte freilich noch auf eine tiefer greifende Problematik des priesterlichen Dienstes aufmerksam. Der Priester kann nur Priester sein und überzeugend Priester bleiben, wenn es ihm gelingt, sein priesterliches Sein und seine Sendung in ein ausgewogenes Verhältnis zu bringen. Er soll „mit unentwegtem Vertrauen seine jeweils neu gewonnene Erfahrung der göttlichen Dinge den Menschen, die darauf warten, eindrücklich und freudig verkünden“[2]. Anders gesagt: Der Dienst des Priesters muß von dem gespeist sein, was den Priester selbst erfüllt. Und umgekehrt muß die Mitte der priesterlichen Existenz vom Sendungsauftrag her bewegt sein.

Die Synode spricht von dem Auftrag des Priesters (missio), der ohne Zweifel nach „draußen“ geht, in die Welt hinein – und sie spricht davon, daß der Inhalt dieses Auftrags nichts anderes ist als das Angebot einer neuen Gemeinschaft (communio), näherhin einer Gemeinschaft mit Gott, der in ihr an seinem Leben Anteil geben will, aber auch der Gemeinschaft der Kirche, die das Lebensangebot Gottes konkret in ihrer communio präsent macht. Der Priester muß also beides sein: Priester nach „außen" und Priester nach „innen", wirksam in die Welt hinein und gleichzeitig dort „innerlich" Gemeinschaft stiftend, communio aufbauend. Er muß „missionarischer" Priester sein und „kirchlicher" Priester, wobei das eine das andere bedingt.

Diese Spannung aufrechtzuerhalten ist eine nicht einfache Aufgabe. Denn es gibt unter uns Priestern die fatale Neigung, die spannungsvolle Bezogenheit von missio und communio aufeinander innerhalb unseres Dienstes aufzulösen. Dies kann dadurch geschehen, daß der missionarische Auftrag überbetont wird und es zu einem „Weltengagement" des Priesters kommt, das den eigentlichen Gehalt seiner missio, die „communio cum Deo in communione ecclesiae" verdunkelt. Es kann aber auch umgekehrt die communio von der missio abgetrennt werden, so daß Gemeinschaft mit Gott nur um ihrer selbst willen gepflegt wird. Sie wird damit zu einem Selbstzweck, zu „einem Ofen, der sich selbst wärmt" (Kardinal Alfred Bengsch) und damit letztlich fragwürdig. Es bleibt dabei: Der „missionarische" Priester und der „kirchliche" Priester dürfen nicht zwei Priester sein. Beide Aspekte müssen in unserem Dienst zu einer spannungsvollen Einheit zusammenwachsen. Von der Bewältigung dieser Spannung lebt unser Dienst geradezu. Ehe wir nach konkreten Hilfen dafür Ausschau halten, wollen wir das Ineinander von Sein und Sendung, von communio und missio im Leben des Priesters noch ein wenig näher in den Blick nehmen.

Wie jeder andere Beruf hat auch der des Priesters ganz bestimmte Anforderungen zu erfüllen. Beim Pfarrer etwa ist das „Berufsbild" durch den seelsorglichen Dienst in der Gemeinde fest umrissen. Der Pfarrer hat mit der Gemeinde die Gottesdienste zu feiern; er hat zu predigen und zu katechesieren, die Sakramente zu spenden; er soll die Gemeindeglieder trösten und mahnen und alle in der brüderlichen Liebe zueinander stärken; er hat alle und letztlich auch sich selbst zu dem je eigenen Dienst zuzurüsten. Diese seelsorglichen Anforderungen verlangen eine ganze Reihe von menschlichen Voraussetzungen, die mit solchen in anderen Berufen verglichen werden könnten, z.B. Kommunikationsfähigkeit,

Selbstvertrauen, Ausdauer, Einfühlungsvermögen u. a. m. Jedermann erwartet, daß ein Pfarrer diese mitbringt und so möglichst gut und wirkungsvoll seinen Dienst tut. Aber eben da berühren wir den Punkt, der den priesterlichen Dienst von anderen „Berufsleistungen“ unterscheidet. Wann ist das Tun des Pfarrers „effektiv“? Was berechtigt zu dem Urteil, daß ein Priester den Anforderungen seines Dienstes in bestmöglicher Weise gerecht wird? Können wir überhaupt die priesterliche „Berufsarbeit“ mit der Kategorie „Leistung“ erfassen? Zugegebenermaßen höchstens in einer sehr äußerlichen und vordergründigen Weise. Natürlich erfordert jede seelsorgliche Tätigkeit bestimmte Voraussetzungen. Jeder Bischof und Personalreferent ist gut beraten, wenn er dies bei seinen Überlegungen, wie er Priester und Mitarbeiter in der Seelsorge einsetzt, bedenkt. „Nicht jeder kann alles – aber keiner kann nichts“ pflegte Bischof Hugo Aufderbeck im Blick auf die Priester zu sagen. Ohne Zweifel kommt bei diesem Urteil die Kategorie „Leistung“ zum Tragen.

Doch wenn wir den priesterlichen Dienst in einer tieferen Dimension sehen, wird diese Kategorie fragwürdig. Zumindest muß sie entscheidend korrigiert werden. Denn die Leistung des priesterlichen Dienstes besteht gerade darin, durch den eigenen Dienst hindurch Christus Raum zum Wirken zu verschaffen. Die „Werke“ des Priesters, zumindest jene, auf die es entscheidend ankommt, sind also letztlich nicht eigene Leistung aufgrund eines bestimmten Vermögens und Könnens, sondern sind Wegbereitung für Gottes Ankunft im Leben des Menschen und damit im Leben der Welt. Hier gilt, was die römische Bischofssynode von der Kirche als ganzer sagt: „In ihr [sc. der Kirche] ist Christus der Welt als Erlöser gegenwärtig und so in ihr tätig, daß die Liebe, die Gott den Menschen anbietet, und die Liebe, mit der sie ihm antworten, einander begegnen.“[3] Und noch näherhin auf den priesterlichen Dienst bezogen, formuliert die Synode: Es ist „die unterscheidende Aufgabe des Priesters, in der Mitte der Kirche sowohl die Liebe Gottes in Christus zu uns durch Wort und Sakrament zu repräsentieren, wie die Liebesgemeinschaft der Menschen mit Gott und unter sich zu fördern und aufzubauen“[4].

Das hat Konsequenzen für das Berufsbild des Priesters. Der Priester dient in allem, was er tut, diesem Werk der Einigung von Gott und Mensch. Er will die göttliche Liebe zu uns Menschen und die menschliche Liebe zu Gott als antwortende, reagierende Liebe zusammenbringen. Damit ist aber das untrennbare Ineinander von „innen" und „außen" im priesterlichen Dienst im Ansatz zur Geltung gebracht. Überspitzt gesagt: Unsere „Leistung" als Priester besteht gerade darin, einen anderen – Christus – etwas „leisten" zu lassen. Und das kann niemals unser eigenes Werk sein. Und umgekehrt, wir geben durch unseren Dienst dem Raum und Gestalt, was der einzelne Christ oder Umkehrwillige bzw. auch die Gemeinde an Glaube, Hoffnung und Liebe realisieren kann und soll. Auch das ist letztlich nicht unser Werk. Die Gottunmittelbarkeit des einzelnen – eine Grunddimension neutestamentlicher Soteriologie und Ekklesiologie – muß voll gewahrt bleiben.

Wenn wir das ganz ernst nehmen, ergeben sich daraus einige Konsequenzen.

1. *Die missio des Priesters lebt von der realisierten communio mit dem Herrn.* Anders gesagt: Für unseren konkreten Dienst hat all das den Vorrang, was unsere Christusverbundenheit stärkt und lebendig erhält. Denn allein diese „Christusinnigkeit" gibt unserem Sendungsauftrag Profil. Was könnten wir denn anderes der Welt bringen als Christus und sein im Heiligen Geist vom Vater autorisiertes Lebensangebot? Etwa uns selbst? Natürlich auch uns selbst, aber nur insofern nicht mehr „ich lebe, sondern Christus in mir" (Gal 2,20). Wir erleben es manchmal schmerzlich, daß Neubekehrte ihren Glauben aufgeben, wenn sie von der „Bezugsperson", die ihnen den Glauben vermittelt hat, getrennt oder gar enttäuscht werden. Sicher wird der Glaube durch das personale Zeugnis geweckt und gestärkt, aber bekehren wir eigentlich zu Christus oder doch manchmal mehr zu unserer „Persönlichkeit"? Allein die Berührung, die communio mit dem Herrn in der communio der Bruderschaft, ist rettend – nicht die Bindung von Menschen an unsere Person. Damit es zu solch rettender communio mit dem Herrn für andere kommen kann, muß es uns also darum gehen, Christus durch unser Leben ausstrahlen zu lassen. Er muß an unserem privaten und dienstlichen Tun erkennbar werden. Er muß in die Mitte unserer Lebensvollzüge eindringen, in die häusliche Gemeinschaft, den Freundeskreis, das Leben mit den Mitarbeitern. Er muß „berührbar" werden, wenn wir als Glieder der Kirche jene Einheit erfahrbar machen, die Christus mit dem Vater im Heiligen Geist lebt. Es ist darum keine Randfrage meines priesterlichen Dienstes, wenn

ich zwar vorbildlich predige und die Liturgie feiere und Sakramente spende, aber selbst in einer gestörten communio mit dem Mitbruder, dem Dechanten oder einem Mitarbeiter lebe. Joh 17,21 wird die Glaubwürdigkeit der Sendung Christi an seine Einheit mit dem Vater gekoppelt. Die Glaubwürdigkeit und „Effizienz" unserer missio wird in ähnlicher Weise von der Kraft zur Einheit mit dem Herrn, der uns in vielfacher Gestalt seine Gegenwart schenkt, abhängen. Je höher und weiter ein Baum seine Zweige ausstrecken will, desto fester muß er im Halt gebenden Erdreich verwurzelt sein. Ohne die communio mit dem Herrn vermögen wir *nichts* – in ihr *alles*!

2. *Die Wirksamkeit der priesterlichen Sendung lebt von ihrer Absichtslosigkeit.* Dieser Satz klingt zunächst etwas provozierend, meint aber etwas ganz Schlichtes: „Früchte" wachsen nicht auf Befehl, sondern im Normalfall von allein. Die wahren Früchte unserer priesterlichen Sendung kommen nicht durch krampfhaften Aktionismus zustande, sondern allein durch die Geduld und die Ausdauer, aus der Kraft der „Mitte" zu leben. Es geht uns in unserem prieserlichen Dienst wie bei manchen anderen Dingen: Direkt und unmittelbar angestrebt, entziehen sie sich uns. Anderes, was wir überhaupt nicht im Blick hatten, schenkt sich uns von allein. Wer schon einmal Schlaflosigkeit mit dem fixierenden Gedanken bekämpfen wollte „Jetzt will ich aber schlafen", der weiß, was ich meine. Ich habe um die Priester Angst, die das neueste pastoraltheologische Rezeptbuch gelesen haben müssen, um gute Priester sein zu können. Der Satz „Nun laßt uns aber eine fachgerechte, methodenbewußte Pastoral machen!" wird sich im Normalfall lähmend auf die Seelsorge auswirken – so ähnlich, wie die forsche Aufforderung an eine schweigsame Runde: „Nun wollen wir uns einmal gut unterhalten" das Schweigen nur um so eisiger macht. Der Priester muß sich gewiß über seinen Sendungsauftrag und die Methoden seines Dienstes je an seinem Ort und in seiner Zeit Rechenschaft geben, aber er wird wissen, daß die „Frucht" seines Tuns von allein wachsen wird, wenn er nur das eine „Notwendige" tut (vgl. Lk 10,42). Vielleicht könnten wir es auch so sagen: Wir müssen mehr bei uns selbst sein, um besser bei den Menschen sein zu können. Wir müssen absichtsloser unter den Menschen sein, um ihnen ein Licht aufstecken zu können. Wir müssen inmitten des

allgemeinen Lärms noch viel stiller werden, damit die Hörbereiten aufhorchen können. Ob wir nicht unseren Dienst noch stärker „verfremden“ müssen, damit er nicht als Service einer Dienstleistungsgesellschaft für sanfte Humanisierung mißverstanden werden kann? Wann tun wir dies mehr als dann, wenn wir dem Geist des Evangeliums in Armut, Ehelosigkeit und Gehorsam in uns Raum geben? Die missio, die nur bestehende Erwartungen abdecken will, läuft sich von allein tot. Wir dürfen bei unserem Dienst nicht so sehr den berühmten „Menschen von heute“ im Auge haben als vielmehr den Herrn. Christus ist das Maß der wahren Menschlichkeit, aber er ist jeder Zeit, auch der unsrigen, immer auch befremdliches und forderndes Maß.

3. *Der Ernstfall der priesterlichen Sendung ist der Nachweis, die eigene Lebenssituation in der Kraft des Evangeliums anzunehmen und zu bewältigen.* Anders gesagt: Wir sind die ersten Hörer unserer Verkündigung. Die Überzeugungskraft unserer Botschaft hängt davon ab, ob wir dem Evangelium im eigenen Leben eine reale Chance des Gelingens einräumen. Der Grundwiderspruch, den wir als Priester in der Welt erfahren, ist ja letztlich nicht der Atheismus oder gar der böse Wille der Menschen. Ich verstehe vieles, was ich in meiner Umwelt sehe und beobachte, als einen Schrei nach Glauben. Viele Menschen möchten glauben und sich Gott als letzter Wirklichkeit anvertrauen, aber sie hindert ein tief eingefressenes Mißtrauen, das vielleicht so charakterisiert werden kann: „Geht das überhaupt, wovon du in deiner Predigt redest? Ist das lebbar, was das Evangelium rät? Hat der Wille zur Umkehr gemäß dem Wort Christi überhaupt in dieser Weltzeit eine reale Chance, mehr zu sein als ein frommes Gefühl?“ Wer zum erstenmal im tiefen Becken schwimmen soll, wird in ähnlicher Weise von einem irrationalen, aber dennoch höchst wirkungsvollen Mißtrauen gepackt, ob das Wasser trägt oder ob man darin untergeht. Erst wenn einer vom Wasser her einladend und aufmunternd winkt, werde ich es wagen, mich der Tiefe anzuvertrauen. Und ohne dieses Wagnis kommt es bekanntlich nicht zu der Erfahrung, daß das Wasser trägt. Ich habe den stillen Verdacht, daß Schwimmlehrer, die nur am Rande des Beckens stehen bleiben und Trockenübungen demonstrieren, bei ihren Schülern wenig Anklang finden. Wenn ich nicht zutiefst überzeugt bin, daß mich selber das Evangelium „trägt“,

werde ich nicht andere dazu bewegen können, sich auf dieses Wort einzulassen. Hier scheint mir der springende Punkt unserer gegenwärtigen pastoralen Misere zu liegen. Sind wir wirklich davon überzeugt, daß man Vergebungsbereitschaft leben kann; daß wir mit weniger auskommen können, als das eigene Herz verlangt; daß im unabwendbaren Leid oder im Mißerfolg der Ostersieg des Gekreuzigten erfahren werden kann; daß die Liebe zum Bruder schon jetzt ewiges Leben ist (vgl. 1 Joh 3,14); daß es in Wirklichkeit keine Zufälle gibt; daß das Leben für uns keine Benachteiligungen bereithält, weil wir von Gott jeweils so geliebt werden, daß uns nichts mangelt usw.? Hier wäre schlicht unser priesterlicher Alltag anzufragen und das, was sich darin an Ressentiments, Bitterkeiten, Ängsten, Egoismen und Eigenwilligkeiten angesammelt hat. Irgend jemand hat gesagt, daß das Fegefeuer des Pfarrers (und Bischofs) darin besteht, angesichts der Ewigkeit sich noch einmal die eigenen Predigten anhören zu müssen.

Die Intensität des Verkündigungsdienstes im umfassenden Sinn, also der Ausstrahlungskraft unserer Botschaft nach „außen“ wird von der Kraft abhängen, mit der wir das Evangelium im „Innenraum“ unseres eigenen Lebens und unseres kirchlichen Lebenshorizontes integrieren können. Da helfen keine Hinweise auf Mutter Teresa oder Papst Johannes XXIII. oder die Heiligen in Vergangenheit und Gegenwart. Unsere Hörer werden schlicht sagen: „Hic Rhodos, hic salta!“ – und danach einschätzen, ob das Evangelium „geht“ oder nicht „geht“.

Diese Grundfigur der Evangeliumsverkündigung mag uns zu schaffen machen, letztlich aber ist sie zu unserem Heil. Gott sorgt selbst dafür, daß wir nicht zu Funktionären seiner Botschaft werden können. Ein mögliches „Rollenspiel“ halten wir nicht lange durch. Ich verstehe das Herrenwort vom „Salz der Erde“ (vgl. Mt 5,13) nicht nur als Drohwort gegen die Jünger. Es ist ein Wort der Zuversicht. Wahres Salz wird immer anziehend sein. Es spricht für sich und braucht keine Reklame. Jesus hatte offensichtlich mehr Zutrauen zu seinen Hörern und ihrer Urteilskraft als wir Seelsorger heute. Das beste Mittel, als Priester in der rechten Spannung zwischen missio und communio zu bleiben, ist darum die Bereitschaft, sich der Beurteilung durch die (oft ungläubige) Umwelt auszusetzen. Wir dürfen darauf vertrauen, daß uns geholfen werden wird, ganzheitlich unser Sein und unsere Sendung zu leben. Die Hilfe wird freilich manchmal etwas schmerzlich sein.

Christusliebe und apostolischer Eifer – beide Dimensionen unserer priesterlichen Existenz gehören zusammen wie bei den ersten Jüngern das „Bleiben“ beim Herrn und sein Aufrag „Geh!“ Lk 9,10 heißt es: „Die Apostel kamen zurück und erzählten Jesus alles, was sie getan hatten.“ Der Aussendung durch den Herrn muß die Rückkehr zu ihm folgen – und das wieder und wieder bis ans Ende der Zeiten. Dann wird Christus selbst uns als seine Boten einholen mitten in unserem Tun.

[1] Der priesterliche Dienst. Dokument der Bischofssynode 1971, Nr. 12. Der Text ist zugänglich in: Bischofssynode 1971. Das Priesteramt. Eingeleitet von Joseph Kardinal Höffner, mit einem kurzen Kommentar von Hans Urs von Balthasar, Einsiedeln 1972, hier S. 70.
[2] Nr. 18, aaO. 68.
[3] Nr. 11, aaO. 39.
[4] Nr. 7, aaO. 24.

Der Dienst der Seelsorgehelferin und des Gemeindekatecheten

Vorstellungen und Wünsche eines Bischofs*

Von seiten des Seelsorgehelferinnenrates liegt mir schon seit längerem die Bitte vor, als Bischof einmal über meine Erwartungen an den Dienst der Seelsorgehelferinnen und Gemeindekatecheten zu sprechen. Gern komme ich bei dieser Zentralkonferenz diesem Anliegen nach.

An den Anfang meiner Überlegungen stelle ich zunächst einmal einen Dank für Ihren Dienst, ohne den die Kirche hier bei uns ihren Auftrag nicht erfüllen könnte. Vieles kann ein Bischof oder ein „Amt“ im einzelnen nicht übersehen. Doch weiß ich aus meiner Heimatpfarrei und aus meiner seelsorglichen Tätigkeit, wie wichtig und bestimmend der Dienst einer Seelsorgehelferin bzw. eines Katecheten für das Gemeindeleben sein kann. Es wäre leicht möglich, diesen Einsatz mit einigen Stichworten zu umreißen: Katechese, Liturgie-, Fest- und Feiergestaltung, Gruppenarbeit, Dienst auf Außenstationen usw. Aber ist damit das Ganze dieses Berufes erfaßt? Und vor allem: Ist damit erfaßt, was die eigentliche Motivation dieses Berufes ist, seine innere, geistliche Gestalt, die ja doch das Äußere der Berufsarbeit immer wieder prägen muß?

Wenn ich im folgenden dazu einige Überlegungen vorlege, tue ich das in dem Bewußtsein, nur einige Bausteine zum Berufsbild der Seelsorgehelferin und des Gemeindekatecheten zusammenzutragen. „Berufsbilder“ sollten nie zu fest fixiert werden. Wir dürfen überzeugt sein, daß der Beruf des Laienmitarbeiters im pastoralen Dienst Zukunft hat. Darum müssen wir auch im Blick auf diesen Beruf mit neuen Anforderungen und Entwicklungen rechnen, die jetzt noch nicht absehbar sind. Wandlungen in einem Berufsbild sind ein Zeichen von Leben, nicht von Schwäche.

I.

Am besten wird ein Beruf durch die Aufgabe gekennzeichnet, die er anpacken will. Einen guten Bäcker erkennt man am guten Brot und den knusprigen Brötchen, die er fabriziert. Und ein Schriftsteller verdient diesen Namen erst, wenn er einen ordentlichen

Roman veröffentlicht hat. Die Mitgliedschaft im Schriftstellerverband allein macht noch keinen zum Autor. Was macht eine Seelsorgehelferin zur Seelsorgehelferin und einen Gemeindekatecheten zum Gemeindekatecheten?

Darauf gibt es meines Erachtens nur diese Antwort: *die Mitarbeit im Sendungsauftrag der Kirche.* Die Laienmitarbeiter in der Pastoral helfen der Kirche – ebenso wie der Priester und der Diakon –, mit den ihnen eigenen Gaben und Gnaden den Grundauftrag zu verwirklichen, um dessentwillen es überhaupt Kirche gibt. Die Menschen sollen Christus kennenlernen, durch Christus zum Vater finden und im Heiligen Geist ein christusähnliches Leben führen. Das ist der Sinn der Kirche. Deswegen sind wir Mitarbeiter der Kirche, Arbeiter im „Weinberg" des Herrn.

Doch müssen wir noch ein wenig genauer fragen: *Worauf basiert diese Mitarbeit* im Sendungsauftrag der Kirche? Ich möchte einmal einen Vergleich gebrauchen. Bei einem Auto gibt es zwei Arten von Nummernschildern. Das eine ist meist innen angebracht, unter der „Haube" am Motorblock. Dort ist ablesbar das Herstellerwerk, der Wagentyp, Hubraum, Zugkraft, Motorart usw. Und das andere Schild ist außen angebracht, vorn und hinten, es ist die polizeiliche Zulassung. Die Grundlage Ihres Berufes als Seelsorgehelferin bzw. Gemeindekatechet ist eine von Gott stammende Befähigung zu diesem Dienst, und zwar konkret durch Taufe und Firmung. Das ist gleichsam das Markenzeichen des Herstellerwerkes. Wir dürfen diese geistliche Grundlage des pastoralen Dienstes nicht vernachlässigen. Wie schnell ist sofort von Ausbildung, pastoraler Befähigung, Arbeitsleistungen und anderem die Rede. Dagegen ist festzuhalten: Zur „Seelsorge", zur Mitarbeit im Sendungsauftrag, den die Kirche als ganze hat, befähigt Christus, der Herr. Er schenkt die Gnaden und Gaben (Charismen), um die Kirche zu seinem Leib aufzuerbauen. Denn wie sollte einer Glauben wecken, Hoffnung stärken und Liebe entzünden können, wenn er nicht selbst diese und andere grundlegende Befähigungen von Gott erhalten hätte, mit denen er sich in das Ganze der Kirche einbringen könnte. Jedes seelsorgliche Tun im Gottesvolk hat letztlich sein Fundament in der vom Geist Gottes bewirkten und dauernd am Leben erhaltenen geistlichen Befähigung.

Aufgrund dieser von Gott gegebenen Fundamentalbefähigung sendet bzw. beauftragt nun die Kirche einzelne aus dem Gottesvolk zu unmittelbarer Mitarbeit im Sendungauftrag der Kirche.

Damit ist gleichsam die offizielle Zulassung zum pastoralen Dienst angesprochen. Oder besser gesagt: Die Kirche identifiziert sich mit dem pastoralen Dienst dieser Mitarbeiter in besonderer Weise. Sie stellt sich mit ihrer eigenen Autorität hinter sie. Sie sind nun Männer und Frauen der Kirche. Sie handeln bei der Unterweisung der Kinder, bei der Sorge für die Alten, bei der Arbeit mit der Jugend und beim Gottesdienst nicht nur als „Privatpersonen", sondern sie tun ihren Dienst als kirchlichen Dienst. Und dies hat natürlich auch Konsequenzen für das sonstige Tun und Lassen der Mitarbeiter. Denn auch im privaten Bereich sind sie Männer und Frauen der Kirche, so ähnlich wie beim Priester dienstliches und außerdienstliches Tun zusammengehört.

II.

Was macht näherhin das *Aufgabenfeld* der Seelsorgehelferin bzw. des Gemeindekatecheten aus? Ich würde diesen kirchlichen Dienst bei folgender Grundaufgabe ansiedeln: Sammlung und Formung von Gemeinde. Das Apostolat der Kirche zielt auf die Ermöglichung von Christusnachfolge in dieser Welt. Christusnachfolge gibt es aber nur, wenn es Gemeinde gibt. Denn in der Gemeinde wird Jesus Christus erfahrbar und greifbar, in Wort und Sakrament, im gelebten Zeugnis der Glaubenden. Die Gemeinde ist der „Ort", wo Glaubensvollzug eingeübt und die Jesusnachfolge im Miteinander gelernt werden kann. Es muß darum die große Sorge der Kirche sein, lebendige Gemeinden zu „bauen", besser: zu sammeln und zu formen. Innerhalb dieser Grundaufgabe mögen sich nun sehr verschiedene konkrete Aufgaben anbieten. Ich sehe hier bei uns in der augenblicklichen Situation vor allem solche:

- Zusammenführen der Vereinzelten, damit sie gemeindefähig werden. Hier ist der sehr komplexe Dienst in den Gemeinden und Kleinstgemeinden angesprochen, auch der Einsatz in Neubaugebieten.
- Die (formal und inhaltlich) sachkundige Glaubensunterweisung der Kinder und Jugendlichen. Die Katechese wird für die Zukunft unserer Kirche im Raum des Atheismus immer wichtiger werden, ob freilich in der herkömmlichen Form, ist fraglich. Die Vermittlung eines klaren Gottesbildes, der zentralen Inhalte des

Glaubens und die Hinführung zur christlichen Lebenspraxis bedürfen m. E. einer neuen, vertieften Anstrengung.

- Die Sorge um den würdigen, geistlich erfüllten Gottesdienst. Wir haben die Liturgieform nur äußerlich vollzogen, sie ist noch nicht vom Kopf in das Herz gelangt!
- Die Diakonie an Alten, Kranken, Einsamen, Alleinerziehenden, Gefährdeten („Problemgruppen"), eine Aufgabe, die in den fürsorgerischen Bereich hinüberspielt.
- Das Glaubensgespräch mit Eltern, mit Gruppen, mit Suchenden, bis hin zu sogenannten „Nikodemus-Gesprächen".
- Der Besuchsdienst, der mehr ein Dienst des „Auffangens" wird und dazu dient, Netze der Beziehungen zwischen den Gemeindemitgliedern zu spannen.
- Das Kirchenjahr mit Brauchtum und Fest- und Feiergestaltung, dessen Mitvollzug in unserer profanierten Umwelt immer mehr Bedeutung erhält.
- Schließlich die Gewinnung und Förderung ehrenamtlicher Mitarbeiter und deren Begleitung.

Dazu können Spezialdienste kommen, die vielleicht nicht überall erforderlich sein müssen bzw. in die es sich u. U. einzuarbeiten gilt: das Feld von Kirchenmusik, kirchlicher Verwaltungsarbeit, Referenten- oder Dozententätigkeit, Beratungsdienst u. a. m.

Sicherlich darf man sagen, daß die konkrete Ausformung des Dienstes für den einzelnen sehr unterschiedlich ausfallen kann. Da sind Unterschiede möglich von Ort zu Ort, aber auch je nach dem eigenen Lebensalter; z. B. wird für manchen älteren Mitarbeiter die Kraft und Fähigkeit zur Jugendpastoral verständlicherweise nachlassen. Aber dafür ist vielleicht die Fähigkeit gewachsen, ein seelsorgliches Beratungsgespräch zu führen. Das ist beim Priesterberuf ebenso. Von uns allen, Priestern und Laienmitarbeitern, ist genau diese berufliche Flexibilität gefordert, die im Rahmen eines Gesamtverständnisses der eigenen Berufung das je Notwendige und Mögliche mit Phantasie und Einsatzbereitschaft ins Werk setzt.

III.

Welche *Voraussetzungen bzw. Befähigungen* soll der Laienmitarbeiter im pastoralen Dienst mitbringen? Ich möchte meine Erwartungen in einigen Stichworten einfangen.

1. Zunächst einmal erwarte ich von den Laienmitarbeitern in der Seelsorge ein solides *Glaubenswissen* und auch ein solides *fachliches Wissen.* Ich erwarte, daß sie ein biblisch fundiertes, kritisch reflektiertes Gottesbild haben. Sie sollten über Glaubensfragen qualifiziert sprechen können, nicht wie ein Fachtheologe, aber doch so, daß es „richtig" ist und zudem verständlich. Das verlangt Weiterbildung in den verschiedenen Richtungen ihres Dienstes, z. B. auf katechetischem, liturgischem, fundamentaltheologischem oder auch spirituellem Gebiet. Die „Nur-Praktiker" sind nicht immer die besten Seelsorger. Der pastorale Dienst setzt auch Bildung voraus, nicht nur Frömmigkeit. Denn der Glaube ohne Reflexion ist wie ein Garten ohne Gärtner, der bald verwildert.
2. Der lebenslange hauptamtliche Dienst in der Kirche bringt die Gefahr der Routine mit sich. Nach Jahren schleifen sich viele Dinge ein. Wir kennen die Arbeit, die „Leute", den Pfarrer und die anderen Mitarbeiter. Die routinemäßigen Dinge „laufen", da kommt es schon zu Ermüdungserscheinungen vielfältiger Art. Ich wünschte mir von einem Mitarbeiter in der Seelsorge eine Eigenschaft, die diese Abnützungsphänomene auffangen kann und die uns vor der Gefahr bewahrt, „Religionsbeamter" zu werden: *Leidenschaft für Gott.* Kann es das geben? Ja, wenn uns selbst Gott als alles übersteigender Wert, als „Schatz und kostbare Perle" (vgl. Mt 13,44–46) aufgeleuchtet ist. Der „Beamte" leistet seinen Dienst, hält „Dienststunden" ab. Nichts gegen eine vernünftige Dienstordnung! Aber ich wünsche mir, daß hinter dem Dienst und auch außerhalb des Dienstes diese Eigenschaft an Ihnen erkennbar wird: Das ist ein Mensch, der von einer neuen Mitte her lebt, der ahnen läßt, daß der „Gottesdienst" Lebensdienst werden kann. Der Beruf der Seelsorgehelferin und des Gemeindekatecheten ist ein existentiell engagierender Beruf, darin dem Priesterberuf nicht unähnlich.

   Kennzeichen für einen „leidenschaftlichen", von der Gottesliebe gespeisten Dienst wäre z. B.
   - damit rechnen, daß Gott auch an denen, die wir kirchlich abgeschrieben haben, Wunder wirken kann. Wie reden wir manchmal von den sogenannten Abständigen?
   - die Bereitschaft, sich von Gott in neue Aufgaben und Bewährungen hineinführen zu lassen. Muß Gott immer dasselbe von uns wollen? Wer liebt, hat Einfälle. Nicht alle Einfälle des Bi-

schofs sind göttliche Einfälle, aber Gottes Einfälle sind auch nicht immer mit meinen identisch!
- den eigenen Glauben, die eigene Hoffnung und Liebe im Beruflichen aufleuchten lassen. Dazu ist gleich noch Näheres unter 3. auszuführen.

Leidenschaft für Gott – das heißt sehr konkret: Zeit haben für Gott und ihm nichts vorziehen! Dieser Einsatz ist letztlich Quelle unserer beruflichen Ausstrahlungskraft, die uns immer neu überzeugend macht. Wir können nur den Glauben wecken, wenn wir selbst von Gott ergriffen sind. Vielleicht mag in früheren Zeiten die Seelsorgehelferin mehr der Glaubensvertiefung bei den schon Glaubenden gedient haben. Heute wird es unsere Aufgabe sein, den Glauben zu wecken, gerade auch bei den Getauften! Und das erwarte ich von Ihnen: Sie sollten in der Lage sein, einem nichtgetauften Kind, Jugendlichen oder Erwachsenen, denen der Geist Gottes den ersten Anstoß zum Glauben gegeben hat, Ihren eigenen, wirklich persönlichen Glauben zu bezeugen. Sie sollten es wagen können, einem solchen Suchenden zu sagen: „Komm und sieh" – und ihn damit einladen, Ihr Leben und Tun, Ihr Denken und Urteilen und Reden zu betrachten, um daraus den Geist des Evangeliums kennenzulernen.

3. In diesem Zusammenhang möchte ich kurz auf die Frage eingehen, ob der Dienst der Seelsorgehelferin und des Gemeindekatecheten, näherhin auch der unverheirateten Seelsorgehelferin, noch eine *besondere spirituelle Ausrichtung* haben sollte. Manche Rückäußerungen zu meinen „Überlegungen zum Berufsbild der Seelsorgehelferin" kritisieren, daß ich zu stark den Dienst der unverheirateten Seelsorgehelferin mit dem Rätestand verknüpfe. Ich möchte meine Intention noch etwas verdeutlichen. Zunächst stimme ich denen zu, die sagen: Ehelosigkeit könne auch überzeugend ohne Zugehörigkeit zum institutionellen Rätestand gelebt werden. Das ist unbestritten. Es wird freilich dann auch letztlich eine eschatologische Motivation sein, die die Ehelosigkeit begründet, d. h. also: der Versuch eines Lebens aus dem „Vorgriff". Es wird so zumindest eine innere Affinität zum Rätestand bei diesen Frauen (und Männern) vorhanden sein. Auch der Priester soll ja Weltpriester sein und nicht Ordensmann und doch den Geist der Räte in seinem Leben und Dienst verwirklichen.

Ferner möchte ich auf keinen Fall alle Seelsorgehelferinnen oder Gemeindekatecheten auf eine bestimmte Spiritualität festlegen. Das kann der Bischof auch nicht bei seinen Priestern tun, und auch der Pfarrer wird es nicht bei seinen Gemeindemitgliedern tun, selbst wenn er persönlich einer bestimmten spirituellen Gruppierung zugehört.

Mein Anliegen ist es, auf die Ausprägung einer berufsspezifischen Spiritualität, und zwar für ehelose und verheiratete Laienmitarbeiter, in der Seelsorge hinzuarbeiten. Sicherlich kann der Dienst mich geistlich motivieren. Aber ist es nicht meist so, daß ich umgekehrt den konkreten Dienst geistlich „untermauern“ muß? Das Argument „Es reicht doch, wenn ich meinen Dienst gut mache“ ist ehrenhaft, aber es langt m. E. nicht aus, eine Spiritualität für pastorale Mitarbeiter zu entwickeln. Man muß schon mit einer bestimmten geistlichen Grundeinstellung an den pastoralen Dienst herantreten.

Ich möchte im folgenden einfach einige dieser Grundeinstellungen nennen, wobei ich weiß, daß ich nie alle Haltungen im vollen Umfange erfüllen und leben kann. Diese Grundhaltungen gelten m. E. sowohl für den verheirateten als auch für den unverheirateten Mitarbeiter (im folgenden nehme ich Anregungen auf von K. Schneiderhan, Was mich in meinem Dienst trägt. Elemente einer pastoralen Spiritualität, in: Aus dem Geist leben – Hilfen zur Spiritualität der Laien im pastoralen Dienst, hrsg. vom Sekretariat der Deutschen Bischofskonferenz 1983, S. 57–78):

– sich von Christus rufen und von der Kirche senden lassen,
– seine Sendung als Dienst verstehen,
– unter dem Kreuz und mit der Kraft der Auferstehung leben,
– sich durch die Seelsorge heiligen lassen (selbst das sein wollen, was wir anderen vermitteln),
– sich bekehren und versöhnen lassen – immer wieder,
– gemeinsam leben und arbeiten,
– die Zeichen der Zeit erkennen und für die Welt offen sein,
– und schließlich durch die spezielle Lebensform in der Ehe und ehelos Zeugnis für das Evangelium geben.

Da dieser letzte Punkt von besonderer Wichtigkeit ist, möchte ich einen längeren Abschnitt aus dem genannten Aufsatz von K. Schneiderhan zitieren:

„Durch die je eigenen Lebensformen in seinem Dienst Zeugnis zu geben ist Aufgabe für den ehelos lebenden wie für den verheirateten Mitarbeiter. Der *verheiratete Mitarbeiter* gibt aufgrund seines Lebens in und mit der Familie für viele Menschen in der Gemeinde ein Zeugnis seines Glaubens. Dadurch kann in der Gemeinde neu bewußt werden, daß das Leben in Ehe und Familie ein Zeichen der Liebe Gottes zu uns Menschen ist. Und so trägt dieses Zeugnis wesentlich zum Aufbau der Gemeinde bei. Die Menschen in der Gemeinde können durch die verheirateten Mitarbeiter erfahren, wie das Umgehen mit Konflikten, das Erleben von Krankheit und die Sorgen und Chancen der Erziehung der Kinder möglich sind. Allerdings müssen wir uns vor einem ‚Hochethos' ohne Realitätsbezug hüten. Dieses Zeugnis des Glaubens durch Ehe und Familie kann aber nur gelingen, wenn wir nicht nur äußerlich darauf achten, wieviel Zeit der einzelne für seine Familie findet. Einem pastoralen Mitarbeiter muß es möglich sein, Ehe und Familie christlich zu leben. Dies schließt m. E. auch mit ein, daß der pastorale Mitarbeiter an Sonn- und Feiertagen Zeit für seine Familie hat und den Sonntag nicht nur mit der Gemeinde, sondern auch in der Familie feiert.

Der *ehelos lebende* Mitarbeiter gibt in gleicher Weise ein Zeugnis des Glaubens in der Gemeinde und für die Gemeinde. So wichtig und bedeutsam alle Werte und Bindungen sind, so gibt doch der ehelos lebende Mitarbeiter in der Vorläufigkeit dieser Welt ein Zeugnis für den neuen Himmel und die neue Erde. Die bringt er durch seine persönliche vorbehaltlose Freundschaft mit Christus und durch die Christusnachfolge zum Ausdruck. Deshalb ist auch für den pastoralen Mitarbeiter, der ehelos lebt, entscheidend, daß er kein ‚Junggesellendasein' führt, sondern seine Ehelosigkeit in sein gesamtes Leben und auch in sein geistliches Leben integriert. Sicherlich kann er zeitlich in der Gemeinde mehr verfügbar sein als der verheiratete Mitarbeiter. Aber auch für ihn gilt, daß er Zeit findet für persönliche Erholung sowie für Gebet und Meditation.

Für das Zusammenwirken der pastoralen Dienste ist es wichtig, daß die jeweilige Lebensform als Zeugnis des Glaubens für die Gemeinde gesehen wird. Jede Lebensform hat ihre Chancen, aber auch ihre Probleme. Beide Lebensformen haben aber eine von Christus geschenkte Zeugniskraft, die für das Leben der Menschen in den Gemeinden wichtig ist. Es dient letztlich nicht der Auferbauung der Gemeinden, wenn wir nur danach fragen, wer mehr für die Gemeinde verfügbar ist, sondern wenn wir immer wieder bedenken, welches Zeugnis des Glaubens der ehelos lebende wie der verheiratete Mitarbeiter der Gemeinde vermitteln kann" (aaO. 72ff).

Sehr überlegen müßte man auch, in welchen *konkreten Formen* sich geistige Vollzüge in unserem pastoralen Dienst heute nahelegen. Es müssen Formen sein, die lebbar sind und die den Alltag im Licht des Evangeliums deuten. Ich nenne einmal einige solche mir denkbaren Formen und bitte Sie, miteinander darüber zu sprechen:

- persönliches und gemeinsames Gebet und Schriftlesung,
- Mitfeier der Eucharistie in der Gemeinde, auch an Werktagen, soweit dies von der Familie her möglich ist,
- Empfang des Bußsakramentes,
- Meditation und Anbetung (unter Einbeziehung des Leibes),
- Begleitung durch einen geistlichen Berater;
- regelmäßige Exerzitien (auch mit der Familie),
- Mitgliedschaft in einer geistlichen Gemeinschaft,
- menschliche und geistliche Gestaltung der Freizeit, wobei sich Gebetszeiten mit Zeiten der Ruhe und der Erholung, mit Musizieren, Lektüre, Sport und Schlafen abwechseln,
- in regelmäßigen Abständen einen „Wüstentag" halten,
- die „correctio fraterna et sororia" einüben und praktizieren,
- Gastfreundschaft üben und sich gegenseitig einladen.

Das alles sind Anregungen. Jeder von Ihnen wird seinen Weg und seine ihn ansprechende Form gefunden haben. Es ist meine feste Überzeugung, daß ein kirchlicher Dienst ohne geistliche Lebensordnung nicht gelingen kann. Nur mit einer solchen Ordnung „erlahmt unser Eifer nicht in dem Dienst, der uns durch Gottes Erbarmen übertragen wurde" (2 Kor 4,1).

4. Ich nenne ein weiteres Stichwort: *gelöste Menschlichkeit.* Der kirchliche Mitarbeiter wird heute weithin sofort mit „Kirche" identifiziert. „Die (bzw. der) ist von der Kirche!" so sagen die Leute. Das Erscheinungsbild von Kirche wird für die Außenstehenden durch uns geprägt, ob wir das wollen oder nicht. Von daher wird eine Eigenschaft bzw. Berufsvoraussetzung für uns immer wichtiger: gelöste Menschlichkeit. Wir begegnen in unserem Dienst inner- und außerhalb der Gemeinde oft verkrampften Menschen. Ihr Menschsein ist irgendwie verkürzt. In ihrem Leben fehlt die Freude. Sie können z.B. nicht über sich oder über bestimmte Situationen lachen. Sie sind unfähig, etwas zu „vergessen". Sie suchen krampfhaft Anerken-

nung und Bestätigung. Sie finden immer und sofort das „Haar in der Suppe“ usw. Solche Menschen sind eine Belastung für die Umwelt. Sie sind „unerlöst“, weil sie nicht gelöst von sich selbst leben können. Als Glaubende haben wir unseren Lebensschwerpunkt außerhalb des eigenen Herzens angesiedelt. Wir haben uns unserem Herrn anvertraut, der uns „gelöst“ und gelassen leben heißt, weil wir ja als seine Brüder und Schwestern unverlierbar in der Liebe des Vaters geborgen sind. Strahlt Ihr Leben gelöste Menschlichkeit aus? Können Sie lachen – auch über sich selbst? Ist es Ihnen möglich, Ihr Selbstbewußtsein vom Herrn her zu begründen, oder brauchen Sie dazu einen anderen Menschen oder Vorgesetzte oder gar das „Amt“?

Brauchen *Sie* die Menschen oder können die Menschen sich auf Sie stützen? Hier wäre auch anzusprechen, was die Seelsorgehelferin als Frau mit in ihren Dienst und damit in das Gemeindeleben einbringen kann, also jene Kräfte, Charismen und „Charme“ (!), die eben gerade der Frau eigen sind. Gelöste und gelassene Menschlichkeit, souveräner Selbststand, ein Lebensstil, bei dem vom Äußeren auf das Innere geschlossen werden kann – eine so in sich stehende, gläubige und menschlich stabile Mitarbeiterin ist für die Gemeinde eine hochwillkommene Stütze. An ihr kann sich der Glaube anderer verankern. Eine solche Mitarbeiterin wird zu einem Hoffnungszeichen, das auferbaut und „aufatmen“ läßt.

IV.

Lassen Sie mich noch einige *Fragen des Berufsalltags* der Seelsorgehelferin und des Gemeindekatecheten ansprechen, die in jüngster Zeit wieder neu diskutiert werden.

1. Die *Berufsbezeichnung* „Seelsorgehelferin“ ist immer noch eine offene Frage. Die Dresdner Synode hatte in ihrem Papier „Dienste und Ordnungen im Leben der Gemeinde“ (Nr. 21) die Frage der Berufsbezeichnung angestoßen. Meines Wissens ist eine Umfrage in dieser Sache vor Jahren nicht konsequent zu Ende geführt worden. Man sollte von der Funktion her die Berufsbezeichnung wählen. Ich halte den Namen „Katechetin“ bzw. „Gemeindekatechetin“ durchaus bedenkenswert. „Katechetin“ ist eine Vokabel, die einen Grundvorgang kirchlichen Lebens schon in der frühen Kirche bezeichnet. Katechese im ur-

christlichen Sinn ist nicht auf Religionsunterricht einzuschränken. Es geht um das Ganze der Glaubensweitergabe. Ferner ordnet dieses Wort auch heute den Träger sofort und eindeutig dem kirchlichen Bereich zu. Man könnte diesen Begriff unter Umständen noch je nach dem konkreten Dienst differenzieren: Pfarrkatechetin, Jugendkatechetin, Dekanats- oder Regionalkatechetin usw. Der Name sollte zweierlei deutlich machen, einmal den kirchlichen Charakter des Berufes und zum anderen die Tatsache, daß es sich um einen Mitarbeiter im seelsorglichen Bereich handelt.

2. Viele Probleme des Berufes der Seelsorgehelferin und des Gemeindekatecheten haben ihre Ursache im Umfeld: *Zusammenarbeit* mit dem Priester, z. T. auch mit anderen Mitarbeitern. Viele Klagen sind hier einzuordnen:
   - die starke Abhängigkeit der Laienmitarbeiter vom jeweiligen Pfarrer und dessen (zufälligen) Eigenarten,
   - fehlende Absprache über den konkreten Dienst („Dienst auf Zuruf"),
   - Ausschluß von bestimmten Feldern einer möglichen Mitarbeit (z. B. Erwachsenenarbeit, liturgische Dienste),
   - mangelnde Anerkennung des Einsatzes der Laienmitarbeiter im Gegensatz zum Priester, der einfach als Priester „honoriert" wird u. a. m.

   Mir ist klar, daß es auf dem Feld der Zusammenarbeit nicht ganz ohne Spannungen abgehen kann. Doch könnten viele Ärgernisse vermieden werden, wenn folgendes bedacht wird:
   a) Der Priester erhält eine Seelsorgehelferin bzw. einen Gemeindekatecheten nicht zu „privatem" Gebrauch, sondern als Mitarbeiter(in) in einem relativ fest umrissenen Arbeitsgebiet. Dieses ist genau abzustecken, notfalls auch nach gewissen Zeiten neu. Präzise Abgrenzungen des Dienstes erleichtern die Arbeit.
   b) Priester und Laienmitarbeiter sind zu regelmäßigen dienstlichen Absprachen angehalten. Ohne gegenseitige Information und Absprache gibt es kein Miteinander.
   c) Priester und Laienmitarbeiter müssen zu ihrem jeweiligen Dienst ein inneres Ja sagen. Wir dürfen nicht „neidisch" auf das angebliche Plus der anderen schielen. Nur aus der Bejahung und Annahme des eigenen Dienstes erwächst die Sou-

veränität, den Dienst des anderen neben sich zu respektieren und zu bejahen.

d) Priester und Laienmitarbeiter sollen jeweils den Dienst des anderen der Gemeinde vermitteln. Der Priester hilft mit, daß der Dienst des Laienmitarbeiters von der Gemeinde angenommen wird. Umgekehrt hilft der Katechet bzw. die Katechetin, daß der Dienst des Priesters von der Gemeinde dankbar entgegengenommen wird. Halten wir Gewissenserforschung: Wie reden wir manchmal voneinander, besonders vor Gemeindemitgliedern, die oft erstaunt sind, was sich in und um das Pfarrhaus herum abspielt?

e) Wir sollten uns bemühen, den dienstlichen Umgang miteinander in eine geistliche Atmosphäre einzubetten. Daß dies nicht krampfhaft geschehen darf, ist selbstverständlich. Doch wäre es schlecht, wenn der Priester und die Laienmitarbeiter in der Seelsorge niemals zusammen beten oder die Schrift meditieren. Das in eine dienstliche Angelegenheit einfließende geistliche Wort, das an die Gegenwart Christi erinnert, an die Macht Gottes oder die Kraft des Geistes, hilft, die Tiefendimension unseres pastoralen Tuns im Alltag zu bewahren. Wir sollten uns nicht voreinander schämen, uns an dem geistlichen Leben, das uns erfüllt, Anteil zu geben.

Mir ist klar, daß diese Anregungen nicht alle Probleme der konkreten Zusammenarbeit aus der Welt schaffen. Ohne den Willen zum helfenden Miteinander, zum gemeinsamen Dienst und zur Bereitschaft, auf bestimmte situationsbedingte Anforderungen hin großherzig zu reagieren, wird es nicht gehen. Und auch nicht ohne den Mut zur Vergebung und zur Versöhnung!

3. Lassen Sie mich noch ein Wort zu einem besonderen Aspekt Ihres Berufsverständnisses sagen. Sie hatten mich ja bewußt auch um die Formulierung meiner Erwartungen gebeten. Eine Seelsorgehelferin oder ein Gemeindekatechet sollte (wie der Priester) *pfarreiübergreifend* denken. Jedem von uns geht es so, daß er sich von der konkreten Aufgabe vor Ort ganz in Beschlag nehmen läßt. Das ist auch gut so. Ich wünschte mir freilich, daß ein Mitarbeiter ansprechbar wäre auf die gemeinsame Verantwortung, die wir für das ganze Gebiet des Bischöflichen Amtes haben. Diese Denkweise wird besonders dann gefordert, wenn Veränderungen im Dienstplan oder gar ein Stellenwechsel ansteht. Es ist verständlich, daß eine lieb und vertraut gewordene

dienstliche Situation nicht gern verlassen wird. Doch hier wünschte ich mir manchmal dieses weite, pfarrübergreifende Mitdenken, das sich Sachargumenten öffnet und nicht die persönliche Lebens- und Dienstsituation zum letzten Maßstab macht. Daß der Bischof dabei nicht Unbilliges oder Unzumutbares fordern wird, setze ich hierbei voraus.

4. Noch ein Wort zum sogenannten *berufspraktischen Jahr.* Die Einrichtung dieses Jahres ist eine begrüßenswerte Sache. Viele Berufe, z. B. Lehrer, Ärzte, u. a., haben solch eine gestufte Berufseinführung, die sich an die theoretische Ausbildung anschließt. Der Ausdruck „Anerkennungsjahr" sollte entfallen. Es geht nicht um Anerkennung, sondern um Berufseinübung unter „begrenzter" Anleitung, analog etwa zur Kaplanszeit des Priesters. Es wäre jedoch mein Wunsch, daß sich stärker noch als bisher das Ausbildungsseminar für dieses berufspraktische Jahr engagiert (durch Konsultationstage u. a. m.).

5. Lassen Sie mich einen Gesichtspunkt des Dienstes in der Seelsorge zum Schluß noch besonders betonen: Jesus hat seine Jünger nicht nur beauftragt und sie aus alten Bindungen herausgerissen, er hat ihnen in seiner Nachfolge auch eine neue *Gemeinschaft* geschenkt. Unser Dienst macht uns notgedrungen auch zu Einzelkämpfern. Ich denke da besonders auch an jene Seelsorgehelferinnen, die einsam und allein eine Seelsorgestelle „halten" und ganz auf sich gestellt sind. Vor deren Dienst habe ich besondere Hochachtung. Doch für diese wie für alle anderen gilt: Es muß in unserem Dienst das „Suchen" der Brüder und Schwestern geben, die mit uns im gleichen Joch gehen. Aus Einzelkämpfern muß eine „acies ordinata" werden! Zu meiner Freude sehe ich, daß die Bezirkskonferenzen der Seelsorgehelferinnen und Katecheten in unserem Raum eine lebendige Wirklichkeit sind. Wenn ich in Dekanaten danach frage, so wird mir meist bestätigt, daß diese Konvente gern besucht und als Anregung und Stütze im alltäglichen Dienst erfahren werden. Darin möchte ich Sie ermutigen. Suchen Sie das Miteinander im geistlichen, dienstlichen und auch im menschlichen Austausch! Gehen Sie vor allem denen nach, die sich – aus welchen Gründen auch immer – isolieren oder die gar verbittert sind. Lassen Sie keinen allein, denn das ist auf die Dauer für den Dienst tödlich. Gehen Sie auch auf den zu, der Ihnen vielleicht nicht so sympathisch ist.

Bischof Hugo Aufderbeck schrieb 1974 in einem Brief an die Seelsorgehelferinnen: „Wie man die Dinge sieht und was ich bei den anderen Menschen sehe, darauf kommt es an. Ich kann ein so geschärftes Auge haben, daß ich bei den anderen immer zuerst die Fehler sehe. Doch keiner ist so schlecht, daß er gar nichts mehr wert wäre. Etwas Gutes muß er haben, sonst lebte er nicht mehr, denn von ganz Schlechtem kann keiner leben" (Volk Gottes auf dem Weg, Leipzig 1981, 170). Die Seelsorge aneinander ist ein nicht unwesentlicher Aspekt unseres pastoralen Auftrags.

Ich habe Ihnen auf Ihren Wunsch hin einige Erwartungen vorgetragen, die Ihre berufliche Arbeit betreffen. Darüber wird sicher eine weitere Diskussion notwendig sein, zu der ich Sie herzlich einlade. Doch lassen Sie mich auch zum Ausdruck bringen, daß es nicht gut wäre, zuviel von sich selbst zu sprechen. Ich bin der festen Meinung, daß das beste Mittel gegen berufliche Identitätskrisen beim Priester wie beim Laienmitarbeiter das Gespräch über unseren Auftrag ist, den wir miteinander auszurichten haben. Wenn uns dieser Auftrag als lohnender Einsatz vor Augen steht, dann kommt alles andere von allein ins rechte Lot. Und das wünsche ich Ihnen und mir: daß wir mit Einsatzbereitschaft und Zuversicht daran gehen, den Menschen hier bei uns die Gute Nachricht von Jesus Christus auszurichten, das Evangelium des Herrn, das auch im Jahr 2000 genauso aktuell sein wird wie zu den Zeiten der Apostel.

* Vortrag bei der Zentralkonferenz der Seelsorgehelferinnen in Erfurt am 28. März 1984

„Im Füreinander und Voneinander“

Thesen zur katechetischen Vermittlung des Christusglaubens

1. Der Glaube der Jünger Jesu entzündete sich am Glauben (und Beten) Jesu. Auch heute führt der Weg zum Glauben an Jesus über das Mit-Glauben (und Mit-Beten) mit Jesus. Wir glauben mit Jesus „dem Vater des Erbarmens und dem Gott allen Trostes“ (2 Kor 1,3).

2. Der Glaube der Jünger ist ein Glaube auf das Wort Jesu hin (vgl. Lk 5,5; Joh 6,68). Der authentische Zeuge des Glaubens ist Jesus, jede Weitergabe des Glaubens partipiziert an seinem Zeugnis und erfolgt in seiner Autorität (vgl. Lk 10,16; Joh 17, 20; 2 Kor 5,20). Die Fähigkeit zur Christuskatechese gründet daher in der eigenen existentiellen Jüngerschaft des Katecheten.

3. Das Osterbekenntnis der Kirche ist von seinem Ursprung her gemeinsames (ekklesiales) Zeugnis (vgl. Lk 24,33–35; 1 Kor 15,3–7). Die Erkenntnis des auferstandenen und erhöhten Herrn wird (im weitesten Sinn) durch die Kirche in der Kraft des Geistes vermittelt. Die Hinführung zur persönlichen Christusbegegnung wird darum gleichzeitig Vermittlung der kirchlichen Christuserfahrung sein. Diese ereignet sich in der Feier der Liturgie, im gemeinsamen Hören auf das Evangelium im Lebenszeugnis der Heiligen (auch derer, die nicht im Kalender stehen).

4. Wer Zugang zu Jesus Christus gewinnen will, muß in das Geheimnis des eigenen Lebens eingewiesen sein. Er muß um seine wahren Sehnsüchte wissen. Der Christusglaube fängt erst dann an zu tragen, wenn die billigen „Engros-Überzeugungen“ vom Sinn oder Unsinn des Lebens zusammenbrechen. Der Katechet hat also nicht nur „Anknüpfungspunkte“ beim Hören für den Christusglauben zu suchen, sondern er wird zumindest ebensosehr die landläufigen Meinungen und Einstellungen zum Thema „Lebensqualität“ in Frage stellen müssen.

5. Die Einsicht, daß im „Füreinander" und „Voneinander" der Menschen jeder Mensch erst eigentlich sein Leben gewinnt, ist die existentielle Eingangspforte für die Bereitschaft, sich der Person Jesu Christi im Glauben zu eröffnen. Unsere nach dem Du hin offene Personalität ist die „Grammatik", mit deren Hilfe Gott unser Leben zum „Sprechen" (und damit auch zum Glauben) bringen kann.

6. Für die Vermittlung des Christusglaubens ist die Einsicht in bestimmte „Grundgesetze" des Seins wichtig, z. B. die Einsicht in die Solidarität der Lebenden und Toten vor Gott in Heil und Unheil; die Möglichkeit von Stellvertretung („einer für alle"); die Erfahrung, daß selbstlose Liebe stärker und „revolutionärer" ist als Egoismus; die Tatsache, daß das „Höhere" das „Niedere" in sich aufnehmen und verwandeln kann, ja überhaupt die Tatsache, daß alles Sein gestuftes Sein ist, usw. Der Katechet sollte alle Analogien im Bereich der Natur und der menschlichen Existenz aufbieten, um in solche „Grundgesetze" des Seins einzuführen und Verständnis dafür zu wecken.

7. Jesu volles und wahres Menschsein in Solidarität mit uns Menschen, ausgenommen die Sünde, muß angesichts eines latent vorhandenen Monophysitismus in der kirchlichen Alltagsfrömmigkeit klar in der Katechese bezeugt werden. Umgekehrt aber ist die Soteriologie nicht auf Solidarität zu reduzieren („das Kreuz Jesu als bloße Konsequenz eines solidarischen Lebens"!), sondern sie ist aus der total sich entäußernden (darum eben: göttlichen) Liebe heraus zu entfalten (vgl. 2 Kor 8,9).

8. Das Ärgernis der geschichtlichen „Zufälligkeit" des Christusereignisses muß in der Katechese aufgearbeitet werden. Zur vollen Menschwerdung Gottes gehört, daß der Sohn Gottes sich geschichtlicher Begrenztheit ausliefert und sich in die konkrete „Einmaligkeit" eines irdischen Lebens hinein inkarniert. Der Weg der Katechese könnte in diese Richtung zielen: Jedes Menschenleben ist gerade wegen seiner Einmaligkeit nicht nur Verweis *auf*, sondern auch Teilhabe *am* Leben Gottes, der ja der schlechthin „Einmalige" ist. Die geschöpfliche „Einmaligkeit" (Kontingenz) gibt uns zudem die Chance, in voller Freiheit zur Entschiedenheit für Gott heranzureifen.

9. Die Christuskatechese hat die Ebene der rein paränetischen „Vorbildchristologie“ zu überschreiten. Der Aufweis der ethischen (und rationalen) Überzeugungskraft Jesu und seiner Weisungen kann Ausgangspunkt der Katechese sein, ist aber nicht ihr Ziel. Die Bedeutung Jesu Christi liegt darin, daß er die Konditionen für menschliches Handeln in der Welt veränderte, nicht (allein) darin, daß er ein „Vorbild“ war. Jesus Christus brachte Herrschaftswechsel, nicht ethische Appelle.

10. Der Weg der Nachfolge Jesu Christi ist nicht unbedingt ein Höhenweg menschlicher Selbstentfaltung. Im Normalfall gibt es keine christliche Existenz ohne gekreuzigtes Leben. Der Satz „Euer Leben ist mit Christus verborgen in Gott“ (Kol 3,3, hier tauftheologisch verstanden) gilt grundsätzlich: Das neue Leben Gottes in uns ist unanschaulich. Seine Erfahrung ist nicht zu garantieren. Unsere Katechese und Predigt darf in dieser Hinsicht keine falschen Erwartungen wecken.

11. Die katechetische Hinführung zu Jesus Christus zielt letztlich auf das Bemühen, sich mit Jesus zu solidarisieren, und zwar dort, wo Jesus angetroffen werden will (vgl. nur Mt 25, 31–46). Das schließt die Bereitschaft ein, sich mit Jesus u. U. auf den „geringeren Platz“ zu begeben. Die großen spirituellen Durchbrüche in der Christuserkenntnis kamen häufig aus dem Mitvollzug der jesuanischen „Karriere nach unten“. Die Katechese wird auf diesen Zusammenhang von Christuserkenntnis und Christusnachahmung aufmerksam machen müssen.

Vom neuen Mut zur Katechese in den Gemeinden*

Katechese ist so alt wie die Kirche selbst. Ja, der Herr selbst „katechisiert" seine Jünger. „Herr, lehre uns beten!" sagen die Jünger. Und er lehrt sie das Vaterunser (vgl. Lk 11,1–4). Der Geistparaklet, den Jesus verheißt, wird die Jünger an alles erinnern, was der Herr gesagt hat. Er wird ihnen das volle Verständnis der Botschaft Jesu eröffnen (vgl. Joh 14,26). Und Paulus kann sagen: „Wer im Evangelium katechisiert wird, lasse seinen Katecheten teilhaben an allem, was er besitzt" (Gal 6,6).

Katechese ist ein Lebensvorgang der Kirche von Anfang an. Eine Kirche ohne Katechese kann es nicht geben. Damit ist noch nichts gesagt über die konkrete Gestalt der Katechese. Wir wissen, daß sich die Formen der Katechese im Lauf der Jahrhunderte gewandelt haben. Katechese als Schulunterricht für Kinder ist ein verhältnismäßig junges Phänomen. Die russisch-orthodoxe Kirche kommt offensichtlich bis heute (notgedrungen) ohne eigentliche Kinderkatechese aus. Offensichtlich sind wir bei uns wieder an einem Punkt angelangt, wo sich für die Katechese neue Horizonte auftun:

- Katechese ist nicht allein Schulkatechese,
- sie ist nicht nur Sache für Kinder, sondern auch für Erwachsene,
- sie ist nicht mehr allein Sache der Geistlichen und/oder Religionslehrer,
- sie erhält eine neue Tiefendimension durch die Einbeziehung der Liturgie, etwa im gestuften Katechumenat für Erwachsene und für Kinder im Schulalter.

Kann man von einem neuen Mut zur Katechese in den Gemeinden sprechen?

1. Zunächst muß man sicher von dem sprechen, was uns beim Werk der Katechese so müde sein läßt. Ich schließe keineswegs die Augen vor der *Mühsal der Katechese*, so wie sie konkret in unseren Gemeinden abläuft.

– Für viele Kinder ist Religionsunterricht die unterste Stufe in ihrer kindlichen Wertskala. Zuerst kommt alles andere: Schule, Arbeitsgemeinschaften, Sport, Musikunterricht, Familienfeste – dann kommt auch die „Reli". Man merkt es daran, womit die Kinder sich entschuldigen (wenn sie sich überhaupt entschuldigen).

- Bei vielen bzw. manchen Kindern ziehen die Eltern nicht mit, vor allem „innerlich". Die Kinder haben keinen geistlichen Halt bei den Großen (Eltern, Geschwistern, älteren Kameraden). Sie sind „religiöse Einzelkämpfer".
- Die Kinder sind am Nachmittag (nach langem Schultag) abgespannt und nervös. Die Aufnahmefähigkeit und Bereitschaft zum Mitmachen ist meist auf dem Nullpunkt. Die Disziplin ist zudem häufig auch in der Schule ein Schwachpunkt.
- Belastend kann auch die eigene katechetische Ungeschicklichkeit sein. Nicht jeder Katechet hat Verständnis für Kinder jeden Alters. Wir können uns aber die Klassen und die Kinder nicht aussuchen. Unser Ärger über uns selbst färbt auf die Katechese ab.

Also: Unlust zur Katechese? Wenn wir ehrlich sind, manchmal schon, aber doch wohl kaum als Grundbefindlichkeit. Denn wir dürfen eine interessante Entwicklung erleben.

2. Unmerklich *verändert* sich etwas auf dem Gebiet der Katechese. Ich möchte einige Indizien nennen:

- Die Glaubensunterweisung hat in unseren Gemeinden weithin den schulgemäßen Charakter verloren. Manche mögen das bedauern – und es verstummt nicht der Ruf nach handfesten Katechismen mit Merksätzen, die in die kindlichen Köpfe dauerhaft eingehen. Daran ist ja auch ohne Zweifel etwas Richtiges. Doch ist wohl insgesamt zu sagen, daß das Auseinanderrücken von Katechese und schulischer Paukerei für die Katechese einen Gewinn darstellt. Viel haben die Verhältnisse zu diesem Auseinanderrücken beigetragen: Wir sind mit dem Religionsunterricht aus den Schulen herausgedrängt worden: die Religionsgruppen sind z. T. (sehr) klein geworden; die Anlage unserer katechetischen Bücher ist anders geworden; der Nachmittagstermin beim Religionsunterricht verlangt z. T. eine andere Methodik usw.
- Unmerklich sind in der Kinderkatechese neue Formen der katechetischen Unterweisung selbstverständlich geworden: Religiöse Kinderwochen, Katechetische Ferienwochen in der Paten-

gemeinde, Kindergottesdienste mit stärker katechetischem Einschlag (ob auch immer mit Gewinn für die Liturgie, ist fraglich). Neue Formen beim Erstkommunionunterricht, beim Firmunterricht werden erprobt. Die Firmvorbereitung insgesamt erhält einen neuen Stellenwert, sie wird „Jugendkatechese“ neuen Stils. Hier und da gibt es auch Kindernachmittage oder Katechetische Sonntage, um verstreut wohnende Kinder in Landgebieten zu erreichen. Besonderes Gewicht haben ohne Zweifel immer mehr die Schulferien für die Katechese der Kinder (und Jugendlichen). Das ist eine interessante Entwicklung.

- Oder ein hoffnungsvolles Phänomen: Mehr und mehr entdekken Frauen (und z. T. auch Männer) in den Gemeinden ihre katechetische Verantwortung und ihre Begabung für die Katechese. Aus der Not des Mangels an Seelsorgehelferinnen und Priestern macht Gottes Geist eine Tugend, indem er ehrenamtliche und halbamtliche Laienaktivitäten auf diesem Feld erweckt. Viele Priester könnten sich die Katechese in ihren Gemeinden ohne den Einsatz dieser Frauen (und Männer) gar nicht mehr vorstellen. Dabei geht es nicht nur um Katechese im engeren Sinn (meist bei Vorschulkindern und in den ersten beiden Klassen), sondern auch um Mithilfe bei Kindergottesdiensten, Erstkommunionvorbereitung, Frohschararbeit oder Ministrantenarbeit.
- Weiter: Vereinzelt kommen zu unseren katechetischen Gruppen nichtgetaufte Kinder dazu. Das ist zunächst einmal ein Problem. Wie sollen wir uns diesen Kindern (vor allem ihren Eltern gegenüber) verhalten? Dann aber ist es natürlich ein Zeichen dafür, wie groß die metaphysische Wüste ist, in der unsere Kinder heute leben. Die gesellschaftliche Umwelt ist chemisch rein von Religion. Kirche (und was damit zusammenhängt) ist darum schon wieder interessant geworden. Eine Nebenbemerkung: Ich halte darum nicht viel von der These, die sich noch ausweitende säkularistische Grundstimmung unserer Gesellschaft müsse Religion und Kirche zum Aussterben bringen. Sicher wird sich viel in der Kirche wandeln (und wohl auch in der Gesellschaft), aber letztlich wird das „Sinnvakuum“, das unsere Gesellschaft produziert, die Menschen zu neuen Fragen nach dem Sinn oder Unsinn ihres Lebens bringen.
- Ich nenne eine weiteres Indiz für eine Wandlung: Katechese wird ein Vorgang, der näher an den Vorgang der Bekehrung her-

anrückt und damit an die Welt der Erwachsenen. Langsam nehmen die Zahlen der Erwachsenentaufen zu. Kleinere Gruppen von getauften Ungläubigen finden wieder zur Kirche. In den Stadtgemeinden kommt ein Pfarrer nicht mehr ohne Katechumenatsgruppen aus (die er wiederum nicht allein führen und begleiten kann). In den geistlichen Bewegungen gehören Katechesen zum Alltagsbrot, aber eben Katechesen, die auf Lebensumkehr abzielen, auf Vertiefung der Bekehrung und Einübung eines christlichen Lebens. Unsere Bildungshäuser, auch die Jugendhäuser, haben durchaus auch bei religiösen, geistlichen Themen Zuspruch. In den Gemeinden wächst die Nachfrage nach praktischem geistlichem Tun: Wie geht das eigentlich: beten? Was heißt: mit der Schrift leben? Wie kann man denn konkret den Sonntag zum Tag des Herrn machen? Wie könnte eigentlich das „Lebensgespräch", auch das Glaubensgespräch in unserer Familie gelingen? Usw. Ich zähle das alles, was auf dieses Fragen antwortet, zu Katechese. Wir merken auf einmal, daß eine Hinwendung zur Mitte einsetzt. Zumindest ist eine neue Offenheit da, wenn ansprechend, überzeugend und einladend auf die Mitte unseres Glaubens verwiesen wird. Krisenzeiten sind immer auch Zeiten von Wachstum und Reifen. Es ist gut, daß der uns umgebende praktische Materialismus und der verordnete Atheismus ein „unbedarftes Christentum" unmöglich machen.
Und schließlich:

3. *Was tut in der Katechese not?* Worauf kommt es an? Ich bin kein katechetischer Fachmann. Ich kann keine neue „Methodenspalte" vor Ihnen ausfüllen (vgl. *B. Grom – F. G. Friemel*, Die Methodenspalte [Pastoral-katechetische Hefte 64], Leipzig 1986). Ich sehe aber neue Möglichkeiten und Chancen für unser katechetisches Tun. In welche Richtung sollen wir aber unser katechetisches Bemühen lenken? Welches innere Ziel soll uns bewegen? Ich nenne folgende Anliegen:

a) Die Katechese soll das Evangelium Jesu Christi als eine *Botschaft* erschließen, *die das Leben deutet*. Grundregel für den katechetischen Vorgang ist: Das, was der Glaube sagt, hat etwas mit dem Leben zu tun. Die Themen: Schöpfung, Berufung Abrahams, Inkarnation, Sühnesterben Christi, Vergebung und Buße, Maria und Heilige, Eucharistie und u. U. sogar der Ablaß – alles kann und soll so dargelegt werden, daß darin mein Leben gedeutet wird

(„Ablaß" etwa bedeutet die Tatsache, daß ich – wie in einer Familie – bei Gott mit einem Vertrauensvorschuß lebe, den andere „Familienmitglieder" erworben haben und der mir zugute kommt!). Das wird nicht immer gleich gut gelingen. Aber Ziel müßte es sein, daß der Glaube Lebensdeutung gibt (nicht: Lebenserleichterung um jeden Preis!). Das bedeutet andererseits, daß wir manches, was Entfaltung einer Glaubenswahrheit darstellt, durchaus auch weglassen können. Wo kommt Gott in meinem Leben vor? Wo begegne ich ihm? Wie zeigt er sich? Wer bin ich selbst, und was bedeutet mein rätselhaftes Leben? Was darf ich erwarten und erhoffen? Was gilt eigentlich, und was hat Bestand? Und nicht zuletzt: Was soll ich tun? Wie muß ich handeln, um zu bestehen? – Das sind die Fragen, auf die die Katechese antworten muß. Der Glaube darf kein ideologischer Überbau sein, weit entfernt von der Lebensrealität derer, denen er verkündet wird. Das ist auch eine ernste Anfrage an unsere Predigt.

b) Ein zweites Anliegen: Die Katechese muß Mut machen zum Glauben. Sie muß die letzte *„Einfachheit" des Glaubens* aufleuchten lassen. Manche Priester erwecken durch ihr Reden mitunter den Anschein, als sei christlicher Glaube etwas schrecklich Kompliziertes und Schwieriges. (Theologen kurz nach dem Theologiestudium sind manchmal wie Hausfrauen, die gerade einen Kochkurs mitgemacht haben. Vor lauter Sorge, möglicherweise etwas falsch zu machen, trauen sie sich nun nicht mehr an den Kochtopf. Sie haben dann zwar ein wissenschaftliches Kochdiplom, aber die Familie muß hungern!)

Das müßte Katechese vermitteln: Gott will nichts Kompliziertes oder gar Gekünsteltes von uns. Er ist ein Gott, der sich auch in den einfachsten Lebensvollzügen finden läßt. Theresia von Ávila soll gesagt haben: „Christus ist auch zwischen den Kochtöpfen zu finden." Christ werden heißt: lernen, sich „loszulassen", immer mehr, immer vertrauensvoller, in immer mehr Bereichen unseres Lebens, bis wir in die letzten Verästelungen hinein wahrhaft frei sind, dem Herrn hingegeben und darin gerettet. Ein Kind, das unsere katechetischen Kurse durchläuft – selbst wenn es sich später wieder der Kirche entfremden sollte –, müßte ganz tief und existentiell begreifen: Christsein ist eine Form des Menschseins, wo mit Mut nach dem Höchsten gegriffen wird.

Nochmals: Einfachheit meint nicht „Unbedarftheit". Wir müssen um die Vielschichtigkeit der heutigen Welt, menschlicher Situationen und auch um die Unauslotbarkeit der Glaubensgeheimnisse wissen. Einfachheit meint hier das Vertrauen, in einigen wenigen, aber zentralen Grundakten das Ganze der christlichen Existenz erfassen zu können. Etwa: wenn Eltern einander treu bleiben; wenn ich verzeihen kann und mir verziehen wird; wenn ich schenken kann; wenn ich fröhlich bin; wenn in der Trauer mir einer die Hand hält; wenn ich gut bin, auch wenn es keiner sieht oder lohnt, usw. – das alles sind Grundakte aus der Kraft des Glaubens, in denen ich (wie die Scherbe das Sonnenlicht) das Ganze im Fragment fasse.

Dieses Stichwort (Einfachheit und Ganzheitlichkeit des christlichen Glaubens) will ich noch etwas eingehender betrachten.

Es wird nicht immer möglich sein, in jeder katechetischen Einheit die einfachen „Basissätze" des christlichen Glaubens zum Klingen zu bringen. Doch müßte es unser Bestreben sein, in allen katechetischen Einheiten (zumindest im Gesamt eines Unterrichtsjahres) wesentliche Glaubensaussagen – der Entwicklungs- und Verstehensphase des Kindes angemessen – auszusprechen. Wir müssen ja damit rechnen, daß eine Reihe von Kindern nicht alle katechetischen Angebote bis zum Schluß wahrnehmen. Manche bleiben in den höheren Klassen weg. Manche (in der Diaspora) stoßen erst später dazu.

Meine Vorstellung wäre: Katechese entfaltet den Glaubensstoff konzentrisch. Ähnlich wie ein Schneeball eine Lawine auslösen kann, müßten im katechetischen Prozeß solche Effekte angestrebt werden. Der Weg sollte immer gehen vom Kern einer Grundwahrheit hin zu den glaubensmäßigen Entfaltungen bis hinein in die letzten Verästelungen von Kirchenjahr und Brauchtum oder geschichtlicher Ausgestaltung einer Glaubenswahrheit, etwa einer bestimmten Art von Eucharistiefrömmigkeit. (Das entgegengesetzte „Denkmodell" wäre: Katechese als Zusammennähen eines großen Tuches aus lauter kleinen Textileinheiten.) An diesem Bild wird deutlich: Nicht alle Glaubenswahrheiten sind gleich wichtig. Es gibt Über- und Unterordnungen. Es gibt im Glaubensvollzug eine Art Voranschreiten in „konzentrischen Kreisen". Auch in den einfachsten Sätzen bzw. Verstehensvollzügen bzw. Handlungen kann das Ganze des christlichen Glaubens ergriffen bzw. im Tun vollzogen werden. Vergleiche die blutflüssige Frau (Lk 8,44): Auch eine einmalige Berührung mit dem Herrn kann heilen. Viele unserer Kinder haben nur die Chance zu einer solchen „einmaligen" Berührung mit dem Herrn. Aber in dieser Berührung – so kurz sie auch ist – muß wirklich der Herr berührt werden können.

Ich nenne einmal solche „Basissätze" unseres Glaubens, die dem Katecheten gleichsam in Fleisch und Blut eingegangen sein sollten. Er müßte davon sofort reden können, wenn man ihn nachts aufweckt, und zwar in Kürze, verständlich, in einer dem Erfahrungshorizont des Zuhörers angemessenen Form. Also z. B. davon:

- Jesus Christus eröffnet uns in seinem Reden und Handeln den Zugang zum Vater. Der Gott der Christen ist nicht irgendein Gott, sondern der Vater Jesu Christi. Gott, der „Herz" hat.
- Erlösung durch Stellvertretung. Der Gehorsam des Einen rettet die vielen.
- Das menschliche Leben als „zerbrochenes Kunstwerk". Der Riß der Sünde! Gott repariert nicht nur, er schafft neu!
- Gottes Geist als Lebenskraft, die verwandelt und neu schafft. Christsein als Neuschöpfung.
- Die Kirche als Raum der Christusnachfolge und Ort der fortdauernden Selbstmitteilung Gottes.
- Die Sakramente als Knotenpunkte, in denen unser Leben Gott berührt.
- Unser Leben und die Weltgeschichte als „Harren" auf die Vollendung.
- Das Wissen darum, daß das einzige „Werk", das Gott von uns fordert, ein passives Werk ist: „loslassen" können; Freiheit, in der Selbsthingabe sich zu finden.
- Christliches Ethos unter den Bedingungen dieser Gesellschaft: Wahrhaftigkeit, Solidarität, Zivilcourage, Selbstzucht u. a.

Sind nicht die Herrenworte der Evangelien solche „Kurzformeln", in denen jeweils das Ganze des Glaubens steckt? Zum Beispiel: „Wer sein Leben retten will, wird es verlieren ..."; „Gebt, und es wird euch gegeben werden ..."; „Wer so klein sein kann wie dieses Kind ..."; „Sorget nicht ängstlich ...": „Selig, die sehen, was ihr seht ..." u. a.

Es müßte einmal einer einen Katechismus solcher „Basiswahrheiten" schreiben. Wir vermitteln den Kindern oft zuviel künstlerische „Fassung". Wichtig allein ist der Edelstein, das Juwel (das freilich gefaßt sein muß!). Doch irgendwie wird es für Christen der Zukunft entscheidend sein, ob sie die Fassung vom Edelstein selbst zu unterscheiden wissen.

Ausdrücklich sei ergänzt, daß diese Ausführungen nicht als Polemik gegen Vermittlung von Glaubenswissen verstanden werden dürfen. Im Gegenteil: Wir brauchen eine gut inhaltlich aufbereitete Katechese. Wir brauchen Wege, die den Kindern auch Wissen im Glauben vermitteln. Glaubenserfahrung und Glaubenswissen dürfen nicht gegeneinander ausgespielt werden. Wer liebt, will auch etwas vom Geliebten wissen. Wer den Herrn kennenlernt, der wird auch wissen wollen, was er sagt und wer er ist. Aber was nützt es, alle kleinen Propheten auswendig aufsagen zu können, wenn nicht begriffen wurde, warum deren Bußpredigt für uns Christen auch heute aktuell ist? Was nützt es, die Kirchengebote aufsagen zu können, aber vom Wesen der Kirche als Mutter oder als Weggemeinschaft der Christusjünger nichts begriffen zu haben? „Das eine sollst du tun, ohne das andere zu lassen", das gilt auch hier. In bestimmten Altersstufen ist das „Lernen" für Kinder sogar eine Freude und eine heilsame Möglichkeit, in christliche Lebenspraxis hineinzuwachsen: Gebete, Feste, Bibelwissen, Katechismusantworten, die „bleibend" sind, etwa: Wozu sind wir auf Erden? „Um Gott zu erkennen, ihn zu lieben, ihm zu dienen und einst ewig bei ihm zu leben." Solche Formulierungen können uns ein Leben lang begleiten. Sie sind „Goldstücke", die nie ihren Glanz verlieren. Also: lernen? Ja. Aber: vestehend lernen; ein Lernen, das aus einer eröffneten Erfahrung fließt (etwa: Wie wir in der Erschließung der Mitfeier der heiligen Messe auch „lernen", was der Glaube sagt).

c) Und schließlich: Unsere Katechese soll zur *Solidarität* und zum *Lebensaustausch der Glaubenden* führen. Glaube, der sich nicht mitteilen kann, ist kein Glaube. Die Herzen unserer Kinder sind voll mit Erlebnissen, Erfahrungen, Ängsten und Nöten, die nicht oder nur halb verdaut sind. Punkt a) spielt hier herein: Katechese als Lebensdeutung und Lebenserschließung. Aber hier sei betont: Die Nachfolge Jesu führt zu einer Gemeinsamkeit im Glauben, Hoffen und Lieben, die uns miteinander in Beziehungen setzt. Das aber ist der tiefste Wunsch der Menschen auch heute: Beziehungen zu haben, getragen zu werden und tragen zu können, anerkannt und geliebt zu sein. Unsere Religiösen Kinderwochen, unsere Gottesdienste mit Kindern, das Brauchtum des Kirchenjahres, die Hilfen für das religiöse Leben in den Familien u. a. m: All das hat das Ziel, Beziehungsgeflechte der Glaubenden zu schaffen, das einzelne Kind, den Jugendlichen, den bekehrten Erwachsenen „einzuklinken" in das Netz einer Glaubensgemeinschaft, in der er selbst getragen wird, aber auch andere mitträgt. Man könnte so Seelsorge definieren: Sie verknüpft die einzelnen Nachfolgewilligen in das Netz der Glaubenscommunio. Hier sehe sich, daß unsere katechetischen Bemühungen mit Sicherheit durchaus produktiv und effizient sind. Vielleicht kennen unsere Kinder nicht mehr so viele Merksätze wie früher, aber sie haben begriffen, daß der Glaube uns feiern läßt; daß er Gemeinschaft stiftet; daß er niemanden einsam läßt.

Was erhoffte ich mir von diesem Katechetischen Tag?

- Die *Erfahrung gemeinsamer Verantwortung* für die Glaubensweitergabe in Form der katechetischen Arbeit. Wir Priester spüren: Wir stehen nicht allein: Handfeste Frauen, mit Sachverstand und pädagogischem Können, tragen das Werk der Katechese mit. Wir können ihnen Verantwortung übertragen. Freilich: Wir sollen sie nicht allein lassen, sondern wir sollen sie begleiten und uns über die katechetischen Erfahrungen miteinander austauschen. – Die ehrenamtlichen Katechetinnen und Katecheten sollen spüren: Unser Einsatz und unser Dienst wird von der Kirche gesehen und gewürdigt. Wir sind nicht nur ein „Notnagel", sondern unser Einsatz ist ein eigenständiger und wertvoller Beitrag in der Kirche für die Weitergabe des Glaubens.
- Ich erhoffe mir ferner *Anregungen für die katechetische Praxis.* Der heutige Tag ist ein Versuch. Vieles wird nur andiskutiert oder kurz angerissen werden können. Aber jeder bringt Erfahrungen mit, die er weitervermitteln kann. Haltet damit nicht hinter dem Berg! Die diözesanen Vertreter der katechetischen Kinderarbeit, der Jugendarbeit, der Erwachsenenseelsorge können hören, wie ihre Anregungen von euch aufgenommen werden. Wir können einander sagen, wo der Schuh drückt (wobei wir hoffentlich nicht nur beim Klagen stehenbleiben werden).
- Und schließlich erhoffe ich mir, daß wir *neue Freude an der Katechese* gewinnen. Wenn wir unsere Kinder wirklich gern haben, werden wir auch ihre Unarten besser ertragen. Letztlich sind unsere Kinder, besonders die Schulkinder, arme, gehetzte Wesen. Ob sie in uns Menschen finden, Glaubenszeugen, die ihnen die Menschenfreundlichkeit und Liebe Christi nahebringen? Selbst wenn uns methodisch das eine oder andere mißlingt, selbst wenn unsere Gruppen klein bleiben oder zu keinen katechetischen

Glanzleistungen gebracht werden können: Wir können die, zu denen wir gesandt sind, lieben und barmherzig mit ihnen sein. Christus spricht ja nicht allein in den katechetischen Büchern, er spricht noch mehr durch unser Herz, durch unser Leben.

* Referat am Katechetischen Tag in Erfurt und Heiligenstadt im Oktober 1987

Das priesterliche Dienstamt im Licht des Zweiten Vatikanischen Konzils*

Die Absicht dieser kurzen Einführung in die Studientagung über Fragen der Priesterausbildung ist es, an einige fundamentale Aussagen des 2. Vatikanischen Konzils über das Priestertum zu erinnern. Keinesfalls kann auch nur andeutungsweise der Versuch gemacht werden, umfassend über die theologischen, pastoralen und spirituellen Lehren der konziliären und nachkonziliären Dokumente der Kirche über den priesterlichen Dienst zu referieren.[1]

Grundsätzlich ist zu sagen, daß gerade in der Lehre über das kirchliche Dienstamt das 2. Vatikanische Konzil ein Musterbeispiel dafür ist, wie ein Dogma der Kirche unbeschadet seines endgültigen Wahrheitsanspruchs doch durch eine theologische Horizonterweiterung positiv fortgeführt und in bestehenden Einseitigkeiten auch korrigiert werden kann. Das ist im 2. Vatikanum hinsichtlich der tridentinischen Aussagen über das Priestertum durch eine vertiefte christologische und ekklesiologische Besinnung geschehen. Natürlich hat zu einer Neubesinnung auch kräftig die veränderte Situation der Kirche beigetragen. Man kann sagen: „Die traditionellen Begriffe der ‚Salbung‘ und ‚Weihe‘, der ‚Konfiguration mit Christus‘, des ‚Charakters‘, der ‚Potestas‘ und der ‚Hierarchie‘ bleiben in Geltung, aber sie erhalten aus der theologischen Tiefe von ‚Sendung‘ und ‚Dienst‘, die in Christi Wort und Werk verankert werden, ihre ursprüngliche Bedeutsamkeit und umfassende Dimension" (Lehrschreiben, Nr. 36). Daß es dabei natürlich zu mancherlei Kompromissen in den Texten zwischen alter und neuer Sicht des Priestertums kam, ist allgemein bekannt.

Ich möchte *vier fundamentale Einsichten* des Konzils über das Priestertum herausstellen.

1. *Verankerung des priesterlichen Dienstamtes im umfassend verstandenen Heilsdienst Christi*

Der priesterliche Dienst wird in den Konzilstexten nicht von einzelnen Amtsbefugnissen her begründet, sondern von der Sendung

Christi (LG 28; PO 4–6). Damit erscheint der Priester nicht mehr vornehmlich als ein „Mann der Sakramente", also in seiner kultischen Funktion. Es ist dem Konzil gelungen, eindeutig das neutestamentliche Priestertum vom religionsgeschichtlichen Begriff des Priestertums abzusetzen. Das Dienstamt in der Kirche in seiner dreigestuften Form (Bischof – Priester – Diakon) erhält so wieder sein Fundament in der *Sendung Christi*, die dieser der Kirche insgesamt anvertraut hat: nämlich die Menschen aus der Verlorenheit der Sünde zum Heil, zur Gemeinschaft mit Gott zu führen. Diese Sendung hat verschiedene Dimensionen, sicherlich auch eine priesterlich-kultische Dimension, aber eben nicht nur diese. Das Konzil ordnet bezeichnenderweise die *Verkündigungsaufgabe* des Priesters dem *kultisch-sakramentalen* Aufgabenbereich vor (so LG 28; PO 4). Ferner gehört zum priesterlichen Dienst auch die *nachgehende Hirtensorge* und die *fürsorgende Diakonie* (PO 6: „sich vor allem der Armen und Geringen annehmen"!). Das Konzil verwendet gern für den umfassenden Dienst Christi die *Trias* Lehr-, Priester-, Hirtenamt. Freilich: diese Trias (die aus der protestantischen Theologie stammt!) verführt zu der Annahme, man könne die damit bezeichneten Bereiche säuberlich trennen. Das ist aber nicht möglich. Wir sollten hier lieber beim Verfahren des Neuen Testaments bleiben, das bekanntlich viele Namen und Begriffe verwendet, um die Fülle des Heilsdienstes Christi zu umschreiben. Eben in dieser Fülle, in diesem ganzheitlich verstandenen Dienst Christi, wurzelt der Dienst des Priesters. Er darf *in persona Christi* die Sendung Christi fortführen, natürlich in und zusammen mit der ganzen Kirche.

Unmittelbare Konsequenz aus dieser konziliären Einsicht muß sein: Es ist alles zu vermeiden, was in Ausbildung und Ausgestaltung des priesterlichen Dienstes den Eindruck erweckt, der Priester sei für die Aufrechterhaltung des Kultes und der Sakramentenspendung da. Ich meine: Dort, wo nicht recht gepredigt wird, wird auch nicht recht Eucharistie gefeiert! Sakramente sind auch Verkündigung, und umgekehrt, Verkündigung hat eine sakramentale Dimension.

Positiv wäre zu sagen: Der priesterliche Dienst hat wie die Sendung Christi *das Heil des Menschen* zum Ziel. Wo Priester scheinbar nur der Aufrechterhaltung der kirchlichen Präsenz dienen, stimmt etwas nicht. Das Tun und Reden des Priesters muß dem leiblichen, seelischen und geistlichen Heil des Menschen dienen, selbst wenn er nicht *alle* Dimensionen dieses Heilsdienstes konkret darstellen kann. Die Engführung des priesterlichen Dienstes auf das rein „Religiöse", auf das „Innen" des Menschen halte ich für gefährlich. Das Reich Gottes leuchtet in der Heilswerdung des Menschen auf. Dieses Reich in Tat und Wort zu verkünden, sendet Jesus seine Jünger aus. Dem soll auch das Dienstamt in der Kirche dienen. Papst Johannes Paul II. sagt: „Der erste und grundlegende Weg der Kirche ist der (konkrete) Mensch" (Redemptor hominis). Ob wir und unsere Priester nicht zu sehr in die Bewahrung und Erhaltung des kirchlichen Bestandes eingespannt sind und zuwenig in den Heilsdienst Christi am Menschen?

Eine zweite Einsicht des Konzils:

2. *Der Priester hat seinen Ort inmitten des priesterlichen Gottesvolkes*

Unbeschadet der festzuhaltenden Aussage, daß der Priester durch seine besonderen Vollmachten (etwa der Sakramentenspendung) auch als Repräsentant Christi dem Gottesvolk gegenübersteht, ist doch fundamentale Aussage des Konzils, daß er zunächst seinen Ort *inmitten des Gottesvolkes* hat. Sein Priestertum steht in unlösbarem Zusammenhang mit dem *gemeinsamen Priestertum* aller Gläubigen (so LG 10; PO 2). Grundlage seines Priestertums ist darum seine *„Taufberufung"*, die er mit allen Gläubigen teilt. In seinem priesterlichen Handeln ist er darum auch Repräsentant des Gottesvolkes, das insgesamt ein priesterliches ist. Gerade an diesem Punkt wird deutlich, welche Einseitigkeiten im Verständnis des Priestertums auch heute noch bei manchen Gläubigen zu überwinden sind. Der Glaube der Kirche an die fortdauernde Autorität Christi in seiner Kirche konstituiert die Autorität des priesterlichen Dienstes. Wenn der Priester tauft, tauft Christus usw. Andererseits übereignet sich der Gläubige, der den Dienst des Priesters in Anspruch nimmt, gläubig dem Herrn, nicht einem Menschen. Ob nun der Priester Christus repräsentiert oder das Gottesvolk, beide Male ist sein Dienst eingebettet in das größere und umfassendere Geheimnis Christi in der Kirche.

Die unmittelbare Konsequenz dieser Einsicht (zu der es noch viele gegenläufige Aussagen in den Konzilstexten gibt!) ist klar: Mit dieser Sicht des Priestertums wird eine *Überordnung des Priesters über die Gläubigen* im Grundansatz *abgewehrt*. Dort, wo allein der

Klerus Führung und Entscheidungsvollmacht in der Kirche beansprucht, wird er nicht dem Bild von Kirche gerecht, wie es das Konzil zeichnet. Damit kommen uns bei unserem Thema „Priesterausbildung“ alle Fragen auf den Tisch, die das Problem des *Miteinander von Priestern und Laien* in unserer Ortskirche betreffen. Ich nenne nur die Stichworte: Dialogbereitschaft, Fähigkeit zur Kooperation, Umgang mit den Laienräten und den Laienmitarbeitern. Das sind neuralgische Punkte, an denen sich die Qualität und die Autorität des priesterlichen Dienstes in Zukunft entscheiden wird.

Ich verweise auf eine *dritte* Grundaussage des Konzils:

3. *Priesterlicher Dienst ist eingebettet in die Gemeinsamkeit eines um den Bischof gescharten Presbyteriums*

Es ist bekannt, daß das 2. Vatikanische Konzil die Vollgestalt des Dienstamtes in der Kirche im Bischofsamt festmacht. An ihr partizipiert der Priester in abgestufter Weise. Doch bringt eben erst und vor allem die Gemeinsamkeit des priesterlichen und diakonalen Dienstes um den Bischof zentriert diese Vollgestalt zur Geltung (wobei dann noch einmal das Kollegium der Bischöfe um den Papst die Communio-Gestalt des Dienstes in der Kirche abrundet).

Die theologischen Kontroversen um den Unterschied zwischen bischöflicher und presbyterialer Weihegewalt sind bekannt. Das Konzil hat hier eine Klärung gebracht, insofern es die Sakramentalität der Bischofsweihe verkündet (recht feierlich in LG 21). Was nun materialiter die „Fülle des Weihesakraments“, die der Bischof besitzt, ausmacht, ist bekanntlich nicht näher ausgeführt. Im Gegenteil, die Aussagen des Konzils bezüglich der Weihegestalt des Priesters sind derart gewichtig, daß sie den Ausführungen bezüglich des Bischofs nicht nachstehen. Wie der Bischof handelt auch der Priester in persona Christi (PO 2, 12; LG 28), hat er Anteil an der Sendung Christi (PO 1,2,7; LG 28), besteht zwischen Bischof und Priester eine Gemeinschaft im gleichen Priestertum und Amt Christi (PO 7). Wichtig ist dem Konzil freilich die in dieser Gemeinsamkeit grundlegende *Zusammengehörigkeit von Priester und Bischof* bzw. der Priester untereinander in dem *einen Presbyterium* um den Bischof zentriert (PO 8; LG 28). Darin besteht auch ein echter Unterschied: Das bischöfliche Amt als göttliche Einsetzung hängt *nicht* vom Papst ab, wohl aber das priesterliche Amt vom Bischof!

Wie immer das theologisch zu verstehen ist: Klar ist die Überzeugung des Konzils, daß kein Priester für sich allein Priester ist, sondern immer nur in der Gemeinschaft eines bischöflich geleiteten Presbyteriums. „Kein Priester kann abgesondert und als einzelner seine Sendung hinreichend erfüllen…" (PO 7). Was das heißt, müßten wir sehr eingehend bedenken. Unsere Priester sind in mehrfacher Weise zu Einzelkämpfern geworden: in der *seelsorglichen Arbeit* (Überbetonung des Pfarrprinzips, falsche Abgrenzung von Verantwortlichkeit durch Pfarr- und Dekanatsgrenzen), in der *geistlichen Ausgestaltung* ihres Dienstes (Fehlen eines „Glaubensaustauschs", der zu einem ähnlichen „Verstummen" des Glaubenszeugnisses unter Priestern führt wie in unserern Familien und Gruppen) und schließlich eine *menschlich-praktische Isolation* der einzelnen voneinander und vom jeweiligen „Bischöflichen Amt". Was hier das Konzil und nachfolgende Dokumente an Erwartungen aufzählen, ist z. T. idealtypisch und überfordert das, was in der Praxis möglich ist. Dennoch ist zu fragen, was wir gegen die tödliche Vereinzelung unserer Priester tun können, schon in der Anlage der Ausbildungsordnung, dann aber auch in der Gestaltung des priesterlichen Dienstes in den Gemeinden.

Es müßte im Presbyterium noch stärker ausgeprägt eine *kollegiale Verantwortung* für die ganze Ortskirche geben, die sich sowohl atmosphärisch als auch in Strukturen Ausdruck schaffen kann (Priesterrat, synodale Versammlungen und gemeinsame Beratungen mit Entscheidungsbefugnissen). Die heute anstehenden Aufgaben in einer rapide sich wandelnden Welt werden wir nicht ohne die aktive Mithilfe unserer Priester (und engagierter Laien) bewältigen. Eine solche Aktivierung im Blick auf die Bereitschaft, sich bzw. überkommene Verhaltensweisen zu ändern, wird aber nur gelingen, wenn der Priester (und Laien) in die Überlegungen und Entscheidungsprozesse mit einbezogen sind (unbeschadet der klaren bischöflichen Führung der Ortskirchen entsprechend unserem katholischen Selbstverständnis).

4. *Das geistliche Leben des Priesters wird grundlegend im priesterlichen Dienst gelebt*

Eine durchgehende Tendenz der Konzilsaussagen hinsichtlich der priesterlichen Spiritualität besteht in dem Bemühen, einen falschen Dualismus zwischen innerem geistlichem Leben des Priesters und seinem apostolischen Einsatz zu überwinden. Die Grundübungen des geistlichen Lebens werden natürlich eingeschärft: Betrachtung, Gebet, Gewissenserforschung, Selbstüberwindung, Buße, Exerzitien, Verehrung des eucharistischen Herrn, Marienfrömmigkeit u.a.m. (PO 18); doch besteht die Eigentümlichkeit des Heiligungsweges des Priesters gerade darin, daß er mit ganzer Hingabe und innerem Engagement seinen *Dienst* als Verkünder des Wortes Gottes, als Spender der Sakramente, als Hirt und Seelsorger der Gemeinde, als Helfer der Armen und Kranken etc. vollzieht. Wenngleich die drei Räte (Armut, Gehorsam, Jungfräulichkeit) auch mit dem priesterlichen Leben in Verbindung gebracht werden, wird jedoch *nicht* eine eigene Rätespiritualität dem Seelsorgepriester anempfohlen (PO 15–17). Hier müßte m.E. sehr intensiv gefragt werden, wie eine solche *Spiritualität des Weltpriesters* auszusehen hat – unter den heutigen Bedingungen (z.B. ohne Haushälterin, als Pfarrer für große Gebiete, angesichts von mancherlei „berufsfremder“ Tätigkeit etc.).

Es ist interessant, daß auch die Ratio fundamentalis die Ausbildungsordnungen immer auf den kommenden Dienst hin plausibel zu machen sucht. Dazu wird eigens ein weiter Spielraum von Möglichkeiten eingeräumt (RF 3). Die in der Ausbildung zu vermittelnden Lehrinhalte sollen auf diesen Dienst hin ständig überprüft werden (RF 90). Das Konzil und die Ratio fundamentalis unterstreichen die Notwendigkeit, den Priester sowohl in der Christusfreundschaft zu festigen (PO 14), als auch in *die* Lebenswirklichkeit als geistlich gefestigte Menschen zu stellen, der auch die anderen Gläubigen ausgesetzt sind. Man könnte sagen: Der Priester wird um so mehr geistliche Autorität haben, je überzeugender er selbst die Lebenswirklichkeiten geistlich-gläubig durchdringen kann, in der sich auch die anderen Laienchristen behaupten müssen.

Damit erhebt sich die Frage der inneren, lebensmäßigen Verbundenheit unserer Priester (und Bischöfe) mit der Lebens- und Erfahrungswelt der übrigen Gläubigen. Ich frage mich, ob unsere Theologen ein wirklich tragfähiges Motivationsgeflecht für ihren kommenden Dienst und ihr geistliches Leben im Seminar aufbauen können. Angesichts der Wirklichkeit, die tagtäglich unsere Seelsorgegeistlichen erfahren, zerrinnen manche „Einbildungen“ der Seminarzeit. Gefragt wäre dann eher die Fähigkeit, unter den Bedingungen der konkreten Pfarrarbeit den Stil des geistlichen Lebens zu finden, für den die Seminarzeit den Grund zu legen sucht. Zugegeben, der „Ernstfall“ ist auch in anderen Berufen nicht vorwegzunehmen. Aber vielleicht sollten wir – um es einmal konkret zu sagen – weniger von „Proexistenz“ reden als davon, daß eine schlecht vorbereitete Predigt, eine schludrig hingebastelte Katechese oder eine lieblos gelesene Messe Ausfall von Spiritualität signalisieren! Da nützt dann auch nicht eine „weltenthobene“ Meditation am Morgen. Das ist natürlich ein Zirkel: Wir verkünden das Wort Gottes – und die geistliche Kraft unserer Verkündigung hängt z. T. davon ab, ob wir selbst die ersten Hörer unserer eigenen Verkündigung werden. Insofern ist die Bewältigung des priesterlichen Berufs- und Lebensalltages in der Kraft des Glaubens, der Hoffnung und der Liebe der wichtigste Dienst, den wir unseren Gläubigen leisten können – aber eben darin ja auch uns selbst. Die Ressentiments, Bitterkeiten, Ängste, Egoismen und Eigenwilligkeiten, die sich im Lebensalltag vieler Priester sammeln, kontrastieren doch sehr mit dem Idealbild des Priesters, wie es die Konzilstexte zeichnen. Vielleicht sollten wir vorsichtiger, nicht so ideal und theologisch „hochgestochen“ vom geistlichen Leben des Priesters reden bzw. es so als Ziel vor Augen stellen. Es könnte vielleicht eine Hilfe sein, wenn stärker die sachgerechte Ausführung des Dienstes, die engagierte Hinwendung zu den Menschen und die einfachen, mit dem Alltag zu vereinbarenden Formen des Gebetes und der Frömmigkeit in den Blick treten. Das bedarf dann aber doch wahrscheinlich einer individuellen Führung und Begleitung des einzelnen, als das bisher möglich ist.

Aber damit leite ich schon zu konkreten Überlegungen über, die jetzt noch nicht an der Reihe sind. Ich wollte nur diese *vier Grundüberzeugungen* konziliärer Texte im Blick auf unser Tagungsthema zu Gehör bringen.

* Referat anläßlich der Konferenz über Fragen der Priesterausbildung in Erfurt vom 24.–27. 8. 1988

[1] Es wurden folgende Texte zugrunde gelegt:

- Presbyterorum ordinis – Dekret über Dienst und Leben der Priester (1965) = PO
- Lumen gentium – Dogmatische Konstitution über die Kirche (1964) = LG
- Optatam totius – Dekret über die Ausbildung der Priester (1970) = OT
- Lehrschreiben der Bischöfe des deutschsprachigen Raumes über das priesterliche Amt (1970)
- Ratio fundamentalis – Grundordnung über die Ausbildung der Priester (1970) = RF
- Der priesterliche Dienst – Dokument der römischen Bischofssynode 1971

EINHEIT DER KIRCHE

„Die Ökumene, die wir bereits leben, ist ein verheißungsvolles Zeichen für die volle Gemeinschaft der Kirchen. Wir haben die Hoffnung und die Bitte, daß der Weg, zu dem wir aufgebrochen sind, zu einem tieferen gegenseitigen Verstehen beiträgt und uns zur Gemeinschaft am Tisch des Herrn führen wird."

Aus: „Kirche des Friedens werden"
Ökumenische Versammlung für Gerechtigkeit, Frieden und Bewahrung der Schöpfung

„... auf die Fülle des Herrn hinwachsen"

Hirtenwort zur österlichen Bußzeit 1983

Liebe Brüder und Schwestern im Herrn!

Unter den Nöten der heutigen Zeit ist das Übel der Spaltung von besonderem Gewicht. Völker und Staaten, Rassen und Klassen, Interessengruppen und Generationen stehen sich vielleicht unversöhnlich, ja feindlich gegenüber. Zunehmend sind auch Trennung und Spaltung bei engsten menschlichen Bindungen, in Familien und Ehen beklagenswerte Realität. Wenn wir auf die Christenheit schauen, müssen wir beschämt eingestehen, daß auch die Kirche vor dem Übel der Spaltung nicht bewahrt ist. So kann sie ihrer Aufgabe, Zeichen und Werkzeug der Einheit aller Menschen zu sein, nicht voll gerecht werden.[1] Jesus Christus hat *eine* Kirche gewollt; die Jünger Jesu aber gehen verschiedene Wege und leben in getrennten Kirchengemeinschaften. „Eine solche Spaltung widerspricht ganz offenbar dem Willen Christi. Sie ist ein Ärgernis für die Welt und ein Schaden für die heilige Sache der Verkündigung des Evangeliums vor allen Geschöpfen", wie das letzte Konzil sagt.[2] Unter dem Einfluß des Geistes Gottes ist in der Christenheit in der jüngsten Zeit ernste Reue über diesen Tatbestand und vertiefte Sehnsucht nach Einheit erwacht.[3] Wir bemerken mit Freude, daß die Kirchen der Reformation untereinander und mit der katholischen Kirche das Glaubensgespräch suchen, das schon hoffnungsvolle Früchte trägt. Vielerorts freilich gibt es auch Klagen und Enttäuschung darüber, daß der Prozeß der Einigung so schleppend vorangeht; dabei wird häufig kurzschlüssig den Kirchenleitungen und Theologen die Schuld daran zugeschoben.

Die österliche Bußzeit soll uns Anlaß sein, über das *Thema der Einheit der Kirche* nachzudenken, um daraus neuen Ansporn zu erfahren, die von Christus gewollte Einheit der Glaubenden zu suchen und zu fördern.

1. Unter den *Motiven*, sich unermüdlich für die Glaubenseinheit der Jünger Jesu Christi einzusetzen, steht an erster Stelle das Gebot des Herrn.[4] Doch drängt sich in der heutigen Zeit ein anderes Motiv in den Vordergrund, dessen Dringlichkeit Ihr aus Euren konkreten Erfahrungen heraus sicher bestätigen werdet: Als Chri-

sten leben wir gemeinsam, ob wir katholisch, evangelisch oder freikirchlich sind, in der *gemeinsamen Diaspora der atheistischen und materialistischen Umwelt.* Die Erfahrung der uns umgebenden Gleichgültigkeit gegenüber Gott und allem Religiösen und die nivellierende Kraft einer rein auf den materiellen Vorteil ausgerichteten Lebensweise schließt die wachen Christen erlebnismäßig oft stärker zusammen als das gemeinsame Gesangbuch. Wir sind dankbar, wenn wir im Betriebskollektiv, in der Seminargruppe oder Schulklasse oder auch im Haus, in dem wir wohnen, noch einen weiteren engagierten Christen wissen. Wir erkennen freudig, daß wir bei alternativen Entscheidungen dann nicht allein stehen, sondern uns im gemeinsamen Glauben an Gott und Jesus Christus gegenseitig stützen können. Um so schmerzlicher ist es, daß sich dann bei näherem Kontakt Hemmnisse ergeben, die eine volle Gemeinschaft, etwa auch am Tisch des Herrn, nicht möglich machen.

2. Angesichts dieser Situation müssen wir zunächst einmal dankbar sagen: *Es verbindet uns mit unseren evangelischen Mitchristen mehr als uns trennt.* Es ist zwischen uns nicht nur ein Klima der Offenheit und des Vertrauens gewachsen, das sich im praktischen Miteinander schon lange bewährt. Wir sind uns auch deutlicher als früher des gemeinsamen Glaubensfundaments bewußt, das grundlegende Güter der Kirche umschließt: das Leben der Gnade; das geschriebene Wort Gottes; Glaube, Hoffnung und Liebe und andere Gaben des Heiligen Geistes sowie zentrale liturgische Handlungen, die „ohne Zweifel tatsächlich das Leben der Gnade zeugen können“[5], wie etwa die Taufe. Wir müssen uns vor Augen halten, daß noch vor nicht allzu langer Zeit manche Christen sich gegenseitig ihr Christ-Sein abgesprochen haben.

3. Doch darf die Dankbarkeit für das uns Verbindende nicht *das Trennende* einfach überspringen. Warum? Es geht nicht darum, Gräben zu vertiefen. Wir suchen Wege, Gräben zu überbrücken. Aber dazu bedarf es *der gemeinsamen Ehrfurcht vor der Wahrheit.* Der Glaube ist ja nicht einfach in unsere Verfügung gegeben. Es geht bei dem Unterschied zwischen den christlichen Konfessionen nicht bloß um kirchliche, also von Menschen festgelegte Ordnungen. Das von Christus der Kirche anvertraute Glaubensgut kann von uns nicht einfach um der angestrebten Einheit willen manipuliert werden. Das verbietet uns die Achtung vor der Wahrheit, wie Christus sie verkündet hat. Daß wir in der Auslegung des „Testaments“ Jesu Christi nicht immer einer Meinung sind, kommt nicht

aus Rechthaberei. Diese Unterschiede können auch nicht um reiner Friedfertigkeit willen beliebig aufgehoben werden, sondern entspringen Gewissensüberzeugungen bei uns und den getrennten Brüdern. Wir alle erleben das Trennende wie eine schmerzende offene Wunde. Manche Wunden aber, besonders im letzten Stadium der Heilung, müssen offen bleiben, weil sie Licht und Luft brauchen. Ein vorschneller Verband kann da schaden.

Unser größter Schmerz ist sicher, daß wir noch nicht gemeinsam das *Mahl des Herrn* feiern können, das seit jeher als Zeichen und Besiegelung voller kirchlicher Gemeinschaft gegolten hat. Aber eben diese volle kirchliche Abendmahlsgemeinschaft können wir uns um der Wahrheit willen gegenseitig noch nicht gewähren. Wir sind uns vor allem nicht einig in der Frage, wer der Eucharistiefeier konsekrierend vorstehen darf, damit sie eine Feier der universalen Kirche Christi sein kann.[6] Denn nur so, in Vollmacht und Auftrag Christi gefeiert, wird sie uns zum „Dienst der Versöhnung“[7]. Die fehlende Tischgemeinschaft wird besonders schmerzlich in konfessionsverschiedenen Ehen empfunden, von denen es in den Gemeinden unseres Raumes sehr viele gibt. Die Tischgemeinschaft ist ja doch die Mitte des Familienlebens! Das gilt unter Christen erst recht vom gemeinsamen Gang zum Tisch des Herrn. Darum ist in solchen Ehen und Familien die Not der Spaltung besonders belastend. Dieser Tatbestand ist für evangelische und katholische Christen ein gemeinsamer Schmerz, der nur die Sehnsucht nach der vollen Einheit bestärken kann. Darum muß – im Wissen um die Schuld unserer Väter und um unsere eigene Begrenztheit – der Dialog in Wahrhaftigkeit und Liebe zwischen den Kirchen beharrlich weitergehen. Gerade im gemeinsamen Verständnis der Eucharistie sind schon wichtige Schritte zur Einheit hin erfolgt, etwa in der Frage nach der sakramentalen Gegenwart des Herrn unter den Gestalten von Brot und Wein oder in der Frage nach dem Opfercharakter der Eucharistie. Hier liegen jetzt bedeutsame Gesprächsergebnisse vor, die zuversichtlich stimmen können.

4. Sind aber nun wir, die wir keine Fachtheologen sind und keine Einigungsgespräche führen können, zur Untätigkeit verurteilt? Dem widerspricht das Konzil, wenn es sagt: *„Die Sorge um die Wiederherstellung der Einheit ist Sache der ganzen Kirche,* sowohl der Gläubigen als auch der Hirten, und geht einen jeden an.“[8] Auch die Pastoralsynode der katholischen Kirche in der DDR hat alle Gemeindeglieder aufgefordert, im Bereich der Pfarrei die öku-

menische Zusammenarbeit zu fördern.[9] Die dort genannten konkreten Anregungen sollten nicht in Vergessenheit geraten.

Ich möchte Euch heute auf die wichtigste ökumenische Aufgabe hinweisen: Wir können die gegenseitige Entfremdung zwischen den Konfessionen vor allem dadurch überwinden, daß wir uns *immer mehr Christus, dem Herrn, zuwenden.* Wie ist das zu verstehen? Wenn Geschwister verfeindet sind und sich aus dem Weg gehen, dann vermag manchmal die Mutter oder der Vater die Widerstrebenden zu versöhnen, vielleicht einfach dadurch, daß sich die Kinder den Eltern zuwenden und sich bei ihnen wiederfinden. Die Zuwendung zu den Eltern kann Zwist und Streit unter Geschwistern auslöschen. Ob es ähnlich mit den Jüngern Jesu Christi ist? Sie sollten sich nicht gegenseitig fixieren und sich aneinander messen, sie sollten sich vielmehr ihrem Herrn zuwenden, Jesus Christus, um sich an seinem Wort zu messen und von ihm messen zu lassen. Christus allein ist die „Quelle und der Mittelpunkt der kirchlichen Gemeinschaft“[10]. Der Heilige Vater, Papst Johannes Paul II., sagte in seiner Ansprache 1980 in Osnabrück: „Wenn wirklich alle Kirchen und Gemeinschaften *auf die Fülle des Herrn hinwachsen*, wird uns sein Geist ganz gewiß den Weg zeigen, zur vollen inneren und äußeren Einheit der Kirche zu gelangen.“[11] Die Hinwendung zu Christus ist das sicherste ökumenische Rezept. Darum gibt es „keinen echten Ökumenismus ohne innere Bekehrung“[12].

5. *Wie wird solche Bekehrung zu Jesus Christus konkret?* Auch hierin kann unser Bemühen einen durchaus ökumenischen Akzent tragen, indem wir fragen: Was können wir als katholische und evangelische Christen voneinander lernen? Denn man darf nicht übersehen, „daß alles, was von der Gnade des Heiligen Geistes in den Herzen der getrennten Brüder gewirkt wird, auch zu unserer eigenen Auferbauung beitragen kann“[13].

Es ist bekannt, daß unsere evangelischen Brüder der *Heiligen Schrift* eine besondere Hochschätzung entgegenbringen. Martin Luther war überzeugt, daß in der Heiligen Schrift Jesus Christus selbst zu uns predigt. Im Wort der Heiligen Schrift tritt uns in der Tat der Anspruch unseres Herrn entgegen, und es wird uns auch durch sie der Trost und die Stärkung seiner bleibenden Gegenwart im Wort zuteil. Der erneuerte Wortgottesdienst innerhalb der sonntäglichen Eucharistiefeier hat uns diese Gegenwart des Herrn im Wort der Schrift neu ins Bewußtsein gehoben. Dennoch müssen wir uns in Abwandlung des bekannten Jesuswortes fragen lassen: „Was ruft ihr mich: Herr, Herr – und predigt und lest nicht, was ich sage!“[14] Diese Frage geht zunächst an uns Prediger: „Ist mein Wort wirklich das Wort Gottes?“ Dann aber gilt sie uns allen. Der Wille zur Bekehrung könnte in dieser österlichen Bußzeit seinen konkreten Ausdruck darin finden, daß wir vermehrt zur Heiligen Schrift greifen, in stiller Stunde allein oder mit Brüdern und Schwestern gemeinsam, in Gruppen oder Bibelkreisen, vielleicht besonders zu den Evangelien und den Herrenworten. Wer schon einmal ernsthaft den Versuch gemacht hat, ein Wort der Schrift auf das eigene Leben hin auszulegen und es dann wirklich zu leben, wird überrascht und vielleicht beschämt feststellen, daß Jesus Christus noch lange nicht der einzige Herr in seinem Herzen ist. Noch zu oft muß Jesus Christus die Herrschaft mit anderen „Herren“ teilen, die uns bestimmen: mit der Angst, der Bequemlichkeit, der Habsucht, den selbstfabrizierten Lebenslügen, die uns an der realistischen Einschätzung unseres eigenen Lebens hindern. Die Heilige Schrift ist wirklich wie ein Schwert, das bis ins Innerste des Menschenherzens dringt und alle Illusionen aufdeckt.[15] Sie ist aber auch ermutigende Hilfe, auf dem Weg der Jüngerschaft tapfer voranzuschreiten, weil uns im Lesen und Meditieren der Schrift Jesus Christus selbst an die Hand nimmt und weiterführt. Von dieser Glaubenserfahrung sind unsere evangelischen Mitchristen geprägt, und ich möchte Euch auffordern, darin von ihnen zu lernen.

Andererseits können wir den Reichtum unserer Christuserfahrung, den wir *im sakramentalen Leben* bewahren, den evangelischen Christen vor Augen stellen. In der sonntäglichen Mitfeier der Eucharistie und im ehrfürchtigen Empfang der heiligen Kommunion wissen wir uns mit der Kreuzeshingabe Jesu Christi verbunden und hineingenommen in sein österliches Leben – schon hier und jetzt, mitten in den Anfechtungen eines Lebens, in welchem der Unsinn zu siegen scheint. Welche Kraftquelle ist für uns die Erfahrung der barmherzigen und vergebenden Nähe Gottes im Bußsakrament! Die Sakramente der Firmung und der Ehe bestärken uns, unser alltägliches Leben in Beruf und Familie aus der Christusbegegnung heraus zu deuten und zu gestalten. Es wird sehr darauf ankommen, daß wir am sakramentalen Leben der Kirche so glaubwürdig teilnehmen, daß unsere evangelischen Brüder etwas vom Reichtum dieser Gaben Jesu Christi erahnen können, die in ihrem kirchlichen Leben nicht so entfaltet sind. So könnten wir –

füreinander aufgeschlossen lebend, voneinander lernend und miteinander unsere geistlichen Gaben teilend – Jesus Christus immer mehr zur Wirksamkeit und zur Herrschaft im eigenen Leben und im Leben der jeweiligen Kirche bringen. Dann wachsen wir miteinander auf die Fülle Christi zu,[16] zu deren schönsten Früchten auch die Einheit der Glaubenden gehört.

Liebe Brüder und Schwestern im Herrn!
Die evangelischen Christen gedenken in diesem Jahr besonders des 500. Geburtstages von Martin Luther. Mit Dankbarkeit bemerken wir, daß dieser Anlaß nicht dazu benutzt wird, alte konfessionelle Wunden aufzureißen. Das Gedenken an Martin Luther dient den evangelischen Christen vielmehr dazu, neu auf das Wort der Heiligen Schrift zu hören und das Evangelium ernst zu nehmen, das „Christum treibet“, wie Luther es einmal ausgedrückt hat. Diesem Anliegen können wir als katholische Christen von ganzem Herzen geistlichen Erfolg und den Segen des Herrn wünschen. Und wir können uns selbst unter den Anspruch des Wortes Christi stellen, damit auch unser Leben tiefer und überzeugender „Christum treibet“, d. h. Jesus Christus als Herrn und Retter bezeugt. Nichts braucht die Kirche unseres Landes und die ökumenische Bewegung dringender als dies: bekehrte, zum Herrn hingekehrte Christen.

Zu diesem Vorhaben segne Euch der allmächtige Gott, der Vater, der Sohn und der Heilige Geist.

[1] Vgl. Lumen gentium 1, auch 9, Gaudium et spes 42.
[2] Unitatis redintegratio 1.
[3] Ebd., auch 4.
[4] Vgl. Joh 17, 21
[5] Unitatis redintegratio 3.
[6] Vgl. Unitatis redintegratio 22.
[7] Vgl. 2 Kor 5,18.
[8] Unitatis redintegratio 5.
[9] Vgl. den Beschluß „Ökumene im Bereich der Gemeinde“.
[10] Unitatis redintegratio 20.

[11] Ansprache von Papst Johannes Paul II. in Osnabrück am 16. 11. 1980.
[12] Unitatis redintegratio 7.
[13] Unitatis redintegratio 4.
[14] Vgl. Lk 6,46.
[15] Vgl. Hebr 4,12.
[16] Vgl. Eph 1,23.

„Gemeinsam die Liebe Gottes bezeugen"

Grußwort vor der Synode des Bundes der Evangelischen Kirchen in der DDR in Erfurt, 19. September 1986

Verehrte Synodale, liebe Brüder und Schwestern im Herrn!
Gern und dankbar ergreife ich die Gelegenheit, Sie, die Synodalen des Bundes der Evangelischen Kirchen in der DDR, als katholischer Ortsbischof in Erfurt zu grüßen. Wenn immer das Zusammenkommen der Glaubenden gemäß der Verheißung des Herrn von der Zusicherung seines Geistbeistandes begleitet ist, so darf auch Ihre Synode auf diese Präsenz des Geistes Gottes setzen, der uns in alle Wahrheit einführen will. Das ist mein Wunsch für Sie: daß Sie sich in Ihren Beratungen und Gesprächen in Freude und Zuversicht des Beistandes des Geistes Gottes vergewissern können.

Daß ein Grußwort eines katholischen Bischofs vor einer evangelischen Synode so selbstverständlich ist und unspektakulär, ist letztlich erfreulich. Freilich bewegt mich bei dieser Gelegenheit, vor einem solch „erlauchten" kirchlichen Gremium wie Ihrer Bundessynode sprechen zu dürfen, auch der Wunsch, mehr als nur unverbindliche freundliche Floskeln zu sagen.

Als Bischof der katholischen Ortskirche von Erfurt-Meiningen darf ich zunächst einmal sagen, daß ich dankbar auf die solide Gemeinsamkeit unserer Ortskirche mit der Thüringischen Landeskirche und der Landeskirche der Kirchenprovinz Sachsen schaue. In den Beratungen der gemeinsamen regelmäßig tagenden Kontaktgruppe unserer Kirchen, in den persönlichen Begegnungen der leitenden Bischöfe, in den einzelnen gemeinsam verantworteten Gottesdiensten, Pfarrkonventen, Werkwochen oder auch den einfachen Konsultationen zwischen unseren Kirchen kommt ein Stück gewachsene Gemeinsamkeit zum Ausdruck, die wir schon als selbstverständlich ansehen. Natürlich sind wir miteinander abhängig von Entwicklungen, die im Großraum unserer Kirchen den theologischen, kirchenrechtlichen und auch pastoral-seelsorglichen Fragestand bestimmen. Darum ist es für uns notwendig, als katholische Ortskirche bzw. als evangelische Landeskirchen an dem weltweit geführten Lehr- und Lerngespräch und dessen

Rezeption in möglichst breiten kirchlichen Raum hinein beteiligt zu bleiben. Ich denke hier etwa an das bedeutsame Lima-Papier, das unsere Kirchen im Augenblick weltweit bewegt (hoffentlich!). Aber es ist m. E. der Tod jedes echten Ökumenismus, wenn wir nur auf eine anderenorts stattfindende mögliche ökumenische Entwicklung verweisen und uns auf diese Weise aus der auch uns auferlegten ökumenischen Verantwortung stehlen. Darum bewegt mich die Frage, was evanglischen und katholischen Christen in der hiesigen Situation als notwendige gemeinsame Tat des Glaubens aufgetragen ist. Lassen Sie mich in der gebotenen Kürze nur zwei Gedanken entfalten.

1. Ich meine, daß wir angesichts unserer speziellen Situation nur durch eine besondere Akzentuierung des Skandalons der christlichen Botschaft zu einer neuen Aufmerksamkeit für Gott und sein gnädiges Handeln in Jesus Christus anstiften können. Daß dieser Hinweis auf die „Verfremdung" bzw. die Dissonanz, die das „euanggelion" Gottes in den Chor der menschlichen Heilsbotschaften einbringt, gut neutestamentlich ist, brauche ich nicht lange zu belegen. Ich bin tief davon überzeugt, daß nur eine an der törichten Kreuzesweisheit Gottes aufgerichtete Verkündigung und Lebenspraxis der Kirche die Gottvergessenheit unserer Tage aufbrechen und wandeln kann. Ich weiß, daß ich selbst bei dieser Aussage im Glashaus sitzte – und ich werde deswegen auch nicht mit Steinen werfen. Aber eben in diesem „Glashaus" sitzen wir alle als Kirchen der DDR. Die Menschen schauen auf uns – erwartungsvoll, kritisch, distanziert, vielleicht auch überheblich-besserwisserisch –, aber sie wollen letztlich etwas sehen von dem, was wirklich Hoffnung und Zukunft geben kann. Sie sehnen sich im Grunde ihres Herzens nach dem, was Mitte unserer Botschaft ist: daß einer für alle eingetreten ist; daß nicht in der Selbstbewahrung, sondern in der Higabe das Leben gewonnen werden kann; daß im Füreinander und nicht im Gegeneinander die wahre Befreiung errungen wird, kurz: daß unser Heil auf einer göttlichen Hingabefähigkeit und Kenosis gründet, die anbetungswürdig ist.

Wir leben kirchlich in einer doppelten Herausforderung. Uns überschwemmt die allgemeine Säkularismuswelle hierzulande ebenso wie in anderen Weltgegenden. Die Seelsorger unter Ihnen wissen, wie abgestumpft und verfinstert das Menschenherz werden kann. Uns überlagert aber auch ein „verordneter Atheismus", der die Gesellschaft und vor allem die Bildungswelt religiös „keimfrei" machen möchte. Sicher, wir spüren, wie die verdrängten religiösen Fragen durch die „Hintertür" der Literatur, der Kunst, aber auch anhand unbewältigter Lebensprobleme wie z.B. die vielen scheiternden Ehen oder die erschreckend hohe Selbstmordrate, in die abgeschotteten Bezirke der erwünschten sozialistischen Lebenskultur eindringen. Aber wir merken auch, wie hilflos wir sind mit den alten Antwortmustern in Theorie und Praxis angesichts einer postchristlichen Generation, die weder für noch gegen das Evangelium ist, weil es dieses im Grunde gar nicht kennt.

Was das für uns gemeinsam heißen mag: Die Wirklichkeit und Mächtigkeit der Liebe Gottes zu bezeugen angesichts des faktisch gelebten und des verordneten Atheismus in dieser Gesellschaft – das wäre eine Aufgabe von wirklich ökumenischer Tragweite. Das führte uns unweigerlich an der Quelle zusammen, aus der unsere Kirchen ihre Lebenskraft schöpfen: Das führte uns gemeinsam unter das Kreuz des Herrn.

2. Lassen Sie mich noch einen zweiten Gedanken kurz entfalten. Mit Recht sind im ökumenischen Bereich unsere Bemühungen darauf gerichtet, die noch bestehenden Differenzen in der Auslegung der Hl. Schrift, im Verstehen der apostolischen Glaubenslehre und im Selbstverständnis unserer Kirchen zu überwinden. Hier werden wir geduldig weiterzuarbeiten haben, auch angesichts solcher Irritationen, die gegenwärtig wieder einen Grunddissens zwischen unseren Kirchen konstatieren wollen. Doch wäre es wichtig, nicht nur im Bereich der Lehre, sondern auch im Bereich des Handelns zu größerer Gemeinsamkeit zu kommen. Die Einheit der Christen im Handeln ist eine Dimension der ökumenischen Bemühungen, die mehr und mehr in ihrer Bedeutung erkannt wird. Zum einen nach außen hin: die Christenheit ist angesichts der großen Menschheitsprobleme herausgefordert, mit *einer* Stimme zu sprechen. Der Ernst der Probleme, das Bemühen um das Glück und Gelingen menschlichen Lebens und Zusammenlebens, um Freiheit, Gerechtigkeit und Frieden, um die Erhaltung unserer Umwelt und Erde für die nach uns kommenden Generationen – all das ruft gebieterisch nach dem gemeinsamen Handeln der Christen wie aller gutmeinenden Menschen überhaupt.

Aber auch nach innen hin ist die Einheit der Christen im Handeln von Gewicht: Das Handeln folgt nicht nur dem Sein, wie das alte scholastische Axiom besagt. Das kirchliche Sein wird auch durch das Handeln der Christen qualifiziert. Darum ist es nicht eine Sache der Beliebigkeit, wie unsere Kirchen sich zu konkreten ethischen Herausforderungen unserer Tage stellen. Ich meine z. B. die Bewertung des ungeborenen und geschädigten Lebens, die Frage der ehelichen Treue auf Dauer, das Problem der Wahrhaftigkeit inmitten eines gesellschaftlichen und ethischen Opportunismus. Es ist nicht gleichgültig, ob wir Christen auf solch konkreten Feldern zu einer gemeinsamen Sprache finden, wie etwa: Arbeitsmoral, Freizeitverhalten, Verantwortung gegenüber gesellschaftlichem Eigentum, Kinderfreundlichkeit (und -freudigkeit!), staatsbürgerliche Zivilcourage und anderes mehr. Ich rede hier nicht einem ethischen Uniformismus das Wort. Ich weiß um die Möglichkeit und Notwendigkeit eines komplementären Pluralismus auch auf dem Feld des christlichen Welteinsatzes und der christlichen Lebensgestaltung. Es ist aber unglaubwürdig, wenn wir uns um die Einheit im Glauben mühen, aber nicht auch gleichzeitig bereit sind, das Zeugnis gemeinsamen Handelns auf der Grundlage eines gemeinsamen christlichen Ethos zu geben. Unsere Gläubigen sind da offensichtlich schon weiter (Gott sei Dank!), als wir kirchenleitenden Leute das ahnen. Ich höre immer wieder: Die Christen erkennen sich im VEB-Betrieb, in der LPG, im Freizeitverein, am Urlaubsort, im Kollegenkreis oder Wohnviertel ohne viele Worte, einfach durch die Art ihres Verhaltens. Es gibt so etwas wie eine instinktive „Witterung" der Christen untereinander, die sich nicht zuerst an der Tatsache des Kirchensteuerzahlens oder des Kirchenbesuchs orientiert, sondern an untrüglichen Hinweisen aus der Lebenspraxis, die zeigen, aus welchen Quellen der andere eigentlich lebt. An uns läge es, diesen Prozeß zu fördern, ihn ins Bewußtsein zu heben, die Gemeinsamkeit ethischer Grundüberzeugungen zu stärken und ihr Öffentlichkeit zu verleihen, und nicht zuletzt unsere Gläubigen zu einem demütigen Selbstbewußtsein zu führen, das sie gegenüber dem platten Materialismus unserer Alltagswelt störfrei macht. Demütig, weil auch für uns Christen gilt: „Der ich bin, grüßt traurig den, der ich sein könnte!" Aber dennoch selbstbewußt, weil das Ethos des Evangeliums auch heute Salz der Erde und auch dieser Gesellschaft sein kann.

Von daher würde ich es als katholischer Bischof begrüßen, wenn es uns gelänge, die Stimmen der Christen in diesem Land zu einem eindrucksvollen Zeugnis, etwa für einen Frieden in Freiheit und Gerechtigkeit und Wahrhaftigkeit, zu vereinen. Am Ende eines solchen Weges oder Prozesses müßte freilich ein klares und unmißverständliches kirchliches Zeugnis stehen, in das sich nicht andere, uns überfremdende Interessen hineinmischen. In diesem Sinn hat der Vorsitzende unserer Bischofskonferenz, Kardinal Meisner, Herrn Landesbischof Leich als Vorsitzenden des Bundes der Evangelischen Kirchen eine sorgfältige Prüfung der vorliegenden Initiativen für einen konziliaren Prozeß unserer Kirchen zugesagt und die grundsätzliche Offenheit der katholischen Kirche für das intendierte Anliegen signalisiert. Wir müssen uns freilich auch darüber im klaren sein, daß – wie jede hohe Summe sich aus vielem Kleingeld zusammensetzt – auch ein solch spektakuläres Spitzenzeugnis unserer Kirchen die Welt nur bewegen kann, wenn dahinter die kleine Münze der vielen Einzelzeugnisse steht: das Glaubenszeugnis und der tägliche Dienst unserer Gemeindeglieder, die in der Kraft des Glaubens ihren konkreten Alltag mit dem Geist Jesu Christi taufen. Vielleicht lebt unsere Gesellschaft mehr von diesem unauffälligen Einsatz der Christen, als wir meinen.

Am kommenden Sonntag, also während Ihrer Synodentagung, wird die traditionelle Herbstwallfahrt Thüringer katholischer Christen zum Mariendom in Erfurt stattfinden. Wir werden dort in Fürbitte und Gebet Ihren Anliegen gedenken. Ich wünsche Ihren Beratungen einen guten Verlauf und grüße Sie, verbunden in der Liebe unseres gemeinsamen Herrn.

SAKRAMENTALITÄT CHRISTLICHER EXISTENZ

„Die Kirche ist in Christus gleichsam das Sakrament, das heißt Zeichen und Werkzeug für die innerste Vereinigung mit Gott wie für die Einheit der ganzen Menschheit."

Dogmatische Konstitution über die Kirche

Christliche Ehe in unserer Zeit

Hirtenbrief zur österlichen Bußzeit 1985

Liebe Brüder und Schwestern im Herrn!
Gegenwärtig erleben wir, wie die Ehe wieder in den Mittelpunkt des Interesses rückt. Zum Teil wird mit großer Heftigkeit und innerem Engagement das Pro und Contra diskutiert. Wenn ich heute über dieses Thema zu Euch spreche, weiß ich, daß meine Worte unterschiedliche Empfindungen bei Euch hervorrufen werden. Jeder wird entsprechend seiner jeweiligen Lebenssituation den Hirtenbrief anders hören. Da sind jene, die in einer glücklichen Ehe leben. Anderen dagegen ist die Ehe zu einer Last geworden, an der sie schwer tragen. Viele von Euch haben einen Partner gleichen Glaubens. Andere aber leben in einer konfessionell gemischten Ehe oder mit einem Nichtglaubenden zusammen. Und schließlich gibt es auch jene, deren erste Ehe gescheitert ist und die nun redlich versuchen, einer zweiten Verbindung Dauer und Bestand zu geben. Ich kann nicht die Situation eines jeden von Euch ansprechen. Aber ich möchte Euch zunächst sagen, daß ich um die Nöte und Schwierigkeiten vieler Ehen weiß. In welcher Situation sich auch jeder einzelne von Euch befindet – ich möchte Euch durch diesen Brief ermutigen und bestärken, den Weg gegenseitiger Treue in Eurem Ehealltag weiterzugehen. Und ich möchte Euch wieder neu bewußtmachen, daß das hohe, nicht selbstverständliche Gut ehelicher Treue auf Lebenszeit ein Glaubenszeichen ist.

I.

Wenn über das Thema „eheliche Treue“ gesprochen wird, so habt Ihr die Meinung mancher Kollegen am Arbeitsplatz im Ohr. Bei Gesprächen und Diskussionen mit ihnen über dieses Thema erfahrt Ihr oft genug: Wir Christen stehen mit unserer Meinung meist allein. Die anderen sagen: „Liebe auf Dauer? Das ist zwar ein schönes Ideal, aber es hält nicht der Wirklichkeit stand.“ Viele junge Paare treten heute ihre Ehe mit dem Willen an, beisammenzubleiben. Aber sie würden bei genauem Befragen wohl hinzufügen: „Solange es mit uns beiden gut geht!“ Wir wissen, daß es heute bei jeder dritten Ehe, die geschlossen wird, angeblich oder wirklich nicht gut geht. Die Scheidung wird eingereicht. Oft genug steht ein anderer Partner schon bereit. Es werden auch Gründe für die Scheidung genannt: „Der Partner ist mir nicht treu geblieben“ heißt es, oder : „Wir waren damals zu jung“ oder: „Wir haben erst später gemerkt, daß wir nicht zueinander paßten.“ Dazu kommt, daß eine Reihe objektiver Faktoren heute das eheliche und familiäre Leben belasten. Oft können wir diese nicht ändern. Ich nenne als Beispiele: getrenntes Wohnen während der Ausbildung und Armeezeit; Berufstätigkeit von Mann und Frau, die mit vielen anderen Männern und Frauen enge Kontakte schafft; unterschiedliche Arbeitszeiten; enge Wohnverhältnisse; Doppelbelastung der Frauen durch Beruf und Haushalt und anderes mehr. Viele Ehen stehen heute unter Belastungen, die früher so nicht vorhanden waren.

Was sollen wir als Christen angesichts dieser Situation sagen? Wir erleben ja z. T. selbst in der eigenen Familie oder gar am eigenen Leib, wie schwer es ist, Treue auf Dauer durchzuhalten. Und so mag sich auch bei uns die Frage einschleichen: Verlangt da die Kirche nicht zuviel vom Menschen? Ist es wirklich Gottes Wille, auch in schweren Situationen zusammenzubleiben – „bis der Tod uns scheidet“? Kann es nicht Situationen geben, in denen das Aufgeben der Treue des Anfangs der einzige Ausweg ist? Die Kirche kann nicht umhin, das faktische Scheitern der Ehen, auch von sakramentalen Ehen, aus welchen Gründen auch immer, zur Kenntnis zu nehmen. Sie begleitet jene, deren erste Ehe zerbrochen ist, und lädt sie ein, auch in der neuen Lebenssituation im Geist des Evangeliums zu leben. Warum aber wird sie von den Ehepartnern dennoch Liebe auf Dauer, Treue ohne Widerruf verlangen?

II.

Zunächst deswegen, weil die Kirche sich Jesu Wort verpflichtet weiß: „Was Gott verbunden hat, darf der Mensch nicht trennen“ (Mt 19,6). Die Unauflöslichkeit der Ehe ist Gottes Wille. Sie ist nicht in das menschliche Belieben gestellt. Doch müssen wir darüber noch etwas ausführlicher sprechen. Gottes Gebot will uns ja eine Hilfe zum Leben sein und nicht das Leben belasten.

1. Eine erste Überlegung knüpft an die eingangs erwähnte Erfahrung an, daß viele Nichtchristen die Kirche in diesem Punkt nicht verstehen. Aber können sie, ohne Gott zu kennen, überhaupt verstehen, daß wir Christen den Ehebund als unauflöslich ansehen? Ich nannte eingangs die Treue ohne Widerruf ein Glaubenszeichen. In der Tat hängt unsere Treue in der Ehe, überhaupt jede Treue eines Menschen zu einem einmal gegebenen Versprechen, auch z. B. die des Priesters zur Ehelosigkeit, mit dem Glauben an die Treue Gottes zu uns Menschen zusammen. Wer Gottes unerschütterliche, unwiderrufliche Treue nicht kennt, dem ist schwer zu begründen, warum er selbst jemandem auf Gedeih und Verderb die Treue halten soll. Es sei denn, sein eigenes Herz drängt ihn angesichts des geliebten Partners dazu, und dann drängt ihn dazu letztlich Gott, auch wenn er um ihn gar nicht weiß. Jede Liebe auf Dauer, jede Treue ohne Widerruf ist Abglanz der Liebe Gottes, mit der er jeden Menschen bejaht und im Dasein erhält. Speziell die eheliche Liebe unter Getauften ist ein Abbild der besonderen Treue Gottes zu seinem Volk. Jesus Christus hat uns bis hinein in seinen Tod am Kreuz diese staunenswerte Bundestreue Gottes bezeugt. Christi erlösende, rettende Liebe ist in jeder Ehe gläubiger Christen wirksam. Darum nennen wir die Ehe unter Getauften auch ein Sakrament. Was heißt das? Ehe als Sakrament bedeutet: Deine Liebe zum Ehepartner ist nicht allein menschlich kostbar, unter Umständen vielleicht sogar heroisch oder sonstwie bewundernswert. Sie hat etwas mit der Treue Gottes zu tun. Sie ist deine konkrete Antwort, die du zusammen mit Christus dem himmlischen Vater schenkst, manchmal vielleicht sogar unter Schmerzen schenkst. Sie ist ein Stück vorweggenommener Ganzhingabe an Gott, aus der einmal für jeden von uns die Seligkeit des Himmels bestehen wird. Denn in deiner ehelichen Liebe liebst du nicht nur den Partner, sondern Gott, den Herrn, und du antwortest nicht nur auf menschliche Treue, sondern auf die Treue deines Schöpfers und Erlösers. Darum wird die Liebe christlicher Eheleute auch über menschliches Vermögen hinaus von Gottes Gnade und Treue getragen.

Ähnliches ist auch von der Ehelosigkeit des Priesters zu sagen. Sicherlich beruht diese nicht auf einem göttlichen Gebot, sondern auf einer kirchlichen Ordnung. Insofern ist sie nicht mit der sakramentalen Ehe zu vergleichen. Aber dennoch will auch die Ehelosigkeit des Priesters ein Glaubenszeichen sein, denn nur im Glauben an Gottes Treue kann das Versprechen eines ehelosen Lebens durchgetragen werden. Ich weiß, wie schmerzlich deshalb gerade auch Eheleute die Erfahrung berührt, daß einzelne Priester ihr eigenes Weiheversprechen nicht durchhalten. Das verdunkelt das Glaubenszeugnis, das wir einander schulden.

2. Eheliche Treue ist also ein Glaubenszeichen – freilich auch ein Zeichen, das dem tiefsten Verlangen unseres Herzens entspricht. Damit kommen wir zu einer zweiten Überlegung. Jeder, der liebt, möchte, daß seine Liebe bleibt. Jeder, der einem Partner in der Ehe Vertrauen schenkt, möchte, daß dieses Vertrauen andauert und nicht scheitert. Jede Ehescheidung ist in gewissem Sinn ein Scheitern von Vertrauen. Sie läßt Wunden und Narben zurück, ganz zu schweigen vom Schicksal der Kinder, die man heute oftmals schon als „Scheidungswaisen" bezeichnet. Tragen nicht die große Zahl der Scheidungen und das Erleben so mancher Zerrüttung von Ehen auch viel Schuld daran, daß junge Menschen Angst davor haben, die bleibende Bindung in der Ehe einzugehen? Trotz aller schlechten Erfahrungen möchte ich die jungen Menschen ermutigen, Ja zu sagen zu einer vorbehaltlosen Liebe und Treue. Wirkliche Liebe nimmt den anderen auf Dauer an. Sie braucht nicht das, was man heute „Ehe auf Probe" oder „Ehe auf Zeit" nennt. Man kann nicht auf Probe lieben, so wie man auch nicht auf Probe geboren werden, neues Leben zeugen oder sterben kann. So bewährt sich wirkliche Liebe in der Zusage und im Durchhalten der Treue.

Jesu Wort von der unauflöslichen Ehe ist also eine Ermutigung: Wage es, dein ganzes Herz in die Ehe zu investieren, auf Dauer und unwiderruflich – weil Gott dich schon längst so an sein Herz gezogen hat. Habe keine Angst, etwas zu verlieren. Wer selbstsüchtig festhält, der verliert; aber wer verschenkt, der gewinnt!

III.

Wir wissen freilich um unsere Gebrechlichkeit. Nicht immer ist unser Glaube so stark, daß er das eheliche Leben ganz und gar prägt und bestimmt. Auch die Ehe unter Christen kann schwer sein. Keine Ehe ist vor Krisen geschützt. Aber dennoch: Haben wir nicht gerade als Christen eine echte Chance, unsere Liebe zu schützen?

Ich weise nur auf einige Möglichkeiten hin:

- Unser Glaube schenkt uns die Gemeinsamkeit gleicher Grundüberzeugungen. Das gilt auch für die Ehe zwischen einem katholischen und einem evangelischen Christen. Könnten wir nicht gerade auch in schwierigen Zeiten einer Ehe dieses gemeinsame Glaubensfundament aktivieren, z. B. hinsichtlich der Überzeugung, daß materieller Aufstieg nicht der höchste Wert im gemeinsamen Leben ist, oder daß Zeit füreinander und für die Kinder wichtiger ist als Fortbildung im Beruf, oder daß gemeinsames Gebet mehr miteinander verbindet als viele gute Worte?
- Ich nenne weiter die schlichte Erfahrung, daß Schäden am besten behoben werden können, wenn sie noch klein sind. Wer weiß, daß er auf Dauer in einem Haus wohnen wird, wird auch die kleinsten Schäden sofort reparieren. Nur Mieter, die bald die Wohnung wechseln wollen, sind gegenüber Schäden gleichgültig. Eine Scheidung kommt nicht aus heiterem Himmel. Sie hat ihre Vorboten. Meist kündigt der gegenseitige Vertrauensschwund das kommende Unheil an. Unverständnis und mangelndes Einfühlungsvermögen verursachen Streit und Lieblosigkeiten. Es müßte für unsere Ehen – im Bild gesprochen – neben dem Service für die Normaldurchsicht auch einen Notdienst für Schnellreparaturen geben. An dieser Stelle weise ich gern auf unsere kirchliche Ehe- und Lebensberatung hin, bei der einzelne, aber auch Ehepaare gemeinsam Hilfe finden können.
- Ich gebe ferner zu bedenken, daß die Ehe eines besonderen Schutzes bedarf. Die eheliche Liebe darf nicht gleichzeitig gefährdet werden. Es gibt für das Verhalten von Verheirateten ungeschriebene Regeln, die uns helfen, die eigene und die fremde Ehe zu schützen. Könnte bei allem, was du tust und sagst, dein Partner unbeschwerten Herzens dabeisein? Es sind nicht immer die Verhältnisse, die in die Scheidung treiben, sondern auch Leichtsinn und Sorglosigkeit!
- Und schließlich: Es gibt ein Hineinwachsen in eine tiefere gegenseitige Annahme durch das Verzeihen. Ohne Zweifel sind Schuld und Untreue bittere Realitäten. Wenn du aber deine Ehe im Geist Christi lebst, muß Verbitterung oder Resignation nicht das letzte Wort sein. Wer vergeben kann oder um Vergebung bittet, schafft Zukunft für seine Ehe. Vergebene Schuld kann zur Erneuerung der Liebe führen. Und wohl denen, die dann Verwandte und Freunde haben, die nicht Öl ins Feuer, sondern Öl

in die Wunden gießen. Denen gilt das Wort Christi: „Selig, die Frieden stiften, sie werden Kinder Gottes heißen" (Mt 5,9).

Liebe Brüder und Schwestern im Herrn!
Es ist ein Geschenk, einen Menschen zu haben, auf den man sich ganz und gar verlassen kann. Wenn dir Gott einen solchen Lebenspartner gegeben hat, danke jeden Tag dafür! Eure gegenseitige eheliche Liebe und Treue ist ein leuchtendes Zeichen in unserer Umwelt. Seid gewiß, daß Euch viele um diese Treue ohne Widerruf beneiden, weil sie insgeheim ahnen, wie kostbar sie ist. Laßt Euch durch gegenteiliges Reden und Handeln von Menschen, die Gott nicht kennen, nicht beeindrucken. Ihr müßt wissen, daß wir Christen in diesem Punkt Außenseiter bleiben werden. Auch die Priester und Ordensleute bitte ich, das Zeugnis ihres Glaubens in der durchhaltenden Treue zu ihrem ehelosen Leben zu geben. So können wir uns gegenseitig auf dem Weg unserer jeweiligen Berufung helfen und stärken.

Für uns alle gilt das Wort des Apostels Paulus, das er den Korinthern schrieb: „Gott wird euch festigen bis ans Ende, so daß ihr schuldlos dasteht am Tag Jesu, unseres Herrn. Treu ist Gott, durch den ihr berufen worden seid zur Gemeinschaft mit seinem Sohn Jesus Christus, unserem Herrn" (1 Kor 1,8f).

Zu dieser Treue bis ans Ende stärke Euch der allmächtige Gott, der Vater und der Sohn und der Heilige Geist. Amen.

Den Sonntag christlich feiern

Hirtenbrief zur österlichen Bußzeit 1987

Liebe Brüder und Schwestern im Herrn!
„Am Sonntag zur Kirche gehen“ – dieses Kennzeichen macht katholische Christen in ihrer Umwelt erkennbar. Oder müßte ich sagen: sollte sie erkennbar machen? Es ist unübersehbar, daß die Einstellung mancher Christen zum Sonntagsgebot in eine Krise geraten ist. „Es reicht doch, wenn ich ab und zu einmal zur Sonntagsmesse gehe“, so hören wir. Und selbst die treuen Gemeindeglieder werden unsicher, ob denn dieses Gebot der Sonntagsheiligung noch so gilt wie früher. Fängt bei uns Christen der Sonntag an zu „rosten“?

I.

Dessen bin ich mir sicher: Die meisten Menschen freuen sich auf den Sonntag. Das gilt auch für uns Christen. Genauer müssen wir sagen: Wir freuen uns auf das „Wochenende“, das gefühlsmäßig (und manchmal schon deutlich spürbar) am Freitagnachmittag beginnt und den arbeitsfreien Samstag mit einschließt. Das ist die auffallendste *Veränderung, die den Sonntag getroffen hat*: Der Sonntag ist ein Teil des Wochenendes geworden. Wir wünschen uns am Freitag ein „gutes Wochenende“. Und wenn wir ehrlich sind: Wir planen nicht den Sonntag vor, sondern das Wochenende. Kein Wunder, daß dann die Sonntagsmesse zu einem störenden Faktor werden kann. Der Gottesdienst muß sich dann nach unseren Wochenend-Bedürfnissen richten. Diese können recht unterschiedlich sein, denn wir alle, jung und alt, sind sehr mobil geworden. Selbst das Angebot der sonntäglichen Vorabendmesse rettet da nicht viel! Wie schnell wird gesagt: „Heute paßt es uns nicht mit der Messe – wir fahren übers Wochenende weg“ oder „Wir haben gerade Besuch bekommen“ oder „Heute müssen wir uns vom Samstag erholen, vom Eigenheimbau, von der Disko, von der Familienfeier – und erst eimal richtig ausschlafen“!

Auch andere Sonntagsgewohnheiten sind im Wandel begriffen. Die Familienmitglieder sind am Sonntag kaum noch zusammen. Viele müssen schon am Nachmittag oder Abend wieder zu ihren Ausbildungs- oder Arbeitsorten aufbrechen. Die Kinder werden durch den Sport in Beschlag genommen. Kurzreisen und Ausflüge, Fortbildungskurse und organisierte Freizeiten drängen sich an den Wochenenden. Überfällige Hausarbeit, wie z.B. die große Wäsche, die am Samstag nicht erledigt werden konnte, wird schnell auf den Sonntagvormittag verschoben. Und nicht zuletzt lockt manche das eigene Gartenhaus im Grünen, das im Sommer zur Zweitwohnung wird.

Wir wollen auch nicht übersehen, daß der Sonntag bzw. das Wochenende für manche Menschen Belastungen eigener Art mit sich bringt. Für Geschiedene und Verlassene brechen an diesen Tagen besonders schmerzlich alte Wunden auf. Alleinstehende merken dann erst recht ihre Einsamkeit, wenn die Ablenkung des alltäglichen Arbeitstrotts fehlt. Die Alten und Kranken warten am Sonntag oft vergeblich auf ihre vielbeschäftigten Kinder oder Angehörige. Das kann bitter sein. Vergessen wir auch nicht die vielen, die gerade am Sonntag anstrengenden Dienst haben (unsere Priester und Seelsorgehelferinnen eingeschlossen).

Wir wollen nüchtern sehen: Es gibt vieles, was an der Feier des Sonntags nagt. Es ist ein Gemisch von objektiven Gegebenheiten, die auf Veränderungen im Leben der Gesellschaft zurückgehen – aber auch von schuldhafter Bequemlichkeit, Nachlässigkeit und falscher Liberalität. Sind das nun durchschlagende Argumente gegen die christliche Feier des Sonntags? Bedenken wir folgendes: Drei Jahrhunderte lang hat die Christenheit den Sonntag *ohne* staatlich geschützte Arbeitsruhe gefeiert. Ich sehe eine Christenheit heranreifen, die wieder neu – wie damals am Anfang der Kirche – *eine alternative geistliche Sonntagskultur* entdeckt, inmitten einer total verweltlichten Wochenendkultur, die geprägt ist von Erholungsstreß und Medienkonsum, von Lärm, Unruhe und Ablenkung aller Art.

II.

Was uns angesichts dieser Situation weiterhilft, ist eine radikale Besinnung auf das *Wesen des christlichen Sonntags.* Die ersten Christen gaben ihm den Namen *„Herrentag“*. Er war – obwohl normaler Arbeitstag – für sie Festtag, weil er der *Tag der Auferstehung Christi* war. Der „Tag des Herrn" wurde erst später ein freier Tag und dann mit dem Gedanken der Sabbatruhe verknüpft. Der „Herrentag" ist also älter als der arbeitsfreie Sonntag. Hier müssen wir wieder neu ansetzen. Was für die ersten Christen galt, gilt auch heute: *Sonntag ist, wenn die Christen sich zum „Herrenmahl", zum Gottesdienst versammeln.* Viele denken umgekehrt: Weil wir am Sonntag Zeit haben, können wir auch einmal zur Messe gehen... Genau das ist der Anfang vom Ende des christlichen Sonntags! *Es geht nicht darum, ob wir Zeit haben, sondern darum, daß Christus uns an seinem Tag als Gemeinde zusammenruft.* Auch wenn der Sonntag kein freier Tag wäre, müßte sich die Gemeinde zur Eucharistiefeier versammeln. Denn dort gedenken wir der Liebe Christi, feiern sein heilbringendes Leiden und Auferstehen, empfangen seine Weisung im Wort der Schrift, beten den Vater im Geist und in der Wahrheit an, vereinen uns mit Christus im heiligen Mahl und warten voll Sehnsucht auf sein Kommen in Herrlichkeit. Die Sonntagsmesse ist „Herrendienst". Das gilt auch für den Stationsgottesdienst mit der kleinen Schar der treuen Christen, die zusammen am „Herrentag" beten. Durch den Dienst des Diakonatshelfers sind sie ja mit der Eucharistiefeier am Pfarrort verbunden.

Wir sollten darum nicht zuerst fragen: Was *gibt* mir der Gottesdienst? Was *habe* ich davon? Im sonntäglichen Gottesdienst geht es nicht darum, daß „es" mir etwas bringt, sondern daß *wir uns* bringen – gehorsam und bereit, uns auf Christus einzulassen. Wir müssen Christus dort suchen, wo er uns begegnen und mit seinen Gaben beschenken will. Darum zählt nicht zuerst das fromme Gefühl, sondern der Gehorsam gegenüber dem Ruf des Herrn: „Nehmet und esset davon. Das ist mein Leib. Werdet immer mehr mein Leib!"

Halten wir also fest: Es steht nicht im Belieben der Kirche oder des einzelnen Christen, ob und wann wir Gottesdienst feiern wollen oder was wir mit dem Sonntag machen. Der Sonntag ist die Antwort der Kirche auf das, was der Herr an uns getan hat und immer neu tut. Wer dem Gottesdienst am „Herrentag" fernbleibt, bleibt Christus die Antwort darauf schuldig. Darum ist *das schuldhafte Wegbleiben von der Sonntagsmesse keine Bagatelle.* Es trennt auf Dauer von der Kirche und damit vom Herrn selbst.

Zugegeben, die regelmäßige Teilnahme an der Sonntagsmesse ist manchmal recht mühsam, denn die Treue im Gottesdienstbesuch wird nicht sofort in meßbarem religiösem Gewinn greifbar. Aber wer Sonntag für Sonntag die Eucharistie der Kirche feiert, wächst über das eigene kleine Ich hinaus. Wer in das gemeinschaftliche, zeitübergreifende Beten der Kirche einstimmt und sich von ihm her fordern läßt, der erfährt, wie sein Leben allmählich gewandelt und gereinigt wird.

III.

Wer so den Sonntag von der Teilnahme am „Herrenmahl" her neu versteht, der wird auch die Möglichkeit entdecken, dan *ganzen Sonntag zum „Tag des Herrn" zu machen.* Grundsätzlich ist zu sagen: *All das heiligt den Sonntag, was uns dem Herrn und was uns* als Gemeindeglieder und in den Familien *untereinander näher bringt.* Bewährte Formen der Sonntagsheiligung sind zu bewahren, aber unter veränderten Bedingungen sollten auch neue Formen einer christlichen Sonntagsgestaltung erprobt werden.

Natürlich gilt: Du sollst den Sonntag durch *Arbeitsruhe* heiligen. Was wir in Haus und Hof für uns selbst oder für Freunde und Nachbarn am Samstag tun können, soll nicht auf den Sonntag verschoben oder ausgedehnt werden. Besonders im katholischen Eichsfeld und in der Rhön sollte die allgemeine sonntägliche Arbeitsruhe im Dorf weiterhin eine Selbstverständlichkeit sein. Ist sie das noch? Aber wenn du am Sonntag dennoch durch Schichtarbeit oder z. B. eine Tätigkeit im Dienstleistungsbereich oder durch die Pflege von Kranken gebunden bist: Sollte dann für dich das Gebot der Sonntagsheiligung nicht gelten? Wenn du trotz besten Willens nicht die heilige Messe mitfeiern kannst – was macht dann für dich den Sonntag zum „Herrentag"? Manche haben dann ein besonderes „Sonntagsgebet", das sie mit der Gemeinde im Gotteshaus verbindet. Andere schlagen dann einmal die Heilige Schrift auf, um darin zu lesen und mit ihrer Hilfe zu beten. Auch an der Spinnmaschine, in der Klinik, auf dem Krankenbett oder im Altersheim kannst du real und konkret deine Opfergabe dem Herrn darbringen, wie es sonst während der heiligen Messe zeichenhaft in der Darbringung der Gaben geschieht. Es möge keiner sagen: Für mich ist Sonntagsheiligung nicht möglich. „Heiligung des Sonntags" meint ja: Dieser Tag soll dich Christus näherbringen – und dich ein wenig zur Besinnung und damit tiefer zu dir selbst führen.

Auch die veränderten Gewohnheiten, die das verlängerte Wochenende mit sich bringt, müssen den Sonntag nicht gefährden. Im Gegenteil: *Der arbeitsfreie Samstag ist eine Chance, den Sonntag* schon am Vorabend *in Ruhe einzuleiten.* Aber bitte möglichst nicht durch den vollen Konsum des nächtlichen Fernsehprogramms! Mancherorts wird wieder gern gemeinsam die Vesper gesungen oder von der Jugend die Komplet. Ich möchte einmal folgendes anregen: Ein Familienmitglied liest am Samstag sofort im Anschluß an das Abendessen aus dem Schott das Sonntagsevangelium vor. Jeder sollte dann einen Vorschlag machen, was in der Predigt über dieses Evangelium gesagt werden könnte. Ich vermute, daß wir dann sehr interessiert der Sonntagspredigt zuhören werden.

Wer am Sonntag Zeit hat für Gott, findet erfahrungsgemäß auch *Zeit für die Menschen* an seiner Seite. So soll der Sonntag unter uns Christen ein Tag der Begegnung sein, des Gespräches, des gemeinsamen Spielens, der Muße und der Pflege zweckfreier Hobbys. Am Sonntag ist auch manches leicht abzubauen, was sich in der Woche an Ärger und Mißverständnissen aufgestaut hat. „Den Frieden schaffen" – hier fängt es an!

Vor allem sollte der Sonntag für uns *festlich* sein, von der Kleidung angefangen über den festlichen Mittagstisch bis hin zu der Art und Weise, wie man einander begegnet, Gäste empfängt oder gemeinsam etwas unternimmt. Das gilt auch für die Alleinstehenden! Trainingsanzug und Schlafrock sind Feinde festlicher Sonntagsstimmung. Ich habe den Eindruck, daß die Christen, die bewußt Sonntag feiern, wieder neu echte Kulturträger werden.

Besonders *die Jugend und die Schüler* möchte ich an dieser Stelle einmal ansprechen: Entdeckt den Sonntag als den Tag Eurer Freiheit. Laßt Euch nicht durch alle möglichen Freizeitangebote so einspannen, daß Ihr überhaupt nicht mehr zu Euch selbst findet. *Was Ihr eigenständig unternehmt und selbst gestaltet, ist wertvoller als das, was Euch nur vorgesetzt wird.* Alles ist Euer, aber laßt Euch durch nichts knechten – denn Ihr gehört dem Herrn!

Euch alle aber bitte ich: Gebt dem Sonntag, dem „Herrentag", den ihm gebührenden Glanz. Denn dieser Tag erinnert uns daran, aus welchen Quellen wir leben und was unsere wirkliche Perspektive ist.

Liebe Brüder und Schwestern im Herrn!

Bischof Hugo Aufderbeck schrieb 1974 in einem Hirtenbrief zum gleichen Thema: „Ein altes Sprichwort sagt: ‚Wie dein Sonntag, so dein Sterbetag.‘ Wir können hinzufügen: Wie dein Sonntag, so dein Alltag. Die christliche Feier des Sonntags ... gibt uns Kraft für jede neue Woche und läßt uns mit Zuversicht auf den Tag ewiger Auferstehung hoffen, der keinen Untergang kennt.“ Wünschen wir uns gegenseitig immer neu – nicht nur ein „gutes Wochenende“, sondern noch mehr einen „schönen und frohen Sonntag“!

In der Liebe unseres Herrn Jesus Christus, der uns in dieser österlichen Bußzeit wieder enger mit sich verbinden will, grüße und segne ich Euch alle.

Von der Buße und der Beichte

Hirtenbrief zur österlichen Bußzeit 1989

Liebe Brüder und Schwestern im Herrn!
Es geht nicht mit rechten Dingen zu, wenn ein katholischer Christ überhaupt nicht mehr beichtet. Das Bußsakrament gehört zu unserem Katholischsein dazu wie die Sonntagsmesse. Ich gebe zu: Die Beichte ist ein Sakrament, das uns Unbehagen bereitet. Es ist verständlich, wenn wir uns davor drücken wollen. Dazu kommen noch unerleuchtete Stimmen im Gottesvolk, die behaupten, nach dem letzten Konzil sei die Beichte nicht mehr so ernst zu nehmen; eine Bußandacht reiche auch – und überhaupt, der liebe Gott sei gar nicht so kleinlich, wie die Pfarrer das meinten. Und so wird von manchem die Beichte einfach weggelassen, wobei man sich freilich noch durchaus für einen guten Katholiken hält.

Wir Christen stehen heute im Sog einer Mentalität, die den Umgang mit Schuld eigentümlich verflacht. Für die Leute gibt es zwar Versagen, Fehler, Delikte, etwa gegenüber den Mitmenschen oder gegenüber der Gesellschaft. Da reagiert man u. U. sogar sehr empfindlich. Was viele Menschen freilich nicht verstehen, ist die Tatsache: Meine Schuld hat etwas mit Gott zu tun. Sie ist ein Widerspruch zu seinem heiligen Willen und eine Mißachtung der Liebe, die mir Jesus Christus erwiesen hat. Das ist die eigentliche Tiefendimension von Schuld, ohne die alle unsere Überlegungen zu Buße und Beichte oberflächlich bleiben würden. Erst wer das weiß, beginnt zu ahnen, daß unsere Fehler und Sünden nicht einfach nur innerweltlich zu reparieren sind. Wer nicht weiß, warum er eigentlich beichten soll, der muß sich vor das Kreuz Jesu knien – dann wird er spüren, was im eigenen Leben nicht in Ordnung ist und wohin er mit seiner Schuld zu gehen hat.

Laßt mich einige Hinweise geben, wie wir wieder neu einen Zugang zum Bußsakrament finden können.

1. Das Bußsakrament ohne Buße im Alltag bleibt unfruchtbar

In der Vergangenheit bestand manchmal die Gefahr, die häufige Andachtsbeichte von der Buße des Christen im Alltag seines Lebens abzukoppeln. Die sakramentale Beichte wurde dann leicht ein isoliertes Geschehen ohne Bezug auf das sonstige Leben. Im Bild gesprochen: Ein Ehemann überreicht seiner Frau zu jedem Geburtstag, Namenstag und Hochzeitstag immer den gleichen Blumenstrauß – sagen wir: sieben Rosen –, aber ansonsten kümmert er sich nicht weiter um das Wohl und Wehe seiner Frau oder geht gar seine eigenen Wege. Was nützen da die schönsten Rosen? Dein Partner nimmt dir deinen Blumengruß nur ab, wenn an den Blumen dein Leben hängt oder, besser: die Art und Weise, wie du auch sonst deiner Frau, deinem Mann begegnest.

Jesus Christus will, daß wir *ständig* zu ihm hingekehrt leben, also in der Sprache der Bibel: umkehren und Buße tun, uns von aller Eigensucht und falscher Selbstbehauptung frei machen. Wirkliche Liebe sucht *jederzeit* den anderen, nicht nur an Gedenktagen! Freilich: die Liebe zwischen Menschen braucht auch die Vergewisserung, daß der Partner zu mir steht und meine Zuwendung beantwortet, besonders dann, wenn ich an ihm schuldig geworden bin und allen Grund habe, um seine Liebe zu bangen. Eben das, diese Vergewisserung, schenkt uns Jesus Christus im Bußsakrament, im befreienden Wort der Lossprechung. Hier will er uns wirklich verzeihen, einen Schlußstrich unter alles Gewesene ziehen und neu mit uns beginnen. Solche Augenblicke sind Höhepunkte in unserem Leben mit dem Herrn. Aber diese müssen eingebettet sein in das tägliche Bemühen, mir die Gottes- und Nächstenliebe auch außerhalb des Beichtstuhls etwas kosten zu lassen.

Darum meine Anregung: Wer das Bußsakrament empfangen möchte, möge sich schon *vorher* selbst eine konkrete Buße auferlegen, um seinen Worten im Beichtstuhl mehr Echtheit zu verleihen. Solche Bußwerke könnten sein: sich bewußt einmal Zeit für den Ehepartner zu nehmen, für die Kinder, für einen schwierigen oder kranken oder alten Menschen; oder: einmal gesammelter als sonst seine täglichen Gebete zu verrichten; oder: einmal den Ärger von Betrieb und Geschäft nicht ungebremst zu Hause oder bei Mitarbeitern abzureagieren; oder: einmal etwas für die Pfarrgemeinde zu tun; oder: einmal auf etwas zu verzichten, besonders auf etwas,

was mich stumpf und träge macht (wie etwa das häufige Fernsehen); oder: einmal im Exerzitienhaus St. Klemens in Heiligenstadt ein Angebot mitzumachen, das mich in die Stille und zum Gebet führt. Wichtig wäre, das alles schon *vor* der Beichte zu tun bzw. es nach der Beichte nicht wieder zu vergessen. Um das Knochengerüst der sakramentalen Beichte muß das lebendige Fleisch unserer Alltagsbuße wachsen. Es gibt keine sakramentale Beichte ohne die Buße im Alltag, aber diese bedarf in gewissen Abständen – und das werden die Hochfeste des Kirchenjahres sein – der sakramentalen Beichte.

Ich nenne einen weiteren Punkt zum Bedenken:

2. Beichten ist keine Privatsache

Ihr werdet sagen: Ist nicht gerade die Beichte ein sehr intimes und verschwiegenes Geschehen, nur allein zwischen mir und Gott? Ist darum nicht der Priester zu strengstem Stillschweigen verpflichtet und der Beichtstuhl möglichst auch nach außen hin dicht und innen dunkel? Das ist richtig – aber das ist nicht alles. Beichte und Versöhnung sind keine reinen Privatangelegenheiten. Wenn zwei Familienmitglieder nach bitterem Streit sich wieder versöhnen, freuen sich alle anderen mit! Echte Umkehr, wirkliche Versöhnung hat immer soziale Auswirkungen, ebenso wie Schuld immer auch andere in Mitleidenschaft zieht. Ihr kennt das von den Kollektiven, in denen Ihr arbeitet. Wenn ein Kollege querläuft, leiden alle anderen mehr oder weniger mit. Wenn ich Gott und den Mitmenschen den Rücken kehre, wird es in der Welt ein Stück kälter, liebloser, ungläubiger und hoffnungsloser. Jede Sünde hat soziale, kollektive Folgen. Aber, umgekehrt, jede echte Versöhnung ist immer auch Freude und Hoffnung für die nicht unmittelbar Betroffenen. Schaut Euch die Welt an: Wenn zwei Völker Krieg führen, zittern die anderen Völker mit. Wenn zwei Staaten Waffen verschrotten, freut sich die ganze Welt mit. So ist es auch in der Kirche. Sie ist ja der Leib Christi, für den wir alle verantwortlich sind. Meine Sünde, mag sie noch so verborgen sein, verdunkelt das Angesicht der Kirche; umgekehrt hilft meine Umkehr der Kirche wieder auf, schenkt ihr neue Lebenskräfte, verstärkt ihre Ausstrahlung in die Welt hinein.

Deshalb meine Anregung: Versucht einmal, Euch als Ehepartner, im Kreis der Familie, in den Gruppen und Freundeskreisen, in denen Ihr auch sonst miteinander lebt, über den Empfang des Bußsakramentes gegenseitig zu informieren. Das mag für viele zunächst ein ungewohnter Gedanke sein. Das könnte vielleicht sogar schon ein Teil der Buße sein, von der wir soeben sprachen. Sprecht einmal offen im vertrauten Kreis darüber, was Ihr vom Empfang des Bußsakramentes erwartet und was sich untereinander ändern könnte. Dazu könnte gehören, daß ein Teil des Schuldbekenntnisses schon außerhalb des Beichtstuhls mit den Betroffenen zusammen ehrlich und offen auf den Tisch gelegt wird. In der Heiligen Schrift steht: „Bekennt einander eure Sünden und betet füreinander, damit ihr geheilt werdet!" (Jak 5,16). Und an anderer Stelle heißt es: „Vergebt, wenn einer dem anderen etwas vorzuwerfen hat" (Kol 3,13). Das ist doch nicht nur von der sakramentalen Beichte gesagt! Das Bußsakrament ist in unseren Tagen zu sehr *Privat*sakrament geworden, es muß wieder ein *soziales* Sakrament werden, das unsere Familien und Gruppen, unsere Pfarrgemeinderäte und Gottesdienstgemeinden wie ein frischer Wind durchweht und alle Beziehungen unter uns reinigt und erneuert. Es könnte durchaus heilsam sein, wenn ich *vor* der Vergebung Gottes mir die Vergebung meines nachgeordneten Kollegen, meiner Kinder, meiner Eltern, meines Freundes einhole, denen ich auf den Nerven herumgetrampelt bin. Ob das nicht unsere Beichte echter machen könnte? Denken wir an das, was Jesus selbst sagt: Gott schickt uns mit unseren frommen Gaben vom Altar weg, wenn wir uns nicht *zuvor* mit unserem Bruder, unserer Schwester versöhnt haben (vgl. Mt 5,23f).

Darum mein Wunsch: Macht die Beichte, die jeder einzeln empfängt, zu einer Feier der gegenseitigen Versöhnung. Die gemeinsamen Bußgottesdienste mit Einzelbeichte in den Gemeinden wollen dazu anregen. Redet offen miteinander über das Bußsakrament und seine möglichen Folgen! Ihr werdet erleben, daß Gottes Vergebungswort auch heute noch Wunder wirken kann.

Und schließlich:

3. Das ehrliche Bekennen der Schuld befreit und bringt Versöhnung

Wie machen es manchmal Eure halbwüchsigen Kinder zu Hause? Wenn sie etwas angestellt haben, drücken sie sich mit Geschick und Raffinesse an der fälligen Aussprache vorbei. Sie denken einfach: Mit der Zeit wird sich die Sache schon „verwachsen". Da müßt Ihr dann nachhelfen und den Jungen oder das Mädchen stellen: „Hör mal, was war da in der vergangenen Woche los ...?" Gut, wenn solche Aufarbeitung in der Familie noch geschieht. Wunden müssen gesäubert werden. Wer sie vorschnell abdeckt, macht den Schaden nur größer. Wenn einer sich am Bekenntnis der Schuld vorbeimogelt, kann es keinen Frieden geben. Wir legen mit Recht bei unseren Kindern Wert darauf, daß sie zu ihren großen und kleinen Missetaten stehen; daß sie „beichten", wie wir sagen. Erst dann kann es Versöhnung geben.

Ich vermute, daß es unter uns katholischen Christen – von denen, die Gott nicht kennen, einmal ganz zu schweigen – einen Trend gibt, sich mit der eigenen Lebensschuld an Gott vorbeizumogeln. Ich nenne einmal die Sprüche, die wir da parat haben: „Das war ja nicht so schlimm!" „Ich hab's ja nicht so gemeint!" „Was kann ich denn dafür?" „Die anderen machen es ja auch so!" „Das hat doch niemand gemerkt!" „Ich habe doch keinem direkt geschadet!". Ihr könntet die Liste sicher noch verlängern. – „Vorbeimogeln" nenne ich aber auch jene Entschuldigungen, mit denen sich manche katholische Christen vor der längst fälligen Beichte drücken, z. B. „Ich habe ja keine schwere Sünde zu beichten" (ist das eigentlich so sicher?) oder „Eine Bußandacht tut's doch auch!" oder „Der liebe Gott wird schon nicht so pingelig sein!"

Kommt es denn bei der Beichte darauf an, was *wir* fühlen, meinen und für richtig halten – oder sollten wir uns nicht doch demütig dorthin begeben, wo Jesus Christus uns mit Sicherheit, wenn wir umkehrbereit sind, mit sich versöhnen möchte? Die sakramentale Beichte, ehrlich und gläubig empfangen, befreit von allem Hochmut und aller geistlichen Besserwisserei. Wir ärgern uns manchmal, wenn unsere Kinder an unseren Geschenken, die wir ihnen mühsam besorgt haben, herummäkeln. Was soll der Herr zu einer Christenheit sagen, die alles mögliche anstellt, um mit dem eigenen Versagen fertigzuwerden, aber das, was er uns als Heilmittel anbietet, nicht beachtet: das Versagen und die Fehler nicht wegzureden, sondern sie als Schuld vor ihm zu bekennen; sich nicht selbst zu absolvieren, sondern sich von Christus, der uns wirklich neu machen kann, lossprechen zu lassen?

Wer demütig und treu beichtet, der bleibt zumindest von *der* Einbildung frei, er könnte mit sich allein zurechtkommen. Sicher ist richtig: Auch außerhalb der Beichte werden von Gott Sünden vergeben, z. B. in der vollkommenen Reue; bei jeder gläubigen Mitfeier der heiligen Messe; bei der tapferen, bußwilligen Annahme der Lasten des Alltags usw. Aber alle diese Formen der Sündenvergebung münden ein und zielen auf die von Gott durch Jesus Christus geschenkte sakramentale Form, um die ein aufrechter katholischer Christ nicht auf Dauer einen Bogen machen kann.

Hier möchte ich auch ein Wort der Ermutigung jenen sagen, die aus verschiedenen Gründen nicht die sakramentale Lossprechung empfangen können. Ich möchte diese Gläubigen einladen, ebenfalls das Beichtgespräch mit dem Priester zu suchen, ein Sündenbekenntnis abzulegen und den Priester zu bitten, in fürbittender Weise bei Gott für die Vergebung der Schuld einzutreten. Wir dürfen zuversichtlich hoffen, daß Gott in seiner Liebe jeden von uns ohne Ausnahme mit großem Erbarmen sucht und finden will. Gott weiß auch dort Wege, wo wir im Augenblick keinen Rat wissen. Jesus selbst hat uns zu diesem Vertrauen ermutigt.

So steht meine Einladung an Euch alle, in dieser österlichen Zeit sich wieder neu und vertieft dem Bußsakrament zu nähern. Buße hat etwas mit Freude zu tun. Habt Ihr schon einmal erfahren, wie froh man wird, wenn einer Euch sagt: „Es soll wieder gut sein, ich habe dir vergeben“? Das Bußsakrament ist die Besiegelung der Freude über die Versöhnung, eben weil dort die Freude nicht selbstgemacht ist, sondern von Gottes Vergebungswort geschenkt wird.

Diese Erfahrung der Freude aus Buße und demütiger Beichte schenke Euch der allmächtige Gott, der Vater und der Sohn und der Heilige Geist.

WELTAUFTRAG DES CHRISTEN

„Diese Spaltung zwischen dem Glauben, den man bekennt, und dem täglichen Leben vieler ist zu den größten Verirrungen unserer Zeit zu rechnen. Hüten wir uns also davor, berufliche und soziale Tätigkeit hier und religiöses Leben dort verkehrterweise zueinander in Gegensatz zu bringen!"

Pastoralkonstitution, GS 43

„[Wir] können keine Parallelexistenz führen: auf der einen Seite ein sogenanntes ‚spirituelles' Leben mit seinen Werten und Forderungen und auf der anderen Seite das sogenannte ‚welthafte' Leben, das heißt das Familienleben, das Leben in der Arbeit, in den sozialen Beziehungen, im politischen Engagement und in der Kultur."

Johannes Paul II., Christifideles laici 59

Von der Frömmigkeit mitten im Alltag

Hirtenbrief zur österlichen Bußzeit 1986

Liebe Brüder und Schwestern im Herrn!
Manchmal höre ich von Christen, die mit ihrem Glauben Ernst machen wollen, die Klage: Meine Frömmigkeit hat zuwenig mit meinem Leben zu tun. In meinem Alltag, so wie er Tag für Tag zu bewältigen ist, kommt Gott nicht vor. Er ist nahezu ebenso atheistisch wie der meiner nichtglaubenden Zeitgenossen. Im Auseinanderklaffen von Alltag und Glaube lauert freilich eine tödliche Gefahr für unser Christsein. Der Glaube ohne Bezug zum Alltag wird langsam kraftlos, gleichsam blutleer; er wird wie ein Kleid, das nicht mehr paßt und in dem wir uns mit der Zeit unwohl fühlen.

Auch von einer anderen Seite her gewinnt das Thema „Frömmigkeit und Alltagserfahrung" für den Christen Aktualität. Eine häufig in der heiligen Beichte genannte Selbstanklage lautet: „Ich bin beim Beten zerstreut" oder „Ich kann mich beim Beten nicht konzentrieren." Man kann im Zweifel sein, ob damit ein echtes Verschulden bekannt wird oder ob darin einfach eine falsche Auffassung vom Gebet und unserer Hinwendung zu Gott zum Ausdruck kommt. In der Tat haben wir meist die Vorstellung: Je mehr wir uns Gott zuwenden, desto mehr müssen wir die Welt verlassen. Entweder Gott – oder die Welt: beides geht nicht zusammen. In einem gewissen Sinn ist das auch richtig, wenn es nämlich um die gottfeindliche Welt geht, die es ohne Zweifel gibt: jene Welt, wo Menschen sich in der Sünde häuslich einrichten. Aber ist die Welt, so wie wir sie tagtäglich erfahren, wirklich ein Hindernis, um mit Gott in Berührung zu kommen? Ist das, was unser Herz und unsere Sinne bewegt, nur eine Gefahrenquelle für unser Leben mit Gott? Ich meine: Nein! Wir müssen freilich lernen, Leben und Alltag mit unserem Gottesglauben immer neu in Verbindung zu bringen. Dazu möchte ich Euch einige Anregungen geben.

1. Gottes Gegenwart im Alltag entdecken

Bei einem Schriftsteller unserer Tage las ich einmal den Satz: „Wir sind nicht im Stande, Gott bei den erhabensten Anlässen anzubeten, wenn wir uns nicht angewöhnt haben, es bei den bescheidensten zu tun." Mit der Frömmigkeit ist es eine merkwürdige Sache: Entweder ist der Mensch in *allen* Lebensbereichen fromm, d. h. auf Gott hin aufmerksam, oder er ist es überhaupt nicht. Es gibt keine Frömmigkeit, die sich auf das Verhalten in der Kirche oder beim Beten beschränken läßt. Sind wir damit aber nicht überfordert? Verlangen nicht unser Beruf und unsere Alltagspflichten unsere vollste Aufmerksamkeit und Kozentration? Ich möchte so antworten: Frömmigkeit ist nicht etwas, was *zusätzlich* zu unserem Leben dazukommt, sondern Frömmigkeit ist eine *Einstellung*, aus der heraus wir leben. Zucker legt man nicht neben Kaffee oder Tee, sondern gibt ihn mit in die Tasse hinein, erst dann wird alles süß. So ähnlich ist es auch mit unserem Glauben. Er muß den Alltag durchdringen, nicht nur umrahmen. Wenn ich ernst nehme, daß Gottes Gegenwart nicht auf den Tabernakel und nicht auf heilige Orte und Räume beschränkt ist, dann kann für mich mein ganzer Alltag eine neue Qualität gewinnen: meine Ehe, mein Berufsleben, Freundschaften und Hobbys, meine Lebenslasten und meine kleinen Freuden. Überall hält Gott sich bereit, mir zu begegnen. Wir wissen ja: Für uns Christen gibt es keinen Zufall. In allem, was mir begegnet, was mein Leben bestimmt und prägt, was ich erlebe oder erleide, ist mir Gott nahe. Es kommt gleichsam aus seiner Hand. Am leichtesten gelingt es sicher, die kleinen Freuden des Lebens mit Gott in Verbindung zu bringen. Wer in einem dichten Wald spazierengeht, wird manchmal nur einige kleine Kringel des Sonnenlichtes am Boden entdecken. Aber auch in einem kleinen Sonnenstrahl kann die ganze Sonne erahnt und dankbar gepriesen werden.

Doch geht es mir noch um mehr als solche Übungen einer dankbaren Aufmerksamkeit gegenüber Gott in guten und frohen Stunden. Was wir DDR-Christen in Zukunft noch viel mehr brauchen, ist die Fähigkeit zu einer Frömmigkeit, die Gott auch in einer gleichsam religiös keimfreien Umgebung zu entdecken vermag. Wir sind „Kirche im verordneten Atheismus". Das spüren wir nahezu täglich, unsere Schulkinder und Studenten am meisten. Aber das braucht uns nicht ängstlich zu machen; denn auch im verordneten Atheismus läßt sich Gott nicht aus den Schulen, den Büros und Fabriken vertreiben. Wir müssen nur bereit sein, Gott auch dort zu entdecken, wo wir bisher vielleicht nicht gewohnt waren, ihn zu suchen – in den Gesichtern der Menschen: hinter Büroschaltern und unter Uniformmützen; beim nachbarlichen Schwatz über Urlaubsglück oder Erziehungssorgen; in den Spalten der Zeitungen oder in den Wartezimmern der Polikliniken. Wo steht geschrieben, daß Gottes Macht und Liebe an den Türen eines Neubaublocks haltmacht? Daß es unmöglich ist, Gottes Gegenwart in einem sozialistischen Arbeitskollektiv zu erfahren? Etwa bei einem Arbeitskollegen, der scheinbar nur über seine Krankheit klagt, in Wirklichkeit aber mit Gott ringt, ob sein Leben nun lebenswert ist oder nicht? Oder in einer Konfliktsituation, in der ich mir wie „angenagelt" vorkomme, ohne Hoffnung auf ein gutes Ende? Da wird mir auf einmal der am Kreuz verlassene und angenagelte Jesus neu vor Augen gestellt, und ich begreife, was Nachfolge Jesu konkret heißt. Es braucht Übung und Phantasie, um auch in banalen und scheinbar unreligiösen Situationen das Wehen des göttlichen Atems zu erkennen. Wir brauchen gleichsam eine „Mystik des Alltags", die mitten im atheistischen Milieu Gotteserfahrungen machen kann. Gerade in unserer angeblich gottverlassenen Welt wird es darauf ankommen, daß wir gläubig auf die vielfachen Zeichen der Gegenwart Gottes achten. Gott ist *mehr* gegenwärtig, als den Atheisten lieb und uns Gläubigen manchmal bewußt ist!

Ein zweiter Gedanke weist in die gleiche Richtung einer konkreten, praktischen Alltagsfrömmigkeit:

2. Das eigene Leben Gott gehorsam anbieten

Wir wissen, durch Jesus Christus belehrt: Gott will nicht irgend etwas von uns, sondern er will uns selbst. Und wo sind wir mehr bei uns selbst als mitten im Alltag? Also: *der* Gehorsam ist der gottgefälligste, der im Alltag Gott geleistet wird. Das fängt an beim Stoßgebet am Morgen, wenn der Wecker klingelt – und hört auf bei der gehorsamen Annahme von Alter, Krankheit und Sterben. Ich bin davon überzeugt, daß jeder von Euch ohne Mühe eine ganze Palette von Situationen oder Lebenslasten aufzählen könnte, die er zu bestehen oder zu tragen hat. Ich möchte Euch ermutigen, solche Bewährungen als das anzusehen, was der Apostel Paulus so bezeichnet: sich selbst als lebendiges Opfer Gott darzubringen. Und er fügt noch hinzu: Das sei für den Christen der wahre und angemessene Gottesdienst (vgl. Röm 12,1). Damit ist nichts gegen die

Gottesdienste gesagt, die wir in unseren Kirchen feiern. Aber es ist vom Apostel in Erinnerung gebracht, was auch heute für den Christen gültig ist: Die Mitfeier des Lebens- und Todesgehorsams Christi in der Meßfeier setzt das eigene gehorsame Lebensopfer des Alltags voraus. Und das kann recht unterschiedliche Gestalt haben: z. B. das Ertragen der Schwächen des Ehepartners; die Annahme von körperlicher Behinderung oder von Einsamkeit; das Aushalten einer ungeliebten Berufssituation; die Härte der Armee- oder Ausbildungszeit, die mich von der Familie trennt; Gutes tun und gut bleiben, ohne dafür belobigt zu werden; die Sorge mit nervösen oder schwierigen Kindern; die Last einer Haushaltsführung bei voller Berufsarbeit; die Probleme am Arbeitsplatz wegen meiner christlichen Einstellung und vieles andere mehr. Soll das alles nichts mit Gott und unserem geistlichen Leben zu tun haben? Ist das nicht im Gegenteil der „Rohstoff" für unsere Hingabe, unseren Gehorsam und unsere Buße, die wir Gott schulden? Ich hoffe, daß Ihr den folgenden Satz nicht mißversteht: Vielleicht seid Ihr frömmer, als Ihr denkt! Diese Aussage soll Euch nicht eingebildet machen. Aber es gibt mit Sicherheit unter Euch Bekenner, die den Vergleich mit den urchristlichen Glaubensbekennern nicht zu scheuen brauchen. Und auch ein Martyrium ist nicht immer sofortige Lebenshingabe, es kann auch stückweise Lebenshingabe geben: Hingabe von Lebensqualität, von Chancen und Möglichkeiten, die sich uns scheinbar eröffnen würden ohne Gott und ohne eine klare Gewissensentscheidung; das Aushalten in einer schwierigen Ehe; die Geduld im Umgang mit Kranken und Alten; der Einsatz von Zeit und Nerven im Gemeindeleben; die Stärke, sich als junger Mensch um der Nachfolge Christi willen gegen die Kameraden, vielleicht sogar gegen die Eltern, zumindest aber gegen den allgemeinen Trend durchzusetzen – das alles hat etwas mit Gottesdienst zu tun. Aber auch das andere gilt: die Hingabe echter Liebe; die Freude über ein gelungenes Werk oder eine gute Gabe der Natur; die Erfahrung von Solidarität oder selbstloser Freundschaft – auch das ist Anlaß für Dank, Anbetung und Lobpreis. Das alles kann zum Gottesdienst des Alltags werden, ohne den unsere Teilnahme am Sonntagsgottesdienst nur „Schall und Rauch" wäre. Prüft einmal, was Ihr heute bei der heiligen Messe dem Herrn in die Opferschale aus Eurem Lebensalltag hineinlegen könnt. Da wiegt vielleicht manches schwerer vor Gott, als wir vermuten. Aber manches wird er auch als leeres Stroh zurückweisen. Nicht unsere frommen Gefühle sind beim Gottesdienst gefragt, sondern unser Leben.

Laßt mich noch einen weiteren Hinweis geben, wie Frömmigkeit und Leben zusammenkommen können:

3. Gemeinsam vor Gott stehen

Wir hören heute viel von den jungen Kirchen in der sogenannten „Dritten Welt". Was die Lebendigkeit dieser Kirchen ausmacht, ist meines Erachtens eine neu entdeckte urchristliche Einsicht: Man kann nie allein Christ sein. Kirche wird dort lebendig, wo Christen den Entschluß fassen: Wir wollen gemeinsam glauben, hoffen und lieben. Wir wollen den Geist Jesu Christi nicht im eigenen Herzen verschließen, sondern wir wollen ihn in unserer Mitte erfahrbar machen, indem wir uns auf ihn berufen: sichtbar, hörbar, greifbar. Meines Erachtens krankt das Leben in unseren Gemeinden und Familien an einer überempfindlichen Ängstlichkeit, uns nicht gegenseitig religiös zu belästigen. Ich sehe die Gefahr, daß wir in unserer vornehmen religiösen Zurückhaltung geistlich aushungern. Welche befreiende Wirkung aber geht von der Erfahrung aus, mit einem anderen oder einer Gruppe zusammen zu beten, über meine Erfahrungen mit Gott (oder die angeblich ausbleibenden Erfahrungen mit Gott) zu sprechen, sich gegenseitig im Geist Christi die Hände aufzulegen, einander zu segnen! Uns bringt nicht allein religiöse Bildungsarbeit weiter, angeregte Geselligkeit in gleichgesinnten Kreisen und das geduldige Anhören von Hunderten von Predigten, sondern *das gemeinsame geistliche Tun* bringt uns weiter. Sicher: „Das eine sollt ihr tun, ohne das andere zu lassen", wie die Schrift sagt (Lk 11,42). Aber ich wiederhole öffentlich, was ich den Priestern und Mitarbeitern in der Seelsorge ans Herz gelegt habe: Sie sollen sich nicht so sehr um die Gruppen in der Gemeinde kümmern, die nur unterhalten sein wollen. Wir müssen damit Ernst machen, daß nicht nur die Priester, sondern wir alle „Geistliche" sind; daß eine Mutter und ein Vater genauso segnen kann wie der Pfarrer; daß das Wort Gottes nicht nur von den Theologen verstanden wird; daß Eheleute ebenso geistlich miteinander leben können wie Ordensleute. Könnte es nicht z. B. ein zeitgemäßes Freitagsopfer sein, sich am Freitag bewußt mit einem anderen Menschen ausdrücklich im Geist Christi zu vereinen – im Gebet, im Schweigen, im Tun eines gemeinsamen Werkes? Symbolisch für die Isolierung der heutigen Menschen voneinander ist für mich die Haltung, die wir vor dem Fernseher einnehmen müssen. Die ganze Familie ist zusammen – aber jeder schaut am anderen vorbei auf einen seelenlosen Apparat. Nichts gegen einen guten Krimi oder einen fröhlichen Film, aber sollten wir nicht mehr uns *gegenseitig* anschauen? In unserem alltäglichen Miteinander will der Glaube Gestalt annehmen. Die wahren Entscheidungen über die Zukunft der Kirche werden nicht in Rom oder auf Bischofskonferenzen getroffen, sondern in Euren Wohnstuben, an Euren Küchentischen und an den Betten Eurer Kinder. Wenn dort der Geist Christi sich Raum und Ausdruck verschaffen kann, wird auch das Ewige Licht in unseren Kirchen nicht ausgehen.

Laßt uns also *gemeinsam* vor Gott stehen, in den Familien, in den Gemeinden, der Freund zusammen mit der Freundin, der Mann mit seiner Frau, der katholische Christ mit seinen katholischen und evangelischen Freunden und nicht zuletzt wir alle mit unseren Priestern, die auch unser Glaubenszeugnis brauchen wie wir das ihre. Was den Campesinos Südamerikas mit ihren Basisgruppen, was afrikanischen Christen oder den katholischen Philippinos möglich ist, sollte auch uns Katholiken in der DDR möglich sein: Wir können uns einander zuwenden und das, was jeder vor Gott allein zu tun oder zu bestehen hat, gemeinsam tun. Die Marxisten sagen: Wenn die Idee die Massen ergreift, wird sie zur revolutionären Gewalt. Für uns Christen gilt das Wort Jesu: „Alles, was zwei von Euch auf Erden gemeinsam erbitten, werden sie von meinem himmlischen Vater erhalten" (Mt 18,19). Auf *die Gemeinsamkeit im Heiligen Geist* kommt es an – dann verändert sich die Welt.

Liebe Brüder und Schwestern im Herrn!
Wir haben versucht, die Gestalt einer zeitnahen, weltaufgeschlossenen Frömmigkeit nachzuzeichnen. Noch einmal sei gesagt: Entweder ist unser *ganzes* Leben fromm, d. h. auf Gott hin aufmerksam, oder wir sind überhaupt nicht fromm. Eine Haltung, die meint, nur dann fromm zu sein, wenn man die Welt und den Alltagskram verdrängt, macht auf die Dauer krank. Ihr wißt aus Erfahrung: Kein Lärm ist aufdringlicher als der, den man zu überhören versucht. Wir brauchen und sollen nicht auf eine Insel der seligen Abgeschiedenheit fliehen, um Gott zu finden. Eine solche Insel gibt es überhaupt nicht. Wir sollen Gott dort suchen, wo er

tatsächlich ist: in unserem Alltag. Darum brauchen wir beim Gebet nicht die Augen zu schließen oder Ohren zu verstopfen oder das Herz abzuschotten. Wir brauchen Gott nur das hinzuhalten, was uns vermeintlich von ihm ablenkt: den Ärger, die Lasten, die unscheinbaren Freuden, kurz – unser Leben. „Gott, nimm hin ..." Das ist mein kürzestes Stoßgebet, aber mir geht dabei nie der Gebetsstoff aus.

Haben wir heute von einem unwichtigen Thema gesprochen? Ich meine, nicht. Was könnte wichtiger sein als

- Gottes Gegenwart im Alltag zu entdecken,
- das eigene Leben Gott gehorsam anzubieten und
- gemeinsam vor Gott zu stehen und seinem Geist in unserer Mitte Raum zu geben.

Zu solchem Tun segne Euch der allmächtige Gott: der Vater, der Sohn und der Heilige Geist.

„Entdeckt neu, was Gott für uns bereithält!“

Ansprache bei der Schlußfeier des Katholikentreffens 1987

Liebe Brüder und Schwestern im Herrn!
Ist „Katholikentreffen“ eigentlich die richtige Bezeichnung für den heutigen Tag? Was wir heute und auch gestern erlebt haben, ist nicht nur ein „Treffen“ gewesen, es war ein Fest – nicht zuletzt schon durch den sächsischen Charme unserer Gastgeber. In Dresden läßt sich's feiern! Oder darf ich sagen: Unter Christen läßt sich's feiern?

Aber dieses Monopol wollen wir wirklich nicht allein für uns in Anspruch nehmen. Wenn etwas unser Land kennzeichnen kann, dann ist es die freudige Bereitschaft der Menschen, jederzeit und überall zu feiern, eine kleine (oder auch große) Fete zu organisieren, bei ihr mitzumachen, sich einladen zu lassen. Die DDR ist eine richtige Feiergesellschaft geworden! Ich habe mir sagen lassen, daß auch in manchen Pfarrgemeinden von Mai bis September die Holzkohle das wichtigste pastorale Hilfsmittel geworden ist. Zumindest wird sie sicher häufiger gebraucht als Weihrauchkohle!

Aber nichts gegen Bratwurstroste und Gartenfeten. Ich frage mich nur, was uns so geneigt macht, die Geselligkeit im Kreis der Freunde und Bekannten zu suchen. Sicher: wer entflieht nicht gern dem grauen Alltag: wer möchte nicht gern einmal wenigstens für kurze Zeit drückende Sorgen und Probleme vergessen? Oder ist es doch mehr, was die Menschen hier bei uns so gern feiern läßt – eine Ahnung, die im Blick auf den Alltag sagt: „Das kann doch nicht alles gewesen sein!“?

Wenn unser Glaube der Welt irgend etwas Schönes und Tröstliches gebracht hat, dann sind es unsere christlichen Feste. Mögen diese Feste – Weihnachten, Ostern, Himmelfahrt, Pfingsten und nicht zuletzt der Sonntag – noch so verbürgerlicht und profaniert sein: irgendwie liegt auf ihnen ein Glanz, der den Alltag überstrahlt und der die Herzen in Erwartung versetzt. Unser christlicher Glaube läßt uns feiern, weil er um Gottes Glanz und Herrlichkeit weiß, die alles Sehnen des Menschen übersteigt. Wie sagt es Paulus: „Wir verkündigen, wie es in der Schrift heißt, was kein Auge gesehen und kein Ohr gehört hat, was keinem Menschen in den

Sinn gekommen ist: das Große, das Gott denen bereitet hat, die Ihn lieben" (1 Kor 2,9).

Ich finde die Erwartung vieler Menschen hier bei uns sehr verständlich, wenn sie über ihren Alltag sagen: „Das kann doch nicht alles gewesen sein!" Auch im Materialismus steckt eine, wenn auch oft verschüttete Sehnsucht nach Leben, nach Glanz, nach Ekstase. Wird in unserer Mitte eigentlich deutlich, daß wir „das Große", den Reichtum, den uns Gott zugesagt hat, entdeckt haben?

Jesus hat in seinen Gleichnissen gewagt, an die materialistischen Instinkte seiner Zuhörer zu appellieren. Er hat „Schatzgeschichten" erzählt, ähnlich spannend, wie wenn heute einer davon erzählt, daß sein Arbeitskollege im Lotto gewonnen hat. Der Mann im Gleichnis findet per Zufall den Schatz im Acker. Voll Freude verkauft er sein Hab und Gut, nicht weil er den Armen helfen wollte, nicht weil er asketisch oder alternativ leben wollte, sondern weil er den Acker mit dem verborgenen Schatz kaufen wollte – oder (im anderen Gleichnis) weil er *die* Perle schlechthin erwerben wollte, der sein bisheriges Sinnen und Trachten galt. Solche Gleichnisse Jesu tragen autobiographische Züge. Man kann Jesu Botschaft, sein Leben und Wirken und auch seinen Lebensausgang nur verstehen, wenn man von seiner „Gottesentdeckung" her versteht. *Sein* Gott, *sein* Vater, der auch unser Gott und Vater werden soll, das ist der Schatz, das ist die Perle, um derentwillen sich jeder Einsatz lohnt.

Jesus hat seine Entdeckung nicht für sich behalten. Er hat sie den Jüngern vermittelt. Durch die zweitausendjährige Glaubensgeschichte hindurch hat der erhöhte Herr unzählige Männer und Frauen, von Paulus angefangen über Augustinus, Franziskus, Elisabeth bis hin zu den Märtyrern und Glaubenszeugen unserer Tage, gleichsam „gezündet", so daß sie eine Kehrtwende in ihrem Leben vollzogen und alte Werte und Maßstäbe über den Haufen warfen. Sie haben den Gott und Vater Jesu Christi entdeckt, den „Schatz", der alles Sehnen und Verlangen des Menschen überreich stillen kann. Überspitzt gesagt: diese Männer und Frauen sind nicht in erster Linie Moralisten, sondern „Lotteriegewinner"! Wenn es auch im Leben solcher Menschen harte Zucht und Abtötung gibt – der Urimpuls in ihrem Leben ist Ekstase, ist Überschwang, ist Überraschung und Freude über Gott.

Was ist mein Wunsch für euch, für unsere kleine katholische Kirche in diesem Land? Ich sage es in Anlehnung an ein Wort aus dem Epheserbrief so:

„Gott gebe euch erleuchtete Augen, Augen, mit denen das Herz sieht, damit ihr erkennt,

- zu welcher Hoffnung ihr berufen seid,
- wie reich das Erbe ist, das Gott uns zugedacht hat,
- wie überwältigend groß die Kraft ist, mit der Er an uns, den Glaubenden, am Werk ist" (nach Eph 1,18f).

Was ich uns allen wünsche, ist, daß wir miteinander Gott neu entdecken, den Reichtum unserer Berufung, die Würde und den Glanz unserer Gotteskindschaft, die Chance der uns von Gott eröffneten neuen Freiheit.

Das sollte es wieder vermehrt in unserer Mitte geben: ein *demütiges Selbstbewußtsein*, das sich nicht auf eigene Verdienste etwas einbildet (dazu haben wir wenig Grund), aber alles auf Gott, der aus Steinen Leben erwecken kann, der Tote lebendig machen kann. Gott hat schon angefangen, den alten Adam in uns zu töten; er hat den Keim eines neuen, unzerstörbaren Lebens in uns eingesenkt; er hat uns in der Nachfolge Christi eine neue Freiheit eröffnet, in der wir Sünde, Tod und Teufel überwinden können.

Der polnische Satiriker Jerzy Lec ruft in einem seiner bissigen Aphorismen seinen Zeitgenossen zu: „Was rennst du dauernd mit dem Kopf gegen die Wand? Was willst du denn in der Nachbarzelle?" Darin spricht sich bitterer Sarkasmus, vielleicht sogar tiefe Resignation aus, wie sie manche nachdenkliche Menschen heute befallen hat. Wer kann sie überwinden, wenn nicht der Christ, der weiß, daß Gott schon angefangen hat, uns Türen zu öffnen? Ja, der im eigenen Leben schon praktiziert – zugegeben: noch unvollkommen praktiziert –, daß er heute so verbreiteten Zwängen und Mentalitäten nicht hilflos ausgeliefert ist: der Arbeitswut; dem Habenwollen um jeden Preis; dem ungehemmten Ausleben seiner Triebe; der Dauerironie, der nichts heilig ist; der Selbstbemitleidung, die blind macht für die Realitäten; und was immer man hier noch nennen könnte. Spüren wir nicht, daß der Glaube uns schon jetzt in dieser erbsündlichen Welt eine neue Freiheit ermöglicht, die in der Umwelt Aufmerksamkeit erregt? Freilich, nur der ganz souveräne und freie Mensch kann es sich leisten, den gängigen Trends zu widerstehen – der Reduzierung der Lebensqualität auf das bloß Materielle, der Flucht ins rein Private, der bequemen Anpassung, mit der man nirgends aneckt, aber auch nichts bewegt und verändert.

Liebe Wallfahrer, es ist meine tiefe Überzeugung: Eine Christenheit, die Gott vergessen hat, kann auch nichts zu den großen Fragen und Problemen sagen, die heute die Menschen bewegen. Warum sollte uns Christen etwa zu dem Themen *Frieden, Gerechtigkeit, Schutz der Umwelt* Hilfreicheres einfallen als anderen Menschen, wenn wir nicht Gott und seinen Anspruch auf uns ins Gespräch mit einbringen? Und wie könnten wir anders Gott ins Gespräch einbringen als dadurch, daß er in unserer neuen Art, zu leben, miteinander und mit der Schöpfung umzugehen, aufleuchtet? Eine Christenheit, die nicht von Gottes Möglichkeit fasziniert ist, wird belanglos; und eine Kirche, die nicht von der Nachfolge Christi her ihre Identität gewinnt, sondern die sich an gesellschaftliche oder politische Trends oder Optionen bindet, wird bald zum Spielball fremder Interessen. Eine Kirche ohne geistliche, religiöse Substanz kann geistreich sein, hat aber letztlich nichts zu sagen. Ob wir Katholiken uns nicht wieder auf unsere soliden geistlichen Werte und unsere eindeutigen sittlichen Grundsätze besinnen sollten? Der Gott, dem sich unsere Eltern in Schlesien, Ostpreußen und im Sudetenland anvertrauten, ist doch nicht auf einmal in Sachsen, Thüringen oder Mecklenburg ein anderer geworden! Es bleibt dabei: Auch im sozialistischen Kollektiv kann man sündigen und auch in der fernbeheizten Neubauwohnung die Ehe brechen. Und ich füge hinzu: Auch in Bayern und in Hessen kann man den Glauben verlieren und Materialist werden. Nein, nicht die anderen Verhältnisse sind es, die uns zu schaffen machen, sondern daß wir Gott aus dem Blick verloren haben und religiöse Kleinkrämer geworden sind.

Darum, liebe Brüder und Schwestern, laßt uns neu die volle Wirklichkeit sehen, wie sie uns die Frohe Botschaft, das Evangelium Jesu Christi eröffnet. Entdeckt neu, was Gott für uns bereithält und was er aus uns machen will. Unser Leben ist in der Tat trotz allem, was uns bedrängt und beschwert, ein Fest. Es gibt wirklich Grund zu feiern, weil wir nicht uns selbst feiern müssen, sondern Gottes Macht und Liebe, die uns sieghaft hoffen läßt.

Laienfrömmigkeit und Weltheiligung

Der Beitrag der geistlichen Bewegungen in der DDR zur Sendung der Laien in Kirche und Welt*

Die Römische Bischofssynode 1987 hat sich vorgenommen, über Berufung und Sendung der Laien in Kirche und Welt zu sprechen. Die Bischofssynode wird dieses Thema nur anstoßen können. Was dieser Anstoß bewirkt, liegt nicht zuletzt daran, wie wir, Priester und Laienchristen zusammen, uns mit diesem Thema auseinandersetzen.

Ich möchte Ihnen einige Gedanken vortragen, die auf den möglichen Beitrag der geistlichen Bewegungen für die Heiligung der Welt und die Erneuerung der Kirche abzielen, näherhin auf die Frage, wozu der Laienchrist in diesen Bewegungen besonders herausgefordert ist.

Ich erspare mir ausholende theologische Überlegungen über die Frage, was ein Laie ist. Wir sind uns einig: das Wort ist unglücklich. Hinter dem Wort „Laie" steht eine historische Entwicklung, die sich vom Geist des Neuen Testamentes und der frühen Tradition der Kirche weit entfernt hat. Bei aller Beachtung der Eigenständigkeit und Besonderheit des priesterlichen Dienstes in der Kirche müssen wir doch sagen: Die Kirche hat nur eine einzige Sendung. Sie soll das Evangelium Jesu Christi selbst treu leben und in Tat und Wort aller Welt bezeugen. In dieser Aufgabe sind Priester und Weltchristen grundsätzlich zusammengespannt. Beide haben den Auftrag, die Welt für Christus zu heiligen; beide sollen die Kirche als den geisterfüllten Leib des Herrn auferbauen, damit die Kirche immer mehr erfahrbar das werde, was sie dank der Gnade des erhöhten Herrn tatsächlich schon ist: die Keimzelle der neuen Welt Gottes. Man kann also nicht trennen: Die Priester sollen sich mit dem Aufbau der Kirche beschäftigen, die Laien mit der Heiligung der Welt. Zum einen ist in der Kirche auch beträchtlich viel „Welt", zum anderen kann der Priester ohne die Laienchristen höchstens ein Bischöfliches Ordinariat aufbauen – aber das ist eben (Gott sei Dank) nicht Kirche! Es bleibt dabei: Priester und Laien sollen – jeder von seinem Auftrag, von seinem „Stand" aus – am gemeinsamen Werk Hand anlegen, d. h., sie sollen „sich selbst als lebendiges und heiliges Opfer darbringen, das Gott gefällt" (Röm 12,2), und sie sollen gemeinsam „stets bereit sein, jedem

Rede und Antwort zu stehen, der nach der Hoffnung fragt, die (uns) erfüllt" (1 Petr 3,15). Also: sie sollen zusammen mit dem Herrn Opfergabe für den Vater werden und in der Hand des Herrn missionarisches Werkzeug zur Rettung der Welt. Die gute Tradition der Kirche, daß ein Priester die heilige Messe nicht allein feiern soll, ist für mich ein sprechender Hinweis auf dieses vom Herrn gewollte Miteinander. Eine „richtige" Eucharistiefeier kann nicht ohne Priester, aber auch nicht ohne gläubiges Gottesvolk gefeiert werden. Kirche gibt es nur als gegliederte Einheit.

Bleiben wir also nach diesem Exkurs bei unserer Frage: Was will Gott in dieser geschichtlichen Stunde von uns als Jüngern Christi, als Müttern und Vätern, als Ingenieuren und Hausfrauen, als Lehrlingen und Rentnern, als Verheirateten und Unverheirateten, als hauptamtlichen und ehrenamtlichen kirchlichen Mitarbeitern? Welchen Beitrag können die geistlichen Gemeinschaften leisten, die Sie hier vertreten?

I.

In einem ersten Gedankenkreis möchte ich folgendes sagen: Gott verlangt ja nicht zuerst etwas von uns, er *schenkt* uns etwas, besser gesagt: Er schenkt sich uns selbst. Und darum will er im Grunde etwas ganz Einfaches, was jeder Mensch – einfach, weil er und insofern er Mensch ist – leisten kann. Er will, daß wir, im Bild gesprochen, die Hände aufhalten und sein „Geschenk", d.h. ihn selbst annehmen und uns ihm vorbehaltlos zurückschenken. Mir kommt es manchmal (besonders im Gespräch mit manchen Theologiestudenten und Priestern) vor, als ob wir in der Kirche „den Wald vor lauter Bäumen" nicht mehr sehen, d.h., als ob wir vor den angeblich so vielen komplizierten und schwierigen Aufgaben, die wir als Christen, aber auch als Priester und Seelsorger in Kirche und Welt haben, kapitulieren müßten. Das wäre etwa so, wie wenn eine Hausfrau sich durch einen Kochkurs so in Verwirrung setzen ließe, daß sie sich nun nicht mehr vor lauter Angst, etwas falsch zu machen, an den Kochtopf traut. Sie hat dann vielleicht ein wissenschaftliches Kochdiplom, aber ihre Familie müßte hungern!

Gott will nichts Kompliziertes oder Gekünsteltes von uns. Er verlangt keine geistlichen „Verrenkungen" von uns, als ob wir gleichsam zu spirituellen Artisten werden müßten. Lassen wir uns da auch nicht von tiefsinnigen Referenten in Bildungshäusern oder von hochspezialisierten Exerzitienmeistern beeindrucken, die uns in höhere Sphären des Christseins einweihen wollen. Gott ist kein Gott nur für spirituelle Hochleistungssportler, er ist vielmehr ein Gott für uns einfache, geplagte, hin- und hergerissene Menschen. Er will und kann (!) geliebt werden mitten in der Berufsarbeit, mitten in Ehe und Familie. Er weiß sich den Schlauen und Einfältigen, den Feinsinnigen und Grobschlächtigen, den Fortschrittlichen und den mehr Konservativen, er weiß sich den ganz normalen Menschen zu offenbaren, und er ist uns auch in der DDR-Luft nicht ferner als den Aposteln am See Gennesaret!

Also – es gilt nicht die Ausrede, mit der sich heute manche Gemeindemitglieder vor einer echten Lebensumkehr und Heiligung des Alltags drücken, wenn sie etwa sagen: „Ich bin für Höheres nicht geeignet!" – „Das ist für mich zu kompliziert!" – „Ich bin doch nur ein schlichter Christ, ein Fußvolk-Katholik ohne höhere Ambitionen!" Das klingt sehr demütig und bescheiden, aber dahinter steht entweder das Mißverständnis, über das wir eben geredet haben, oder aber letzlich ein unbußfertiges Herz, das die eigene Unwilligkeit zur Umkehr mit falscher Selbstbescheidung und angeblicher Demut verkleidet.

Gott will also etwas ganz Einfaches von uns, das freilich in dieser Einfachheit und Ganzheitlichkeit auch das Schwerste ist: Er möchte den Menschen zur freien, liebenden Selbstübergabe an sich bringen. Er möchte (im Bild gesprochen), daß die Sportler nicht am Rand des Beckens stehenbleiben und über die beste Art des Schwimmens diskutieren, sondern daß sie sich ein Herz fassen und in das kühle Naß hineinspringen. Ob dann einer krault oder auf dem Rücken schwimmt, ob einer einen eleganten Schwimmstil vorlegt oder nur einen zum Wegschauen – das alles ist nicht entscheidend. Gott ist kein Ästhet – und er hat Geduld mit uns allen. Hauptsache, „wir lassen uns los", alles andere wird sich finden oder, besser gesagt: Gott sorgt dann schon, daß wir von ihm gefunden werden.

Ich habe bei diesem Gedanken etwas ausführlicher verweilt, weil er mir in der konkreten Auseinandersetzung, in der ihr als Glieder einer geistlichen Bewegung oftmals in den Gemeinden steht, wichtig und hilfreich erscheint. Euer Weg ist nicht ein besonderer Weg christlicher Spiritualität bzw. der Christusnachfolge. Er ist vielmehr *euer* konkreter Weg, den euch Gottes Geist gezeigt hat, auf dem ihr (du und dein Ehepartner, du als Priester oder Seelsorgehelferin, du in deiner Gruppe und in deinem Freundeskreis) Jesus Christus neu entdeckt habt als Quelle des Lebens, als Meister und Herrn, dem ihr euch anvertrauen könnt. Wenn ihr von anderen auf diese angebliche „Besonderheit" eures Weges (als Fokolare, als Glieder der Schönstattfamilie, als einer, der von der Charismatischen Gemeindeerneuerung her geprägt ist usw.) angefragt werdet, dann steht mutig zu diesem Weg als *eurem* persönlichen konkreten Weg, aber fragt dann auch zurück: „Und wie sieht das bei dir aus? Wie verwirklichst du Glaube, Hoffnung und Liebe konkret in deinem Leben?" Und wenn der andere dann auch versucht, seine geistlichen Erfahrungen in der Christusnachfolge zu berichten, sie zu bezeugen, dann wird wahr, was 1 Petr 4,10 sagt: „Dient einander als gute Verwalter der vielfältigen Gnade Gottes, jeder mit der Gabe, die er empfangen hat." Das ist meine grundsätzliche Sicht der geistlichen Bewegungen und Aufbrüche, die Gottes Geist unserer Kirche jetzt (wie auch schon früher!) schenkt: Sie sind uns geschenkt, damit wir damit einander auferbauen. Es gibt kein Christenleben ohne Spiritualität. Jeder hat nur dem vom Herrn geschenkten Geist ganz persönlich zu antworten, gleichsam dem von Gott geschenkten Rohstoff eine konkrete künstlerische Gestalt zu geben, damit eben unverwechselbar *meine* Nachfolge Jesu daraus wird und nicht eine abstrakte, blasse, unpersönliche Glaubensideologie, der der Lebensodem fehlt. Im übrigen gilt, was Paulus (Gal 6,3f) sagt: „Wer sich einbildet, etwas zu sein, obwohl er nichts ist, der betrügt sich. Jeder prüfe sein eigenes Tun. Dann wird er sich nur im Blick auf sich selbst rühmen können, nicht aber im Vergleich mit anderen."

II.

In einem zweiten Gedankengang möchte ich nun auf die Vielfalt des in den einzelnen Bewegungen geschenkten Gnadenreichtums und dessen Bedeutung für unsere Kirche eingehen. Gottes Volk trägt ja keine Einheitsuniform. Es gleicht eher einem bunten Strauß von Blumen: manche davon stammen aus gepflegten Gärtnereien, manche kommen vom Feldrain, manchmal ist auch eine Stacheldistel darunter – aber alles wird zusammengehalten in der einen Form und in der durchtragenden Sinngebung: eben „Blumenstrauß" für jemanden, für Gott, zu sein.

Ehe ich auf die Vielfalt der Gaben eingehe, möchte ich zunächst einen Grundzug der heute sich präsentierenden Bewegungen nennen, der wohl Ihnen allen (aber eben nicht nur Ihnen!) gemeinsam ist: eine neue Erfahrung der Freude an Gott. In meinen Begegnungen mit einzelnen katholischen Christen bzw. Gruppen, die von spirituellen Aufbrüchen in der Kirche geprägt sind, konnte ich das mehrfach und überzeugend erfahren. Hier sind Menschen, die eine Entdeckung gemacht haben, die (biblisch gesprochen) einen „Schatz" entdeckt (oder wiederentdeckt) haben, der große Freude in ihrem Leben ausgelöst hat. Ich möchte meinen, daß in diesem Urimpuls der „Überraschung" der „Freude des Gefunden-Habens" (bei allem Wissen darum, daß man auch weiterhin ein Suchender bleibt!) das Wirken des Heiligen Geistes in unserer Kirche zu spüren ist. Der anglikanische Schriftsteller C. S. Lewis hat seine Autobiographie überschrieben: „Überrascht von Freude" (Surprised by Joy"). Diese Freude kommt überzeugend dort zum Vorschein, wo sie gleichsam wie nebenbei und ohne Aufhebens zu einschneidenden Lebensänderungen bzw. zu neuen Verhaltensweisen führt, die denen, die nichts „entdeckt" haben, verwunderlich vorkommen bzw. gar verdächtig, etwa: jede Woche einen vollen Abend füreinander frei haben; auf einen Teil des Gehalts freiwillig verzichten; ein drittes oder viertes Kind annehmen; in Gemeinschaft oder in der Familie frei beten; der Freude an Gott auch körperlich-ganzheitlich Ausdruck geben; das Gebet und die Schriftbetrachtung für wichtiger halten als das Fernsehen usw. Ich nenne diese Dinge, nicht, weil andere Christen sie nicht üben und kennen würden, aber weil ich den Eindruck habe, daß sie hier aus einer geistlichen Ursprünglichkeit und Frische heraus aufbrechen, die diesen Handlungsweisen den Geruch des „asketischen Hochleistungssports" nehmen. Das merkt man daran, daß der oder die betreffende Person, auf diese Veränderung im eigenen Leben hin angesprochen, sich darauf nichts einbildet bzw. dies gar für selbstverständlich hält. Im besten Fall würde sie antworten: „Ich kann gar nicht anders, als so zu leben und zu handeln, eben weil die Freude, der Dank, das Staunen über Gott mich dazu drängen."

Wir wollen freilich realistisch sein: Auch hier sind „Hochstimmungen" nicht auf Dauer und gleichmäßig durchzutragen. Vor allen Dingen geht es auch nicht vordergründig um Gemütsstimmungen. Darum ist folgendes wichtig: Jede der hier vertretenen spirituellen Bewegungen hat eine charakteristische Ausprägung, ein spezifisches geistliches „Profil“, von dem her der einzelne, der sich diesem prägenden Geist öffnet, auch getragen wird. Eben deshalb sucht ihr die Gemeinschaft, die häufige Begegnung in der Gruppe, das gemeinsame Gebet und Handeln, um euch gegenseitig auf eurem Nachfolgeweg zu stützen und um das zu leben, was ihr aus der Fülle der von Gott geschenkten Gaben und Gnaden als besonders wichtig erkannt habt. Jede der Gemeinschaften tritt gleichsam durch eine andere Tür in das Haus ein. Freilich, es ist für alle das gleiche Haus.

Ich versuche einmal, solche Akzentuierungen der einzelnen geistlichen Bewegungen kurz zu beschreiben.

Für das *Fokular* ist das ohne Zweifel der Gedanke der vom Herrn geschenkten Einheit, der sich an der bekannten Verheißung aus dem Matthäusevangelium orientiert: „Wo zwei oder drei in meinem Namen versammelt sind, da bin ich mitten unter ihnen“ (Mt 18,20). Dazu kommt die geistliche Erfahrung, daß diese Einheit in Korrespondenz steht zu der Solidarität, in der der einzelne (als einzelner) in die Gott- und Menschenverlassenheit des gekreuzigten Herrn einzutauchen bereit ist. Denn dort, in der Leidensgemeinschaft mit dem Herrn, liegt die Wurzel für die österlichen Erfahrungen, die wir mit dem Auferstandenen machen können. Das Geschick Jesu, der in den dunklen Abgrund der scheinbaren Gottverlassenheit, der äußersten Selbstaufgabe, gesprungen ist und dort von Gottes unbegreiflicher Lebensmacht auch im Tod umfangen wurde, wird zum Geschick seiner Jünger. Die Erfahrung österlichen, sieghaften, durch keine Macht der Welt aufzuhaltenden Einheit der Jünger Jesu mit Gott und untereinander ist die Ur-Entdeckung der Fokular-Bewegung. Was diese Erfahrung angesichts der heutigen geistigen Situation der Welt bedeutet, wird erst die Zukunft zeigen. Aber wenn wir auf die steigende Unfähigkeit der Menschen zu Hingabe und Bindung schauen, auf die Zerrissenheit der Generationen, auf die Spaltung zwischen Nord und Süd, Reichen und Armen, zwischen Konfessionen und Religionen, dann ist erkennbar, daß die spezifische Spiritualität des Fokolare doch wohl Antwort Gottes auf die Ratlosigkeit der Menschheit ist, mit sich selbst und den selbstfabrizierten Problemen fertig zu werden.

Im *neukatechumenalen Weg* sehe ich als Spezifikum ein neues Befreiungserlebnis, das Anklänge hat an das urchristliche Erleben der Taufe als radikale Abkehr von alten Lebenszwängen und als

Neugestaltung des Lebens in freier Selbsthingabe an Gott. Im Grunde wird darin nur ein Schatz wiederentdeckt, den die Kirche immer schon besessen hat, der aber im Ablauf der Glaubensgeschichte immer neu zu entdecken ist. (Das gibt es ja auch im persönlichen Lebenslauf: daß Personen oder Dinge, etwa Bücher, die – obwohl längst bekannt oder schon lange im persönlichen Besitz – auf einmal neu entdeckt werden.) Hier antwortet meines Erachtens Gottes Geist auf eine Situation, für die wir Seelsorger langsam aufmerksamer werden. Wir gehen bisher davon aus, daß unsere getauften Gemeindeglieder auch alle gläubige Christen sind und höchstens noch einer gewissen katechetischen Politur bedürfen. In Wirklichkeit aber ist der Anfang, das Fundament des Christseins oft nicht richtig ergriffen. Der neukatechumenale Weg macht uns aufmerksam, daß ein Christenleben auf dem richtigen Fundament stehen muß, auf der in der Taufe vollzogenen Umkehr, die die Erfahrung einer ungeahnten Freiheit schenkt, von der Unbekehrte existentiell nichts wissen können.

In der *Schönstattfamilie* mit ihren vielen Zweigen und Gliederungen sehe ich als Charisma des Gründers die Entdeckung des Bündnisgedankens, der ja genuin biblisch ist. „Dieser Kelch ist der Neue Bund in meinem Blute ..." sagt der Herr (Lk 22,20), und hinter diesem Wort klingt eine vieltausendjährige Glaubensgeschichte, von Abraham herkommend an. Wer im Bund steht, weiß sich als dialogischer Mensch. Er weiß, daß der Partner mit mir einen zielgerichteten Weg gehen will. (Von daher kommt dem Vorsehungsglauben in der Schönstatt-Spiritualität ein neuer Glanz zu.) Er weiß auch, daß Bündnisfähigkeit einer zielgerichteten Erziehung, einer „Heilspädagogik" bedarf, die Gott uns angedeihen läßt und der wir uns öffnen müssen. Die marianische Frömmigkeit ist eine solche, auch neutestamentlich durchaus richtig orientierte, Offenheit für Maria als exemplarischem „Bündnischristen", also als Glaubenszeugin par excellence, die sich auf Gottes Bund radikal und ganz eingelassen hat. Wir wissen ja, wie sehr die neuzeitliche Subjektivität, so unverlierbar sie zur europäischen Geistesgeschichte hinzugehört, sich dort in Ausweglosigkeiten verliert, wo sie nicht mehr zu Interaktion und Hingabe fähig wird. Auch die Schönstatt-Spiritualität antwortet auf spezifische Nöte unserer Welt und hebt aus dem Schatz des Glaubenswissens unserer Kirche einzelne Kostbarkeiten hervor, die durch die Glieder der Schönstattfamilie neu zum Leuchten kommen.

Die *Katholische Charismatische Gemeindeerneuerung* entdeckt den Geist als Lebensprinzip der Kirche und des einzelnen erlösten Menschen. Auch das heißt nicht, daß andere das nicht auch entdekken können und entdeckt haben. Jeder Christ ist entweder ein Charismatiker – oder er ist kein Christ (vgl. Röm 8,9: „Wer den Geist Christi nicht hat, der gehört nicht zu ihm"). Aber was das Profil dieser Bewegung ausmacht, ist meines Erachtens die Reaktion auf diese Entdeckung, die sich im Staunen, in der Freude, im Lobpreis äußert. Von daher kommt besonders hier der freudige, ekstatische Grundzug zum Tragen, von dem ich eingangs sprach. Es ist ferner hier ein – zugegeben nicht ungefährlicher, aber dennoch auch wirklich christlicher, ja christlich-katholischer – Zug zur Ganzheitlichkeit des Glaubensvollzuges zu beobachten, die auch die Leiblichkeit des Menschen mit umfaßt, den somatisch-körperlichen Bereich, und der so die unselige Spaltung des christlichen Bewußtseins in Kopf und Herz, in Intellekt und Gefühl ein Stück weit überwindet. So kommt auch eine neue Spontaneität in die Kirche hinein, eine Erfahrung der Unverrechenbarkeit und Unplanbarkeit des Geistes Gottes – angesichts der Verschulungs- und Planungstendenzen unseres Seelsorgebetriebes ein von Gott her wohl auch etwas humorvoll gedachter Fingerzeig, daß wir auch im 20. Jahrhundert mit göttlichen Überraschungen rechnen dürfen.

Schließlich nenne ich noch die *Fraternitäten,* die sich *im Geist von Charles de Foucauld* gebildet haben: Priestergemeinschaften, Frauengemeinschaften Jesus Caritas, die Kleinen Schwestern Jesu. Ein Erkennungszeichen, das auf das Proprium dieser Gemeinschaften verweisen könnte, ist die neue Offenheit für die schweigende Anbetung, die sich zwecklos und absichtslos Gott aussetzt, sich so der unbegreiflichen Liebe Gottes vergewissert und sich dann in der Zuwendung zu den Armen und Geringen, den Kleinen und Unbedeutenden in die Spiritualität des verborgenen Jesus in Nazaret hineinbegibt. Auch hier wäre es nicht schwer zu zeigen, wie solche Haltungen auf Mängel und Ausfälle sowohl im Leben der Kirche als auch im Leben der Menschheit hinweisen, die durch einen heiligmäßigen Menschen intuitiv entdeckt und beantwortet wurden. Wir klagen heute häufig über die „Gottesverfinsterung", die dem säkularisiert lebenden Zeitgenossen Gott überhaupt nicht mehr in den Blick treten läßt. Wir sorgen uns darum, daß die Kirche degeneriert zu einer Sozialeinrichtung, die am Effizienzquotienten „Dienstleistung" gemessen wird, zu einer Anstalt für

„sanfte Humanisierung" oder noch schlimmer: die als umzäunte Spielwiese für Nonkonformisten und Nichtintegrierbare von einer Gesellschaft toleriert bzw. vielleicht sogar bewußt eingesetzt wird, die mit ihren eigenen Problemen nicht fertig wird. Nicht, daß wir gelegentlich auch einmal gesellschaftliche Sanitäter sein können! Aber die Christen sind nicht zuerst „Feuerwehrleute", sondern „Brandstifter"! Ohne Bild: die Kirche will das Feuer der Liebe zu Gott anzünden, sie will den Blick für die Tiefendimension unserer Existenz öffnen und allen Selbstbetrug entlarven, mit dem einzelne und menschliche Gemeinschaften sich über die Brüchigkeit ihrer Lebensanschauungen und ihrer Lebenspraxis hinwegtäuschen. Wehe uns, wenn die Kirche zum Öl im Getriebe einer sich rein innerweltlich verstehenden, gut funktionierenden Gesellschaft wird. Der im Ahaggar-Gebirge in Einsamkeit ausharrende Charles de Foucauld; die vier jungen Frauen, die in einer Berliner Wohnung eine Stunde am Tag vor dem Allerheiligsten anbetend auf dem Boden knien und Berufen nachgehen, die wenig gesellschaftliche Anerkennung finden – das sind wichtige Zeichen des Widerspruchs und der Verfremdung in einer Gesellschaft, die sich selbst anbetet.

III.

Die genannten Hinweise deuten schon an, welche Erwartungen ich an die einzelnen geistlichen Bewegungen habe und wie diese als (überwiegend) laikale Bewegungen zur Erneuerung der Kirche und zur Durchdringung der Welt mit dem Geist Christi beitragen können.

Auch hier sei zunächst an eine mehr grundsätzliche Einsicht erinnert. Es ist eine allgemein menschliche Erfahrung: Bestimmte Wirkungen stellen sich nur ein, wenn man sie nicht ausdrücklich anstrebt. Oder anders gesagt: Man kommt manchmal auf Umwegen schneller ans Ziel. Im nachhinein erweisen sich die scheinbaren Umwege als der kürzeste Weg. Wer nicht einschlafen kann, wird nicht dadurch zum Schlaf kommen, daß er dauernd an seine Schlaflosigkeit denkt oder sie zu bekämpfen sucht, oder wer in eine schweigende Runde hineinruft: „Jetzt wollen wir uns aber einmal fröhlich unterhalten!" wird wohl noch betroffeneres Schweigen als Frucht seiner gutgemeinten Bemühung ernten. Nein, bestimmte

Früchte wachsen nicht auf Kommando. Sie wachsen von allein, wie nebenbei, ohne daß man es merkt.

So ist es auch im Reich der Gnadenordnung Gottes. Sicher, auch dort muß es planvolles Überlegen und zielgerichtetes Bemühen geben. Paulus hat nicht aufs Geratewohl missioniert, sondern strategisch gedacht. Und Elisabeth von Thüringen hat nicht nur fallweise Barmherzigkeit geübt, sondern ein ordentliches Krankenhaus eingerichtet. Aber was Paulus und Elisabeth kennzeichnet, ist eben, daß sie nicht nur Organisatoren oder Sozialmanager waren, sondern Mystiker und Heilige. Sie waren ganz beim Herrn, darum konnten sie ganz bei den Menschen sein – mit Herz und Verstand.

Eben das ist meine Bitte und Erwartung an Sie alle: Seid ganz – und immer mehr – beim Herrn! Dann werden sich von allein Früchte des Geistes einstellen, die der Herr wachsen und reifen läßt und deren Aussehen und Geschmack wir heute noch nicht erkennen können.

Schlimm wäre es, wenn sich in eurer Mitte ein, wenn auch noch so frommes und apostolisch-missionarisch ausgerichtetes Zweckdenken ausbreiten würde, das sagt: Wir wollen der Kirche und allen anderen mit Gewalt unsere Nützlichkeit beweisen. Jedes Jahr 10 bis 50 Bekehrungen, wieder eine Lücke ausgefüllt, die durch fehlende Ordensschwestern entstanden ist, wieder den Bestand an Mitgliedern um 10% angehoben usw. Sosehr wir uns nicht ganz von solchen menschlichen Überlegungen und Eitelkeiten frei machen können (auch der Erfurter Bischof vergleicht manchmal heimlich die Liste seiner Priesteramtskandidaten mit denen anderer Jurisdiktionsbezirke!), so unnütz und auf Dauer schädlich sind sie. David wurde dafür bestraft, daß er eine Volkszählung und eine Erfassung seiner Wirtschafts- und Militärresourcen in Israel durchführen ließ. Worauf es also ankommt, ist dies: sich tiefer in das zu versenken, was Gottes Geist euch jeweils aus der Fülle seines Reichtums eröffnet hat; echte, überzeugende geistliche Kompetenz zu gewinnen; immer intensiver das zu leben, worin ihr gezündet worden seid, und zwar zu leben in durchhaltender Treue, die vor Gott wohlgefälliger ist als der begeisterte Aufbruch am Anfang. Wichtiger ist das, was ihr selbst lebt, als was ihr bei anderen bewirken könnt. Wichtiger ist, daß wir selbst Salz werden und bleiben, als daß wir uns um die Verteilung von Salz bemühen. Wo echtes Salz ist, bleibt die Wirkung nicht aus. Jesus hat in vielen Bildern und Gleichnissen auf diese verborgene Kraft Gottes hingewiesen, die gerade dort zum Zuge kommt, wo man nicht mit ihr rechnet. Diese Zuversicht möchte ich Ihnen, gerade als den Verantwortlichen Ihrer Bewegungen, gern vermitteln.

Was weiter im einzelnen an Erwartungen von mir an Sie als engagierte und sich für die Kirche mitverantwortlich wissende Laienchristen besteht, kann ich abschließend nur in Stichworten andeuten – und ich stelle das unter den eben genannten Vorbehalt, aus diesen Punkten jetzt kein „Kampfprogramm" zu machen.

1. Ihre Laienspiritualität könnte helfen, in den einzelnen Christen das Wissen zu stärken: Wir *alle* sind Kirche, nicht nur die Priester und Bischöfe, nicht nur die Hauptamtlichen in der Kirche. Der Zustand der Pfarrgemeinde, der christliche Geist des Eichsfeldes und der Rhön, die Atmosphäre in unseren Dekanaten und Jurisdiktionsbezirken hängt auch von mir, von uns ab. Was in der Kirche geschieht oder was in ihr nicht geschieht, welches Bild wir für die Außenstehenden abgeben – das ist auch meine, unsere Sache usw.

2. Das Leben Ihrer Gruppen und Bewegungen könnte den Geist der religiösen Ernsthaftigkeit und Entschiedenheit in unseren Gemeinden beleben. Tödlich für den geistlichen „Grundwasserspiegel" unserer katholischen Kirche ist ja weniger das konkrete Versagen in Schuld und Sünde, als vielmehr diese blasierte Haltung, die alles, besonders das geistliche Bemühen anderer, ironisiert, die eigene Haltung im Unverbindlichen läßt und den Anspruch, katholisch sein zu wollen, mit der eigenen Unbußfertigkeit in ein Dauerarrangement bringt. Hier gilt das Wort der Offenbarung des Johannes: „Du bist weder kalt noch heiß. Wärest du doch kalt oder heiß! Weil du aber lau bist ..., werde ich dich aus meinem Mund ausspeien" (Offb 3,15f). Die Unverbindlichkeit, eine für uns wohl typische Krankheit, ist ein gefährliches Virus. Es bedroht das ganze christliche „Immunsystem", weil es das Mark unseres Glaubens angreift.

3. Eine wichtige Aufgabe Ihrer Laienspiritualität sehe ich in der Chance, die Einfachheit und Unkompliziertheit des christlichen Grundaktes für Außenstehende deutlich zu machen. Wir sprachen im ersten Teil unserer Überlegungen davon. Einfachheit meint nicht „Unbedarftheit". Wir müssen um die Vielschichtigkeit der heutigen Welt, menschlicher Situationen und auch um die Unauslotbarkeit der Glaubensgeheimnisse wissen. Einfachheit meint hier aber das Vertrauen, in einigen wenigen, aber zentralen Grund-

akten das Ganze christlicher Existenz erfassen zu können, sich nicht zu verlieren in religiösen Absonderlichkeiten und Spezialgebieten, die für Außenstehende wie ein Buch mit sieben Siegeln erscheinen müssen; eine Sprache zu finden, die verständlich ist, die die Mitte der Glaubensgeheimnisse ausspricht und die dennoch zu Herzen geht. Ich bin überzeugt, wo einer etwa zum Geheimnis der Einheit im Herrn vorstößt, zum Begreifen der Taufe als Befreiung vom Bösen, wo er den Vorsehungsglauben neu lebt, wo er zur Einsicht kommt, daß Gottes Geist in allen Fügungen des Lebens zu mir spricht, wo er Maria entdeckt als unsere Mutter und Schwester im Glauben – da eröffnen sich von allein Zugänge zu den anderen Glaubensartikeln, letztlich zur Fülle des Katholischen.

4. Ein weiteres Stichwort: kirchliche Spiritualität. In den geistlichen Bewegungen ist eine neue Offenheit für das Geheimnis der Kirche aufgebrochen. „Kirche" ist mehr als ein Interessenverband religiös oder spirituell Gleichgesinnter. Gerade in Eure Reihen können sich Menschen hineindrängen, die ihre subjektiv erfahrene Religiosität zum letzten Maßstab für sich bzw. die christliche Glaubensgestalt machen. Hier ist große Wachsamkeit geboten. Eure Bewegungen müssen katholisch weit bleiben. Das werden sie, wenn ihr begreift, daß die Kirche ein lebendiger Organismus ist, in den wir hineingeboren werden und dem wir als lebendige Glieder angehören. „Glieder" stehen im Austausch, in lebendiger Verbindung mit dem Ganzen. Wenn sie sich separieren, sterben sie ab. Ohne Bild: Kirchliche Bewegungen müssen im Strom der apostolischen Tradition stehen, die uns das Evangelium als viva vox, als verkündetes, zugesagtes Wort vorstellt, als eine wahrhaft „vorgegebene" Größe, an der *wir* Maß zu nehmen haben, nicht umgekehrt das Evangelium an uns! Es gibt ja in unseren Herzen diese unausrottbare Tendenz, das Evangelium unseren Bedürfnissen anzupassen, nach dem Motto „Das darf doch Jesus Christus nicht gesagt haben" oder „Das kann doch die Kirche nicht von mir wollen ..." usw. (Nebenbei gesagt: Gerade im Gespräch mit evangelischen Christen wäre es wichtig, darauf hinzuweisen, daß nicht nur die *geschriebene* Heilige Schrift Wort Gottes ist, sondern das *verkündete* Wort Gottes, das uns die Kirche übergibt. Das Wort Gottes kommt in einem Dialog-Vorgang auf mich zu, nicht bloß im Selbststudium im einsamen Kämmerlein oder im alleinigen Nachdenken über den geschriebenen Text.) Zum anderen müssen kirchliche Bewegungen im Austausch mit der Gesamtkirche stehen, in gleich-

sam horizontaler Communio. Das zu ermöglichen, anzuregen und zu begleiten ist eine der wichtigen Aufgaben des bischöflichen und priesterlichen Amtes. Was dem Austausch im Glauben und in der Liebe dient, sollte in jedem Fall gefördert werden. Natürlich gilt auch hier die Wachsamkeit und die Gabe der Unterscheidung der Geister, aber im Normalfall schadet eine Ghetto-Mentalität mehr als Offenheit und Interesse für das, was der Geist Gottes in anderen Ortskirchen bewirkt.

5. Schließlich möchte ich noch einige Gesichtspunkte nennen, die euren Beitrag für eine spirituelle Durchdringung der Welt, gleichsam eure „Sauerteig"-Funktion für diese DDR-Gesellschaft andeuten wollen.

Auch hier sei nochmals gesagt: Leben in Kirche und Welt sind nicht absolut zu trennen. Was in unseren Familien geschieht, hat Bedeutung für die Ausstrahlungskraft der Kirche in diesem Land, und wie wir Liturgie feiern, steht in einer inneren Beziehung zu unserer Haltung und Gesinnung im Berufsleben. Es gibt nichts rein Kirchliches und Weltlich-Profanes! Gebet ist „Welt-Dienst" und im Pflegeheim eine Nachtwache übernehmen kann Gottesdienst sein, würdiger als eine feierliche Vesper im Erfurter Dom.

Aber nochmals: „Welt-Dienst" der katholischen Christen in der DDR. Was könnten Stichworte sein? Ich möchte jetzt nicht die inhaltlichen, materiellen Bereiche durchmustern, in denen Weltheiligung durch uns Christen passiert. Da kommt im Grunde alles in Frage, was unsere Alltagswelt bestimmt: Ehe und Familie, Berufsarbeit und Freizeitgestaltung, Schule und Weiterbildung, gesellschaftlicher Einsatz und Engagement in der Pfarrgemeinde, Verhalten im Freundeskreis und in der Verwandtschaft usw. Ich möchte vielmehr auf einige formale Gesichtspunkte aufmerksam machen, die meines Erachtens in der Mitte unseres Glaubensvollzuges ihre Wurzeln und – auf die verschiedenen Lebensbereiche übertragen – wahrhaft weltverändernde Konsequenzen haben.

a) Der Christ und christliche Gruppen sollten dadurch auffallen, daß sie „Stil" haben. Ich meine nicht: Wir sollten Ästheten werden. Was ich meine, ist dies: Unser Glaube an Gott als den Schöpfer dieser Welt kann und soll uns Kultur geben, eine Weltfrömmigkeit, die sich im „kulturvollen" Umgang mit der Schöpfung und untereinander auswirkt. Wir sollten einmal intensiver als Laien darüber nachdenken, was das ist: Kultur der ehelichen Liebe und des ehelichen Lebens, Kultur des Sonntags, Umgangsformen in kirchlichen Gruppen und Häusern, aber eben nicht nur dort! Wie sprechen wir miteinander? Wie feiern wir miteinander? Ja bis zu solchen Kleinigkeiten: Wie ziehen wir uns an? Wir leben in einer Umwelt, die häufig eine nivellierende, kulturzerstörende Wirkung auf das Leben und die Beziehungen der Menschen zueinander zeitigt, in einer ökonomisch orientierten „Kosten-Nutzen-Welt", in der an den Kühen das Euter das Wichtigste ist und an den Kindern, daß sie einmal Ingenieure oder Spitzensportler werden können. Wir leben in einer Welt der Billig- und der Massenwaren, der Plast-Kultur, in der das Praktische meist vor dem Schönen rangiert. Blumen und Höflichkeit stören nur. Motto ist: „Kommen wir zur Sache", aber man vergißt, daß diese nur in der richtigen Form zu haben ist. Ich plädiere also dafür, einmal neu über den Kulturauftrag des Christentums nachzudenken. Auch als Minderheitenkirche haben wir hier einen echten Auftrag.

b) Ein zweiter Punkt zum Stichwort „Weltauftrag des Christen": Ich nenne als Hintergrund die merkwürdige Unfähigkeit des heutigen Menschen zu Bindung und Einordnung in Gemeinschaft bei gleichzeitiger Sehnsucht nach solcher Bindung. Fähig zu Gemeinschaft und Bindung ist nur der, der auch allein sein kann. Das mag merkwürdig klingen. Aber ich bin davon überzeugt: Die vielen Kommunikations- und Partnerschaftskonflikte in Ehen, bei Priestern, in Ordenskonventen und kirchlichen Häusern rühren daher, daß wir nicht mehr wirklich allein, bei uns selbst, sein können. Ein Christ könnte das in die Welt und die Gesellschaft einbringen: das Aushalten der Spannung der Einsamkeit mit sich selbst (die für uns ja Zweisamkeit mit Gott und vor Gott ist!) – und der Offenheit für Gemeinschaft, Bindung und Einordnung, die nur dort gelingen kann, wo wirkliche Persönlichkeiten, nicht Marionetten, nicht angepaßte und außengeleitete Menschen, sondern wo wirklich in sich stehende Männer und Frauen Bindung und Gemeinschaft suchen.

Es gehört zu den Charakteristica eurer Spiritualität, daß ihr den kommunialen, gemeinschaftsbezogenen Aspekt des Glaubensvollzuges entdeckt habt und ihn lebt. Christ-Sein geht nur in Gemeinschaft, aber diese ist eben keine Masse, kein Publikum, keine Konsumentengemeinschaft, auch keine Kompanie in Uniform und Gleichschritt, sondern ein spannungsvolles und interessantes Miteinander von Persönlichkeiten, deren Individualität in der Christusnachfolge nicht aufgesogen, sondern erst recht entfaltet wird.

In der Communio sanctorum wird es mit Sicherheit niemals langweilig werden.

Also: nicht einfach Gemeinschaft um jeden Preis, sondern Mut zum Aushalten der Spannung von Einsamkeit (vor Gott) und Gemeinschaft im Heiligen Geist. Solche Grundhaltungen sind heute wichtig: die Fähigkeit zum Ertragen von Spannung, das Wartenkönnen, die Fähigkeit und die Bereitschaft zu differenzieren, Nuancen zu sehen, sich etwas schenken zu lassen, etwas reifen zu lassen. Die schreckliche Reduzierung unserer Menschlichkeit und der Fülle ihrer Ausdrucksmöglichkeiten, etwa in Liebe und Freundschaft, auf das Kalkül des Nutzens und des Erfolgs, die kurzschlüssige Suche nach sofortiger Befriedigung, das ist es, was unsere Welt arm macht, ja sie zerstört. Die atomare Bedrohung der Welt ist die Außenseite einer inneren tödlichen Bedrohung der Menschheit, die aus der Vereisung unserer Gefühle, der Verarmung unserer Menschlichkeit, der „Funktionalisierung" unseres gesamten Lebensgefüges entsteht.

c) Und ein Letztes in diesem Zusammenhang: Für den Welteinsatz des katholischen Laien wäre heute von besonderer Wichtigkeit die Kraft, Unvollkommenes auszuhalten, der Versuchung zur Perfektion, dem Hang zur Vorwegnahme der himmlischen Vollendung hier auf der Erde zu widerstehen. In der Kürze des Vortrags kann ich nur andeuten, daß ich um die Gefährlichkeit dieser Forderung weiß; denn schnell wird aus dem, was ich hier meine, die faule Entschuldigung, die Hände in den Schoß zu legen und die Dinge treiben zu lassen. Aber was ich meine, ist dies: Christlicher Glaube weiß grundsätzlich um die Unvollkommenheit dieser Welt. Er weiß um die bleibende Gefährdetheit menschlicher Werte wie Liebe, Treue, Wahrhaftigkeit, aber auch solcher wie Gesundheit, Erfolg und gesellschaftliche Anerkennung. Geht nicht vieles an Leid, an Enttäuschung, an zerbrochenem Eheglück und sonstwie gescheiterten Existenzen auf Kosten überzogener, übersteigerter Erwartungen? Für viele Bereiche gilt das: Je mehr utopische Hoffnungen geweckt werden, desto schmerzvoller ist die Ernüchterung angesichts der Wirklichkeit. Ich glaube, es gäbe nicht so viele Ausreiseanträge, wenn nicht pausenlos den Menschen eingehämmert worden wäre, daß die materielle Befriedigung aller Bedürfnisse das wichtigste Lebensziel und der Maßstab für die beste Gesellschaftsform sei. Manche Ehescheidung wäre nicht notwendig gewesen, wenn nicht utopische Erwartungen an den Partner und das Leben zu zweit gestellt worden wären. Manche Frustrationen in Beruf und Alltag wären unnötig, wenn nicht überzogene Erwartungen, meist an die Umwelt, an die anderen, an die Gesellschaft gestellt würden. Und ich füge hinzu: Auch manche geistliche Existenz als Priester oder Ordensmann oder Ordensfrau müßte nicht gescheitert sein, wenn man nicht an die Kirche, an die Gemeinde oder an den Ordenskonvent den Maßstab eines überanstrengten Moralismus gelegt hätte.

Dies zu beachten wird auch für die geistliche und geistige Führung und Erziehung der Gläubigen wichtig sein, die sich Ihren Bewegungen anvertrauen. Überanstrengte Forderungen und Hoffnungen fördern die Flucht aus dem Moralischen in das Utopische, sie müssen notwendig scheitern. Was bleibt, ist Verbitterung, Verhärtung, ist Abwendung von Gott und der Kirche.

Echter Glaube in der Nachfolge Jesu ist realistisch. Er weiß, daß uns hier auf Erden, auch nicht in der Kirche, das Paradies verheißen ist. Er weiß, daß die Mitmenschen nicht besser sein müssen (!) als wir selbst, und er wird damit rechnen, daß auch uns der Widersacher Gottes nicht das Kreuz und die Passion ersparen wird. Christlicher Mut zeichnet sich dadurch aus, auch Unvollkommenes anzustreben oder auszuhalten. Unmoralisch ist oft jener scheinbare Moralismus, der sich nur mit dem Vollkommenen zufriedengeben will.

Was dieses nüchterne Wissen des Christen, das nichts mit Resignation, noch weniger mit zynischem Nihilismus zu tun hat, für einen tapferen, durchhaltenden (!) Welteinsatz zu bedeuten hat, daß müßte an anderer Stelle ausführlicher erörtert werden. Aber davon bin ich fest überzeugt:

– ein neuer Mut zur Kultur der irdischen Wirklichkeiten,
– eine vertiefte Bereitschaft, die Spannung zwischen wahrem Selbststand und wirklicher Hingabe und Bindungsbereitschaft auszuhalten,
– und ein nüchterner Mut, sich auch dort einzusetzen, wo nicht ein glänzender Erfolg und 100%iges Gelingen auf uns warten,

aus diesem Holz müssen die Christen geschnitzt sein, die die Welt für Christus heiligen wollen.

Schauen wir zurück: Nachfolge Christi hier und heute, Leben im Geist Christi in Kirche und Welt, verlangt nicht Kompliziertes oder übertrieben Schwieriges. Sie verlangt zunächst einmal das, was zu allen Zeiten gilt und weiter gelten wird: sich selbst Gott zu übereignen, ganz und ohne Rückversicherung (I).

Die geistlichen Gemeinschaften bringen neu etwas sehr Kostbares in die Kirche ein: eine neu aufbrechende Freude an Gott. Sie schauen zwar aus verschiedenen Perspektiven auf das vom Herrn geschenkte und eröffnete Glaubensgeheimnis; aber sie schauen eben doch auf das gleiche Geheimnis, auf Jesus Christus, der uns vom Vater her geschenkt wird und der im Heiligen Geist berührt werden kann (II).

Wahrer Weltdienst, der immer auch Dienst in und somit an der Kirche ist, besteht letztlich darin, ganz und ungeteilt beim Herrn zu sein(III). Eben das aber wird Früchte bringen, die Gottes Geist, der der Geist Jesu ist, dann wachsen läßt, etwa folgende:

- ein neues Wissen darum: Wir alle sind Kirche,
- eine neue Entschiedenheit und Ernsthaftigkeit in der Nachfolge Jesu,
- eine erfrischende Ganzheitlichkeit und Einfachheit des Christlichen,
- eine katholische Weite, die sich im Leib der Kirche eingegliedert weiß, ohne sich uniformiert zu fühlen,
- und schließlich Grundhaltungen für einen gelassenen Weltdienst, die in einer Welt des „Machens“, des „Funktionierens“ und „Konsumierens“ wahrhafte Alternativen darstellen, die der Aufmerksamkeit gewiß sein dürfen.

* Vortrag beim Treffen der Leiter geistlicher Bewegungen in Raum der DDR am 19./20. September 1987 in Erfurt

Gott finden im Alltag

Christlich leben in Gesellschaft und Familie, Beruf und Freizeit

Liebe Mitglieder der Pfarrgemeinde- und Dekanatsräte,
liebe Schwestern und Brüder!
Wieder einmal wende ich mich an Sie in der Form eines „Tonbandbriefes“, der zu einem Gespräch anregen soll. Mir geht es um ein Thema, das ich auf einem Pastoraltag mit Priestern und Laienchristen aus unseren Dekanaten am 13. und 14. Oktober 1989 in Erfurt behandeln möchte. Dieses Thema lautet:

Gott finden im Alltag

Christlich leben in Gesellschaft und Familie, Beruf und Freizeit.

Was ist mit diesem Thema gemeint?

Ich beginne einmal etwas provozierend mit folgender Aussage: Ich habe den Eindruck, daß wir alle miteinander (den Bischof eingeschlossen) nur „stundenweise“ gläubig sind. Es gibt Partien in unserem Leben, die sind und bleiben „ungläubig“ – so ähnlich wie ein Stein, der u. U. jahrelang im Wasser liegt, nur außen naß wird, aber innen hart und trocken bleibt. Ich will einfach einmal meine persönliche Erfahrung nennen. Ich feiere häufig die heilige Messe, ich bete das Brevier, ich bin zu Besuch in einer Gemeinde, oder ich nehme an einer Wallfahrt teil. Da spüre ich: Das sind Stunden, wo mir mein Glaube lebendig erscheint, wo mir Gott nahekommt und mein Lebenshaus irgendwie erfüllt ist von der Sonne Gottes. Aber dann gibt es andere Stunden: Konferenzen, Personalgespräche, Aktenstudium, Autofahrten, Wartezeiten u. a. banale Dinge, wo ich meine, das hat mit meinem Glauben nichts zu tun bzw. da ist Gott fern und abwesend. Natürlich weiß ich mit dem Kopf, daß dies falsch ist, aber mit dem Herzen geht es mir da vermutlich wie euch: In der Kirche, beim Gottesdienst oder beim ausdrücklichen, feierlichen Gebet sind wir in guter Weise fromm und beim Herrn, aber kaum haben wir die Kirchentüren wieder in den Alltag hinein durchschritten, fühlen wir uns fern von Gott, ohne jede innere Verbindung zum „Himmel“, ebenso wie unsere nichtchristlichen Nachbarn und Kollegen auch. Zugegeben, wir leiden darunter, wir wollen das vielleicht sogar ändern – aber irgendwie bleibt das ein Problem: Wir erfahren uns als Christen, die nur „stundenweise" gläubig sind. Wir bekommen unseren Alltag nicht oder nur schwer mit unserem Glauben zusammen. Es gibt Räume in unserem Leben, die bleiben gleichsam vom Taufwasser unberührt – und damit meine ich nicht nur die Bereiche, wo unsere Sünden Gottes Gegenwart verdunkeln. Ich meine vielmehr die Erfahrung, daß bei Büroarbeit und Kindergeschrei, beim Kollegenschwatz und beim Einkaufen, bei Skatspiel und Gartenfesten, beim Abendstudium und bei Leitungsbesprechungen im Betrieb Gott so merkwürdig abwesend ist. Das alles ist so weit weg von dem, was uns in den sog. „frommen Stunden" wichtig und heilig ist, nämlich daß Gott mich liebt, daß Jesus Christus mich erlöst hat und der Heilige Geist mich neu machen will.

Genau um diesen Zwiespalt in unserem Leben geht es mir bei dem Thema „Gott finden im Alltag." Meine erste Frage lautet einfach: Empfinden Sie das ebenso? Ist Ihnen das überhaupt ein Problem? Leiden Sie manchmal darunter, daß Gott im Alltag so wenig erfahrbar, spürbar ist?

Ich gehe dabei davon aus, daß Sie mit mir im Grunde einer Meinung sind: Man kann nicht stundenweise glauben. Entweder ist man *immer und überall* Glaubender – oder überhaupt nicht!

Sie werden nun sagen: „Das soll man alles nicht so dramatisch sehen! Diesen Zwiespalt zwischen Alltag und Glauben gab es auch früher und der wird auch in Zukunft bestehenbleiben." Das ist sicher richtig. Aber frühere Zeiten kannten bewährte Formen und Ausdrucksmöglichkeiten für eine christliche Lebensprägung, die auch außerhalb der Kirchenmauern ihren selbstverständlichen Platz hatten und z. T. (etwa im Eichsfeld) auch heute noch haben. Das Kreuz am Straßenrand etwa und der Bildstock auf der Feldflur erinnerten an die Nähe Gottes; die Kirchenglocken riefen zu Gottesdiensten und Gebetspflichten am Morgen, Mittag und Abend. Die Mitfeier der Sonntage und die Feste des Kirchenjahres durchformten auch den Alltag und warfen über das ganze Leben, von den Kinderschuhen an bis ins Alter, im Kreis der Familie und der bürgerlichen Gemeinde, ein Netz religiöser Bräuche und Zeichen, die auf vielfältige Weise leibhaft und sinnenfällig an Gottes Gegenwart und an das ewige Ziel unseres Lebens erinnerten.

Aber wie sieht die Wirklichkeit jetzt für die meisten von uns aus? Im Neubaugebiet hört man keine Glocke. Das Tischgebet ist in

Vergessenheit geraten, weil wir die meisten Mahlzeiten mit ungläubigen Menschen zusammen einnehmen. Ein Kreuz am Straßenrand sehen wir höchst selten einmal. Welche Mutter macht noch ein Kreuzzeichen über das Brot, ehe sie es anschneidet? Welche junge Familie hat einen festen Ritus für die Wohnungssegnung an Epiphanie oder für ein Familiengebet das Jahr hindurch? Wer erlebt noch einen Versehgang des Priesters bei Angehörigen in der eigenen Wohnung? Die Alten leben und sterben ja nur noch selten in unserer Mitte! Über welcher Tür eines DDR-Rathauses steht (außer heute noch in Dingelstädt) ein Spruch wie der folgende: „Wer mit Gott geht ein und aus, dem steht offen dieses Haus!"? Wo erinnert das Lernen in der Schule, wo das Spielen in der Freizeit unsere Kinder an Gottes Gegenwart?

Doch haben sich nicht nur die traditionellen äußeren Zeichen eines Hinweises auf Gottes Wirklichkeit aus unserem Lebensalltag entfernt. Die gesamte geistige „Luft", die wir einatmen, ist – bildlich gesprochen – religiös „keimfrei" geworden: die Luft der Arbeitswelt, der Schule, der Ausbildung, der Öffentlichkeit (in der man sich höchstens über eine fragwürdige Fernsehsendung über die Kirche erhitzt) – ja bis in die Art und Weise unserer Gespräche untereinander hinein. Prüfen Sie sich einmal, wann Sie in letzter Zeit einmal einem Menschen ein Wort gesagt haben, das eine Situation oder ein Faktum vom Gottesglauben her erhellt hat. Wenn wir ehrlich sind: Wir schämen uns voreinander, dem Glauben an Gott und seine Verheißungen Ausdruck zu geben. Warum eigentlich? Liegt das an dieser geistigen „Luft" unserer Zeit – oder auch an unserer eigenen Unbeholfenheit?

Versteht mich recht: Ich trauere hier nicht vergangenen Zeiten nach, die ebenfalls ihre Schattenseiten hatten, auch in religiöser Hinsicht. Meine Frage ist nur: Haben wir eigentlich begriffen, daß veränderte Lebensverhältnisse auch Glaubenserfahrungen verändern und Möglichkeiten neuer Gottesbegegnungen erschließen können? Zugegeben: Morgengebet und Fastenpraxis, Beichte und Meßbesuch bleiben für den katholischen Christen in allen Jahrhunderten in gleicher Weise wichtig. Aber es gibt mit Recht heutzutage neue Akzente und Möglichkeiten für die Gestalt und Ausprägung einer privaten und gemeinschaftlichen Frömmigkeit, über die wir uns austauschen sollten. Ist die Gestalt unseres Glaubens von nostalgischen Erinnerungen an frühere Ausdrucksformen des religiösen Lebens geprägt – oder entwickeln wir Phantasie und

Kraft, auch neue Lebens-, Wohn- und Arbeitsverhältnisse vom Glauben her zu durchdringen? Entdeckt unser Glaube, daß Gott uns in unserem gegenwärtigen Alltag ganz neu, in unerwarteter Weise entgegentritt? Wir suchen Gott vielleicht in der verklärten Erinnerung an unser Eichsfelddorf, wie es früher einmal war, und merken nicht, daß er uns in der Nachbarwohnung in Gestalt eines Kindes oder eines verunsicherten oder verbitterten Menschen oder in einer bestimmten Situation am Arbeitsplatz begegnen bzw. herausfordern möchte! Wir warten auf den Klang der Kirchenglocken und merken nicht, daß jede Nachrichtensendung im Fernsehen uns Stoff zum Gebet und zum gläubigen Bedenken miteinander gibt! Wir meinen, daß nur der Pfarrer über Glaubensdinge kompetent reden kann, und merken erst hinterher, daß wir soeben unserem Genossen Kaderleiter ziemlich glaubwürdig deutlich gemacht haben, daß Christ-Sein auch im sozialistischen Betrieb verblüffende Auswirkungen haben kann. Mir erzählten junge Wehrpflichtige, wie sie in der Kasernenstube eine Andacht gehalten haben. Sie sagten mir, sie hätten in der Kirche nicht andächtiger und besser bei der Sache sein können! Veränderte Situationen dürfen für uns nicht Grund zur Klage und zur Resignation sein (nach dem Motto: „Ja, wenn ich nur woanders leben oder arbeiten könnte ... "). Sie sollten uns vielmehr zu der schlichten Überlegung ermuntern, ob unser Christ-Sein im Neubaugebiet einer Großstadt, im sozialistischen Betrieb, im FDGB-Urlaub und in einer Ehe mit Schichtarbeit beider Partner nicht ganz neue, bisher unbekannte Ausdrucksformen des Glaubens und Möglichkeiten der Gottesbegegnung hervorbringen müßte? Wir sollten nicht meinen, Gott erst oder nur bei Orgelschall und Weihrauchduft finden zu können. Was wir brauchen, ist *eine Frömmigkeit mitten in der Welt,* die gleichsam an Ort und Stelle eine „Tiefenbohrung" machen kann, um mitten in der Wüste an das lebenspendende Wasser zu kommen. Wüste gibt es wohl nur, weil wir an der Oberfläche bleiben. Unter uns ist überall – im Bild gesprochen – das „Wasser", die Gegenwart des rätselhaft fernen und doch nahen Gottes und Vaters Jesu Christi. Ich möchte eine solche wache und alltagsbezogene Frömmigkeit einmal auf die Formel bringen: Der Christ muß „um die Ecke schauen können" (in Anlehnung an ein Wort von Friedrich Nietzsche: „Wir können nicht um unsere Ecke sehen"). Ich versuche, das zu erklären.

Wir Christen machen die gleichen Alltagserfahrungen wie ungläubige Menschen. Der Glaube verwandelt diese Erfahrungen nicht magisch, d. h., der Schmerz *bleibt* Schmerz, und der Frust *bleibt* Frust. Aber unsere Christusbindung und die Erhellung unseres Lebens durch das Licht des Evangeliums bringen es mit sich, daß solche Erfahrungen für den Christen in einem anderen Licht erscheinen. Für den einen ist beispielsweise die Bahnfahrt in einem kalten, schmutzigen und zudem unpünktlichen Zug nur frustrierend, weil ihm das Ziel der Fahrt gleichgültig oder gar widerwärtig ist; für den anderen ist die Fahrt auch schlimm und ärgerlich, aber dennoch erträglich, weil am Ziel der geliebte Partner auf ihn wartet. Für den einen ist die zweite „Schicht" nach Feierabend beim Eigenheimbau eines fremden Menschen nur Geldjob; für den anderen ist der gleiche Einsatz Ausdruck seiner Liebe und Sorge, denn er baut für die eigene Familie. Für den einen sind ein kurzes Leben und ein früher Tod sinnlos und ungerecht; der andere nimmt beides an in der Ergebenheit einer Selbstbescheidung, die weiß, daß die bleibende Lebensgabe nicht zu ertrotzen, sondern nur als Geschenk zu haben ist. Kurz: zwei tun das gleiche – aber sie tun doch nicht dasselbe. Der eine kann „um die Ecke schauen ...".

Eine solche Frömmigkeit setzt freilich die *Einübung in eine Alltagsmystik* voraus, die wir weithin nicht gewohnt sind. Für uns dürfen nicht nur Heiligenfiguren und Kirchenlieder Anlaß zu frommen Gedanken und Taten werden, sondern auch Eisenbahnabteile und Gesichter, Wortfetzen, die wir zufällig aufschnappen, und Fernsehbilder, und nicht zuletzt Mentalitäten und Trends in Gesellschaft und Öffentlichkeit, die uns Christen herausfordern. Einige schlichte Beispiele: Häufig stehe ich vor dem Rot von Straßenampeln an Kreuzungen. Ich lasse mich dabei an das Rot erinnern, das Gott zu meinem Heil auf meinem Lebensweg manchmal aufleuchten läßt. Das Mitnehmen eines Trampers im Auto gibt mir hin und wieder Gelegenheit zu einem religiösen Gespräch, das meist sehr ehrlich und offen ist. Mitten in der Hitze einer schwierigen Auseinandersetzung oder mitten in einer langweiligen Konferenz rufe ich den Heiligen Geist an, daß er Kühlung schenke oder Feuer entfache – je nachdem! Danach geschehen keine Wunder, aber dennoch verändert sich etwas, für mich zumindest!

Ich wünschte mir einmal einen Heiligen, der mit einer Schlagbohrmaschine oder einem Vierkantschlüssel als Attribut dargestellt werden könnte, oder eine Heilige mit einer Schreibmaschine als Erkennungsmerkmal, weil eben das die Mittel waren, die ihnen zur Heiligung ihres Lebens verhalfen. Ich glaube nicht, daß wir heutzutage im Glauben schwächer sind als frühere Generationen. Viele unserer Schulkinder und Jugendlichen sind echte Bekenner! Ob wir vielleicht nur zu wenig Phantasie haben, unserem Glauben überzeugend Gestalt und Aussehen auch hier und heute, mitten in diesem Land und seinen Menschen, in unseren beruflichen und sonstigen Lebensverhältnissen zu geben? Gott will mit Aufmerksamkeit und Hingabe in *allen* Situationen gesucht werden und im Sichfindenlassen selige Freude schenken.

Eine altjüdische Geschichte erzählt: Rabbi Baruchs Enkel, der Knabe Jechiel, spielte einst mit einem anderen Knaben Verstekken. Er verbarg sich gut und wartete, daß ihn sein Gefährte suche. Als er lange gewartet hatte, kam er aus dem Versteck; aber der andere war nirgends zu sehen. Nun merkte Jechiel, daß jener ihn von Anfang an nicht gesucht hatte. Darüber mußte er weinen, kam weinend in die Stube seines Großvaters gelaufen und beklagte sich über den bösen Spielgenossen. Da flossen Rabbi Baruch die Augen über, und er sagte: „So spricht Gott auch: Ich verberge mich, aber keiner will mich suchen" (nach M. Buber, Die Erzählungen der Chassidim, Zürich 1984, 191).

Das ist meine Frage an Sie alle: Wie geht das – Gott suchen und finden in *dem* Alltag, den jeder von uns zu bestehen hat? Es stimmt einfach nicht, daß unsere Zeit gottloser ist als frühere Zeiten. Gottes Incognito mag jetzt anders sein, aber er ist uns ebensonahe wie zu den Zeiten unserer Väter.

Ich lade Sie ein, sich in Ihrem Kreis, in Ihren Familien und Gruppen einmal über Erfahrungen der Nähe Gottes, der Tröstung seines Geistes mitten im heutigen modernen Lebensalltag auszutauschen. Wir täuschen uns, wenn wir meinen, wir hätten da nichts zu berichten. Christlich leben – in dieser Gesellschaft, in diesem geistigen und scheinbar so unreligiösen Umfeld, das mag schwieriger sein als früher, wo jeder selbstverständlich getauft wurde (und viele dann doch ungläubig lebten), aber solches christliches Leben wird mit Sicherheit ehrlicher sein, geradliniger, ohne falsche Schnörkel, aufs Wesentliche hin orientiert – und vor allem: brüderlicher und schwesterlicher uns miteinander verbindend. Mir gefällt sehr ein Wort von Madeleine Delbrêl (1904–1964), die im Frankreich der Nachkriegszeit als gläubige Katholikin mit Nichtglaubenden, besonders Marxisten, zusammengearbeitet hat: „Wenn wir in einer atheistischen Umwelt leben, stellt sie uns vor die Wahl: zu missionieren oder zu demissionieren." Wir Christen in der DDR haben überhaupt keinen Grund zu demissionieren, also abzudanken. Wir haben nur dafür zu sorgen, ganze, glaubwürdige und menschlich überzeugende Christen zu sein – und zwar dort, wo uns die Nichtchristen erleben. Aber eben das geht nicht ohne die Fähigkeit, dem Alltag mehr Tiefe und unserem Beten mehr Wirklichkeitsnähe zu geben. Jedes Feuer muß durch Zufuhr von Brennmaterial erhalten werden, sonst geht es aus. So ist es auch mit dem Feuer des Glaubens: Es braucht nicht nur am Sonntag Nahrung, sondern auch – und vor allem! – *zwischen* den Sonntagen!

Schreiben Sie mir doch einmal von dem, was Sie in Ihren Familien und Gruppen zu meinen Überlegungen diskutiert haben, und berichten Sie mir von überzeugenden Beispielen einer „Werktags-Frömmigkeit" eines christlichen Lebensstils, der hier und heute lebbar und überzeugend ist. Würde der hl. Franziskus heute den Wehrdienst ohne Waffe ableisten? Würde die hl. Elisabeth in der Volkssolidarität mitarbeiten? Würde der hl. Thomas heute mit aufrechten Marxisten disputieren, die mit uns gläubigen Christen wohl auch in einer Art „Diaspora" leben? Ich weiß es nicht. Aber ich bin überzeugt, daß Gottes Heiliger Geist auch mit dem katholischen Gottesvolk in der DDR von 1989 Großes vorhat.

So lade ich Sie ein, mit für das Gelingen unseres Pastoraltages im Oktober durch Ihr Überlegen, Ihr Gespräch und gegebenenfalls durch Ihre Briefpost an mich beizutragen. Lassen Sie auch Ihre Seelsorger und die übrigen Gemeindemitglieder an Ihren Erfahrungen teilhaben. So wird der Pastoraltag im Oktober in das Gespräch vieler Christen in unseren Gemeinden über dieses Thema eingebettet sein. Wir dürfen gewiß sein, daß Gottes Geist uns bei diesem Austausch guter Glaubenserfahrungen begleiten wird.
Ich grüße und segne Sie alle.

„Gott suchen läßt uns nicht die Welt vergessen"

Erklärung des Pastoralrates des Bischöflichen Amtes Erfurt-Meiningen zum Pastoraltag im Oktober 1989 in Erfurt

Liebe Mitchristen!

Am 13. und 14. Oktober 1989 haben wir uns in Erfurt zu einem Pastoraltag versammelt und über das Thema „Gott finden im Alltag – in Gesellschaft, Beruf, Familie und Freizeit" nachgedacht.

Gott suchen läßt uns nicht die Welt vergessen, sondern lenkt unseren Blick neu auf die Wirklichkeit unseres Lebens. Die Situation in unserem Land zwingt zur Deutung und Auseinandersetzung. Wir sind betroffen über die Vorgänge, die unsere Gesellschaft seit einigen Wochen erschüttern: laut gewordene Resignation, Flucht und Ausweisung, Anwendung von Gewalt. Wir bekennen, daß wir in der Vergangenheit nicht mutig genug die für uns in Gott begründete Würde des Menschen der gesamten Gesellschaft vermittelt und verteidigt haben.

Das Miteinander von Menschen in der Gesellschaft neu zu gestalten ist dringlich. Wir nehmen gegenwärtig vielfältige Initiativen dazu wahr. Ihre Vielfalt spiegelt die Komplexität der Probleme und zeigt auch, daß dem Gemeinwohl dienende Lösungen nur im offenen Dialog gefunden werden können. Dazu sind gleichwertige und eigenständige Partner erforderlich.

Wir dürfen nicht verschweigen, daß die erforderlichen Voraussetzungen in den bisher anerkannten Strukturen (Institutionen) nicht gegeben sind.

Wir nehmen die Ermutigung der Berliner Bischofskonferenz zum gesellschaftlichen Engagement ernst und bitten alle katholischen Christen, gemeinsam mit den Christen der anderen Konfessionen als einzelne und gemeinschaftlich uns bedrängende Fragen zu thematisieren, Ideen und Können in allen Gruppen einzubringen, die ihre Bereitschaft zur Veränderung glaubwürdig erkennen lassen.

Für besonders dringlich halten wir

- gleiche Rechte und Möglichkeiten für alle Personen und Gruppen, ihre Meinung kundzutun und sich zur Meinungsbildung zusammenzufinden, gesetzlich zu sichern;

- den Gegensatz zwischen der elterlichen Verantwortung für die Erziehung und dem weltanschaulichen Anspruch des sozialistischen Bildungssystems zu überwinden;
- die gesellschaftliche Realität in den Medien wahrhaftig darzustellen und zu reflektieren;
- Prinzipien der Gewaltlosigkeit in allen Bereichen der Gesellschaft einzuüben;
- Gerechtigkeit und Chancengleichheit in Ausbildung und Beruf für alle Bürger durchzusetzen.

Liebe Mitchristen, unser Alltag braucht Vertrauen. Grundlage jeglicher Vertrauensbildung und Gemeinschaftsbildung ist Wahrhaftigkeit. Machen wir uns dazu Mut!

Im Namen der Teilnehmer am Pastoraltag

Der Pastoralrat

Nachweis der Erstveröffentlichungen

Der Weg der Kirche in unserem Raum. Versuch einer pastoralen Standortbestimmung. Zusammen mit dem Vortrag: Seelsorge im priesterlichen Alleingang? Fünf Thesen zur Mitarbeit der Laien beim Gemeindeaufbau (s. u.) erschienen in der Reihe: PWB Sonderdrucke 19, hrsg. vom Informationsdienst Berufe der Kirche, Freiburg i. Br. 1983. Nachdr. in: Für die Vielen. Zur Theologie der Diaspora, hrsg. v. B. Kresing, Paderborn 1984, 256–270.
Seelsorge zwischen Bewahrung und Bewährung, in: Priesterjahrheft, hrsg. v. Generalvorstand des Bonifatiuswerkes, Paderborn 1985, 10–17.
Worauf es uns als Seelsorger ankommen sollte, in: Pastorale Fragen. Beilage zum Kirchlichen Amtsblatt der Ordinariate und Bischöflichen Ämter in der DDR, Leipzig 1989, Februar H. 9–16, März H. 17–18. Nachdr. in: Lebendige Seelsorge 41 (1990) 15–22.
Weiterbau in Freiheit. Die Herausforderung für die Katholiken in der DDR nach der „Wende", in: Christliche Perspektiven. Bestandsaufnahme für eine Kirche von morgen, hrsg. v. M. Lohmann, Ferd. Schöningh Verlag GmbH Paderborn 1990, 135–156.
Den Glauben teilen. Hirtenbrief zur Fastenzeit 1982, in: Priesterjahrheft, hrsg. v. Generalvorstand des Bonifatiuswerkes, Paderborn 1984, 3–5.
„Wir sind Christus unserem Herrn geweiht". Brief an Anja, in: St. Hedwigsblatt vom 20. 3. 1988; ferner in: Tag des Herrn vom 26. 3 1988.
„Kehrt um und glaubt an das Evangelium!" Hirtenbrief zur Österlichen Bußzeit 1990, in: Sonntagsblatt. Kirchenzeitung der Diözese Würzburg vom 25. 3. 1990.
„Seid Platzhalter Gottes!" Einer Gemeinde ins Stammbuch geschrieben, in: Kleines Senfkorn Hoffnung. 150 Jahre St. Elisabeth-Gemeinde Arnstadt, Leipzig 1987, 6–8.
„Unverkennbar seid ihr ein Brief Christi" (2 Kor 3,3). Paulinische Reflexion über das Thema: Kirche in der Diaspora, in: Lebendiges Zeugnis 42 (187) 62–70.
Seelsorge im priesterlichen Alleingang? (s. o.).
Nachdr. in: Für die Vielen (s. o.) 244–255.
Communio und missio. Überlegungen zu einer Grundspannung im priesterlichen Dienst anhand der Aussagen der römischen Bischofssynode 1971 über das Priesteramt, in: Priesterliche Lebens-

form. Arbeitshilfe Nr. 36, hrsg. v. Sekretariat der Deutschen Bischofskonferenz 1984, 18–25.

Vom neuen Mut zur Katechese in der Gemeinde, in: Katechetische Blätter 113 (1988) 464–469.

„Gemeinsam die Liebe Gottes bezeugen“. Grußwort vor der Synode des Bundes der Evangelischen Kirchen in der DDR, in: Glaube und Heimat. Kirchenzeitung für die Landeskirche Thüringen vom 1. 10. 1989 (gekürzt).

Den Sonntag christlich feiern. Hirtenbrief zur Österlichen Bußzeit 1987, in: Pastorale Fragen. Beilage zum Kirchlichen Amtsblatt der Ordinariate und Bischöflichen Ämter in der DDR, Leipzig 1987, September H. 65–68.

Von der Buße und der Beichte. Hirtenbrief zur Österlichen Bußzeit 1989, in: Gottesdienst 24 (1990) 17–19.

„Entdeckt neu, was Gott für uns bereithält!“ (Ansprache bei der Schlußfeier des Katholikentreffens 1987, in: Herderkorrespondenz 41 (1987) 381–383.

Laienfrömmigkeit und Weltheiligung. Beitrag der geistlichen Bewegungen in der DDR zur Sendung der Laien in Kirche und Welt, in: Geist und Leben 61 (1988) 205–216 (gekürzt).

Gott finden im Alltag. Christlich leben in Gesellschaft, Beruf, Familie und Freizeit, in: St. Hedwigsblatt vom 23. 4. 1989; ferner in: Tag des Herrn vom 30. 4. 1989.